이 책을 나의 사랑하는 아내 명자와
딸 경림, 아들 승기에게 바친다.

정신분석을 통ㅎ

욕망과 환상

한 시대를 뒤흔든 33

정신건강의학과

들어가는 말

나는 왜 이들의 삶에 관심을 기울이는가

인간이라면 누구나 고달픈 삶에 지치기도 하고 좌절하기도 한다. 그 어떤 사람도 자신의 삶을 마감하는 마지막 순간까지 갈등에서 결코 자유로울 수 없다. 정신분석은 그런 갈등을 치유하기 위한 하나의 수단으로서 시작되었다. 그리고 갈등을 치유하기 위해 개인이 살아온 삶을 되돌아보고 재구성하며 재정립한다는 점에서 정신분석은 개인적 차원의 역사를 재정리하는 작업이라고 말할 수도 있다. 우리는 아직도 과거사 정리 문제로 골머리를 앓고 있는데, 그것은 그만큼 우리가 역사 인식에 있어서 통합적인 안목을 지니고 있지 못할 뿐 아니라 분석적 작업에도 소홀했기 때문일 수 있다.

그러나 과거를 정리하고 새롭게 재정립하는 문제는 집안을 청소하는 일과는 차원이 다르다. 정신분석은 카우치에 누운 한 개인의 삶을 자유연상을 통해 새롭게 조명하는 작업이지만, 결코 서두르지 않으면서 매우 신중하게 다룬다. 충분한 시간을 두고 한 개인의 과거와 오늘을 탐색하며 그 의미를 재구성하는 작업이기에 분석과정은 제2의 심리적 성장단계에 견줄 수도 있겠다. 그런 점에서 우리가 흔히 오해하고 있듯이 정신분석은 단순한 분석과 해체 작업에 그치는 것이 아니다. 정신분석은 어디까지나 심리적 통찰에 의한 인격적 통합을 모색해 나가는 기나긴 여정일 따름이다.

필자가 뒤늦게 이 책을 쓰게 된 동기는 매우 개인적인 차원에서 비롯된 것이다. 앞만 보고 달리며 살아왔던 나로서는 부모의 죽음을 계기로 내 자신의 삶을 다시 뒤돌아보는 기회를 갖게 되었을 뿐만 아니라 거기다 설상가상으로 단 하나뿐인 아우의 갑작스런 죽음까지 겪어야 했다. 물론 이런 일들은 누구나 겪기 마련이긴 하지만, 온갖 애증이 교차하는 가운데 실로 불행한 삶의 흔적만을 남기고 훌쩍 떠나 버린 부모형제의 타다 남은 유골을 추스르는 나의 손길은 식은 재처럼 을씨년스럽기만 했다.

이 세상에는 이처럼 삶에 지쳐 허덕이다 아무런 흔적도 남기지 못하고 사라져 간 존재들이 허다하다. 그리고 부모형제야말로 내가 정신과 의사라는 직업을 선택하게 만든 가장 강력한 동기를 제공했던 장본인들이었으며, 인간은 도대체 무슨 이유로 그토록 좁은 방구석에서 서로를 증오하고 괴롭히며 아까운 세월을 낭비하며 살아야 하는지에 대한 해답을 구하도록 만들어 준 보이지 않는 힘이기도 했다. 그 해답을 구하기 위해 나는 정신과 의사가 되었으며, 정신분석에도 관심을 기울이게 되었다. 그리고 어느 정도는 해답을 얻었다고 할 수 있다.

물론 정신과 의사의 임무는 정신적 고통에 빠진 환자를 돕는 일이다. 그러나 그 고통이 어디서 비롯되었는지 그 이유를 알지 못하면 고통의 악순환에 빠져 헤어 나오기 어렵다. 그래서 그가 살아온 삶의 역사를 재정리할 필요가 생기는 것이다. 정신과 의사나 분석가라는 직업이 타인의 삶을 구석구석 뒤져서 온갖 허물과 결함을 찾아내는 일임은 자타가 공인하는 바다. 그러나 그런 작업은 단순히 흠집을 내기 위한 불순한 동기에서 비롯된 것이 아니라 오히려 환자의 갈등을 해결하고 고통을 덜어 주는 동시에 심리적 성장을 돕기 위함이다.

이런 과정을 거치면서 나는 오랜 세월 동안 나 자신과의 관계에서 온갖 애증의 갈등과 불화를 일으켜 온 나의 부모형제뿐 아니라 그와 유사한 갈등으로 고통을 겪어 온 수많은 환자들과의 경험을 통해 인간으로서 지닐 수밖에 없는 그 어떤 한계를 실감하게 되었으며, 동시에 이들처럼 이름 없는 별로 살다가 흔적조차 남기지 않고 사라져 가는 숱한 사람들과는 달리 한 시대의 전면에 나서 뚜렷한 흔적을 남기고 간 인물들의 삶에 관심을 기울이게 된 것이다. 다시 말해, 그들에 겐 뭔가 근본적인 차이가 있지 않을까 궁금해진 것이다. 물론 그 해답은 독자들의 판단에 맡기기로 한다.

여기서 다루고자 하는 인물들의 대다수는 인류 역사에 그 이름이 분명히 남겨진 인물들이다. 이들은 인류가 원하든 원치 않든 제각기 다른 분야에서 뚜렷한 발자취를 남긴 사람들이지만, 자세히 알고 보면 이들 가운데 갈등을 겪지 않은 사람은 아무도 없다고 믿는다. 오히려 그들은 누구보다 더욱 강렬한 욕망과 환상, 그리고 현실적 한계 사이에서 고통스런 갈등으로 정신적인 방황을 거듭했던 인물들이다. 물론 그중에는 예술적 거장들과 사상가도 있고, 성자나 혁명가도 있으며, 두 번 다시 기억하고 싶지 않은 잔혹한 인물도 일부 끼어 있다.

그러나 우리는 어찌됐건 그들의 삶과 죽음을 통하여 나름대로 가치 있는 교훈과 지혜를 엿볼 수 있는 기회를 갖는다는 점에서 오히려 행운아일지도 모른다. 왜냐하면 그들의 삶을 통해서 우리 자신을 되돌아볼 수 있는 기회를 얻기 때문이다. 어차피 우리 인간은 숱한 시행착오를 거치며 살아가기 마련 아닌가.

그러나 자신의 실수를 통해서만 삶의 지혜를 배우는 사람은 타인의 실수를 통해 보다 많은 것을 배우는 사람에 비해 많은 것을 놓치고 있을 뿐 아니라 어쩌면 어리석다고도 할 수 있다. 우리가 타인의 삶에 대해 관심을 지니고 탐구하는 이유도 바로 그 점에 있다. 타산지석이라는 말도 있듯이, 우리가 타인의 삶을 살피고 엿보는 작업을 통해서 우리 자신을 새롭게 다듬어 볼 수 있는 기회를 얻는다는 점에서 이런 작업이 결코 무의미하지만은 않다고 믿어도 좋을 것이다. 비록 그들에 대한 환상이 다소 깨지는 희생을 감수해야 할지도 모르지만, 어차피 우리는 조금씩 상처받으며 성장해 가는 것이 아니겠는가. 그 어떤 달콤한 위안을 얻고자 한다면 차라리 아름다운 음악에 귀를 맡기는 편이 나을지도 모른다. 그런 점에서 분석적 접근은 안이한 자기만족과 위안을 제공하는 것이 아니라 철저한 자기반성과 비판적 안목을 제시함으로써 개인적 성장을 도모하고자 하는 것이다.

정신분석적 평전은 단순한 전기의 차원에서 한 걸음 더 나아가 한 개인의 삶을 심리발달 차원에서 그리고 내적 갈등 차원에서 새롭게 조명하는 동시에 재해석하는 작업이다. 물론 그런 작업은 나름대로의 한계를 지닌 것도 사실이며, 또한 모든 평가와 기록이 진실 그 자체를 나타낸다고 보기 어렵다는 점에서 분석적 접근방식 역시 부분적인 진실만을 밝혀내는 작업에 불과할지도 모른다. 더군다나 개인적 갈등 및 내면세계에 초점을 맞춘 접근방식이기 때문에 자칫 오해의 소지도 있을 수 있다. 한 개인의 복잡 다양한 삶을 하나의 단순 이론에 억지로 꿰어 맞추려는 것이 아닌가 하는 오해 말이다. 그뿐 아니라 분석적 해석 자체에 대한 거부감도 작용하기 쉽다. 어떻게 보면 모든 해석은 일종의 쓴소리이기 때문이다.

그러나 오늘날 이 시대는 다양한 관점이 공존하는 글로벌 시대가 아닌가. 따라서 젖이 아니면 독, 천사와 악마, 빛과 어둠, 정통과 이단, 적이냐 동지냐 등에 얽매이는 유아적 단계의 이분법적 사고에서 벗어나 그야말로 보다 성숙한 열린 마음의 자세로 이 글을 읽어 주면 고맙겠다. 내가 하면 로맨스요, 남이 하면 스캔들이라는 말도 있지만, 아픔을 먹고 자란 나무일수록 더욱 강하게 살아갈 수 있듯이 우리 모두의 성장을 위해 분석적 해석에 한번쯤 귀 기울여 보는 것도 시야의 폭을 넓히는 데 작은 도움이 될 것으로 믿는다.

마지막으로 이런저런 사정 때문에 이 책에서 빠질 수밖에 없었던 인물들에 대해서는 차후 기회가 닿는 대로 내용을 보완하여 독자들 앞에 선보일 예정임을 밝히면서 아쉬움을 달래 보고자 한다.

그리고 이 책이 나오기까지 애써 주신 학지사 임직원분들께 감사를 드리며, 지하에 계신 부모님과 아우를 포함해 나의 사랑하는 가족들과 함께 이 책의 출간에 대한 기쁨을 나누고 싶다.

2012년 연구실에서

이병욱

차례

Part 1

고백문학의 대가들

성 아우구스티누스의 고백

성 아우구스티누스(354~430)는 북아프리카 태생의 사제로 로마 가톨릭 사회에서는 성인으로 추앙받는 인물이다. 그는 서기 397년부터 401년까지 그 유명한 『고백록』을 집필했는데, 이 책은 역대의 그 어느 참회록보다 진솔한 자기고백으로 일관하고 있다는 점에서 높이 평가되는 명저다.

물론 같은 성직자로서 자신의 사적인 애정 문제를 용기 있게 기록으로 남긴 아벨라르와 같은 인물도 없었던 것은 아니지만, 성 아우구스티누스는 신 앞에 행한 자신의 은밀한 기도와 회개 내용을 과감히 대중 앞에 공개함으로써 진정한 신앙심이 무엇인지 온몸으로 드러내 보였다는 점에서 그 차원이 사뭇 다르다고 할 수 있겠다. 그리고 그 것은 실로 대단한 용기를 필요로 하는 행위임에 틀림없다.

프로이트가 인간의 성과 무의식에 대한 이론을 내세울 무렵보다 무려 1,500년 전에 이미 그는 자신에 관한 모든 치부를 가감 없이 공개한 것이다. 물론 성 아우구스티누스의 고백은 심리학적 차원에 입각한 것은 아니었지만, 그가 보여 준 치열한 내적 성찰은 한 치의 변명이나 최소한의 미적 치장도 허용하지 않는다는 점에서 그야말로 신에 대한 외경심과 믿음의 신념을 여지없이 드러내 보여 준 것으로 생각된다. 신과 대중 모두에게 그가 보여 준 태도는 매우 진지하고도 일관된 내용으로 진정한 참회와 기도의 의미가 무엇인지 우리에게 일깨워 주는 듯하다.

요람에서 무덤까지

아우구스티누스는 서기 354년 북아프리카 해안에 위치한 항구도시 히포 부근의 작은 마을 타가스테에서 베르베르족 원주민의 아들로 태어났다. 당시 타가스테는 로마 제국의 통치하에 있었으며 누미디아 지방에 속한 것으로 알려지고 있었는데, 그의 어머니 모니카는 비록 산악부족 출신이기는 했지만 독실한 기독교인이었다. 반면에 아버지 파트리키우스는 줄곧 이교도로 지내다가 임종 직전에 가서야 비로소 기독교로 개종한 인물이다. 아우구스티누스는 3남매 중 장남으로 남동생 나비기우스와 여동생 페르페투아가 있었지만, 특이하게도 자신의 여동생에 대해서는 그 이름을 한 번도 언급한 적이 없다.

아버지의 사망 후 카르타고로 유학을 가면서부터 한 여자와 동거 생활을 시작했는데, 그의 나이 불과 16세 때였다. 그는 18세 나이에 벌써 아들을 얻었으며, 그 무렵 이단종파인 마니교에 입교했다. 학업을 마치고 고향으로 돌아온 그는 교사가 되어 문법을 가르쳤으나 신앙과 여자 문제로 어머니와 불화가 끊이지 않았다. 카르타고에서 수사학을 가르치면서 점차 마니교에 대한 의혹이 깊어졌으며, 29세에는 어머니의 반대를 무릅쓰고 로마로 갔다가 중병에 걸려 고생했다. 당시 그의 어머니는 아들과 함께 로마에 가기를 원했지만, 그는 어머니를 따돌리고 몰래 배를 타고 혼자 로마로 갔다가 병에 걸린 것이다. 다행히 한 친절한 마니교도가 그를 정성껏 간호하여 겨우 건강을 되찾게 되었다. 30세가 되자 밀라노의 수사학 교수로 임명되었는데, 이듬해 오랜 기간 함께했던 동거녀와 헤어지고 어머니의 뜻에 따라 한 소녀와 약혼했다.

그러던 어느 날 그는 갑자기 성경을 펼쳐 읽으라는 음성을 듣고 영적 세계에 눈떴으며, 그 후 암브로시우스에게서 직접 세례를 받았다. 그러나 귀국을 준비하는 도중에 어머니의 사망 소식을 들었으며, 귀국 후에는 타가스테에서 곧바로 수도생활을 시작했다. 37세에 이르러 드디어 그는 히포의 사제로 서품받았으며, 43세부터 『고백록』을 쓰기 시작하여 3년 후 완성시켰다. 그 후에도 그는 유명한 『신국』『삼위일체론』 등 기독교에 관한 수많은 저술들을 남겼으며, 비록 아프리카 원주민 출신이긴 했지만, 이성에 기초한 그의 기독교 신앙과 수도원 제도는 그 후 서구문명의 씨앗이 되었다는 점에서 매우 특기할 만한 일이라 하겠다. 그는 서기 430년 북방에서 내려온 반달족이 히포시를 포위 공격하는 상황에서 76세를 일기로 사망했다.

탕자에서 성자로

아우구스티누스의 『고백록』은 자신이 유아기 시절에 지은 죄에 대한 고백으로 시작된다. 물론 말을 배우기 이전 단계에 대한 직접적인 회상은 불가능했겠지만, 그는 자신이 자식을 직접 키워 본 경험을 토대로 젖먹이 시절의 아기에게도 질투와 분노의 감정이 있음을 이미 간파하고 있었다. 그것은 영국 정신분석의 대가 멜라니 클라인의 이론이 나온 시기보다 무려 1,500년 전에 있었던 관찰 기록이라는 점에서 아우구스티누스는 어떻게 보면 최초의 대상관계이론가라고 해도 손색이 없을 정도다.

비록 그는 유아적 단계에서 경험하는 부정적인 감정을 일종의 죄악으로 간주하기는 했지만, 유아기의 질투 및 분노 감정에 대해 언급한 것은 프로이트조차 인식하지 못했던 실로 놀라운 지적이 아닐 수 없다. 물론 이는 기독교적 원죄 개념에 따른 입장이긴 하나 그의 관찰력은 매우 정확한 것이었다. "나는 유아 시절에도 미움의 감정이 있었음을 시인하며 아마도 이것은 나의 모태로부터 이미 유전된 것이라고 생각합니다. 내가 죄악 중에 출생하였음이여, 모친이 죄 중에 나를 잉태하였나이다."

그리고 이어서 말을 배우는 시기에 대해서도 다음과 같이 언급한다. "나는 분명히 기억합니다. 내가 어떻게 말하는 법을 배웠는가를 기억합니다. 어른들이 어떤 특정한 방법을 가지고 내게 말을 가르친 것은 아니었습니다. 그러나 나는 울음을 터뜨리며 서투른 억양과 여러 몸짓으로 나의 생각을 표현하기 시작했고 나름대로의 의사를 가지게 되었으나, 하나님 당신께서 허락하신 지각을 가지고 나의 모든 의사를 표현할 수는 없었습니다. 그들이 어떤 특정한 사물을 보며 이름을 부를 때, 그들이 말하는 이름과 그들이 가리키는 사물은 같은 것이라고 느꼈던 일이 기억납니다." 이는 마치 피아제의 지능발달이론과 흡사하다는 인상마저 받는다.

다만 그는 아버지의 죽음에 대한 부분이나 동생들에 관한 내용은 거의 언급하지 않았다. 그가 쓴 『고백록』의 주인공은 전적으로 그와 어머니 그리고 신뿐이었다. 다른 가족들은 모두 그의 관심 밖에 있었다. 그만큼 어머니를 향한 그의 독점욕은 매우 강렬한 것이었으나 성스러운 어머니에 대한 접근을 가로막는 현실적인 장벽은 오히려 그로 하여금 타락한 세계에서 무분별한 육체적 쾌락에 탐닉하도록 이끌었던 것으로 보인다.

고대 수메르 왕국의 유적지에서 나온 점토판에도 요즘 젊은이들은 버릇이 없다는 내용이 나오는 것을 보면 예나 지금이나 청소년기는 역설의 모순으로 가득 찬 반항의 시기임을 알 수 있다. 더욱이 그 시기는 아이도 아니고 성인도 아닌 어중간한 위치에서 부모로부터의 독립과 의존이라는 갈등 상황에 놓이기 때문에 그에 따른 정신적 방황으로 예기치 못한 돌출 반응에 휩싸이기 마련이다. 따라서 그 시기에는 육체적 타락과 온갖 비행에서부터 종교적 구원이나 심각한 고뇌에 이르기까지 양극단을 오가는 혼란된 모습을 보이기 쉽다.

물론 아우구스티누스도 예외가 될 수 없었다. "내 육신의 나이 열여섯에 나는 어디에 있었습니까? 주의 앞에서 기쁨을 누리지 못한 채 미친 세상의 정욕에 이끌려 방황하고 있었습니다. 부끄러운 죄악 속에서 헤매었고 정욕의 광란 속에서 완전히 미쳐 버린 시절이었습니다. 어느 날 아버지와 함께 목욕을 한 적이 있습니다. 그때 아버지는 성숙한 어른의 모습으로 변해 가는 나의 육신을 보았습니다. 그는 손자라도 본 듯이 기뻐하고 이내 이 사실을 어머니께 이야기했습니다.

이는 마치 술 취한 자의 착각처럼 세상에 취하여 하나님을 잃어버린 행위가 아니고 무엇이겠습니까? 독실한 신앙인인 어머니는 내가 죄악의 길에서 방황할까 염려하고 있었습니다. 지금도 생생하게 떠오릅니다. 어머니는 행여 내가 음행을 범할까 누구의 아내와 간음할까 가슴을 태우며 염려하시면서 기도하셨습니다. 그러나 그러한 훈계를 듣는 것이 내게는 너무 깐깐하게 느껴지고 사내답지 못하다는 생각도 들어 부끄럽게 느끼기도 했습니다. 나는 친구들과 함께 패거리를 이루어 타락의 도시 바벨론의 뒷골목과 환락의 진흙탕 길을 마치 값비싼 향수나 향유의 거리인 양 쏘다녔습니다. 죄악에 관하여 우유부단한 성격 때문에 사탄은 더욱 나를 유혹하여 타락의 중심부로 이끌었습니다."

아버지는 아들과 함께 목욕을 하면서 무엇을 보았던 것일까? 그는 아들의 발기된 성기를 보았던 것이다. 그러나 이런 아들에 대한 어머니의 반응도 매우 유별났다. 성적으로 지나치게 회피적이며 금욕적인 어머니는 시종일관 아들을 부둥켜안고 울면서 기도하곤 했는데, 사실 이런 장면 자체가 매우 에로틱하다고 볼 수 있다.

더욱이 어머니 모니카에게는 자신의 아들을 다른 여성에게 빼앗긴다는 것이 남편을 잃는 것보다 더욱 큰 아픔이요 참을 수 없는 모욕이었을 수 있지만, 성적으로 매우 조숙했던 아우구스티누스는 가족의 지배자로 군림하던 아버지가 사망한 직후부터 어머니의 치마폭을 떠나 성적인 일탈 행위로 치닫기 시작했다. 불과 16세의 나이로 그는 한 여성과 동거생활에 들어감으로써 육체적 쾌락에 탐닉하기 시작했으며, 또한 종교적으로는 마니교에 귀의하여 자신의 죄책감을 덜어 보려고도 했다.

　마니교는 두 가지 신을 섬겼는데, 하나는 선한 신이고 다른 하나는 악한 신이었다. 그는 빛과 어둠의 두 신을 섬기면서 자신의 도덕적 타락과 육체적 쾌락을 합리화시키고자 했다.

　그러나 악의 존재를 긍정하고 수용하는 마니교는 죄악에 물든 아우구스티누스에게 상당한 위안을 준 것이 사실이지만, 그것은 일종의 마약 효과와 비슷하다는 것을 그는 비로소 깨달았다. 그 후 마니교에 실망하고 기독교로 돌아서긴 했지만, 그의 개종에는 어머니에 대한 죄책감이 크게 작용한 것으로 보인다.

　결국 그런 모든 성적 욕망과 쾌락에 대해 강한 수치심과 죄의식을 느끼게 되자 마지막 순간까지 어머니가 굳게 지키고 있던 천국의 문을 두드린 것 같다. 이처럼 아우구스티누스의 근원적인 사랑과 슬픔, 애도반응의 대상은 바로 자신의 어머니 모니카를 향한 것이었으며, 그는 19세에서 28세까지 실로 질풍노도와 같은 혼돈과 갈등의 어둠 속에서 자신의 정체성을 찾고자 방황하다가 마침내 오랜 방황을 청산하고 결국 신과 어머니의 품 안으로 귀의했다.

　성직자 아벨라르와 수녀 엘로이즈의 안타까운 사랑의 이야기는 이미 고전이 된 지 오래지만, 그들은 현실적인 장벽 때문에 이루지 못한 자신들의 사랑을 독실한 신앙심으로 극복해 낼 수 있었다. 그러나 그들은 성자의 반열에 오르지 못했으며, 오히려 철저한 타락과 방탕으로 일관했던 아우구스티누스가 성자의 대열에 올랐다. 죄악의 밑바닥까지 내려갔던 그는 뼈를 깎는 뉘우침과 거듭남으로 인해 더욱 큰 영적 진화에 도달할 수 있었다. 바로 그런 점이 그를 더욱 위대한 성자로 추앙받게 만든 원동력이 아닐까 한다.

어머니와 아들

아우구스티누스의 어머니 모니카 역시 독실한 신앙심으로 가톨릭 사회에서는 성녀로 추앙받는다. 그러나 실제 모자관계에서는 갈등과 불화가 잦았으며, 아우구스티누스는 어린 나이에 이미 다른 여성과 동거생활에 들어감으로써 아들을 훌륭한 성직자로 키우려던 어머니의 기대를 저버리고 말았다. 뿐만 아니라 아들은 어머니의 종교가 아니라 이단시되었던 마니교에 입문하여 어머니를 더욱 실망시켰다.

이처럼 아우구스티누스는 종교와 성 문제로 일찍부터 어머니와 불화를 일으킨 것이다. 어머니의 과잉보호와 지나친 관심은 아들로 하여금 더욱더 반대의 길로 나아가게 만들었던 셈이다. 남편을 잃은 후에 어머니는 아들에 대한 기대와 의지로 자신을 지탱해 나갔지만, 아들은 자꾸만 그녀의 품 안을 벗어나려 했다. 성적인 타락으로 치닫는 아들에 대해 어머니는 실로 참담한 기분에 빠졌을 것이다. 일찌감치 아들의 결혼에 반대했던 그녀로서는 아우구스티누스가 오로지 성직자의 길로 나아가기만을 원했기 때문이다.

물론 아들에 대한 그녀의 과도한 집착과 집념이 강한 신앙심에서 비롯된 결과였다는 주장도 없는 것은 아니지만, 모니카가 보여 준 행동은 분명히 지나치게 병적인 집착으로 보인다. 왜냐하면 성에 대한 그녀의 거부감과 지나치게 굴종적인 태도의 이면에는 불성실한 남편에 대한 적개심이 감추어져 있으며, 내면적으로는 남성들에 대한 경쟁심과 도덕적 우월감으로 충만해 있었기 때문이다.

모니카의 태도는 따라서 남편과 아들 모두를 좌절시키기에 족한 것이었으며, 자신의 아들로 하여금 평생 아버지에 대해 부정적인 인식을 지니도록 영향을 주었을 뿐만 아니라 아우구스티누스 자신의 남성성에 대해서도 지속적으로 부정하고 거부하도록 영향을 주었을지 모른다. 그녀가 자신의 아들을 신의 아들로 만들고자 하는 강한 집념을 지녔던 것도 모니카 자신이 성스러운 처녀로서 신이 되고 싶은 백일몽과 관련된 것이었다고 볼 수 있으며, 결국 아들 역시 어머니의 소망충족적인 환상을 공유하게 된 것으로 보인다.

그러나 다른 한편으로 생각해 본다면, 일찍 남편을 잃은 그녀로서는 유일한 의지처가 큰아들이었음에 틀림없다. 그리고 자신의 아들을 성직자로 만들겠다는 소망을 품었던 그녀가 아들을 영원히 자신의 곁에 붙들어 두려는 의도를 갖고 있었으리라 추측할 수도 있다. 만약 아들이 정상적인 결혼생활로 접어든다면 그녀의 존재 가치는 매우 희박해질 것이 분명했기 때문이다. 사춘기에 접어든 아들의 남성다움을 남편으로부터 전해 들은 직후 그녀는 아들의 성적인 타락부터 염려했다. 성에 대한 그녀의 지나친 적개심과 두려움을 엿볼 수 있는 대목이다. 그리고 그녀의 걱정은 현실로 나타났다. 초조해진 어머니는 자신의 꿈 이야기를 통해서 아들의 마음을 되돌리고자 했다.

아우구스티누스가 인용한 그녀의 꿈 내용은 다음과 같다. "어머니가 꿈에 보니 자신은 비통에 잠겨 나무판자 위에 슬프게 서 있는데 옆에 웬 아름답고 수려한 모습을 한 젊은 청년이 어머니에게 다가서면서 유쾌하게 웃더랍니다. 그 청년은 어머니가 울면서 슬퍼하는 이유를 물었습니다. 어머니는 그에게 내가 타락하여 방황하므로 마음이 슬프다고 대답해 주었습니다. 그 청년은 어머니를 위로하며 주위를 잘 둘러보라고 했으며 그때 어머니는 거기에 내가 함께 서 있는 것을 알게 되었습니다. 어머니가 더 자세히 살펴보니 나도 어머니 바로 옆에서 그 나무판자 위에 함께 서 있었던 것입니다. 저는 어머니의 꿈 이야기를 듣고 반항했습니다. 그리고 그 꿈의 의미를 왜곡하여 전혀 반대의 의미로 해석하였습니다. 즉 어머니와 나는 같은 판자 위에 서 있었기 때문에 같은 입장이며 따라서 어머니는 어머니의 고집을 버리고 나와 같은 입장에 서야 한다고 말했습니다. 어머니는 주저함이 없이 말했습니다. '아니다. 네가 있는 곳에 내가 있겠다는 의미가 아니라 내가 있는 곳에 네가 있겠다는 뜻이며 네가 어디 있든지 또한 네 곁에는 주님이 함께 계신다는 의미란다.' 나는 나의 그릇된 해몽을 매우 합리적이며 그럴듯하게 어머니에게 논리적으로 설득하려 했지만 어머니는 전혀 동요하지 않았습니다."

이 꿈의 내용은 아버지의 죽음을 상징하는 나무판자 위에 두 모자가 함께 서 있다는 점이 매우 시사적이다. 그 모습은 어찌 보면 매우 위태롭기도 한 장면이다. 장애물이 사라진 토대 위에 어머니는 아름다운 청년을 만났고, 그는 다름 아닌 이상적인 아들의 모습이기도 하다. 어머니를 멀리하려는 아들이 결국에는 자신의 곁으로 돌아온다는 무언의 메시지가 담겨 있는 내용이기도 하다. 아들은 그런 사실을 부인하려고 했으나 마침내 자신의 고집을 접고 어머니의 곁으로 돌아오고 말았다. 어머니의 승리이기도 하다. 아들이 그녀의 곁으로 돌아가기로 결심한 것은 스스로 믿듯이 신의 인도에 의한 것이라기보다는 그 자신의 무의식적 욕구 및 소망을 실천한 것이기 쉽다. 물론 어머니를 배신했다는 죄책감도 매우 컸을 것이다.

그의 나이 33세였던 387년, 암브로시우스에게 세례를 받은 후에 귀국을 결심하고 오스티아에서 배를 기다리고 있는 사이에 어머니가 56세를 일기로 사망했다. 자신과의 관계에서 참으로 우여곡절도 많았던 어머니를 졸지에 잃은 그는 이루 말로 다 할 수 없는 슬픔과 회한으로 괴로워했다.

어머니의 죽음을 계기로 그는 자신의 내부에 오랜 기간 간직되어 왔던 사랑에 대한 갈구와 좌절 및 애도반응을 재경험하고 슬픔으로 가득한 통한의 눈물을 통하여 일종의 카타르시스를 경험하고 스스로 치유되는 과정을 겪어 나간 것으로 보인다. 그에게 회한의 눈물은 상처를 준 것이 아니라 오히려 회복의 기능을 가져다준 것이다.

그는 어머니의 죽음을 통하여 비로소 자신의 내면에 오래도록 간직해 온 애정의 진정한 대상이 누구였는지 깨닫게 된 듯하다. 그리고 그 순간 그는 자신의 나르시시즘적 자기애를 극복한 듯이 보인다. 자기애를 극복한 토대 위에 그는 진실로 이타적인 삶을 실천하기 위한 후기 반생의 터전을 마련한 것이다.

그의 초기 반생을 따라다니며 끈질기게 괴롭힌 자기애의 문제는 결국 성적인 일탈이나 현학적인 논리에 의해서도 해결되기 어려운 문제였음에 틀림없다. 아우구스티누스의 마음이 흔들리기 시작한 것은 물론 친구의 죽음이 계기가 되었지만, 결정적인 순간은 어머니의 죽음을 맞이하면서였다. 두 인물의 죽음을 통하여 그는 죽음의 공포,

소멸의 공포에 직면하게 되었으며, 결국 그가 선택할 수 있는 유일한 길은 보다 포용적으로 자신을 담아 주고 끌어안는 원초적 모성의 세계로 돌아가는 것이었다. 그것은 어머니의 손길과 품 안을 떨치고 멀리 달아났던 자신의 과오를 뉘우치는 순간인 동시에 영원한 생명의 양식을 제공하는 어머니의 젖가슴과 다시 화해를 도모하는 순간이기도 했다.

따라서 그는 신의 축복으로 가득 찬 천국의 세계, 다시 말해 상징적인 어머니의 품 안에서 영원히 살기로 작정하고 자신의 모든 것을 신에게 의탁한 것이다. 그리고 아우구스티누스는 노년에 이르러 죽을 때까지 그 언약을 굳게 지켰다. 생전에 어머니가 그토록 꿈꾸었던 백일몽이 실현된 것이다.

성과 결혼

아우구스티누스의 삶에서 이른 나이에 경험한 성과 결혼의 문제는 그에게 이루 말할 수 없는 죄의식을 남겨 주었다. 그는 아버지의 존재를 강력한 경쟁자로 인식했으며, 어머니와의 밀착된 관계를 유지하는 데 있어서 매우 성가신 훼방꾼으로 간주했다. 그러나 막상 아버지가 사망하자 어머니의 지나친 간섭과 의존적 태도에 대하여 강하게 반발하는 태도를 보였다. 물론 그런 반발의 이면에는 어머니의 존재가 영원히 범접할 수 없는 이상적인 존재로 남아 있기를 바라는 그 자신의 은밀한 소망이 작용했을 수 있다.

어린 나이에 일찍 동거생활에 들어간 그는 어머니의 필사적인 반대를 무릅쓰고 육체적 쾌락에 탐닉하기 시작했는데, 그의 조숙성은 물론 어머니가 가한 성적인 자극의 결과일 수도 있겠지만, 그 자신의 강력한 근친상간적 욕망에서 비롯된 것으로 볼 수도 있다.

그러나 아들이 자신 이외의 여성에게 관심을 보이고 접근하는 것에 대한 그녀의 지나친 간섭과 견제는 오히려 역효과를 낳았다. 그는 어머니의 간섭에 짜증을 느끼고 더욱 타락된 길로 접어들었기 때문이다. 어머니는 결국 자신이 지정한 소녀를 아내로 받아들일 것을 아들에게 강요했다. 그리고 어머니의 고집은 마침내 아들의 고집을 꺾는 데 성공했다.

그는 기독교에 귀의하고 성직의 길을 걸었으며, 결국에는 성자의 대열에까지 오름으로써 어머니의 기대에 부응했다. 아우구스티누스는 육체적 쾌락을 포기하고 금욕의 길을 실천해 보였다. 그것은 어머니가 바라던 길이었다. 그리고 두 모자는 세속적인 욕망의 덫에서 벗어나 성스러운 관계로 발전하면서 오염되지 않은 유아적 단계의 공생적 관계로 환원되었다. 그 관계는 신이 내린 축복의 시기이며 때 묻지 않은 순수 그 자체의 관계였기 때문이다.

성과 결혼에 대한 아우구스티누스의 견해는 당시 성직자들의 부정적인 견해와는 달리 매우 진솔하다는 점이 특징일 것이다. 그러나 아우구스티누스는 성과 결혼의 가치를 인정했지만, 성적인 쾌락에만 탐닉하는 것은 신의 은총을 받아들이고 다가가는 데 다른 무엇보다 큰 장애물이 된다는 점을 강조했다.

아우구스티누스는 결혼에 있어서 성교는 종의 번식을 위한 행위로서 이루어질 경우에만 가치가 있는 것이며, 그런 목적에서 벗어난 성교는 더 이상 이성에 속한 것이 아니라 열정에 봉사하는 것이기 때문에 바람직하지 못하다고 말했다.

물론 아우구스티누스는 몇 가지 오류를 범한 것이 사실이다. 그는 인간의 의지와 관계없이 나타나는 성적 욕망의 근본적인 원인은 아담과 이브의 원죄에서 비롯되었다고 생각했던 것이다. 따라서 성과 원죄를 연결시킨 그의 강박적인 사고는 그 후 오랜 기간 가톨릭 사회에서 마치 정설처럼 받아들여지게 되었다.

그러나 그의 생존 당시에도 그런 논쟁은 치열하게 전개되었던 부분이기도 했다. 아우구스티누스가 살았던 북아프리카 원주민 사회에 만연했던 각종 이단종파와의 접촉과 논쟁은 분명 아우구스티누스의 사유 체계에 보이지 않는 영향을 준 것이 사실이다. 그의 어머니 모니카는 그러한 온갖 이설과 유혹들로부터 자신의 아들을 보호하고자 혼신의 힘을 쏟았으며, 결국 오랜 정신적 방황 끝에 아들이 기독교 신앙으로 회심하도록 하는 데 성공했다.

물론 아우구스티누스의 평생 화두가 되었던 정욕의 문제는 단순히 선과 악의 문제로만 볼 수는 없을 것이다. 그런 점에서 그는 성의 문제에 대해 부정적인 태도를 보였다기보다는 오히려 인간의 의지와 통제력을 뛰어넘는 것으로 인정하고, 다만 정욕이 신에게 다가가는 의지를 약화시킨다는 점에서 주의를 환기시킨 것으로 보인다. 따라서 그는 성과 결혼에 반대한 것은 결코 아니었다.

그러나 아우구스티누스의 영향에 힘입어 그 후 천 년 이상 가톨릭 사회에 정착된 엄격한 금욕주의 전통은 마르틴 루터의 종교개혁으로 인해 일거에 무너지고 말았다. 그런 점에서 종교개혁은 일종의 종교적 스캔들이라 할 수도 있겠다.

아우구스티누스는 16세부터 동거하던 여인과의 사이에서 사생아를 낳았다. 그러나 어머니의 개입으로 그는 15년간 함께 했던 동거녀와 헤어지고 한 소녀와 정식결혼을 하기로 약속했다. 그러나 그 소녀는 당시의 법적 결혼 연령에 두 살이나 미달이었기 때문에 그는 2년을 더 기다려야만 했다. 헤어지기로 한 동거녀는 사생아를 그에게 맡기고 자신의 고향으로 돌아가 버렸다. 그러나 그 사이에 그는 또 다른 정부를 사귀며 쾌락의 늪에 빠지고 말았다.

그는 자책감에 빠져 악의 기원에 대해 깊이 연구하기 시작했다. 그러나 그 해답은 손쉽게 얻어질 수 있는 것이 아니었다. 그는 개종한 이후에도 여전히 정욕에서 자유롭지 못하였다. 그래서 그는 계속해서 신에게 호소한다. "나는 망할 자이옵니다. 주님이시여 나를 불쌍히 여기소서. 나는 병든 사람입니다. 분명히 당신은 내가 육체의 정욕과 안목(眼目)의 정욕, 그리고 이생의 자랑으로부터 벗어나라고 명하십니다. 당신은 음란을 삼가라고 명하십니다. 그러나 아직도 내 기억 속에는 나의 옛 습관이 고착시켜 놓은 그 같은 영상이 그대로 남아 있습니다. 내가 깨어 있을 때는 그러한 영상이 내 생각 속에 들어와 큰 힘을 발휘하지 못하지만 내가 잠잘 때는 그 같은 영상이 내 속에 들어와 내게 즐거움을 제공할 뿐만 아니라 나의 동의를 얻어 내어 실제 행동과 유사한 행위를 유발하고 맙니다. 오, 나의 주님이시여. 그러할 때 나는 도대체 누구입니까? 오 전능하신 하나님이시여. 당신의 손이 내 영혼의 모든 병을 고칠 수 없으십니까? 당신의 크고 넘치는 은혜가 잠잘 때의 음란한 움직임을 제지할 수는 없으십니까?"

이처럼 정욕에서 결코 자유롭지 못했던 아우구스티누스의 과도한 성적 집착은 분명 정상적인 범주를 넘어선 것으로 일종의 성에 대한 중독증으로 간주할 수도 있겠는데, 마르틴 루터 역시 자신의 과도한 정욕 때문에 기도 중에 발작까지 일으킬 정도로 갈등을 겪으며 투쟁했지만, 결국에는 종교개혁을 통하여 성직자의 금욕주의를 타파하고 마침내 결혼을 합법화시키는 데 성공했다. 그러나 아우구스티누스는 정욕과의 싸움에서 오랜 기간 사투를 벌이다가 결국에는 하나님이 주신 모든 것은 선하지만 문제는 인간의 의지에 달려 있다는 결론에 도달함으로써 정신적 평정에 도달한다.

그런 점에서 프로이트가 처음에 성욕설을 내세웠을 때 신구교를 막론하고 극심한 반발을 보였던 종교계의 반응은 다소 앞뒤가 맞지 않는다고 할 수 있다. 마르틴 루터나 아우구스티누스가 그토록 피나게 씨름했던 문제의 핵심이 결국 정욕에 대한 것이었음을 인정한다면, 그토록 과민하게 반응할 문제도 아니기 때문이다.

성과 결혼에 대한 아우구스티누스와 루터의 태도는 그들 자신의 개인적 체험이 중요한 동기를 이룬 것으로 보인다. 그리고 이처럼 위대한 성자들조차 자신들의 성적인 고뇌와 갈등을 대중 앞에 진솔하게 고백한 점을 돌이켜 본다면, 우리가 과연 그들만큼의 솔직한 자기 고백을 털어놓을 수 있을지 의문이 든다.

루소의 『에밀』과 『참회록』

장 자크 루소(1712~1778)는 볼테르와 더불어 18세기 프랑스를 대표하는 탁월한 계몽주의 철학자요 사상가이며 문필가다. 스위스 제네바에서 가난한 시계공의 둘째 아들로 태어난 그는 태어난 지 불과 9일 만에 어머니를 잃어야 했다. 설상가상으로 우매하고 방탕한 아버지는 원래부터 가족에게 냉담하면서도 무책임한 인물로 매우 신경질적인 성격이었다. 루소의 나이 10세 때 아버지는 모종의 소송사건에 연루되어 자신에게 체포령이 떨어지자 어린 루소를 내버리고 어디론가 잠적해 버렸다.

이처럼 어린 나이에 일찍 부모로부터 버림받은 그는 그 후 일생 동안 도주와 방랑생활을 거듭해야만 했다. 비록 그는 생전에 프랑스 혁명을 보지 못하고 죽었지만, 인류 최초의 시민혁명으로서 절대왕정을 무너뜨린 프랑스 혁명의 사상적 기반에 지대한 공헌을 끼친 장본인이기도 하다.

그의 『사회계약론』 『인간불평등 기원론』 등은 바로 그런 인식론적 전환의 불씨를 마련한 동시에 민주주의 제도에 입각한 국가 형성의 기틀을 제공한 미국 독립선언문에도 보이지 않는 영향을 주었다.

그러나 그에게 주어진 가장 큰 족쇄는 그의 혁신적인 사회사상에 기인한 것이 아니라 오히려 교육과 종교에 대한 그의 신랄한 비판 때문이었다. 1762년에 출간된 『사회계약론』과 교육소설 『에밀』이 당시로서는 매우 충격적인 내용 때문에 사회적으로 큰 파문을 일으켰던 것이다. '인간은 태어날 때부터 자유다' 또는 '예수를 진정으로 따르는 자들은 훌륭한 시민이 될 수 없다'는 등의 파격적인 내용 때문에 그는 당국의 체포를 면하기 위해 해외로 도피해야 했으며, 이들 저서는 곧 불온서적으로 간주되어 판금 조치를 당해야 했다.

그리고 오랜 망명생활 끝에 귀환한 이후에도 그는 은둔생활을 계속해야 했으며, 그가 남긴 명저 가운데 하나로 꼽히는 『참회록』도 그의 생전에는 출판이 허용되지 않다가 그가 죽고 난 이후 4년의 세월이 경과한 뒤에 가서야 비로소 빛을 보게 되었다. 특히 여기서 중점적으로 다루고자 하는 『에밀』과 『참회록』은 루소 자신의 불행한 삶의 과정과 직결된 내용이기에 더욱 관심을 끈다.

『에밀』

루소의 『에밀』은 일종의 교육소설이지만 엄밀히 말하면 소설 형식을 띤 교육론이라 하겠다. 물론 에밀은 루소의 가상적인 아들이다. 루소는 도시악에 물들지 않고 순수한 자연 그대로 인간답게 아이를 키우기 위해서는 시골에 살아야 한다고 주장한다. 결국 루소가 주장한 이상적인 교육론의 핵심은 성선설과 자연론, 그리고 발달심리학적 교육방식에 있다고 하겠다. 따라서 루소는 자연으로 돌아가라는 유명한 말로 인류의 타락한 문명을 비판했다는 것이 정설처럼 믿어져 왔다.

그러나 루소의 자연론은 자연의 순수성을 잃으면 안 된다는 뜻으로 한 말이지 원시상태로 되돌아가자는 의미는 물론 아닐 것이다. 『에밀』에서 루소는 이렇게 말한다. "자연을 보라. 그리고 자연이 가르치는 대로 따르라. 자연은 갖가지 시련으로 아이들을 단련시키고 일찍부터 고통이 무엇인지 가르쳐 준다."

이는 곧 자연의 가르침을 존중하자는 의미인 동시에 루소 자신의 아동기 경험을 그대로 반영하는 말이기도 하다. 물론 루소의 자유롭고 비범한 발상은 오히려 규격화된 교육의 혜택을 받지 못한 사실에서 비롯된 것일 수도 있다. 그 점은 루소가 『에밀』을 통해 가장 먼저 읽어야 할 권장 도서로 『로빈슨 크루소』를 꼽은 사실에서도 확인할 수 있다. 그것은 무인도의 삶을 찬미한 것이 아니라 누구의 도움도 없이 순수한 자연상태에서만이 진정한 독립심과 자발성의 개발이 가능하다는 취지에서 한 말이다. 그래서 루소는 특히 라틴어와 같은 이미 죽은 언어를 아이들에게 가르치는 일은 교사의 무능력을 은폐하기 위한 수단에 지나지 않는다고 했던 것이다. 그러나 문명화된 인간은 결코 두 번 다시 자연으로 되돌아갈 수 없다. 성인이 된 우리가 어린 시절로 되돌아갈 수 없듯이 말이다.

그럼에도 불구하고 루소의 발달론은 당시 시대적 상황으로 본다면, 매우 놀라운 발상이 아닐 수 없다. 그는 말하기를, 인간의 교육은 태어나면서부터 시작되는 것이며 말을 배우기 이전에도 교육은 이루어진다고 했다. 조기 모자관계의 중요성에 주목하지 못했던 프로이트에 비하면, 실로 놀라운 발견이라 하겠다.

또한 루소는 프로이트에 앞서서 이미 아이들의 호기심 어린 당돌한 질문에 대해 언급한다. 즉 아기는 어떻게 해서 생기는가에 대한 질문이다. 루소는 이런 질문에 대한 대답이 어떤가에 따라 아이들이 일생 동안 나타내는 품행과 건강이 결정될 수 있다고 했는데, 이는 물론 다소 과장된 어법이긴 하나 프로이트가 말한 내용과 별다른 차이가 없는 것이다. 그러나 루소는 이런 질문에 대한 적절한 태도까지 가르치고 있다. 그것은 아이의 입장에서 생각하고 아이의 수준에 맞추어 답변하라는 것이다. 현대 교육학에서 말하는 소위 눈높이 교육의 주창자는 바로 루소였던 셈이다.

일찍이 영국의 시인 워즈워드는 어린이는 어른의 아버지라고 노래했다. 물론 루소 이전에 이미 셰익스피어가 인간의 발달단계를 7단계로 구분하기도 했지만, 루소는 5단계로 설명했다는 차이가 있다. 상당히 심리적 관점에서 접근한 루소의 발달단계 구분을 그 자신의 삶에 적용해 살펴보면, 각 단계마다 나름대로 의미 있는 심리적 사건과 결부된다는 사실을 알게 된다.

좀 더 자세히 말하자면, 출생 후 5세까지의 제1단계에서 루소에게 주어진 가장 큰 심리적 외상은 태어나자마자 겪었던 어머니의 상실이었다. 그리고 5세에서 12세까지의 제2단계에서 그는 아버지와 형의 상실을 겪었다. 12세에서 15세에 이르는 제3단계에서는 가학적인 체벌로 인한 성적인 외상을 겪었다.

15세에서 20세에 이르는 제4단계에서 루소는 제2의 상징적인 어머니인 동시에 연인이기도 했던 바랑 부인을 통해서 비로소 성적인 쾌락뿐 아니라 모성적 안락함을 처음으로 깨닫게 되었다. 그리고 그 이후의 제5단계에서 그는 테레즈 르바쇠르와 동거생활에 들어갔다. 그러나 그는 자신의 다섯 아이들에 대한 양육을 포기하고 차례로 고아원에 맡김으로써 아버지로서의 의무를 저버리고 말았다. 루소의 발달단계가 더 이상 발전하지 못한 이유는 그 자신의 가장 큰 약점이 걸림돌로 작용했기 때문으로 보인다. 물론 각각의 단계는 루소 자신의 심리적 외상 경험과 밀접한 관련을 맺고 있음을 알 수 있다. 결국 그의 발달론 자체는 루소 자신의 삶의 경험을 토대로 한 것임이 분명해진다.

루소는 그의 『참회록』에서 자신의 아동기는 그다지 불행한 것은 아니었으며, 오히려 정신적으로 방황을 거듭했던 청소년기 경험이 자신의 성격 형성에 밑거름이 된 것으로 보고했다. 물론 이런 주장은 자신의 아동기 경험에 대한 부정이나 왜곡을 의미하는 것일 수도 있지만, 발달심리학적 개념이 존재하지 않았던 당시의 시대적 상황을 감안할 때, 루소가 아동기와 청소년기 및 성인기 교육에 차등을 둔 점은 실로 획기적인 발상임에 틀림없다.

그러나 실제 루소 자신의 생애를 살펴본다면, 고통스럽고 불행했던 아동기, 불투명한 미래에 대한 불안 및 정체성의 혼란, 열등감 등의 극복에 몰두했던 청소년기, 그리고 세상에 대한 분노와 변화에 대한 의지 및 일종의 피해의식 등에 사로잡힌 성인기 등으로 요약할 수 있겠다.

에밀의 이상적인 성장과정은 사회악에 물들지 않은 이상적인 전원생활에서 이상적인 가정교사, 다시 말해 루소 자신의 이상적인 교육방침에 의해 이상적인 모습으로 성장한 에밀을 묘사한 것인데, 이는 곧 루소 자신의 이상적인 모습인 동시에 고아원에 내다 버린 자신의 아이들에 대한 죄의식을 떨쳐 버리기 위한 방편이었을 수 있다. 이상적인 양육방식에 대한 그의 특이한 집착은 스스로에게 자기변명의 구실을 제공해 주기 때문이다. 그것은 다시 말해 악에 물든 사회적 구조 탓이지 결코 루소 자신의 도덕적 결함이나 성격적 문제 탓이 아니라는 자기기만적인 논리를 제공해 주기 때문이다.

그러나 바람직한 덕목을 갖춘 성인으로 성장한 에밀의 교육과정을 통하여 루소가 제시하고자 한 것은 그가 몸담고 살았던 절대왕정 지배체제나 철저한 기독교 교리체제하에서 이루어진 교육방식만으로는 진정으로 인간다운 덕목을 갖춘 인성의 확립이 불가능하다는 점을 강조하기 위함이었다. 따라서 자유와 평등에 기초한 새로운 사회를 이룩하기 위해서는 전통적 사고방식과는 전혀 다른 새로운 교육방식에 따른 새로운 인간형이 요구될 수밖에 없다는, 당시로서는 매우 대담하고도 지극히 놀라운 발상의 전환이었던 셈이다.

그러나 루소의 교육론은 귀족의 자제인 에밀을 중심으로 전개된다는 점에서 남성 본위의 이론이라는 비판도 듣는다. 그리고 가장 이상적인 결합의 예로 제시된 에밀과 소피의 결혼 역시 남성우월주의적 발상에 기초한 것이라는 평가를 받는다. 왜냐하면, 소피의 교육은 오로지 남성을 기쁘게 하기 위한 목적으로 이루어지기 때문이다. 따라서 여성교육에 관한 부분은 루소의 가장 큰 약점으로 지적되기도 한다. 특히 남녀 평등 문제에 민감한 여권주의자들은 그의 성차별적인 주장을 집중적으로 비판한다.

페미니즘 시각에서 루소를 비판한 가장 최초의 여성은 18세기 영국의 소설가 메리 월스톤크라프트였다. 그녀는 여성들의 교육받을 기회를 박탈하는 남성들의 횡포에 반기를 들고 오로지 남성을 위한 목적에서 여성교육의 필요성을 주장한 루소를 강하게 비판했던 것이다.

루소가 주장하는 이상적인 여성이란 남편에게 순종하고, 겸손의 미덕을 길러야 함은 물론 항상 청결을 유지하고 수예를 배우며 모유로 직접 아기를 양육하고 노인을 공경하는 현모양처에 불과했다. 물론 루소는 자신의 아내 테레즈를 착하고 순박하기 그지없는 천사 같은 여성으로 묘사하면서 평생 반려자로 삼아 함께 지냈지만, 테레즈는 글을 제대로 읽지도 쓰지도 못하는 문맹이었으며, 다른 남성과 불륜을 저지르기도 했던 여성이었다. 따라서 테레즈가 낳은 아이들이 실제 루소의 친자식들인지 의문을 제기하는 사람도 있다. 더군다나 실제 생활에서는 루소 자신이 요구한 성인기의 미덕을 그 스스로가 제대로 실천하지도 못했다. 불륜과 외도, 자녀양육의 포기, 은밀한 성도착적 욕구, 그리고 자신과 다른 견해를 수용하지 못하는 나르시시즘적 분노 폭발 등이 그 단적인 예들이다.

그런 점에서 볼 때, 루소의 생애에서 가장 정력적인 활동기였던 1754년에서 1762년 사이에 『에밀』과 『사회계약론』 등의 주저가 나왔지만, 이 기간에 그가 보인 실제의 모습은 매우 불안정하고 의심에 가득 차 있었으며, 모든 세상만사에 불만을 느끼고 있던 상태였던 것으로 보인다. 심지어 루소는 모든 여성들에게 남편에 순종하는 아내의 이상적인 모습을 요구하면서도 정작 그 자신은 세 자녀까지 둔 친구의 아내와 열애에 빠지기도 했던 것이다.

이처럼 언행이 일치하지 않는 태도 때문에 그의 여성론은 더욱 설득력을 잃고 만다. 그러나 유아 양육에 있어서 모유의 직접적인 수유의 중요성을 강조한 점은 심리발달 차원에서 선구적인 안목을 제공한 것으로 평가된다. 루소의 영향에 힘입어 그 후 서구 귀족사회에서는 유모에게 아기를 맡기지 않고 엄마가 직접 수유하는 일이 부쩍 늘었기 때문이다. 물론 루소 자신은 친모로부터 수유를 받은 경험이 전혀 없었던 인물이었다.

『에밀』은 근대 교육론의 토대를 마련한 획기적인 역저라 할 수 있으며, 교육학의 필독서로 꼽히는 명저다. 『에밀』은 페스탈로치, 프뢰벨, 피아제, 몬테소리 그리고 현대의 존 듀이 등 많은 학자들에게도 큰 영향을 끼친 바 있다.

그런 점에서 영국의 서머힐 운동은 마치 루소의 교육사상을 현대에 그대로 적용시켜 실천에 옮긴 것처럼 보이기도 한다. 물론 서머힐 운동은 기대에 훨씬 못 미치는 결과를 낳았지만, 그럼에도 불구하고 그 정신은 높이 평가된다.

그러나 에밀의 교육사상은 적지 않은 모순과 결함도 드러낸다. 도시생활을 부정하고 농촌생활을 권장하는 점, 귀족자제의 교육만을 문제 삼고 빈민층의 자녀들이나 장애아에 대해서는 아무런 언급이 없는 점, 성차별적인 여성교육론, 복잡한 산업사회 및 지식정보사회에 적용하기 어려운 점, 루소 자신의 사상을 전개하고 전달하는 데 있어서도 논리적 불일치 및 모순으로 인해 수미일관성이 결여된 점, 인간의 선한 본질을 유지하고 사회악에 물들지 않게 하기 위해서는 건전한 사회교육의 필요성이 절대적으로 요구됨에도 불구하고 악에서 도피하는 소극적 교육방식에 의존한 점, 인간의 본성에 대한 지나친 낙관적 태도, 그리고 무엇보다도 부모의 역할 및 가정교육의 중요성에 대한 인식의 결여, 결혼과 성에 대한 안이한 발상, 양육의 경험 부재로 인한 책임감의 결여, 사회적 계급적 불평등 구조의 개선을 위한 건설적인 대안의 부재 등등이 바로 그것이다.

이러한 약점에도 불구하고 근대 서구사회에서 인식론적 혁명의 도화선에 불을 붙인 루소의 공적은 마르크스, 니체, 프로이트 등의 업적을 능가한다고 볼 수 있다.

루소의 『에밀』과 『참회록』은 마치 실과 바늘의 관계처럼 매우 밀접한 관계에 있다. 『참회록』이 그 자신의 모순되고 부도덕한 삶에 대한 회오와 변명이었다면, 『에밀』은 자신의 불행한 삶의 원인을 규명하고 이상적인 삶의 모습을 재구성함으로써 보상받고자 한 것으로 볼 수 있다. 다시 말해서 『참회록』이 자신의 과거에 대한 해명서라면, 『에밀』은 미래에 대한 자신의 소망을 담은 가상적인 환상소설이며 자기부정인 셈이다.

이러한 배경에서 나온 『에밀』이었지만 그에게는 불운을 가져오고 말았으며, 그 때문에 해외로 도피할 수밖에 없었다. 그러나 과연 『에밀』이 당국에 의해 압수되고 불태워지는 수모뿐 아니라 저자에 대한 체포령까지 내려질 정도로 체제를 위협하는 위험한 내용이었을까?

결코 그렇지는 않다. 『에밀』은 단지 혁신적인 교육론을 제시한 소설일 뿐이다. 그렇다면 당국은 왜 그토록 가혹하고 극단적인 조치를 내렸을까. 그것은 루소의 교육론 때문이 아니라 그 속에 삽입된 『사부아 보좌신부의 신앙고백』의 내용 때문이었다. 여기에서 루소는 인간은 태어날 때부터 선하다는 성선설을 주장함으로써 기독교의 원죄설을 정면으로 부인하고 나선 것이다. 루소는 물론 무신론자는 아니었다.

그러나 신앙적으로도 루소는 가톨릭과 칼뱅교 사이를 오가며 방황을 거듭했다. 그런 방황은 일정한 국적도 없이 프랑스, 스위스, 독일, 영국 등지를 전전하며 살아야만 했던 그의 환경적 조건뿐 아니라 그 자신의 심리적 불안정에서도 그 원인을 찾을 수 있겠다. 대신 루소는 세상에 대한 분노와 적개심으로 인해 국가와 사회를 악으로 간주하고 자연인으로 살 것을 외쳤다. 그는 자신의 개인적인 감정을 외부로 투사하여 일반화시키고 그것을 상대로 일생 동안 치열한 투쟁을 벌인 셈이며, 그 때문에 온갖 박해를 당한 셈이다.

모든 인간이 태어날 때부터 선하다고 믿은 것은 결국 그 스스로가 악의 뿌리였다는 사실을 근원적으로 부정하기 위한 동기에서 비롯된 결과이며, 자신의 개인적인 악을 부정하고 일반화시키는 동시에 후천적인 교육의 가치를 강조함으로써 루소는 비로소 악에서 벗어나 스스로를 구원한 것이 아니었을까.

『참회록』

『참회록』은 루소가 50대 중반에 집필한 것으로 알려져 있을 뿐, 그 자세한 집필 동기는 정확히 모른다. 다만 『참회록』 서두에서 자신의 적들에 대해 그가 밝힌 간곡한 당부를 보건대, 자신에게 가해진 박해와 오해를 풀기 위한 자구책이었을 수도 있겠다.

그러나 본인 스스로도 말했듯이, "자연 그대로, 진실한 모습 그대로 그려진 유일한 인간상으로서, 아마도 이런 인간상은 앞으로도 두 번 다시 없을 것"이라는 언급과 더불어 훗날 반드시 착수되지 않으면 안 될 인간 연구에 있어서 가장 먼저 필요한 참고 서적이 될 것이라는 예견은 마치 그의 사후 백여 년의 세월이 흐른 뒤에나 가서야 나타난 프로이트의 정신분석을 염두에 두고 했던 말처럼 들리기도 한다. 프로이트는 루소가 바라던 심층적인 인간 연구에 본격적으로 착수한 가장 최초의 인물이었기 때문이다.

루소는 『참회록』을 통해 그의 지나온 삶을 회상하며 자신의 온갖 치부를 여지없이 드러내 보인다. 성도착 증세와 병적인 도벽, 불륜 등을 비롯해서 하녀에게 도둑의 누명을 뒤집어씌운 일, 자신을 돌봐 준 바랑 부인에 대한 배신, 자신의 다섯 아이들을 고아원에 내버린 일, 그리고 자신의 적들에 대한 피해의식 등을 스스럼없이 고백한다. 그중에서도 특히 루소를 괴롭게 만든 일은 그의 나이 52세 무렵인 1764년 자신과 숙적 관계였던 볼테르가 루소의 자식들에 대한 유기 사실을 폭로한 사건으로, 볼테르는 루소가 다섯 아이들을 차례대로 고아원 정문 계단 위에 내버리고 달아났다고 주장한 것이다. 이 때문에 그동안 오랜 세월 잊고 있던 자신의 과거 행적에 대한 기억이 되살아난 것일 수도 있다.

그 영향 때문인지는 모르나 어쨌든 루소는 그 후 『참회록』을 썼으며, 1768년 뒤늦게나마 테레즈와도 결혼식을 올리지만 공식적인 혼인신고를 한 것은 아니었다. 따라서 이들은 죽을 때까지 합법적인 부부관계는 아니었다. 루소는 결혼이라는 것 자체에 대해 매우 부정적인 생각을 지니고 있었거나 아니면 두려움을 느꼈는지도 모른다. 왜냐하면 자신의 불행한 운명을 초래한 근본적인 원인이 부모의 결혼에 있었기 때문이다.

이유와 동기는 다르지만 루소는 자신의 아버지나 형과 마찬가지로 제네바를 탈출했으며, 아버지처럼 자신의 아이들을 버렸다. 그리고 젊은 시절에는 여기저기를 방랑하고 말년에는 도피와 은신으로 일관하며 망명생활을 보내야 했다. 법망을 피해 다닌 것도 아버지를 닮았다. 그것은 무의식적 동일시 또는 적대적 동일시에 의한 결과인지도 모른다.

어찌됐건 루소는 항상 쫓기는 신분이었으며, 자신을 돌봐 주고 보호해 줄 인물들을 계속 찾아다닌 셈이다. 그런 점에서 말년에 루소가 보인 편집증적 태도는 사회적으로 완전히 고립되고 외면당한 그의 외적인 상황뿐 아니라 그 자신의 내면에 억압된 고통스런 기억과 사건에서도 기인한 것으로 보인다.

루소의 편집증은 그가 국외자의 신분으로 도피생활을 계속하면서 더욱 증폭된 것으로 볼 수 있는데, 『참회록』을 쓰기 시작한 시점인 50대 중반에 이미 정신적으로 매우 혼란스럽고 편집증적인 상태에 있었음이 분명하다. 그러나 루소가 자신의 죄의식 때문에 다소 왜곡된 기억을 갖게 되었을 가능성도 배제하지는 못한다.

『참회록』에서 루소 스스로가 고백한 자신의 성적인 도착 증세, 다시 말해서 피학적 성도착과 노출증적 성향 및 여성들의 속옷 훔치기 등의 기이한 습성 등에 대해 용기 있게 기록한 점은 당시로서는 매우 충격적이었을 것이다. 여기서 흥미로운 점은 루소가 자신의 도착적인 성향의 원인을 어릴 때 그의 양육을 맡았던 랑베르시에 목사의 누이동생이 자신에게 가했던 심한 체벌 탓으로 돌린 사실이다. 그는 당시 그 체벌을 두려워한 것이 아니라 오히려 그것을 간절히 원하고 기다렸음을 고백한다.

그러나 랑베르시에 양의 침대에서 함께 잠을 잔 적도 있었음을 고려한다면, 단순한 체벌에 의한 결과라기보다는 그녀에게서 모성적인 보살핌과 애정을 갈망하면서도 동시에 그러한 욕구 자체에 대한 부정과 죄의식 때문에 그녀가 가하는 책망과 체벌을 기꺼운 마음으로 받아들였는지도 모른다.

그 후 루소가 바랑 부인을 엄마처럼 여기며 따를 때, 그가 보인 행동 역시 도착적인 성향을 드러낸다. 그는 바랑 부인이 없을 때, 그녀가 잠을 자던 침대뿐 아니라 그녀가 사용하던 속옷 등 소지품에 입을 맞추는 등의 행동을 통하여 성적인 쾌락과 만족을 느꼈던 것이다. 루소가 자신의 도벽을 고백하며, 자신이 어느 숙녀의 리본을 훔친 뒤 그 집 하녀에게 혐의를 뒤집어씌운 사실에 대해 뒤늦게 뉘우치고 있지만, 그 리본을 훔친 이유에 대해서는 밝히지 않고 있다. 아마 그 자신도 그 이유를 몰랐을 것이다.

왜냐하면 그런 병적 도벽의 무의식적 동기에 대한 개념 자체가 없었던 시절이었기 때문이다. 더욱이 루소는 당시 자신을 돌봐 준 바랑 부인과 처음으로 성관계를 맺고 일종의 성인의식을 치르면서 마치 근친상간을 저지른 듯한 죄의식을 느꼈던 것으로 고백하고 있는데, 이는 그만큼 그가 항상 모정에 굶주린 상태에 있었음을 드러내는 것으로 볼 수 있겠다.

또한 그는 『참회록』에서 스스로 변명하기를, 자신의 능력으로는 아이들을 키울 형편이 못 되었으며, 자기 밑에서 성장하여 건달이나 사기꾼이 되느니 차라리 공공 기관에 위탁해서 평범한 노동자나 농민이 되도록 하는 것이 어버이로서의 도리에 맞는 일이라고 생각했다는 것이다. 또한 평생을 두고 자기 부모를 증오하고, 경우에 따라서는 부모를 배신할지도 모르는 사람으로 키워지는 것보다는 차라리 자기 부모가 누구인지 모르는 편이 훨씬 더 낫다는 궤변까지 늘어놓으며, 자신은 고아원에 맡겨진 아이들의 처지가 오히려 부럽다는 말까지 하였다. 그리고 이 부분에 대한 자세한 언급은 생략하고 넘어가겠다고 하면서도, 다른 한편으로는 이러한 비밀을 지키지 못하고 발설한 사람들의 도덕성에 대해 강한 불쾌감을 드러내기도 했다.

그 후 루소의 자식들이 어떻게 성장했는지에 대해서는 전혀 알려진 바가 없다. 물론 한때나마 자식들을 찾아보려는 시도를 한 적도 있었지만 성공하지는 못했다.

그러나 불행한 성장과정을 겪었을 뿐만 아니라 정규교육조차 제대로 받아본 적이 없던 루소 자신이 그토록 위대한 사상가로 성공할 수 있었음에도 불구하고 무슨 근거로 그처럼 비관적인 결과를 미리 예상하고 자신의 아이들을 손쉽게 포기하고 버린 것일까 선뜻 이해하기 어렵다. 다만 가족도 집도 없이 그리고 일정한 직업도 없이 무일푼의 신세로 식객 노릇이나 하면서 귀부인의 보호를 받아야만 했던 그의 처지를 생각하면, 루소의 참담한 심경을 이해할 수 있을지도 모른다.

그런 점에서 그의 혁명적인 발상의 기원도 그가 처한 비극적인 상황에 연유했을 것이라는 점을 전혀 이해 못할 바도 아니다. 그에게 처음으로 세계적인 명성을 안겨 준 저술이 『인간 불평등 기원론』이었음을 보면, 루소의 최대 관심사가 과연 무엇이었는지 알 만하다.

물론 위대한 업적을 남긴 인물들이 모두 훌륭한 부모 역할을 한 것은 아니었다. 특히 예술가들은 더욱 그러했다. 그런 점에서 루소가 부모로서 보여 준 모습은 가장 최악에 해당한다고 할 수 있다. 그러나 조기 부모상실의 부정적인 영향뿐 아니라 그러한 심리적 외상이 오히려 사회적 성공 및 성취에 대한 강력한 동기를 부여할 수도 있다는 점에서 긍정적인 효과 또한 무시할 수 없으며, 이는 수많은 정치적·종교적·창조적 분야의 인물들에서 확인할 수 있는 사실이기도 하다.

그런 점에서 루소의 뛰어난 천재성이 타고난 재능인지 여부는 확인할 수 없지만, 어려서부터 전혀 교육의 혜택을 받지 못했음에도 불구하고 그토록 뛰어난 업적을 낳은 루소임을 감안해 볼 때, 역설적으로 그가 그토록 강조했던 이상적인 교육의 필요성에 대한 설득력이 오히려 떨어지는 것이 아닌가 여겨지기도 한다.

따라서 그가 겪은 어린 시절의 심리적 외상이 그의 창의력 발휘에 강한 자극 및 원동력을 제공했을 것이라는 주장이 상당히 그럴듯한 설명으로 와 닿는 것이다. 그것은 애도과정의 경험이 인간의 적응과정에 필수적인 요인이 될 수 있을 뿐만 아니라 그와 동시에 다양한 창조적 작업에 강력한 동기를 제공한다는 일부 견해를 통해서도 뒷받침될 수 있는 내용이기도 하다.

다만 루소의『참회록』은 자신의 삶에 대한 뼈저린 뉘우침에서 나온
것이라기보다는 오히려 스스로에 대한 변명에 가깝다는 인상을 준다
는 점에서 아쉬움을 남긴다. 결국 루소의『참회록』은 부모의 사랑 없
이 자란 고아의 오랜 정서적 공백과 정신적 방황을 메우기 위한 시도
였다고 볼 수도 있다. 그는 계속해서 자신의 선택이 옳았음을 강변하
고 있으며, 자신을 올바르게 이해하지 못한 세상을 오히려 원망하는
내용으로 일관하고 있다. 그런 점에서 도스토예프스키는『지하생활자
의 수기』에서 루소의『참회록』은 온갖 거짓으로 가득 채워져 있다고
맹렬히 비난했던 것이다.

루소는 그의 마지막 유작『고독한 산책자의 몽상』에서도 엿볼 수
있듯이 외형적으로는 비교적 담담하고 체념에 이른 평정 상태를 유
지한 것처럼 보이지만, 자세히 보면 여전히 편집증적인 의구심에 가
득 차 있으며, 자기 자신 및 세상과의 타협이 여의치 않았음을 알 수
있다. 그것은 결국 스스로에 대한 용서조차 제대로 이루어지지 못한
상태에서 진정한 나르시시즘적 상처의 치유에도 성공하지 못했음을
드러내는 것이기도 하다. 타협과 용서가 이루어지기에는 루소 자신
이 평생 동안 간직해 온 분노와 좌절의 강도가 그만큼 컸기 때문일
것이다.

물론 그러한 분노와 복수심의 기저에는 은폐된 강한 수치심도 작
용하고 있을 수 있겠지만, 그에 따른 분리 기제의 해결이 수반되지
않고서는 진정한 용서의 단계에 도달되기 어려운 것이 사실이다. 그
러나 루소는 생을 마칠 때까지도 그러한 분리 기제에서 벗어나지 못
한 것으로 보인다. 그는 여전히 선과 악의 이분법적 구도에 사로잡혀

살았으며, 그 어떤 타협점을 찾지 못한 채 자기를 변명하고, 세상을 적으로 간주하며 살았다.

따라서 루소가 자신의 저서에서 내세운 위대한 선언들과는 매우 상반된 삶을 살았던 점을 부인하기 어려운 것도 사실이지만, 그러나 루소 스스로가 인정한 바 있듯이, 그는 편견에 사로잡힌 인간이 되느니 차라리 역설적인 인간으로 살 것이라고 감히 선언했던 것이다. 다만 편견에 사로잡힌 사람은 비교적 갈등이 적은 반면에 역설적인 인간은 고통스러울 수밖에 없다는 점에서 루소는 부조리 그 자체였으며 그 시대의 무거운 짐을 떠맡은 프로메테우스였다고 할 수 있겠다.

루소는 어린 나이에 일찍 부모로부터 버림받고 세상으로부터도 버림받음으로써 고립무원의 상태에 있었지만, 그 자신만의 고독한 투쟁을 결코 멈추지 않았다. 비록 자신의 과오에 대하여 자기변명으로 일관한 측면도 있지만, 그것은 그가 처했던 불행한 삶의 배경을 이해한다면, 충분히 그럴 수도 있었으리라 공감할 수 있을 것이다. 루소가 걸었던 삶의 노정과 똑같은 길을 우리 자신이 걷게 된다면, 과연 그와 같은 위대한 업적을 남길 수 있었을까 자문해 보지 않을 수 없다.

그러나 일생을 통해 루소가 보였던 온갖 시행착오에도 불구하고 그가 혼신의 힘을 다해 피나는 노력을 기울였다는 점을 간과해선 안될 것이다. 우리가 그를 단순히 천재의 부류에 집어넣고 우리 자신의 나태함과 무능력을 적절히 은폐하며 합리화시키려 드는 일은 일종의 자기기만에 속하는 일이다.

루소 역시 그런 자기기만적인 측면을 보이기도 했지만 그는 자신의 온갖 결함을 상쇄시키고도 남을 위대한 사상가로 거듭난 인물이다. 그런 점에서 우리는 비록 도덕적인 측면에서 그를 비난할 수는 있겠지만, 일생 동안 버림받고 쫓기는 삶 속에서도 결코 굴하지 않고 홀로 세상과 맞선 인물이었다는 점에서 그의 남다른 용기와 배짱에 두 손을 들 수밖에 없다. 그의 홀로서기는 매우 가혹한 대가를 지불한 결과이기도 하지만 루소 자신의 오기와 자만심이 뒷받침되지 못했다면 그는 인생 실패자로 전락한 탕자 신세가 되어 여기저기를 전전했을지도 모른다.

그러나 그는 개인적으로는 자신의 불행한 운명을 뒤집어엎은 진정한 혁명가였으며, 대외적으로는 부당한 현실에 반기를 들고 세상을 변화시켜야 한다는 소명의식에 불탄 혁명적 사상가였다. 더욱이 루소는 『에밀』과 『참회록』을 통해 실로 놀라운 심리학적 탁견을 보여 준 18세기의 프로이트라 할 수 있을 정도로 서구문화에서 새로운 고백문학의 이정표를 세우는 동시에 그 수준을 심리학적 자기분석의 경지로까지 끌어올린 최초의 인물이었다고 해도 결코 과언이 아닐 것이다.

톨스토이의 『참회록』

톨스토이(1828~1910)는 19세기 문학을 대표하는 러시아의 대문호다. 그가 이룩한 문학적 성과는 실로 거대한 산봉우리에 비견될 수 있는 것이지만, 톨스토이는 그 밖에도 톨스토이즘으로 대표되는 그의 숭고한 사상으로 당대의 수많은 지식인들에게 큰 영향을 끼침으로써 도스토예프스키와 더불어 러시아문학의 위상을 크게 드높인 장본인이다. 특히 그의 『참회록』과 『인생론』은 그가 남긴 문학적 대작들과 함께 톨스토이의 신앙 및 사상을 이해하는 데 가장 중요한 지침서로 간주되며, 이미 오래전부터 널리 인구에 회자되어 온 명저라 하겠다.

톨스토이 사상의 핵심은 한마디로 인도주의에 입각한 비폭력 무저항주의라 할 수 있으며, 한편으로는 기독교적 무정부주의로 불리기도 한다. 특히 그가 남긴 『참회록』은 톨스토이즘으로 불리는 그의 사상 및 철학을 이해할 수 있는 일종의 입문서에 해당하는 것이라 할 수 있겠다.

물론 『참회록』의 가치는 저자 개인의 내면적 욕구에서 우러나온 처절한 고백의 음성을 통해 인간의 보편적인 갈등과 고뇌의 실상을 엿볼 수 있다는 점에 있겠지만, 일반 독자들을 염두에 두고 쓰였다는 점에서 일기나 정신분석의 자유연상과는 분명 다르다. 그러나 서양에서 자리 잡은 고백문학의 전통은 그들의 일상생활에 오랜 기간 뿌리를 내린 고해성사의 기독교 전통에서 비롯된 것으로, 정신분석의 자유연상 역시 그 연장선상에 놓인 것으로 이해할 수도 있겠다.

참회록을 쓰다

일찍이 도스토예프스키는 『지하생활자의 수기』에서 루소의 『참회록』을 통렬히 비난한 바 있는데, 그 이유는 루소가 참회라는 명목으로 온갖 허구적인 사실들을 과장되게 늘어놓았기 때문이라는 것이었다. 도스토예프스키가 보기에는 자기 자신을 헐뜯는 그런 유형의 태도 역시 일종의 지적인 허영심에 속한다는 것이다. 물론 도스토예프스키는 1881년에 사망했기 때문에 1882년에 출간된 톨스토이의 『참회록』을 읽을 기회가 없었지만, 만약 읽었다 하더라도 그 평가는 역시 비슷하지 않았을까 싶다.

톨스토이의 『참회록』은 자신의 지나온 삶에 대한 깊은 성찰이나 반성이라기보다는 일종의 신앙 간증에 가까운 고백서라 할 수 있다. 그러나 그의 독실한 기독교 신앙은 종교적 무정부주의에 가까운 무교회주의를 표방한 것이어서 러시아 정교회를 정면으로 비판하고 나섰으며, 그 때문에 1901년 교회로부터 파문까지 당했다.

그런 점에서 그는 동시대의 도스토예프스키와 노선을 달리한다. 도스토예프스키는 로마 가톨릭 교회를 부정하고 러시아 정교회의 역할을 높이 샀기 때문이다. 그러나 톨스토이와 도스토예프스키는 두 사람 모두 철저한 기독교 신앙에 귀의했다는 점에서 이들에게 러시아혁명은 그야말로 악몽 그 자체였을 것이다. 다행히도 두 사람 모두 볼셰비키 10월 혁명 이전에 죽었기에 종교를 인민의 아편으로 규정했던 마르크스－레닌주의에 입각한 소비에트 정부의 존재를 알지 못하고 세상을 떠날 수 있었다.

톨스토이는 41세 때 완성한 대작『전쟁과 평화』, 그리고 49세에 완성한『안나 카레니나』발표 이후 극심한 염세주의 및 우울증에 빠짐으로써 모든 예술적 가치를 부정하고 오로지 신앙적·철학적 사색에 몰두하기 시작했다. 따라서 58세에 나온『이반 일리치의 죽음』과 61세에 발표한『크로이체르 소나타』및 72세에 완성한『부활』이 나오기까지 상당 기간 동안 창작 활동이 몹시 위축되어 있었으며, 그 기나긴 공백을 채운 것은 오로지 54세에 발표한『참회록』과 59세 때 나온『인생론』이라 할 수 있다.

다시 말해서 40대의 예술적 전성기 이후 맞이한 50대는 극심한 회의론에 빠진 시기로 그 후로는 계속해서 죽을 때까지 극단적인 금욕주의와 무소유사상 및 비폭력주의에 바탕을 둔 이타적인 기독교 신앙에 몰두한 것으로 볼 수 있다. 우리는 이를 통틀어 톨스토이즘이라고 부르며, 기독교적 무정부주의라고도 한다.

그러나 정작 톨스토이 자신은 스스로를 무정부주의자로 보지 않았다. 왜냐하면 그에게 무정부주의자란 폭력으로 사회를 변화시키려는 사람들을 의미했기 때문이다. 그럼에도 불구하고 톨스토이는 무정부주의자임에 틀림없다. 보다 정확한 표현은 기독교적 무정부주의라 할 수 있겠다. 다만 톨스토이의 무정부주의는 비폭력 무저항주의에 입각한 평화적 인도주의라 할 수 있다.

『참회록』은 처음부터 톨스토이의 강박적이고도 우울한 질문으로 시작한다. 그것은 곧 인생의 무의미성을 탐색하는 과정의 출발이다. 왜 사는가, 무엇을 위해 사는가, 그리고 어떻게 살아야 하는가 등에 대한 강박적인 질문의 연속으로 이어진다. 그리고 무의미한 삶의 공허함과 허무감 및 인생의 사악함에 대한 깨달음은 곧 신의 뜻을 이해하고 받아들임으로써 구원된다는 결론으로 이어진다.

그러나 톨스토이와 신의 관계는 처음부터 그렇게 원만한 관계는 결코 아니었다. 또한 『참회록』에서 톨스토이는 예술의 무가치성을 강조함과 동시에 소위 예술가를 자처하는 인간들의 위선적 행태에 가차 없는 비난을 서슴지 않았다.

인생의 의미에 대해 아무것도 모르면서 마치 삶의 모든 비밀을 알고 있다는 듯이 대중을 가르치려 드는 숱한 예술가들의 지적 기만을 조롱하는 가운데, 톨스토이는 인생의 의미를 깨닫기 위해서는 과학도 예술도, 심지어 철학마저도 아무런 도움이 되지 못함을 설파했다. 그 유일한 해답은 이성이 아니라 감정 문제에서 찾아야 하며, 그러기 위해서는 오로지 신앙적 실천을 통해 깨달음을 얻을 수 있다는 것이다.

그러나 교회조차도 권력과 결탁하여 타락의 길을 걷게 됨으로써 신용할 수 없게 되었으며, 산상수훈에 기초한 새로운 교리의 출현이 요구된다는 것이 그의 주장이었다.

따라서 톨스토이가 내세운 신앙적 지침은 다음과 같다. 첫째, 화내지 말라. 둘째, 간음하지 말라. 셋째, 맹세하지 말라. 넷째, 악에 대해 폭력으로 대항하지 말라. 다섯째, 모든 사람을 사랑하라. 이 다섯 가지 실천 도덕이야말로 그가 내세운 톨스토이즘의 핵심이 되는 지침이며, 이는 모세의 십계명과 예수의 산상수훈 등에 기초한 것이기도 하다.

톨스토이는 자신을 포함하여 세상 사람들의 절대다수가 이런 다섯 가지 지침에서 벗어난 삶을 살아가고 있으며, 그 때문에 불행을 스스로 자초하고 있다고 믿은 것이다. 이렇게 해서 톨스토이는 비폭력 무저항주의의 기수가 되었으며, 이는 간디와 마틴 루터 킹 목사, 넬슨 만델라, 심지어는 일제 식민치하에서 일어난 우리나라의 3·1운동에도 결정적인 영향을 주기도 했다.

『참회록』 전체를 통해 그 밑바탕에 흐르는 또 다른 중요한 특성은 모든 진보적 사상에 대한 톨스토이 자신의 매우 강한 부정적 태도라 하겠다. 아니 오히려 지독한 경멸 내지는 혐오감에 가깝다는 것이 올바른 표현일 것이다. 그는 인간사회의 진보, 또는 세상은 변하기 마련이라는 식의 대중적인 믿음에 고개를 내저으며 아니라고 분명히 말한다.

이러한 견해 차이로 톨스토이는 그토록 절친했던 투르게네프와 절교하고 결투까지 신청했다가 철회하기도 했다. 자신과 다른 견해를 인정하지 못하고 발끈하며 격분하는 그의 성격적 단면을 알 수 있는 대목이다. 오히려 화를 잘 참지 못하고 제대로 다스리지 못한 장본인은 톨스토이 자신이었던 것이다. 그럼에도 불구하고 불교 우화에 나오는 '흑백이서(黑白二鼠)'의 예를 인용하면서, 톨스토이는 온갖 욕망에

도취되어 살아가는 어리석은 대중의 무지를 탓하고, 한때는 그 자신도 그런 무지몽매한 상태로 살았음을 뉘우치고 있다.

그러나 『참회록』은 그 숭고하고도 심각한 내용 전개에 비해 톨스토이의 논리적 전개 방식의 한계를 드러내기도 한다. 물론 이성적 기능에 대한 강한 불신감을 표시한 점을 인정한다 하더라도 인생의 의미에 대한 그의 끝없는 물음과 치열한 자기 논리의 전개는 이성적·합리적 논리의 전개라기보다는 비합리적 감정에 치우쳐 있다는 느낌이다. 그것은 곧 톨스토이 자신의 우울한 감정 때문일지도 모른다. 따라서 『참회록』 전체의 분위기는 냉철한 이성적 논리의 전개라기보다는 자신과 세상에 대한 회의와 울분으로 가득 찬 몸부림에 가까워 보인다.

톨스토이의 내면세계

톨스토이의 삶은 크게 두 시기로 구분할 수 있다. 즉 초기의 예술적 창작의 전성기와 후기의 종교적·사상적 몰입의 시기로 대별할 수 있다. 또는 결혼과 개종을 그의 삶을 뒤바꾼 가장 큰 전환점으로 삼을 수도 있다.

물론 이처럼 인위적인 구분이 별다른 의미가 없을 수도 있겠지만, 『참회록』이 톨스토이의 인생에서 매우 극적인 삶의 전환기의 중심에 서 있는 작품이라는 점에는 이의가 없을 것이다. 또 다른 시각에서 보자면, 보수적 전통의 입장에서 급진적 기독교 무정부주의 입장으로의 급선회, 그리고 러시아 정교에서 개신교로의 개종을 지적할 수 있다.

그러나 톨스토이 자신의 관점에서 보자면, 『참회록』 이전의 삶은 속물적으로 타락한 삶이었고, 이후의 삶은 거룩하고 숭고한 삶이라 할 수 있다. 이와는 달리 정신분석적 발달심리의 차원에서 본다면, 아동기 상실의 시기, 청소년기 성적 방황기, 성인기 결혼의 갈등 시기, 장년의 우울 및 가치관 변동 시기, 노년의 영적 구원 시기 등으로 구분할 수도 있다.

다만 여기서 관심을 기울이고자 하는 부분은 톨스토이의 성격적 특성 및 심리적 변화 과정에 있다고 하겠다. 톨스토이의 우울증과 죄의식은 그 정도가 매우 심각한 상태로 그의 모든 일상생활과 저작 활동에 영향을 끼친 것으로 보인다. 그는 수시로 자살충동의 유혹에 시달렸으며, 그러면서도 동시에 죽음을 몹시 두려워하기도 했다. 톨스토이는 인간의 삶 자체를 악이요, 무의미한 것으로 보았는데, 그런 점에서 쇼펜하우어의 염세철학에 많이 기울었다고 볼 수 있다.

톨스토이의 뿌리 깊은 염세주의적 태도는 어린 나이에 경험한 부모 상실과 깊은 관련이 있어 보인다. 그는 제정 러시아 당시 유명한 귀족 가문에서 넷째 아들로 태어났다. 그의 아버지는 백작이었고 어머니는 공주 출신이었다. 그러나 일찍 부모가 세상을 떠나는 바람에 그는 어려서부터 친척집에서 자라야 했다. 어머니 마리아는 그가 2세 때 사망했으며, 아버지 니콜라이는 그로부터 7년 후에 뇌일혈로 갑자기 사망했다. 톨스토이는 10세가 되기도 전에 부모를 모두 잃은 것이다. 그런 이유 때문인지 삶과 죽음의 문제에 대한 그의 집착은 톨스토이의 거의 모든 작품 속에서 중요한 주제로 나타난다. 그중에서도 가장 대표적인 작품은 『이반 일리치의 죽음』일 것이다.

이처럼 의미 있는 인물들의 연이은 죽음은 톨스토이가 일생 동안 풀어야 할 미완의 과제가 되고 말았다. 따라서 일련의 성장과정과 부모 상실로 인한 정신적 외상이라는 관점에서 살펴보면, 톨스토이는 부모 상실에 대한 적절한 애도과정의 기회를 갖지 못했음을 알 수 있으며, 어머니를 대신한 고모들의 보살핌에도 불구하고 근원적인 애정의 결핍에 어려움을 느끼고 있었음을 알 수 있다. 또한 아버지의 부재로 인한 공백을 큰형 니콜라이에게 의지함으로써 채우고자 했으나 니콜라이와 드미트리 두 형이 모두 연이어 폐결핵으로 일찍 세상을 떠나자 톨스토이는 삶의 허망함을 더욱 크게 실감했던 것으로 보인다.

이처럼 톨스토이의 삶은 결혼 이전에나 이후에나 수많은 상실의 연속이었다. 현대 정신분석이론에서는 자아의 성장뿐 아니라 어릴 적 모자관계에서 겪었던 분리불안 역시 일생 동안 지속되는 문제로 다루어지고 있는데, 톨스토이 역시 50대에 이르러 갑자기 심각한 죄의식과 우울증을 동반한 허무주의적 상태에서 『참회록』을 썼다는 점을 고려한다면, 그의 오랜 분리불안에 따른 감정적 문제가 재연된 것으로 볼 수도 있다.

톨스토이가 자신의 딸들의 결혼에 끝까지 반대한 것도 단순히 오이디푸스 갈등 차원의 문제라기보다는 일종의 분리불안에 따른 결과였는지도 모른다. 모든 헤어짐에 대한 두려움과 과민반응 및 그로 인해 자신의 존재가 흔적조차 없이 사라질 것에 대한 실로 감당하기 어려운 공포에 압도되기 시작한 톨스토이는 자신의 『참회록』을 시발점으로 끝없는 강박적 질문과 사고를 동원함으로써 내면에 감추어진 두려움과 좌절감, 절망감 등을 떨쳐 버리고자 한 것이다.

프로이트는 『애도와 우울』에서 우울은 징벌과 밀접한 관련이 있을 뿐만 아니라 그러한 징벌은 내적 대상으로부터 가해지는 것인 반면에 애도는 외부 대상의 상실에서 오는 것이라고 하였다. 물론 톨스토이의 심각한 우울은 가혹한 초자아의 자기징벌 측면에서 이해할 수도 있겠지만, 그에게는 강한 초자아 형성과정의 기회가 적절히 주어지지 않았다는 점에서 오히려 톨스토이의 초자아는 우리의 예상보다 훨씬 느슨한 형태였을지도 모른다. 여기서 말하는 초자아란 무의식적 욕망에 반대되는 인격기능의 중요한 부분을 가리키는 것으로, 쉽게 말해서 인간의 양심에 해당한다고 보면 되겠다.

매우 이른 나이부터 쓰기 시작한 그의 일기를 보면, 톨스토이의 전 생애를 통하여 자신이 이루어야 할 지상 과제는 도덕적 완성이라고 하였는데, 이를 다른 말로 하자면 그 자신의 도덕성 결핍을 자인하는 것이기 때문이다. 따라서 그는 자신의 도덕적 결함을 보완하기 위해 결국에는 신앙적인 지침에서 그 해답을 찾고자 한 것으로 보인다. 톨스토이의 우울과 죄의식은 결국 프로이트의 오이디푸스 갈등만으로는 설명하기 어렵다는 답이 나온다. 오히려 애착이론으로 유명한 영국의 분석가 존 보울비가 말한 조기 모자관계에서의 상실 및 애도과정의 재경험 측면에서 이해하는 것이 더욱 용이할지도 모른다.

톨스토이는 말을 배우기도 전에 엄마를 잃었다. 당연히 그는 그에 따른 만성적인 불안과 공허감 및 박탈감, 그리고 애정결핍에 의한 정서적 불만을 억압하지 않으면 안 되었을 것이다. 다시 말해서 톨스토이는 어머니의 상실로 인한 애도과정의 문제뿐 아니라 분리-개별화 과정의 문제를 동시에 해결해야만 했던 것이다. 그것은 충분한 발달이 이루어지지 못한 자아 상태에서는 스스로 해결하기 어려운 과제였을 것이다. 왜냐하면 어머니의 상실이라는 핵심적인 화두와 관련되는 내용이기 때문이다.

또한 톨스토이의 강박적 사고 및 의혹은 특히 스스로에 대한 부도덕성, 불결함, 추악함, 성적인 방종과 타락, 성병으로 인한 육체적 오염 등에 자극받은 것으로 보이지만, 강한 죄의식 및 극심한 자기혐오에 기반을 둔 그의 강박적 사고는 자신이 겪은 납득하기 어려운 조기 상실과 일찍부터 버림받은 사실에 대한 의혹과 불신감의 표출이었을 수도 있다. 그것은 결국 왜 나를 버리고 사라졌는가에 대한 끊임없는 의구심인 것이다.

『참회록』 전체를 통하여 일관되게 흐르는 주제는 결국 왜 사는가, 무엇을 위해 사는가, 그리고 어떻게 살아야 하는가에 집중된다. 이는 곧 버림받은 아기에게 던져진 수수께끼와도 같은 문제라 할 수 있는데, 톨스토이는 그 해답을 얻기 위해 『참회록』을 썼으며, 일생 동안 그 문제와 씨름한 셈이다.

결혼은 무덤이다

결혼에 대한 태도 역시 극단적인 변화가 있었다. 결혼 초기에는 그
래도 행복한 시절이 있었지만, 후기로 갈수록 그에게는 결혼이란 단
지 무덤에 불과한 끔찍스런 재앙이요 지옥체험으로 다가온 것이다.

그 가장 대표적인 예는 그의 나이 61세에 발표한 『크로이체르 소
나타』일 것이다. 이 소설은 출판 즉시 발행이 금지되었는데, 그도 그
럴 것이 주인공 포즈니셰프가 부정을 저지른 아내에 대한 질투심 때
문에 그녀를 살해하지만, 무죄 방면되어 풀려난다는 내용이기 때문
이다.

그러나 이는 곧 톨스토이 자신의 아내에 대한 분노와 적개심을 은
연중에 드러낸 것일 수 있다. 당시 톨스토이는 토지 소유권 및 저작
권 일체를 아내 소피아에게 이미 양도한 이후였고 최악의 부부관계
에 있었기 때문이다. 오죽하면 영국의 작가 체스터튼은 80회 생일을
맞이한 톨스토이에 대하여 다음과 같은 말로 그를 비꼬았을까. "톨스
토이는 인간의 증오심에 대해 한탄하지만, 『크로이체르 소나타』에서
그는 사랑에 대해서도 역시 한탄한다. 그를 포함한 모든 인도주의자
들은 인간이 느끼는 온갖 즐거움에 대해 연민을 표시한다. 톨스토이
당신은 인간이 되는 것을 혐오한다. 당신은 인간적이라는 이유만으로
인간을 딱하게 여긴다는 점에서 적어도 인간을 증오하는 무리의 이
웃인 셈이다."

그러나 톨스토이는 한 치의 양보도 없었다. 그는 작품 후기에서 주
장하기를, 우리는 육욕적인 사랑에 대한 기대를 멈추고, 신에 대한

봉사에 헌신해야만 하며, 금욕의 확산이 결국에는 인류의 종말을 가져올 것이라는 우려에 대해서는 순결과 금욕의 이상을 강조하는 것은 하나의 지침 및 방향으로 제시한 것이지, 확고한 교리나 법칙을 내세운 것은 아니라고 했다. 더 나아가 그는 결혼을 제도화한 것은 교회이지 예수 그리스도는 아니었다고 하면서, 기독교의 이상은 신과 이웃에 대한 사랑이며, 신과 이웃에 봉사하기 위한 자기희생에 있다고 하였다. 따라서 그런 이상을 실현하는 데 있어서 가장 큰 걸림돌은 육욕적 사랑, 결혼, 이기적인 소유 등이라는 것이다.

톨스토이의 불행한 결혼생활에 대하여 대부분의 전기 작가들은 오로지 톨스토이 위주로 그 배경을 설명해 왔다. 그러나 이와는 달리 그의 아내 소피아 입장에서 이들 부부관계의 문제점을 탐색해 본다면, 소피아는 거의 50년에 가까운 결혼생활을 통하여 매우 복잡하고도 특이한 남편의 성격적 결함에도 불구하고 자신의 정신적 고통과 좌절을 용케도 견디어 내며 남편에 대한 내조와 자녀양육에 온갖 희생을 마다하지 않았던 것이다.

흔히들 톨스토이의 숭고한 이상주의를 실패로 돌아가게 만든 장본인으로서 그의 아내 소피아를 거론해 왔지만, 실제로 톨스토이 자신은 그 많은 자녀들의 교육이나 성장에 전혀 관심조차 두지 않았으며, 자신의 방대한 토지와 재산을 관리하는 일에도 전적으로 무능했다. 그런 궂은일은 모두 아내 소피아의 몫이었다.

그러나 인생 후반기로 가면서 점차 극단적인 신앙과 사상에 기울어진 톨스토이는 가족을 위한 아무런 대안도 마련하지 않은 채 무조건 자신의 드넓은 영지를 농민들에게 나누어 주고, 자신의 엄청난 저작권 수입조차 추종자들에게 넘겨주고자 했으니, 아내 소피아가 순순히 응할 리가 없었다. 더욱이 반체제적인 위험 사상에도 불구하고 톨스토이가 제정 러시아 당국으로부터 아무런 처벌도 받지 않고 무사했던 것은 그의 신분상의 이점도 물론 있었겠지만, 아내 소피아가 동분서주하며 힘을 썼기 때문이기도 했다.

서양의 농담에는 모든 성공한 남자의 배후에는 뒤에서 그를 헐뜯는 여자가 있다는 말도 있지만, 한평생을 내조한 여성의 입장에서 본다면 이처럼 억울한 말도 없을 것이다. 그런 점에서 만약 아내 소피아가 톨스토이의 요구에 순순히 따랐다면, 톨스토이 일가는 무일푼으로 거리에 나앉아 구걸로 연명해야 했을지도 모른다.

더욱이 말년에 이들 부부관계를 더욱 악화시킨 요인 중의 하나로 톨스토이 사상의 열렬한 추종자였던 블라디미르 체르트코프가 이들 부부 사이에 끼어들어 이간질시킨 점도 무시할 수 없을 것이다. 톨스토이의 저작권을 두고 소피아와 처음부터 대립 관계에 있었던 체르트코프는 계속해서 부인 곁을 떠나도록 톨스토이를 부추겼으며, 그 결과 톨스토이는 실제로 82세의 병든 노구에도 불구하고 가출을 결심, 집을 나섰으나 멀리 가지도 못하고 폐렴에 걸려 아스타포보라는 이름의 조그만 시골역에서 외롭게 세상을 떠나고 말았던 것이다. 그리고 이 때문에 톨스토이 사망 후 아내 소피아는 위대한 작가이자 사상가인 톨스토이의 재산을 가로채고 그를 죽음으로 몰아간 악녀라는 소문에 시달리며 세월을 보내야만 했다.

그러나 부모의 양쪽 입장을 모두 이해하고 있던 장녀 타티야나의 증언에 의하면, 이들 부부가 최악의 상황으로 치달지 않으면 안 되었던 배경이 보다 분명한 모습으로 드러나게 된다. 톨스토이는 재산권 보호에 필사적으로 매달린 아내 소피아의 히스테리적 발작과 편집증적 의심이 더 이상 말로 설득이 되지 않음을 깨닫고, 은밀히 유언장을 작성하여 자신의 모든 문서 관리를 체르트코프에게 일임한 것이다. 소피아는 남편의 유언장 작성을 눈치채고 그것을 찾아내기 위해 혈안이 될 수밖에 없었다. 더욱이 아들 레오마저 어머니 편에 서서 아버지를 비난하고 나서자 톨스토이는 실로 참담한 입장에 처하게 되었다. 톨스토이를 적극적으로 나서서 옹호하는 자식은 오직 막내딸 알렉산드라뿐이었다.

이처럼 톨스토이 일가는 어머니파와 아버지파, 그리고 중도 관망파 등으로 분열된 양상을 보이고 있었으나, 결국 이 모든 갈등과 알력은 공산정권의 수립으로 부질없는 귀족놀음이 되어 버렸다.

결혼에 대한 톨스토이의 부정적인 신념은 물론 그 자신의 개인적 삶의 실패에서 야기된 결과였지만, 그는 그것이 단지 개인적 문제에 국한된 결과임을 인정하지 못하고 일반화시킴으로써 인간 보편적인 현상으로 극대화시켰다. 따라서 그는 자신의 딸들이 결혼하는 것에도 결혼은 무덤이요 지옥이라며 끝까지 반대하는 입장을 보였다. 그것은 단순한 오이디푸스 갈등 차원의 문제가 아니라 성과 결혼에 대한 그의 근원적인 부정 및 지독한 환멸감의 표시였던 것으로 보인다.

톨스토이의 심각한 부부갈등 및 불화의 원인에 대하여 많은 사람들이 그가 처한 말년의 신앙적 위기와 사상적 변화 탓으로 보는 경향이 있는 것도 사실이지만, 톨스토이의 일기에 의하면, 이미 그는 결혼 초부터 심각한 환멸과 실망에 빠져 있었으며, 단지 겉으로 내색하지 않았을 뿐이라는 사실에 접하게 된다. 따라서 톨스토이는 처음부터 결혼에 대해 회의적인 태도를 지니고는 있었지만, 그래도 일말의 기대를 걸고 한때는 행복을 구가하기도 했다.

그러나 어려서부터 단란한 가족의 행복을 겪어 보지 못했던 톨스토이는 가족 구성원들과의 유대관계를 통하여 만족을 느끼고 사랑을 베풀며 자신에게 주어진 책임을 완수한다는 의식이 매우 희박했던 것으로 보인다. 오히려 그는 밀착된 정서적 교류관계를 두려워하는 대신, 불특정 다수를 상대하는 작가나 사상가로서의 위치에서 더욱 편안하고 안전한 느낌을 받았는지도 모른다. 결혼과 가족이라는 짐은 경험 부족인 그에게 너무도 감당하기 힘든 정신적 부담을 안겨 준 것이다. 따라서 톨스토이는 인류와 종교라는 매우 포괄적이고도 추상적인 차원의 대가족 세계로 도피한 셈이다.

톨스토이 사후 9년이 지난 1919년 아내 소피아도 75세의 나이로 세상을 떠났다. 러시아 볼셰비키 혁명이 성공한 지 2년 후였다. 그리고 그 후 톨스토이의 많은 자녀들 모두가 해외로 도피했다. 더군다나 소비에트 정권하의 러시아는 톨스토이가 생각했던 그런 세상과는 너무도 다른 방향으로 나아가고 말았다.

개종과 금욕

톨스토이의 채식주의는 살인하지 말라는 계명에 순종한다는 의미뿐 아니라, 모든 생명을 존중한다는 숭고한 뜻도 포함된 것임에 틀림없다. 그러나 다른 한편으로는 육식이 성과 공격성을 자극시킨다는 속설에 따른 회피반응일 수도 있다. 따라서 그의 채식주의는 금욕주의와 밀접한 관련을 맺고 있다 하겠다. 톨스토이의 엄격한 금욕주의를 받쳐 주는 심리적 배경으로는 성에 대한 혐오감 및 여성혐오증을 들 수 있겠다. 그는 특히 여성혐오주의자로 명성이 자자한 쇼펜하우어에 공감하는 동시에 자신이 젊은 시절에 보였던 성적 방종에 대해 지독한 수치심과 후회 및 죄의식에 사로잡혔다. 실제로 톨스토이가 17세 때 형들이 그를 매춘굴에 데리고 간 적이 있었는데, 그는 그 후로도 계속 수치심에 사로잡혀 결코 그 사건을 잊을 수가 없었다.

그러나 이와 모순되게도 톨스토이는 매우 강한 정력의 소유자로서 35세부터 60세에 이르기까지 무려 12명의 아이들을 낳을 정도로 왕성한 성욕을 보였던 장본인이기도 하다. 톨스토이는 자신의 나이 56세에 막내딸 알렉산드라를 얻었으며, 나이 60에 막내아들 이반을 얻을 정도로 정력이 왕성했다. 그러나 이반은 만 7세로 톨스토이가 70을 바라보는 나이에 사망했다. 철저한 금욕주의를 요구했던 톨스토이였다는 점에서 매우 이율배반적인 모습이 아닐 수 없다. 아내 소피아는 당연히 이런 톨스토이의 모순된 태도를 위선적인 것으로 간주할 수밖에 없었을 것이다.

물론 그토록 많은 자식들을 낳은 사실에 대해 굳이 변명을 하자면 피임이나 낙태에 반대한 그의 신념 때문이라 할 수도 있겠지만, 그럼에도 불구하고 성에 대한 개인적인 혐오감 및 죄의식에서 비롯된 금욕적 생활 태도를 대중에게 요구하면서도 정작 자신은 스스로의 욕망을 제대로 제어하지 못했다는 점에서 매우 이율배반적인 모습을 보였다고 할 수 있다.

　이처럼 앞뒤가 맞지 않는 그의 언행 불일치는 톨스토이 자신의 내면적 혼란과 정서적 불안정에 기인한 결과로 보인다. 물론 그런 혼란은 어린 나이에 일찍 부모를 잃은 사건에서 비롯된 것으로 볼 수 있다. 삶의 뿌리 자체가 허술했던 그로서는 새로운 신념 체계의 확립이 무엇보다 중요한 화두로 떠올랐음이 분명하다.

　톨스토이의 개종은 국가와 교회의 권위를 부정한다는 점에서 급진적인 태도로 간주할 수는 있겠으나 파문 조치를 당할 정도까지는 아닌 것으로 보인다. 파문이라는 극단의 조치를 내린 러시아 정교회와는 달리 오히려 제정 러시아 당국은 톨스토이에 대해 정치적인 압력을 행사하지는 않았다. 그런 점에서는 급진적 문학서클 활동 혐의로 체포되어 사형선고에 처해졌다가 기적적으로 살아남은 도스토예프스키가 시베리아 유형에 처해진 것은 매우 가혹한 처사였다고 볼 수 있다.

　그러나 그보다 더한 톨스토이의 무정부주의적 견해에 대해서는 아무런 제재 조치도 내리지 않았는데, 그것은 러시아에서 매우 명망 있는 가문의 일원이라는 톨스토이의 귀족신분 때문이었을 것이다. 톨스토이로서는 신분상의 안전이 보장된 상태였기 때문에 자신의 소신을 자유롭게 표현할 수 있는 특권이 주어진 셈이다. 그런 점에서 그는 마음 놓고 감히 국가와 교회에 저항할 수 있었던 것이다. 다만 그에게 문학적 창조력의 원천을 제공한 3가지 주된 관계로 신과 여성, 그리고 조국 러시아와의 관계를 들 수 있겠지만, 이들 관계는 한결같이 혼란스럽고 모순되며 결코 해결되지 못한 매우 불편한 관계들이었음을 알 수 있다. 그중에서도 특히 여성과 국가와의 관계는 극한적인 단계로까지 나아갔으며, 그의 최종 선택은 결국 신의 품 안에 돌아가는 것이었다.

물론 톨스토이의 무정부주의는 부모 없이 자란 어린 시절에 기인한 것일 수도 있다. 아이들의 성장에 가장 중요한 틀은 부모의 존재가 지켜 주는 가정의 울타리일 것이기 때문이다. 부모가 없는 가정은 정부가 없는 국가나 마찬가지다. 그런 점에서 톨스토이는 부모가 지키는 가정을 대신하는 두 가지 중요한 상징으로서의 국가와 교회의 권위를 부정한 것으로 볼 수 있다.

모순에 찬 구도의 길

톨스토이는 자신의 일기에서 "그 누구도 나를 이해하지 못할 것"이라고 단언했다. 그러나 그것은 톨스토이의 오산이었다. 나이 70을 넘긴 톨스토이가 『부활』을 쓰고 있을 당시 프로이트는 『꿈의 해석』을 쓰고 있었다. 그리고 이들은 서로의 존재를 탐탁지 않게 여기고 있었다. 톨스토이는 심리학을 쓸모없는 학문으로 간주하여 신뢰하지 않았고, 프로이트는 성을 부정하는 톨스토이의 금욕주의적 태도를 자기기만적인 방어의 한 유형으로 보았기 때문이다. 정신분석은 톨스토이가 자신 있게 단언한 것처럼 그 누구도 이해할 수 없는 자아의 불합리한 모순과 갈등의 원인을 규명하고자 했으며, 실제로 그것을 입증해 보였다.

그러나 톨스토이는 그 누구도 신뢰하지 않았으며, 자신보다 총명하고 행복한 사람들에 대해 강한 질투심을 지니고 있었다. 그런 점에서 톨스토이의 인생은 모순에 가득 찬 삶의 한 전형으로 간주될 수 있겠다. 온갖 부와 권력을 향유한 귀족으로서 가난과 무소유의 미덕을 찬양하고, 지독한 여성혐오주의자로서 『안나 카레니나』를 썼으며, 작가로서의 명성을 누리면서도 문학을 쓰레기라고 매도했기 때문이다.

또한 그는 매우 유아적인 이분법적 논리에 근거하여 모든 사물을 이해했으며, 인생을 어떻게 살아야 하는지에 대해 열변을 토하면서도 정작 자신은 아내 한 사람도 설득하지 못하고 가출을 결심하고 만 것이다. 물론 이처럼 복잡다단한 톨스토이의 삶이나 성격을 이해한다는 것은 결코 손쉬운 일이 아니다. 그러나 그가 임질에 걸렸다가 회복된 19세부터 쓰기 시작하여 죽기 직전까지 60여 년에 걸친 오랜 삶의 기록으로 남긴 방대한 양의 일기는 톨스토이의 진면목을 여과 없이 보여 주는 매우 중요한 자료가 아닐 수 없다. 말년의 그는 자신의 일기를 아내 소피아가 볼 것을 가장 두려워했는데, 일기에는 톨스토이 자신의 온갖 부도덕한 악행과 타락에 대한 고백으로 가득 차 있다. 그러한 악덕들은 술과 여자, 도박과 허영, 그리고 세상과 아내에 대한 노여움 등으로 요약될 수 있다.

이처럼 일기를 통해 엿볼 수 있는 톨스토이의 모습은 인자하고 자상한 일면을 드러내는가 하면, 그와는 정반대로 독재적이며 완고하고 편협하기 그지없는 옹졸한 일면을 보여 주기도 한다. 그러면서도 톨스토이는 사랑이 없이는 하루도 살아갈 수 없음을 누누이 강조하고, 연민의 정과 나눔의 정신이 없는 인간사회가 도저히 구제받을 길이 없다고 하였다. 따라서 진짜 도둑은 자신이 원하는 것을 갖는 사람이 아니라 스스로 원하지도 않는 것을 남에게 나누어 줄 생각조차 하지 않고 계속해서 그것을 붙들고 내놓지 않는 사람이라고 하였다. 마치 자신의 아내를 염두에 두고 한 말처럼 들린다.

톨스토이는 19세기 러시아가 낳은 천재적인 작가요 위대한 사상가다. 그러나 정작 그가 보인 심리적 갈등과 모순 및 성격적 부조화 측면에서 본다면 실망감을 표시하는 독자들도 있을지 모르겠다. 물론 위대한 업적을 낳은 모든 인간이 반드시 인격적으로도 완벽할 필요는 없다. 그러나 사람들은 위대한 업적과 인간성이 일치되기를 바란다. 톨스토이 문학과 사상의 위대함은 누구나 인정하는 사실이지만, 정작 그 자신은 매우 모순되고 불합리한 정서적 · 성격적 결함으로 고통받는 삶을 살았다.

특히 그의 일기는 톨스토이 자신의 내면적 갈등과 고뇌를 여지없이 드러내는 삶의 절규라 하겠다. 그런 점에서 볼 때, 톨스토이의 『참회록』은 처절한 삶의 고백도 아니고 소설은 더더욱 아니다. 따라서 『참회록』이라기보다는 오히려 치열한 철학적 성찰이요, 신앙고백서에 가깝다. 왜냐하면 자신의 삶에 대한 반성이나 뉘우침 또는 삶의 재구성 등에 중점을 둔 것이 아니라, 인생의 의미를 찾기 위한 내적 성찰 및 삶의 구원을 위한 신앙적 깨달음에 무게를 두고 있기 때문이다.

그는 비록 어린 나이에 부모를 모두 잃고 외롭게 성장했으나 귀족 가문의 후예라는 배경 때문에 경제적 어려움은 모르고 자랐다. 그러나 농노들의 비참한 생활상에 접하게 되면서 통렬한 죄의식에 사로잡힌 나머지 자신이 이룩한 모든 예술적 가치마저 부정하고 극단적인 기독교 사상에 기울어진 결과, 철저한 자기구제를 위한 『참회록』을 남기게 되었다.

톨스토이의 인도주의적 이타주의는 예수 그리스도의 산상수훈에 입각한 것으로 비폭력 무저항주의를 주장하면서도 교회와 국가의 권위를 일체 인정하지 않는 무소유, 무정부주의적 색채를 띠게 됨으로써 일각에서는 톨스토이즘의 성격을 한마디로 기독교적 무정부주의로 부르기도 한다. 그리고 그의 『참회록』은 톨스토이의 사상적·철학적·신앙적 변화의 분기점에 쓰였다는 점에서 매우 중요한 가치를 지닌다. 『참회록』의 전체적인 논조는 톨스토이의 매우 염세적이며 우울한 분위기를 반영한다. 어떤 면에서는 강박적이고도 자학적인 측면까지 드러난다. 그것은 톨스토이 자신이 생애 초반부터 끊임없이 이어진 죽음과 상실, 그리고 헤어짐에 따른 심리적 외상을 제대로 극복하지 못한 사실에 기인하는 듯하다.

그러나 톨스토이는 그 모든 역경을 헤치고 세계문학사의 정점에 우뚝 선 대문호로 자리 잡기에 이르렀다. 모순에 가득 찬 그의 삶 자체는 극단에서 극단으로 좌충우돌하며 살아온 러시아 민중들의 혼란된 삶을 그대로 반영하는 것인 동시에 영적인 구원을 향한 뼈아픈 구도자의 길이기도 했다. 그는 스스로를 자학하면서도 고통받는 러시아 민중에 대한 사랑만은 극진했다. 그의 숭고한 이타주의는 절망의 나락에까지 처했던 사람만이 가능한 극적 반전의 몸부림이요, 승화된 모습이 아닐 수 없다. 그러나 그런 길은 누구나 다 걸을 수 있는 평범한 길이 결코 아니다.

그는 비록 심리학의 존재를 쓸모없는 것으로 과소평가했지만 그토록 쓸모없는 정신분석도 수많은 사람들의 정신적 고통을 덜어 주는데 얼마나 유용한 도구가 될 수 있는지 진작 알았다면 그런 말을 경솔히 하지는 않았을 것이다.

사르트르의 『말』

　장 폴 사르트르(1905~1980)는 프랑스가 낳은 20세기 최대의 철학자요, 작가이며 사상가다. 『존재와 무』를 통해 널리 알려진 그의 실존주의 철학은 그야말로 한 시대를 풍미했던 중심철학이기도 했다. 파리의 카페마다 둘러앉은 사람들은 그의 실존철학에 대해 한마디씩 하지 않으면 사람 취급을 받지 못하던 시절도 있었을 만큼 그에 대한 인기는 하늘 높은 줄 모르고 치솟았다.

　더욱이 그는 작가로서의 재능도 뛰어나 1964년 노벨 문학상 수상자로 선정되었으나 수상을 거부해 화제가 되기도 했다. 또한 그는 평생 연인이자 동지이기도 했던 시몬드 보부아르와 죽을 때까지 결혼하지 않고 동거관계를 유지함으로써 의식 있는 좌파 지성인의 면모를 유감없이 발휘하기도 했다.

　이처럼 지식인 사회에 돌풍을 일으켰던 사르트르는 파리에서 외동아들로 태어났다. 그러나 해군장교였던 아버지는 그가 두 살도 채 되기 전에 열병으로 세상을 떠났으며, 따라서 그는 주로 외조부 집에서 자랐다. 어머니 안느 마리 슈바이처는 알자스 출신으로 노벨 평화상을 수상한 밀림의 성자 슈바이처 박사와는 사촌지간이었다. 그러나 사르트르는 일생 동안 슈바이처 박사에 대해 별다른 존경심을 지니고 있지 않았던 것으로 보인다. 독일어 교사였던 외조부는 어린 사르트르에게 독일어를 가르쳤으며 고전문학에도 눈뜨게 만들었다. 그의 독일철학에 대한 관심과 문학적 재능의 발휘에는 이처럼 외조부의 힘이 매우 컸다. 외갓집에서 20대 젊은 과부로 더부살이를 하던 어머니는 결국 그가 12세 때 조세프 망시와 재혼하면서 어린 아들과 함께 이사를 하기에 이른다. 이때부터 그는 비록 계부이긴 하지만 아버지라는 존재를 처음 알게 되었다.

어려서부터 머리가 비상했던 그는 실로 보기 드문 천재였다. 비록 태어날 때부터 사시라는 신체적 결함을 안고 있었지만, 그는 파리고등사범학교를 수석으로 졸업한 이후 75세로 세상을 뜰 때까지 그야말로 탄탄대로를 걸으며 자신의 천재성을 유감없이 발휘하고 살았던 보기 드문 행운아였다.

『말』

사르트르의 자전적 기록 『말』은 1964년 그의 나이 60세 때 출판되었다. 여기서 그는 주로 자신의 어린 시절에 대해 다소 냉소적으로나마 비교적 자세히 다루고 있어 그를 이해하는 데 상당한 도움을 주는 것이 사실이다. 그는 말하기를, 아버지의 죽음이 자신의 삶에서 가장 큰 사건이었는데 그 이유는 그 죽음으로 인해서 어머니는 비록 사슬에 묶였지만 자기는 자유를 얻었기 때문이라고 했다. 왜냐하면 아버지가 일찍 죽었기 때문에 자신은 하찮은 아버지의 지배를 당하지 않아도 되었을 뿐만 아니라 어머니를 독점할 수 있었기 때문이다.

그런 점에서 그는 아버지의 죽음을 오히려 다행으로 여겼으며 아버지의 존재란 인간이 성장해 가는 데 있어서 방해물이 될지언정 그다지 쓸모 있는 존재가 아니라는 인식을 갖고 있었다.

이러한 인식은 그가 성장한 이후에도 변함이 없어서 결국 그는 일생 동안 아버지 노릇을 해 본 적이 없었다. 아니면 아버지 역할을 두려워했을 수도 있다. 어린 그는 그에게 헌신적인 어머니의 지배자로 군림했을 뿐만 아니라 외조부의 관심까지 독점했다. 결국 그는 일생 동안 누구의 지배도 받지 않았으며 그 자신 또한 누구를 지배할 뜻도 없음을 당당하게 밝힌다. 결국 그는 아버지의 존재 및 가치를 부정할 뿐만 아니라 신의 존재마저 부정했던 것이다. 아버지는 끔찍스런 지배자에 불과하다는 그의 편견과 오류는 물론 그 자신의 경험에서 나온 것이 아니다. 그는 오로지 책을 통해서 그런 지식을 배운 것이다.

그러나 그 자신 역시 일생 동안 무신론적 실존철학과 마르크스주의 이념의 지배를 받았으며, 무의식의 지배를 받는 자아의 개념에서 벗어나야 한다는 강박관념에 지배당했음을 우리는 알 수 있다. 그는 아버지의 이른 죽음으로 인해서 자신에게는 불완전한 오이디푸스 콤플렉스밖에 남겨진 게 없으며, 초자아의 결핍 문제를 인정한다 하더라도 어머니는 애초부터 자신의 것이었기 때문에 그 자신은 그 어떤 폭력이나 증오심 또는 질투심도 모르고 컸다고 주장했다.

그러나 그의 이런 주장은 자신이 히스테리나 강박적인 성격의 소유자가 아니라는 의미에 지나지 않는다. 그리고 그런 의미에서라면 나름대로 타당성을 갖는다. 아버지의 방해 없이 어머니를 독점할 수 있었던 행운아 사르트르는 그러나 자신의 나르시시즘에 대해서는 언급하지 않는다. 자신만이 옳다는 그의 전지전능감은 일생을 통해 그의 사고와 행동에 영향을 준 강력한 추진력이 되었기 때문이다. 사르트르의 나르시시즘은 그가 자신과 다른 관점을 일체 받아들일 수 없었다는 점을 통해서도 확인할 수 있다. 그는 자신과 견해가 다른 사람과는 그 관계를 아예 단절해 버렸다. 그래서 한때 절친했던 메를로-퐁티, 알베르 카뮈와도 일체 상종하지 않았던 것이다.

사르트르는 비록 프로이트를 직접적으로 언급하지는 않았지만 프로이트가 말한 초자아가 자신에게 없다는 점을 오히려 자랑스레 내세우기도 했다. 그러나 사르트르는 초자아란 아버지의 가치관을 이어받는 것이라고 잘못 이해한 것으로 보인다. 초자아가 없는 인간은 존재할 수 없다. 다만 부분적으로 그 기능에 결함은 있을 수 있다. 더욱이 아버지가 없으면 어머니나 조부모의 가치관을 자신의 초자아의 일부로서 받아들이기 마련이다.

그런 점에서 사르트르가 말한 초자아는 가부장적인 가치관의 전승을 의미한 것으로 이해할 수 있겠다. 그것이 아니라면 그는 스스로가 반사회적 인간임을 자인한 셈이 된다. 초자아가 없는 사람이 어찌 히틀러나 스탈린 또는 미국의 전쟁범죄를 단죄할 수 있겠는가. 그는 비록 아버지가 일찍 죽은 것을 다행으로 여겼지만 처자식을 제대로 돌보지도 못하고 죽어 버린 아버지에 대해 일말의 원망과 분노를 지닌 것으로 보이기도 한다.

그는 자신 있게 단언하기를, 훌륭한 아버지란 있을 수 없으며, 부자관계라는 것은 원래 썩어 빠진 것이라고 주장한다. 그러나 훌륭한 아버지를 겪어 보지 못한 자신의 개인적 경험만을 토대로 세상의 모든 아버지를 싸잡아 매도하는 것은 매우 근시안적인 발상이 아닐 수 없다. 당연히 그는 이해하지 못하겠지만 이 세상에는 훌륭한 아버지들도 얼마든지 존재한다는 사실을 우리는 너무도 잘 알고 있다.

한마디로 사르트르의 태도는 주정뱅이 남편 때문에 고생한 어머니가 자신의 딸에게 이 세상 남자는 모두 도둑놈들이니 조심하라고 충고하는 태도와 다를 바 없다. 이처럼 부정적인 인식을 토대로 한 그의 자서전은 당연히 외가 쪽 집안 내력은 자세히 소개하고 있으나 아버지 쪽 사르트르 일가에 대한 언급은 거의 보이지 않는다. 그러나 외가인 슈바이처 일가에 대한 그의 인상 역시 그다지 호의적이지만은 않다. 그는 다소 업신여기는 듯한 태도로 외가 쪽 인물들을 묘사하고 있는데 외조부나 외조모 역시 그의 불쌍한 어머니를 무시하고 함부로 부려먹었기 때문이다. 단 여기서 유일한 예외가 어머니였는데, 어머니만은 그 어떤 경우에도 사르트르에게는 잊을 수 없는 그의 또 다른 분신이었다.

사르트르와 보부아르

사르트르는 파리고등사범학교에 재학 중이던 1929년, 그의 나이 24세 때 당시 소르본느에 다니던 세 살 연하의 시몬 드 보부아르를 처음 만났다. 그 후로 이들은 항상 붙어 다녔으며 우정을 나누었을 뿐 아니라 연인 사이로 발전했다. 머리가 비상했던 이들 남녀는 철학 교수 자격시험에서도 나란히 1, 2등을 차지했다. 1등은 사르트르였고 보부아르는 2등을 차지했다. 물론 그녀의 아버지는 이들의 동거에 격렬히 반대했지만, 두 사람은 일부일처제를 신봉하지 않았기에 이들의 기묘한 동거생활은 일종의 계약결혼처럼 비치기도 했다. 그들은 상투적인 부르주아 생활관습에 도전하였으며, 결혼해서 자식을 낳고 양육하는 것도 거부했다.

이처럼 강압적이며 영적으로 파괴적인 삶의 방식을 거부하고 진정한 자유의지에 따라 삶을 영위한다는 기본 모토는 그의 일관된 철학적 명제가 되었다. 그리고 그렇게 사는 것이 진정한 휴머니즘의 발로라고 본 것이다. 그럼에도 불구하고 사르트르의 이성관계는 매우 특이한 양상을 보인다. 그는 불어를 사용하지 않는 외국인 여성과는 절대로 관계를 맺지 않았으며, 보부아르와 동거생활을 지속하면서도 많은 여성들과 자유롭게 관계를 맺기도 했다.

보부아르 역시 그런 사르트르의 애정행각에 대해 별다른 간섭을 하지 않으면서 대신에 그녀 자신은 다른 남성과 관계를 맺기도 했다. 이처럼 이들은 철학적 동지이자 연인으로서 동거생활을 유지하는 가운데 각자 독자적인 이성관계를 맺어 나갔던 것이다. 따라서 이들의 기묘한 동거생활을 단순한 계약결혼이나 실험적인 혼전동거로만 보기는 어렵다.

어떤 점에서 본다면 보부아르는 사르트르의 상징적인 대리모 역할을 한 것일지도 모른다. 이들에게도 위기는 얼마든지 있었다. 특히 보부아르가 총애하는 여제자 올가와 그녀의 여동생 완다에게 열을 올린 사르트르 때문에 미묘한 삼각관계에 빠졌던 경험은 보부아르로 하여금 타자의 개념에 몰입하게끔 이끌었으며 그 결과로 1943년 소설 『초대받은 여자』가 나온 것이다. 처음에는 사르트르가 올가의 뒤를 졸졸 따라다녔지만 그녀가 자신을 거절하고 보부아르의 애인이었던 자크 로랑 보스트와 결혼해 버리자 대신에 그는 그녀의 동생인 완다와 관계를 맺은 것이다.

사르트르는 이에 그치지 않고 보부아르의 또 다른 제자 비앙카에도 관심을 기울였다. 그러나 그녀는 사르트르보다는 보부아르에게 더 큰 매력을 느끼고 있었다. 그러나 정작 보부아르는 다른 제자 나타샤에 이끌렸다.

이처럼 그녀가 겪은 미묘한 삼각관계는 마치 오이디푸스기의 특징을 이루는 부모와의 관계에서 경험하는 미묘한 삼각관계를 연상시킨다. 비록 사르트르와 보부아르는 상대의 외도에 대해 비교적 초연한 태도를 유지했지만, 그녀 역시 한 여성으로서 갈등이 없었을 리 만무하다. 특히 사르트르가 기자 돌로레스 바네티와 뜨거운 사이로 발전하자 상심한 보부아르는 보란 듯이 작가인 넬슨 알그렌과 관계를 맺고 희열을 느꼈다. 넬슨 알그렌은 그녀가 미국 방문 시에 다른 남성들과 잠자리를 같이 한 사실에 대해 몹시 분격했지만 그녀는 이에 아랑곳하지 않았다. 사르트르 역시 이에 질세라 알제리 출신의 유대인 여성 아를레테 엘카임과 관계를 맺고 그녀를 양녀로 받아들여 자신의 유산 관리인으로 임명했다. 반면에 보부아르는 자신의 제자인 실비 르봉을 양녀로 받아들이고 자신의 상속자로 지명했다.

이처럼 제각기 다른 행동 지침을 유지하면서도 이들은 기묘하게도 자신들의 동거생활을 계속 고집스레 밀고 나갔다. 물론 이들의 관계를 굳건하게 유지시켜 준 것은 일치된 철학적 신념과 공동의 목표였다. 따라서 말과 귀를 통해서 오고가는 사상적 교류가 두 사람에게는 그 무엇보다 중요한 관계 유지의 비밀이었던 것이다. 사르트르는 아버지 없이 자라면서 그 자신의 고백처럼 초자아가 없는 공간을 글쓰기로 채우며 일생을 보낸 사람이다. 그의 불쌍한 어머니는 정서적인 자양분을 제공해 주기는 했지만 지적인 여성은 아니었다. 그런 그에게 가장 절실하게 요구되는 생의 반려자는 매우 지적인 엄마 노릇을 하는 여성이었을 것이다.

그는 비록 실존을 이야기한 사람이었지만 실제로는 이 세상에 홀로 남겨지는 것을 몹시 두려워한 남자였다. 그런 점에서 보부아르는 그에게 있어서 단순한 연인이 아니라 그의 말을 들어 줄 영원한 귀의 역할을 해 준 셈이다. 그것은 보부아르에게도 마찬가지였다. 그녀에게 사르트르의 존재는 단순한 연인에 머문 것이 아니라 그의 입에서 나오는 말을 통해 그녀의 삶에 활기를 불어넣어 준 것이다.

결국 이들에게는 서로의 말상대가 되어 준다는 일이 그 무엇에도 견줄 수 없는 관계 유지의 핵심이었던 셈이다. 사실 사르트르는 명석한 두뇌 외에는 남자로서의 매력은 그다지 내세울 것이 없는 인물이었다. 몸집도 작고 외모 또한 볼품없는 데다가 사팔뜨기였다. 그러나 그녀에게 중요한 것은 사르트르의 외적인 매력이 아니라 지적인 교류였으며 그와 맺은 끈끈한 우정이었다.

사르트르가 죽고 난 후에 그녀를 가장 힘들게 했던 점은 바로 그가 다시는 그녀에게 말을 걸지도 않고 더 이상 그의 말을 들을 수 없다는 사실이었으며, 그래서 보부아르는 두 사람 사이에 늘 오고가던 말을 몹시 그리워하고 허전해했던 것이다. 사르트르의 자서전 제목도 그래서 『말』이었는지도 모른다.

사르트르의 오류

물론 필자는 이 자리에서 그의 철학이나 사상에 대해 운운할 자격도 실력도 없다. 그리고 굳이 여기서 그럴 필요까지도 없다. 단지 그의 개인적 신념에 의해 드러난 담론들만을 문제 삼을 뿐이다. 사르트르의 실존철학은 사실 그 뿌리를 독일의 강단철학에서 찾을 수 있다. 특히 헤겔과 하이데거, 그리고 야스퍼스는 사르트르에게 가장 큰 영향을 준 인물들이라 하겠다. 그런데 이들 인물들은 독일 정신의학에도 지대한 영향을 끼쳤을 뿐만 아니라 심지어는 나치즘에도 그 흔적을 남겼다.

그중에서도 특히 하이데거의 『존재와 시간』은 사르트르에게 결정적인 영향을 주었으며, 헤겔의 타자 개념은 사르트르뿐만 아니라 시몬드 보부아르를 포함하여 자크 라캉의 정신분석에도 영향을 주었다. 사르트르는 소설 『구토』에서 지옥은 바로 타자라고 했다. 그것은 모든 관계의 의미를 부정하는 말이기도 했다. 실존이 본질에 앞선다는 그의 무신론적 실존철학이 천상천하 유아독존을 외친 불타의 철학과 근본적으로 어떤 차이가 있는지 잘 모르겠지만, 어쨌든 그런 점에서 사르트르의 현상학적 존재론의 뿌리는 헤겔과도 맞닿아 있다.

그 유명한 『정신현상학』을 쓴 헤겔은 주인과 노예의 변증법을 통하여 노예가 노예답게 살기 위해서는 노동 자체의 가치와 즐거움을 깨달아야 한다고 주장했다. 아우슈비츠 수용소 입구 현판에 새겨진 그 유명한 "노동이 너희를 자유롭게 하리라(Arbeit Macht Frei)"라는 문구는 바로 헤겔의 노예철학에서 따온 말이다. 오로지 노동만이 노예를 노예답게 그리고 자유롭게 만든다는 것이다. 나치는 헤겔의 노예철학과 니체의 초인사상 및 바그너의 반유대주의를 아주 적절하게 이용했다. 찰스 다윈의 적자생존이론도 마찬가지 운명을 겪었다. 그것은 우생학적 정당성을 뒷받침해 주는 이론적 근거로 악용되었다.

이처럼 헤겔에서 비롯된 정신현상학은 후설의 현상학을 거쳐 독일 강단철학의 주류로 자리 잡으면서 칼 야스퍼스의 『일반 정신병리학』에까지 이어진다. 독일의 실존철학자 야스퍼스는 말하기를, "우리는 인간의 정신세계를 이해할 수 없다. 단지 설명할 뿐이다."라고 감히 단언했다. 이는 물론 인간 무의식의 존재를 인정하지 않기 때문에 나온 말이다. 그는 프로이트의 정신분석조차도 단지 그럴듯한 설명에 지나지 않는 것으로 평가절하했던 것이다. 당연히 그의 『일반 정신병리학』 번역에 동참하기도 했던 사르트르 역시 무의식의 존재를 인정하지 않았다.

물론 인간 이성에 대해 절대적 가치를 부여하는 철학자로서의 자부심 때문에 그에게는 무의식의 존재를 인정한다는 것이 괴로운 일이었음에 틀림없을 것이다. 그것은 "나는 생각한다, 고로 존재한다."라는 데카르트의 명제와 "인간은 생각하는 갈대"라고 반론을 제기한 파스칼의 명제를 비교해 보면 그 차이가 분명해진다. 인간의 합리적 이성과 사고는 비합리적 감정에 흔들리기 쉽다는 점에서 프로이트는 철학자들이 가장 부정하고 싶어 하는 아킬레스건을 건드린 셈이다. 야스퍼스가 자신의 방대한 역저 『일반 정신병리학』에서 당대의 심리학계 거두인 프로이트에 대한 자세한 언급을 의도적으로 회피한 것은 바로 그런 배경 때문일 것이다. 사르트르 역시 프로이트의 정신분석을 노골적으로 과소평가했다.

그러나 라캉은 "인간의 주체는 생각하지 않는 곳에 존재한다."고 함으로써 데카르트의 명제에 직격탄을 날렸다. 물론 데카르트와 파스칼의 대립은 플라톤과 아리스토텔레스에서 비롯된 두 개의 거대한 물줄기에까지 거슬러 올라가는 문제이기도 하다. 그러나 이처럼 첨예하게 대립된 명제의 해결은 아직까지도 미완의 과제로 남아 있는 부분이다. 따라서 사르트르는 그토록 골치 아픈 이성과 감성의 문제를 훌훌 떨쳐 내 버리고 오로지 실존만을 강조했던 것이다.

그런 점에서 사르트르의 가장 큰 오류는 무엇보다도 인간 무의식의 존재를 인정하지 않았다는 점이 될 것이다. 그는 인간의 자유의지에 대한 투철한 신념 때문에 프로이트가 주장한 무의식이론을 도저히 받아들이기 어려웠겠지만, "사람이 동성애를 포기하는 것은 식당 웨이터가 식당을 그만두는 일보다 더 손쉬운 일이다."라고 함으로써 오묘한 인간 심리에 대해 너무도 안이한 태도를 보인 것이 사실이다.

그렇다면 그와 절친했던 앙드레 지드나 미셸 푸코와 같은 작가들도 마음만 먹으면 얼마든지 손쉽게 동성애를 포기할 수 있었다는 말인지 궁금해진다. 또한 보부아르와 끝내 결혼하지 않고 동거를 고집한 것이나 자식을 낳지 않은 사실도 그 자신의 자유의지에 의한 것으로 그는 굳게 믿었을 것이다. 그러나 과연 그랬을까.

앞서 살펴보았듯이 보부아르와의 동거를 포기하는 일은 대외적으로 자신의 신념을 부인하는 결과를 초래할 것이 불 보듯 뻔했기 때문에 그는 그러고 싶어도 실행에 옮기지 못했을 것이다. 그는 아버지 없이 컸기 때문에 아버지 역할에 대한 개념이 없었다. 따라서 가정을 이루고 자식을 낳아 기른다는 사실이 그에게는 무척 생소한 일이었을 것이다. 아버지에 대한 그의 부정은 신에 대한 부정으로 이어졌지만, 아버지의 지배를 받아 보지도 않았던 그가 이 세상의 모든 부자 관계가 마치 지배와 피지배의 끔찍스런 지옥체험이기라도 한 것처럼 인식한 점은 지나친 억측이요 일반화에 지나지 않는다. 오히려 삼각관계에서 벌어지는 오이디푸스 갈등을 지적한 프로이트의 주장이 더욱 그럴듯한 설득력을 갖는다.

가족제도 자체에 대한 부정은 마르크스주의 철학자 알튀세르에게도 역시 동일한 부담을 주었던 것으로 보인다. 그러나 그는 가족을 대신할 대안을 갖고 있었다. 가톨릭과 공산당이라는 두 가지 거대 패밀리가 그를 받쳐 주었기 때문이다. 사르트르는 그것을 공산주의 이념과 보부아르와의 관계에서 찾았다.

그러니 그가 프로이트의 무의식이론을 받아들일 리가 없었다. 그것을 받아들이는 순간 그는 곧 자신은 왜 무슨 이유로 결혼을 기피했으며 어떤 동기로 보부아르를 선택해야 했는지 그리고 왜 자식 낳는 것을 두려워했는지 등 골치 아픈 문제에 대해 스스로 직면해야 하기 때문이다. 그만큼 자신의 무의식적 동기에 대한 통찰을 얻는다는 일은 두려움을 유발할 뿐만 아니라 용기를 필요로 하는 일이다.

물론 사르트르는 철학자였지 심리학자는 아니었다. 아니 그는 오히려 심리학의 존재를 애써 무시했던 사람이었다. 게다가 그는 마르크스주의 신봉자였다. 따지고 보면, 무의식의 존재를 부정한 것은 사르트르뿐만이 아니다. 오로지 행동에만 관심을 기울이는 학습이론 및 행동심리학도 무의식을 인정하지 않는다. 따라서 개인적 욕망체계를 억압하고 오로지 집단적 이념의 사상학습에만 전력을 기울였던 소비에트 사회가 왜 정신분석을 추방하고 학습이론만을 채택했는지 그 이유를 알 만도 하다.

그러나 어떤 측면에서는 인간의 근원적인 욕망을 깡그리 무시했기 때문에 공산주의체제가 무너졌다고 해도 과언이 아닐 것이다. 사르트르는 1960년대 이후 프랑스 사회를 석권했던 좌파 지식인을 대표하는 현대철학 및 사상계의 거목이었다. 그러나 소련의 붕괴 이후 사르트르의 존재는 마르크스주의 철학자 알튀세르와 함께 점차 세인들의 관심 밖으로 밀려나게 되었다. 그의 실존철학이 한 시대를 풍미했던 것만은 분명한 사실이지만, 그가 지녔던 정치적 낙관주의는 철학적 염세주의와 적절한 타협을 이루지 못한 느낌이 든다. 한 개인의 욕망과 환상이라는 측면에서 본다면, 아무리 천재적인 두뇌의 소유자라 하더라도 그 개인적 갈등의 해결은 결코 말처럼 손쉬운 일이 아님은 정신분석에 조금만이라도 관심을 지닌 사람이라면 누구나 인정하는 부분이 될 것이다.

20세기를 대표하는 가장 위대한 철학적 대저를 들라면 사람들은 한 치의 주저함도 없이 하이데거의 『존재와 시간』, 그리고 사르트르의 『존재와 무』를 가리킬 것이다. 그만큼 이들은 20세기가 낳은 가장 위대한 철학계의 양대 거목이었다. 더군다나 이들 저서들은, 우연의 일치겠지만, 두 사람 모두 38세라는 젊은 나이에 쓴 대표작들이다.

그러나 이들 비범한 천재들은 제각기 서로 다른 이유로 그 빛나는 명성이 오늘날에 이르러서는 상당히 퇴색한 느낌이 든다. 하이데거는 나치동조 혐의로 그리고 사르트르는 공산주의 몰락을 목전에 두고도 계속해서 친소적인 행보를 멈추지 않았다는 점에서 말이다. 인간의 이성과 자유에의 의지를 그 누구보다 믿었던 그들이 절대적인 지지를 보낸 인물들이 바로 히틀러와 스탈린이었다는 점을 생각해 본다면 그들이 이룩해 낸 철학적 위업 앞에 당혹감을 느끼지 않을 수 없게 된다.

그렇다고 해도 우리는 여기서 실망할 필요가 없다. 미국의 철학자 앨버트 허바드도 말했듯이 천재는 한계를 지니지만 둔재는 어려움을 모르기 때문이다. 현실적인 한계를 지닌 천재들보다 오히려 한계를 모르는 둔재들 때문에 인류는 얼마나 숱한 고초와 시련을 겪었는가. 히틀러와 스탈린을 보라. 그들에 비하면 사르트르는 그 누구도 해친 적이 없는 천재적인 지성인이었을 뿐이다. 그것은 프로이트 역시 마찬가지였다.

물론 사르트르는 영국의 버트런드 러셀과 함께 20세기 격동기를 통해 지구상에서 벌어진 온갖 불의에 대항한 몇 안 되는 소수의 행동하는 양심, 행동하는 지식인이었다. 그들이 전개한 반핵, 반전 운동은 인간 정의를 실현하고 평화를 추구한다는 대의명분만으로도 충분히 정당성을 얻는 일이었으며, 세인들의 존경을 받고도 남음이 있었다.

그러나 이들은 실제로 억장이 무너지는 참담한 비극을 겪어 보지 못한 인물들이었다는 점에서 영원한 이상주의자로 기억될 뿐이다. 특히 사르트르는 더욱 그렇다. 사변적인 세계에서는 실존주의야말로 진정한 휴머니즘이 될 수 있을지 모르지만 그런 말은 아우슈비츠나 남경학살 또는 강제노동 수용소 현장에서는 아무런 도움도 되지 못하기 때문이다. 인간 이성의 힘을 굳게 믿는 것은 바람직한 일이겠지만, 그런 이성의 힘을 무력화시키는 주체가 인간 무의식의 불합리성에 있다면 이념뿐 아니라 인간의 무의식적 욕망과 환상의 실체에 대해서도 우리는 충분한 이해를 지니고 있어야 할 것이다. 그런 점에서 인간의 이상을 실현한다는 문제는 참으로 손쉬운 일이 아닌 듯하다.

이 모든 사실에도 불구하고 사르트르는 여전히 위대한 철학자로 남아 있다. 아버지의 존재도 모르고 홀어머니 밑에서 자란 외동아들이었지만 그의 비상한 머리는 성장과정 중에 비롯된 다소간의 성격적·신체적 결함들을 상쇄시키고도 남음이 있었다. 그의 선천적인 사시와 아버지 없이 외갓집에 얹혀살며 자란 환경은 그에게 열등감을 주었을 뿐만 아니라 건전한 권위상과의 동일시 과정에 부분적인 결함을 남겨 주었겠지만 그는 지적인 성취를 통해 얼마든지 자신의 우월감을 유지할 수 있었으며, 동시에 모든 권위에 대한 도전정신 또한 더욱 강화시켜 나갔을 것이다.

물론 가족의 소중함을 겪어 보지 못했기 때문에 그 자신이 결혼이라는 의례적인 절차를 무시하고 철학적·이념적 동지 차원에서 오랜 동거생활을 영위해 나갔다고는 하지만 자식들을 낳고 키우는 가운데 겪어 나가야 할 정상적인 부자관계의 경험이나 아버지 역할을 기피했다는 점에서는 그 자신의 해결되지 못한 심리적 갈등문제를 짐작케 하기도 한다.

그러나 그는 자신의 개인적 갈등문제를 철학적·이념적 또는 문학적 신념을 통해 충분히 승화시켜 나갈 수 있는 재능을 겸비하고 있었기에 다행히도 그 자신의 심리적 균형을 적절히 이루며 생을 마칠 수 있었다. 그런 점에서 그가 삶의 과정을 통해 크나큰 정신적 위기를 겪지 않고도 지탱할 수 있었던 근원적인 힘은 역시 조건 없이 받아주고 지지해 주는 모성애에 있었음을 알 수 있으며, 비록 아버지 역할을 거부하긴 했지만 사상적인 아버지 역할을 자처함으로써 그 공백을 메워 나간 것으로 볼 수도 있다.

좀 더 긍정적으로 평가한다면 원대한 이상을 추구하며 큰일을 도모하는 사람은 세속적이고도 사사로운 감정에 얽매이기를 거부하고 보다 큰 형제애와 가족애에 기초한 인류애를 지향한다고 평가할 수도 있겠다. 모든 위대한 종교인들이 그렇듯이 말이다.

알튀세르의 고백

　루이 알튀세르(1918~1990)는 현대 프랑스의 저명
한 좌파 지식인이자 철학자요 사상가로 알려진 인물이다. 그러나 그
는 죽을 때까지 조울병에 시달리며 고통스런 삶을 살다간 불행한 학
자였다. 우리나라에는 1990년대 들어서면서부터 그에 대한 관심이
늘기 시작하더니 공산주의의 몰락으로 최근에 와서는 완전히 시들해
지고 말았다. 더욱이 오랜 기간 라캉파 분석가에게서 정신분석을 받
았던 그였기에 그가 보인 광기와 자신의 삶을 정리하고 분석한 자서
전 사이에 어떤 관련이 있는지 알아보는 일은 단순한 호기심 차원에
서 벗어나 인간정신의 본질에 대한 매우 진지한 탐색의 기회를 제공
하는 것일 수 있다.

　그러나 이 책에서 관심을 기울이는 부분은 그의 사상적 배경이 아
니라 개인적인 삶의 체험이다. 그는 조울병 등으로 인한 정신적 혼란
때문에 평생 동안 정신병원을 드나들어야 했으며, 결국에는 자신의
나이 든 아내를 살해하는 끔찍스런 일을 저지름으로써 많은 사람들
에게 큰 충격을 안겨 주고 말았는데, 이처럼 상식적으로 이해할 수
없는 광기의 배경을 밝혀 보고자 하는 것이 이 글의 주된 목적이기
도 하다.

미래는 오래 지속된다

1980년 11월 16일 새벽, 파리 중심가의 한 아파트에서 당시 62세의 노철학자인 알튀세르가 그의 아내 엘렌느를 침대 위에서 목 졸라 살해한 사건은 프랑스 국민뿐만 아니라 전 세계 지식인들을 경악케 한 엄청난 사건이었다. 알튀세르는 법원의 명령으로 곧바로 정신병원에 수용되었지만, 그에 대하여 사람들은 마치 약속이라도 한 듯 일시에 입을 다물고 침묵했으며, 한술 더 떠서 그를 끝까지 옹호했던 발리바르까지 "알튀세르여, 계속해서 침묵하십시오."라는 장문의 글을 발표할 정도였다. 세상은 불행한 노철학자의 반이성적인 살인행위에 대하여 더 이상 할 말을 잃었는지도 모르겠다.

그 후 알튀세르에 대한 화제는 유럽의 지식인 사회에서 결코 입에 올려서는 안 될 일종의 금기처럼 되다시피 했다. 서구인들의 자존심에 먹칠을 한 광기의 철학자 알튀세르는 그들에게 있어서는 마치 악몽과도 같은 존재였을지도 모른다. 그러나 세상뿐만이 아니라 알튀세르 자신도 굳게 입을 다물어 버렸다. 62세의 나이에 그것도 세계적인 명성을 날리던 한 지성인이 생의 반려자를 목 졸라 살해한 행위는 어느 누구도 상식적으로 손쉽게 납득할 수 없는 미궁의 수수께끼요 미스터리였다.

사건 이후 알튀세르를 더욱 고통스럽게 만든 것은 세상의 철저한 무관심, 바로 그것이었다. 친구들조차 외면하는 현실 앞에서 사람들의 무관심이야말로 그에게는 견딜 수 없는 또 다른 형벌 그 자체였을 것이다. 알튀세르는 그야말로 사람들의 기억에서 완전히 사라진 인물이 됨으로써 세상에서 갑자기 자취를 감춰 버린 듯했다.

그러나 사람들의 뇌리에서 그에 대한 기억이 희미해져 갈 무렵, 다시 말해서 살인사건 이후 10년의 세월이 지난 후에 세상을 발칵 뒤집어 놓은 사건이 또다시 일어났다. 알튀세르가 사망한 지 2년 후인 1992년 4월 그를 아끼는 지인들의 힘겨운 결단에 의해 알튀세르 자신이 기록한 자서전이 발간된 것이다. 그러나 통상적인 자서전이나 고백록과는 달리 우리가 이 저서에 주목하는 이유는 알튀세르 자신의 처절하고도 절규에 가까운 자기분석적 몸부림에 접근할 수 있기 때문이다.

우리는 지금까지 이토록 공개적으로 드러낸 철저한 정신분석적 자기해부를 접해 본 경험이 없다. 이처럼 노골적인 자기노출의 용기는 마치 죽음을 앞두고 모든 질곡과 굴레를 과감히 내던진 옛 선사들의 서릿발 같은 할(喝)처럼 독자들의 가슴에 비수를 꽂는 듯한 충격을 주고도 남음이 있다. 그것은 마치 에펠탑 꼭대기에서 떨어트린 폭탄과도 같은 위력을 지닌 내용이었다. 과연 그것은 용기인가 만용인가. 아니면 세상에 대한 복수인가. 아니면 함께 자폭하자는 뜻이었나.

그러나 생전에 알튀세르는 실제로 라캉파 분석가로부터 오랜 기간 분석을 받았으며, 한때는 라캉의 강력한 후원자이기도 했을 뿐만 아니라, 그리고 지금도 프랑스 분석학계를 대표하는 앙드레 그린과 매우 절친한 관계였다는 사실에 비추어 볼 때, 알튀세르는 단순한 만용으로 그 같은 글을 남기지는 않았을 것이다. 그러나 과거에도 그랬고 앞으로도 여전히 이처럼 광기와 철학, 그리고 정신분석이 한 지성인의 삶 속에 혼란스러울 정도로 마구 뒤엉킨 상태로 있다가 한꺼번에 폭발한 사례는 좀처럼 접하기 힘들 것이 분명하다.

어머니의 시선

알튀세르는 자서전의 거의 대부분을 어머니에 관한 내용으로 채우고 있을 만큼 어머니 뤼시엔느와의 관계는 그의 모든 삶을 지배하고 있었다는 인상을 받는다. 알튀세르의 어머니는 지극히 결벽증적이면서 나르시시즘적 마조히즘 양상을 지닌 여성으로서 출산 직후부터 안정된 모성적 역할을 제대로 수행하지 못했음이 분명하다. 따라서 아주 어린 시절부터 알튀세르에게는 기본적 신뢰감 형성의 기초가 매우 부실했던 것으로 보인다. 더욱이 아버지라는 존재의 부재는 그로 하여금 모자 중심의 관계에 더욱 집착하도록 이끌었으며, 그 후 누이동생이 태어나자 그녀에 대한 시기와 질투는 극에 달했다.

또한 어머니를 향한 그의 파괴적 성향 역시 심각한 죄책감으로 이어져 모성에 대한 파괴와 그리움이 공존하는 기묘한 이율배반적 상황에 놓이게 되었는데, 이는 성인기에 나타난 그의 대인관계 및 사회적 활동의 특징을 이루는 핵심적인 갈등이기도 했다. 다시 말해서 상호모순의 갈등 없이 이율배반적 측면들이 태연스레 공존하는 양상을 보인 점이 바로 그것이다. 예를 들어, 글 쓰고 가르치는 일 이외에는 은둔생활로 일관하면서도 항상 어떤 단체에 적만 걸어 두고 아무런 활동조차 없었던 것은 단지 혼자라는 두려움을 떨쳐 보려는 시도를 드러낸 것으로 보이며, 그럼에도 불구하고 그는 항상 누군가로부터 버림받지 않을까 하는 두려움에 젖어 살았으며 그러한 두려움은 한 평생 지속되며 스스로 풀어야만 했던 그 자신의 화두 자체이기도 했던 것이다.

이처럼 자신의 내적 대상과의 불안정한 관계는 외부적 대상과의 관계로도 이어져 그의 교우관계, 가족관계, 애정관계, 직업 및 사회적 관계에서 여지없이 잘 드러난다. 그 자신의 진술을 들어 보자.

"내가 나 자신과 타인을 위해, 특히 타인을 위해 존재할 수 없게 된 것은 분명 내 어머니의 그 비인격적인 사랑, 나에게 보내진 것이 아니라 내 뒤에 있는 한 죽은 자에게 보내진 것이므로 비인격적이라고 할 수 밖에 없는 사랑 때문이었다. 도대체 사랑할 수 있다는 것은 무엇인가? 그렇다면 사랑을 받는다는 것은 무엇인가? 그런데 나는 어머니가 겪고 있던 강박관념, 즉 자신이 거세되고 도둑맞고 또 강간당하지는 않을까 하는 두려움을 헛되이 억제해 보고자 하는 바로 그 강박관념 속에서 열 번, 스무 번 어머니에 의해 거세되었다. 나는 그 사실로 인해 내가 누군가를 사랑할 수 없다고 느끼게 되었다. 왜냐하면 누군가가 내 인생의 가장 심각한 부분을 침해했고 나는 손상을 입었기 때문이었다. 내 어머니의 은밀한 공격을 통해 내가 엘렌느 앞에서 항상 느꼈던 것이 바로 그러한 것이었다. 즉 누구를 향해서도 진정한 사랑을 조금도 줄 수 없는 자기 속에 그리고 내가 '나의 냉담'이라 부르는 것 속에 갇혀 있는 남자처럼 느끼는 것이다."

이런 진술이야말로 연상의 위력을 나타낸다고 할 수 있다. 고희를 바라보는 노인의 의도적인 창작이라고 보기에는 너무도 생동감 있는 깊은 내면적 체험의 살아 있는 증언인 셈이다. 다만 알튀세르는 그의 자서전에서 너무도 완벽한 오이디푸스적 갈등구조로 자기 자신을 설명하고 있어서 오히려 조작된 내용이 아닐까 의심이 들 정도로 흠잡을 데가 없지만, 난폭하고 야만적인 아버지로부터 자신의 마돈나인 어머니를 구해 내야겠다는 구원환상이 자신의 배우자 선택에까지 영향을 주었다는 점에 대해서는 아무런 언급이 없어 아쉬운 점이 있다.

필자의 견해로는 그의 구원환상은 출신성분이 미천하고 보잘것없던 유대인 출신 공산주의자 엘렌느 리트만에게로 향해진 것이었지만, 그런 구원환상은 항상 아버지의 위협 아래 놓여 있는 불안정한 상황이었기 때문에 결국 30년이라는 기나긴 세월을 기다린 끝에 아버지가 사망한 후에 가서야 비로소 안심하고 결혼할 수 있었던 것이다.

알튀세르의 경우, 어머니와의 관계에서 비롯된 강한 나르시시즘적 상처와 좌절 및 양가적 감정상태는 그 이후에 마주친 오이디푸스적 갈등 해소에도 상당한 걸림돌로 작용했던 것으로 보이는데, 이런 특성은 결국 성인기에 이르러 이성과의 성적 접촉에 대한 매우 결벽증적인 기피현상으로 이어졌다. 물론 여기서 말하는 양가감정이란 사랑과 미움이 함께 공존하는 모순된 상태를 가리키는 것으로, 인간이 태어나 겪기 마련인 가장 원초적인 감정상태를 의미한다. 그는 다음과 같이 솔직한 고백을 털어놓는다.

"나는 누군가가 내 몸에 손을 대려고 한다는 생각에 견딜 수 없는 혐오감과 불안감을 느꼈다. 나는 무엇보다 여자들의 유혹을 두려워했다. 다시 말하자면, 나에게 거세의 위협을 가했던 내 어머니의 폭행과 같은 선상에서 이뤄지는 연상작용이다. 한 여자가 나와 함께 살자고 하기만 하면 나는 두려움에 사로잡혀 우울증에 빠지는 것이다."

이는 곧 눈앞의 현실 속에서 생생하고도 구체적인 직면을 요구하는 성생활이야말로 항상 그에게는 죽음의 위협과 공포심에 사로잡히게 만든 핵심적인 화두였던 동시에 일종의 올가미로 작용했음을 의미한다. 따라서 그는 어머니상에 대한 양가적인 감정상태, 즉 강한 의존욕구와 파괴적인 공격성 사이에서 항상 심각한 혼란과 동요를 보임으로써 통제력을 잃기 쉬웠으며, 더욱이 엘렌느가 본의 아니게 그의 병적 혼란을 더욱 자극하는 데 일조한 것이 아닌가 생각된다. 성에 대한 알튀세르의 태도는 바로 그의 어머니가 취했던 일관된 태도였으므로 성에 관한 부정적인 태도라는 측면에서는 전적으로 어머니를 동일시하고 있음을 알 수 있다. 그의 어머니는 자주 목이 아파서 찬바람을 극도로 싫어했는데, 알튀세르도 어릴 때부터 자주 목이 아팠다. 어머니의 증상마저 그가 동일시했음을 알 수 있는 대목이다.

루이 알튀세르는 자신의 이름을 거부한 사람이다. 그것은 아버지 존재의 부정, 아버지의 권위를 인정하지 않는 도전과 반역일 수도 있고, 자기가 아닌 또 다른 루이를 사랑한 어머니에 대한 앙갚음일 수도 있다. 그러면 그가 자신의 이름을 평생 동안 증오한 이유는 무엇일까? 그 이유는 루이라는 이름이 다름 아닌 그의 어머니가 평생 잊지 못하며 그리워한 죽은 애인의 이름이었기 때문이다. 어머니는 애인을 소유하지 못한 대신 아들인 알튀세르에게 전사한 애인과 똑같은 이름을 붙여 줌으로써 언제나 잊지 못할 애인 루이에 대한 애절한 감정을 지닌 채 아들인 자신을 불렀다는 것이 알튀세르의 주장이다.

알튀세르의 비극은 바로 여기에 있었던 것이다. 비록 알튀세르의 주장이 사실을 왜곡, 또는 과장한 것이라 하더라도 알튀세르 자신의 주관적 경험세계에서는 그렇게 받아들여진 것이고, 그로 인한 마음의 상처는 평생을 두고 지속된 것이기 때문에 단순히 무시하고 넘어갈 문제는 아니라고 본다. 아들을 부르고 아들을 바라볼 때조차 그녀의 감정은 알튀세르라는 존재 너머에 있는 죽은 애인 루이를 향하고 있다는 것을 어린 알튀세르는 직감적으로 느꼈던 것이다. 그러면 그 자신의 증언을 직접 인용해 보자.

"나는 언제나 나 스스로 그리고 나 자신으로 존재하지 않는다는 생각에 사로잡혀 있었다. 뭔가 착오가 있으며 어머니가 사랑하는 것은 진정 내가 아니며 어머니가 바라보는 것조차 내가 아니라는 느낌을 나는 항상 가지고 있었다. 어머니가 나를 바라볼 때 어머니가 보고 있는 것은 분명 내가 아니라 내 등 뒤, 죽음에 의해 영원히 각인된 상상의 하늘 저 멀리 있는 다른 이, 내가 그 이름을 달고 있지만 내가 아닌 그 다른 루이, 그 하늘 속의 죽은 자였다. 이렇게 어머니의 시선은 나를 통과해 버린 것 같았으며, 내 위를 스쳐 지나간 그 시선 속에서 나 자신은 완전히 사라져 버리는 것이었다. 그것이 바로 앞으로의 내 운명을 영원히 결정한 것이다."

그의 주장처럼 어머니가 항상 그런 태도로 그를 대한 것은 아니겠지만, 바라보고 있되 자신 너머를 응시하는 어머니의 시선을 상상해 보라고 말하는 알튀세르의 담론이 전적으로 그 자신의 주관적 경험으로만 돌릴 수도 없는 객관적 사실들, 부모의 비밀스런 사연들이 실제로 존재하기에 더욱 그럴듯하게 들리는 것이다. 그 비밀이란 바로 이런 것이다. 어머니 뤼시엔느는 원래 알튀세르가의 차남 루이와 약혼한 상태였고, 장남 샤를르는 그녀의 여동생 줄리엣트와 결혼하기로 양가 합의가 이루어진 상태였다. 그러나 루이가 군대에 징집되어 전사하자 어머니가 형인 샤를르와 결혼함으로써 알튀세르는 출발부터 복잡하게 얽힌 조건을 안고 태어난 셈이다. 더욱이 어머니는 심한 결벽증과 공포증을 지닌 신경증적 여성으로 남편을 멀리하고 대신에 아들 루이를 철저하게 치마폭에 가둔 채 키웠으니 이런 비정상적인 상황의 결과는 곧 비극적이고도 불행한 사건으로 생을 마감한 그의 삶 자체가 웅변적으로 말해 주고 있다.

일찍이 아버지의 이름이 갖는 상징적 의미를 강조한 사람은 다름 아닌 라캉이었다. 그는 특히 거세의 개념을 강조하고 아버지의 개념으로 돌아가기를 주장했는데, 거세의 개념에는 아버지의 법이 내포되어 있기 때문이다. 따라서 알튀세르는 이렇게 외친다.

"나는 유대인 여자를 사랑했고, 여동생은 아버지가 상놈이라고 여긴 서민과 결혼했다. 그리하여 아버지의 욕망은 완전히 꺾이고 말았다. 그런 이유로 나는 아버지가 돌아가신 지 1년이 지나서야 엘렌느와 결혼하기로 결심했다. 그리고 나의 여동생은 여러 번 정신장애를 겪은 다음 결국 이혼하였는데, 법적으로는 그와 완전히 헤어졌으나 그녀의 남편, 이브 보대르의 이름은 여전히 갖고 있다. 그녀 역시 알튀세르라는 이름으로 다시 불리기를 원치 않았다."

아버지를 좌절시키기 위해 유대인 여자를 선택한 알튀세르의 복수는 일단 성공한 듯싶다. 그러나 그의 복수에는 어머니를 향한 공격성도 포함된 것으로 볼 수 있다. 유아기에 심각한 좌절을 맛본 두 남매는 그 후 함께 나란히 프랑스 공산당에 입당했다. 자신들의 가족과 결별하고 공산당이라는 새로운 가족의 일원이 된 것이다. 그때 알튀세르의 나이 30세, 누이동생은 27세였으며, 알튀세르와 교제 중이었던 유대인 여성 엘렌느 리트만은 프랑스 공산당에서 축출된 상태로 재입당이 허용되지 않고 있었다.

두 남매는 모두 심한 결벽증과 공포증을 보인 어머니의 과보호 속에서 자라 의존감이 컸음은 물론 세상물정에도 어두웠다. 학술적인 용어로 표현하자면 공감적 모성의 결여, 즉 진실한 감정의 교류가 빠지고 없는 가식적 유대관계가 어린 알튀세르의 마음속에 씻을 수 없는 좌절과 배신감, 박탈감을 심어 주었던 것이다. 그에 따른 증오심, 불신감, 그러면서도 불안을 감당할 수 없는 무력감과 양가적 태도가 한데 뒤섞여 소용돌이치는 위기의 시기를 어린 소년이 혼자 힘으로 수습하는 것은 너무도 어려운 과제였을 것으로 보인다. 여성에 대한 적개심, 복수심, 양가적 태도, 의존성, 혐오감, 이 모든 강렬한 원초적 감정들이 알튀세르에게는 풀리지 않는 수수께끼처럼 한평생을 괴롭혔던 숙제였던 셈이다.

성과 죽음

알튀세르의 삶에서 성과 죽음이라는 두 가지 주제는 매우 중요하고도 골치 아픈 화두였다. 우선 우리의 초점을 과거로 돌이켜 보자. 알튀세르 자신이 평생 간직해 온 문제, 어떻게 보면 영원히 끝내지 못한 숙제라고도 할 수 있는 핵심적 갈등과 욕망이 일시에 폭발하여 나타난 결과가 바로 아내 살해라고 할 수 있다. 더욱이 그 살해의 장소는 다른 곳도 아닌 두 사람만의 은밀한 침대 위였다는 점이 무엇보다 의미심장하다. 서구인들에게는 침대야말로 성과 죽음이라는 두 가지 중요한 의식을 치르고 맞이하는 신성한 장소이기 때문이다. 정신분석에서 카우치라는 대용침대에 누워 누구의 간섭도 받지 않은 상태에서 연상을 떠올리는 모습을 상상해 본다면, 침대는 치료현장에서까지도 핵심적 역할을 하고 있음을 알 수 있다.

사건 당일 이전부터 알튀세르 부부는 틈만 나면 서로 자살하겠다고 위협하곤 했는데, 더욱이 아내 엘렌느는 그에게 전혀 반항한 흔적조차 보이지 않았다는 사건 수사 보고가 있다. 왜 그녀는 반항하지 않았는가? 왜 살해의도를 감지하고서도 스스로 방조하였는가? 그녀가 그런 행위를 교사했는가, 아니면 조장했는가?

죽은 자는 말이 없지만, 분명한 점은 그 살인이 피해자의 동의하에 이루어졌다는 사실이다. 자서전의 마지막 장에서 알튀세르는 자신의 살해동기에 대하여 진지하게 답변해 준 친구의 이름을 밝히지 않고 있는데, 그가 바로 분석가 앙드레 그린이다. 오래전부터 알튀세르 부부를 잘 알고 있던 앙드레 그린은 정확한 살해동기에 대한 언급을 피하기는 했지만 조심스레 이타주의적 타살 가능성을 제시하기는 했다.

라캉에게 자신의 아내를 빼앗긴 적이 있는 조르쥬 바타이유는 다음과 같이 지적한 적이 있다. 즉 고통은 사랑하는 사람의 의미를 더욱 완성시켜 주기도 한다는 것이다. 사랑하는 사람의 소유와 죽음을 동의어로 생각할 수는 없지만, 사랑에 빠진 사람이 상대방을 소유하지 못한 경우 상대방을 죽일 생각까지 할 수 있는 것이며, 두 연인의 결합이 열정의 결과라고는 하지만, 그 열정적 결합은 죽음을 부르고 살해욕망, 자살충동까지 부를 수 있다는 것이다. 우리에게 가장 폭력적인 것이 죽음이라고 한다면, 육체의 에로티시즘은 대상을 범하는, 죽음 또는 살해에 가까운 행위일 것이며, 에로티시즘에 의한 어떤 행위이든 정상적 상태의 상대방을 파괴하는 것을 원칙으로 삼는다는 것이다.

인간의 성행위는 삶의 절정인 동시에 죽음을 상징한다. 즉 인간은 성의 극치감 속에서 환희와 고통을 동시에 체험하며 또한 절정이 극에 달할수록 속된 표현처럼 죽었다 깨어나는 것이다. 점잖은 학술용어가 아니라 인간이 일상생활 속에서 자연스럽게 내뱉는 상스러운 표현이야말로 죽은 말이 아니라 살아 있는 말로서 어떤 점에서는 보다 진실에 가깝다고도 할 수 있으며, 실제로 성행위 도중에 내뱉는 표현들에 접할 경우, 얼핏 들으면 도대체 살인현장인지 사랑의 현장인지 분간이 어려울 정도다. 속된 말로 끝내 준다, 또는 죽여준다는 표현은 사랑의 행위에서도 즐겨 사용되는 비속어지만 사랑과 죽음이 결코 반대말이 될 수만도 없음을 암시하는 말이기도 하다.

화성까지 탐사할 정도의 수준에 와 있는 현대인이라 할지라도 엄밀하게 말해서 아직까지 성에 대해서는 제대로 아는 바가 거의 없다. 비록 생리학적 측면은 어느 정도 알게 되었으나 그 본질은 아직 파악조차 못하고 있는 실정이다. 에로스와 타나토스에 대한 프로이트의 언급을 황당무계한 헛소리쯤으로 간단히 치부해 버리고 말지만, 에로스와 타나토스가 동시에 함께 만나는 접점이야말로 오르가슴 그 자체라고도 할 수 있다. 그것은 삶의 극치요, 죽음의 문턱이며, 이성과 사고가 멈춘 텅 빈 여백 그 자체라고도 할 수 있다.

그러나 면밀한 관찰에 의하면, 인간의 성행위는 절정에 가까울수록 공격적인 본질을 드러낸다. 성과 공격성은 결코 서로 떨어질 수 없는 동반관계를 이루는 것이다. 또한 성행위는 삶의 극점인 동시에 무의식적 살인행위다. 단 상대방의 동의하에 살해하는 것이다. 속된 말로 죽여 달라고 자청하기 때문에 죽여주는 것이다. 다만 손이나 흉기로서가 아니라 성기를 이용함으로써 죽이는 것이다. 성과 죽음의 상징성은 추상적인 문제가 아니라 온몸으로 체험하는 언어적 표현의 차원을 넘어서는 세계를 나타내는 것이기에, 일반적으로 상상하는 그러한 도착적인 세계와는 또 다른 상징의 세계라 할 수 있다.

미국의 저명한 분석가 오토 컨버그는 열정적 사랑이 갑자기 광적인 증오로 돌변하는 경계성 환자들의 특성을 설명하는 가운데, 적절한 대상관계의 통합에 실패한 사람들은 부부관계에서도 극적이면서 돌발적인 사태를 촉발시킬 수가 있는데, 배신당한 연인이 자기를 배반한 애인과 연적을 함께 살해하고 자신도 스스로 목숨을 끊는 경우가 바로 그런 심리를 나타낸다고 역설한 바 있다.

알튀세르가 아내를 살해한 후 정신병원에 수용된 지 보름 만에 최초로 면회를 간 사람은 바로 둘도 없는 그의 친구였던 분석가 앙드레 그린이었다. 알튀세르는 자신이 왜 아내를 죽였는지 모르겠다면서 그린에게 그 이유를 설명해 달라고 부탁했는데, 그때 그린의 대답은 아주 간단했다. "자네는 자네 분석가를 죽이지 않으려고 엘렌느를 죽인 것이라네." 이 말 한마디에 알튀세르는 큰 충격을 받은 듯 한동안 넋

나간 표정을 짓더니 이내 살기등등한 모습으로 커다란 초콜릿 덩어리를 아주 게걸스럽게 씹어 삼켰는데, 그것을 미친 듯이 다 먹어치운 다음 곧바로 그는 버림받을까 두려움에 떠는 겁먹은 아이처럼 몹시 퇴행된 모습을 보였다는 것이다. 그린은 그런 친구의 모습을 보고 아무도 자네를 버리지 않을 거라고 안심시켜 주었다고 회상했다.

이 초콜릿 사건은 알튀세르의 자서전에는 어떤 이유에서인지 빠져 있다. 초콜릿은 알튀세르가 병원에 입원한 어머니를 문병 갈 때마다 항상 선물로 갖다 드린 것으로, 심한 이별불안의 위기상황에서 그는 순간적으로 어머니 대신 초콜릿을 자기 입속에 우겨넣었던 것이다. 앙드레 그린은 친구를 아끼는 마음에서 의도적으로 더 이상의 자세한 언급은 하지 않고 있지만, 알튀세르의 무의식 안에는 그의 살해 욕구 대상자 리스트가 따로 있어서 결국 살해당한 아내는 그의 아버지, 어머니, 누이동생, 분석가 등 모든 인물의 상징적인 대리자로서 그 역할을 수행한 셈이 되고 말았다.

오토 컨버그에 의하면, 나르시시즘적 인간의 비극은 바로 그 자신이 부인하고 시기하는 대상 자체를 게걸스럽고 탐욕적이면서 성난 모습으로 착취하려고 들지만, 결코 그 어떤 만족도 얻을 수 없다는 데 있다고 한다. 그 이유는 요구하는 것 자체에 대한 무의식적 증오심이 워낙 커서 자신이 삼켜 버리고 싶은 대상마저 착취의 대상으로 여기기 때문이며, 따라서 그는 항상 공복감에 사로잡혀 좌절을 맛보며 살아간다는 것이다.

알튀세르의 나르시시즘적 경향에서 특히 두드러진 부분은 바로 기만과 착취, 두 가지 측면으로 요약될 수 있는데, 즉 남에게 속임수를 쓰고 남을 이용하는 데는 특출난 재주를 지닌 것으로 나타난다. "당신은 친구들을 놀랄 만큼 멋지게 이용할 줄 알지만, 그들을 존중해 주지는 않아요." 그의 한 여자 친구가 알튀세르에게 직접 충고한 내용이다.

엘렌느는 모성적이면서 동시에 부성적인 측면을 겸비한 행동파 여성으로서 갖은 고초를 다 겪고 살면서 인생이 무엇인지 잘 알고 있던 인물인데 반해서, 알튀세르 자신은 실생활 경험이 거의 없고 세상물정에 매우 어두운 사람이었다. 다시 말해 엘렌느는 지성과 행동을 겸비한 여성으로 알튀세르에게는 일종의 부모를 상징하는 악역을 도맡았던 셈이다. 더욱이 그 자신이 고백하고 있듯이, 엘렌느는 "내가 당신에게서 좋아하지 않는 게 있다면, 그것은 당신이 스스로를 파괴하길 원한다는 거예요."라고 분명하게 얘기해 줄 정도로 매우 지적인 여자였던 것이다.

알튀세르는 일찍이 이데올로기적 국가장치를 분석하는 가운데 그 중에서도 가장 끔찍스런 장치가 가족이라 주장하면서 극심한 혐오감을 표시했을 뿐만 아니라, 특히 잠재적인 공격성의 위치에 처할 때마다 심각한 우울증에 빠지곤 했는데, 그것은 곧 파괴욕의 통제력을 상실할지도 모른다는 두려움 때문이었다. 또한 성행위에 대한 공포심도 대단해서 첫 번째 성관계 후 즉시 광기에 빠진 사실이나 여자와 즐기는 것은 결국 그녀를 죽게 만든다는 특이한 이중구조의 사고방식 때문에 이성과의 깊은 애정관계나 성관계를 극도로 기피했다는 점 등을 통해서도 그의 매우 독특한 정신병리를 이해할 수 있겠다.

그러나 사실상 알튀세르는 최초의 이성관계에서부터 이미 쓰라린 좌절을 맛보았다고 할 수 있다. 즉 출생 직후 처음 만난 이성은 바로 그의 어머니였으나 까다로운 모친의 성격은 어린 그에게 돌이킬 수 없는 상처의 흔적을 남겼다고 할 수 있다. 신체적으로는 곁에 있되 심리적으로는 유기상태나 다를 바 없는 상처를 준 셈이다. 그리고 불과 3년 후에 제2의 이성인 누이동생이 태어나 또 다른 상처를 그에게 주었다. 그에게 지울 수 없는 나르시시즘적 상처와 좌절을 안겨 준 두 여성과의 만남은 심리적 불행의 시작이었고, 제3의 이성인 아내 엘렌느는 두 여성상이 중첩된 모습으로 각인되어 오랜 기간 그를 괴롭힌 셈이다. 그가 반평생을 두고 내내 그의 아내를 가학적으로 괴롭힌 사실은 이를 뒷받침한다. 알튀세르 자신의 증언을 들어 보자.

"문제는 육체가 있다는 점이다. 그런데 더 심각한 것은 성이 있다는 점이다. 아버지는 내 누이를 보면 오금을 못 쓰는데 이런 태도는 나를 격분케 했다. 그가 음란하게 보이는 자세로 그 아이를 자기 무릎 위에 안고 있을 때면 나는 그가 근친상간적으로 어떤 짓을 하지나 않을까 의심하곤 했다. 내가 아직 생생하게 기억하고 있는 이 외설스러운 기억은 나를 소름끼치게 했으며 큰 충격을 주었다."

그리고 알튀세르가 열세 살 때 처음으로 몽정 사실을 어머니에게 들키고 난 후 '이제 너는 남자가 된 거야'라는 어머니의 선언에 대한 그의 반응은 이렇다.

"나는 수치감에 사로잡혔으며 어머니에 대한 견딜 수 없는 반발이 북받쳐 올랐다. 정확하게 그것은 강간이고 거세였다. 나는 어머니에 의해 강간당하고 거세되었는데 어머니 역시 나의 아버지에 의해 강간당했다고 느꼈던 것이다."

그러나 결국 그는 착란적 광기상태에서 자기 아내를 교살함으로써 일생을 두고 그를 괴롭혀 왔던 자신의 욕망, 즉 자기 내면의 어머니와 누이동생을 모두 한꺼번에 해치워 버림으로써 소기의 목적을 달성한 셈이 된 것이다.

이념과 종교

알튀세르 자신의 진술에 의한다면, 아버지의 존재란 알튀세르의 삶에서 별다른 비중을 차지하지 못하는 것 같은 인상을 받는다. 그러나 생의 초기단계에서부터 정신적 외상이 너무나 컸던 관계로 그 이후 단계에서 정상적인 상황이라면 당연히 거쳐야 할 부친과의 관계가 그의 아동기에서 과감히 생략되고 말았는데 이는 곧 또 다른 문제의 발단이 되는 것이라고 볼 수 있다. 가해자, 박해자, 폭군으로서의 아버지라는 존재는 이미 경쟁자로서 인식하기에는 너무도 강한 상대였기에 그로서는 일찍부터 모든 경쟁관계를 포기하고 회피하는 태도를 몸에 익히게 되었다. 그는 고등사범 입시에서도 필기시험에서는 일등을 할 정도로 명석한 두뇌를 가졌음에도 불구하고 시험관을 마주해야 하는 구두시험에서는 악전고투를 거듭했는데 그것은 특히 권위상에 대한 두려움과 적개심을 제대로 극복하지 못했기 때문이다. 그가 마르크스주의에 기울어지게 된 배경도 어찌 보면 가족이라는 장치의 파괴라는 주제에 유난히 매료되었기 때문일지도 모른다.

프랑스의 여성분석가 샤스케-스미르겔은 모든 극단주의 이데올로기의 뿌리에는 나르시시즘적 충족 환상이 자리 잡고 있다고 하면서 그것은 바로 자궁으로의 회귀를 나타내는 것이라고 주장했다. 예를 들어 아리안 인종이 천 년 동안 세계를 지배하게 될 것이라는 히틀러의 신념이나 완전한 인류 또는 유토피아적 세계의 도래에 대한 마르크스의 확신 등, 지도자가 대중을 사로잡고 현혹하는 약속이란 바로 성도착자의 어머니가 하는 약속과 아주 비슷하다는 것이다. 즉 "내 말을 들어라. 그리고 나를 따르라, 그러면 너는 잃어버린 낙원을 되찾게 되리라."

따라서 좌우익을 불문하고 극단적 이데올로기를 휘두르는 지도자는 아버지 역할보다는 주로 어머니 역할을 연기하기 마련이며, 오히려 아버지상은 말 그대로 싹 쓸어버릴 요주의 대상으로 전락해 버리는 것이다. 그들은 약속의 기대를 방해하는 모든 장애물들을 무자비하게 파괴하며 그런 약속들이 행동으로 옮겨지게 될 때마다, 우리의 역사가 보여 주듯, 세상은 항상 피로 물들기 마련이었다. 어떤 유토피아이든 그곳은 항상 선택된 집단만을 위한 곳이며, 선택되지 못한 집단은 언제나 박멸과 제거의 대상이었기 때문이다. 따라서 모든 정치적 선전과 이데올로기는 대중을 퇴행시키고 가치 체계의 혼란을 초래하기 마련이다.

그러나 아버지의 원리가 제거되면 역사 자체도 소멸되기 쉽다. 독실한 가톨릭 신자로서 왕당파임을 자처하던 알튀세르가 젊은 시절에 로마를 방문하여 교황을 알현한 것도 알고 보면 친아버지의 존재를 부정하고 그보다 더 신성한 아버지를 섬김으로써 모멸스런 자신의 존재를 더욱 신격화시키는 동일시의 위기를 나타낸 것일지도 모른다.

그것은 동시에 도덕적으로 혐오스런 모친을 부정하고 그보다 더욱 순결하고 신성한 성모 마리아를 섬김으로써 불결하게 오염된 자신의 존재를 더욱 성스럽게 정화시키기 위한 시도였을 것이다. 또한 역설적으로 공산당에 입당함으로써 가족의 존재를 부정하고 보다 추상적인 이데올로기로 무장함으로써 자신을 합리화시키는 동시에, 공산당이라는 거대한 울타리 안에 자신을 안주시키면서 이 지구상에 자신이 혼자가 아니라는 위안을 얻고자 했는지도 모른다.

그는 청소년 시절, 모성에 대한 파괴적 성향을 부인하기 위해 성모 마리아를 숭배하는 독실한 가톨릭 신자를 자처하면서 보수우익의 왕당파임을 공언하기도 했으나 그 신념은 철저한 것이 못 되었다. 이후 좌익으로 전향하면서 그 시절에 썼던 모든 글들은 없애 버렸다고 한다.

이처럼 홀로서기의 두려움은 항상 그의 내면을 위협하고 압도하고 있던 문제로서 한때나마 보수단체에 자신을 의탁함으로써 일종의 신변안전을 도모한 것으로 볼 수 있다. 한편으로는 부권의 존재를 강하게 부정하는 도전적 양상을 보였는데, 일례로 아버지의 이름을 거부하고 외조부의 이름을 사용한 것을 들 수 있다. 그는 기존질서를 근본부터 타파하는 동시에 그가 항상 집착했던 명제, 즉 가족에 대한 증오심, 가족해체의 이상에 딱 맞아떨어지는 사회주의 이념을 받아들이고 공산당에 입당함으로써 혁신적 단체의 보호막 속에 신변안전을 의탁하기도 했지만, 공산당원으로서 당 이론에 대해 격렬히 성토하고 비판하면서도 그렇다고 당적을 내놓지도 않는 등 이율배반적인 모습으로 일관했다.

이 지상에서 가족의 이데올로기에 감히 맞서 제압할 수 있는 가장 강력한 제도적 장치로는 종교와 공산주의라는 두 가지 거대한 이념적 기둥이 존재한다고 볼 때, 알튀세르는 이 두 가지 강력한 장치에 양가적인 감정으로 매달리며 자신을 지탱하고 보호해 왔다고 할 수 있다. 그는 어머니를 사랑해야 했으되 죽이고 싶도록 증오하며 그에 따른 죄책감에 시달려야만 했으며, 부당한 권력자인 아버지를 무력화시키기 위한 투쟁의 일환으로 지적 활동에 몰두하여 결국에는 아버지보다 더욱 유명한 인물이 됨으로써 소기의 목적을 달성하기도 했지만, 그에 따른 보복의 두려움은 무엇으로도 달래기 어려웠기에 그로서는 보다 강력한 힘을 지닌 단체의 보호막이 절실했을 것이다. 이는 그 자신의 자아경계가 불분명한 데서 비롯된 심리적 불안정성에 기인한 것이 아닐까 한다.

이런 관점에서 볼 때, 평생 독실한 가톨릭 신자임과 동시에 철저한 이론적 공산주의자임을 자처했던 그의 이율배반성도 이해될 수 있다. 성모 마리아와 교황을 숭배하면서도 동시에 마르크스를 숭배했던 알튀세르의 사상적 배경 모두를 이런 역동적 차원에서 이해한다는 것은 물론 무리가 따르겠지만, 알튀세르 스스로가 밝힌 지극히 개인적인 역사나 심리적 배경의 관점에서 비추어 볼 때 어느 정도 그 윤곽이 드러남을 알 수 있겠다.

물론 이 세상에 완벽한 인간은 어디에도 존재하지 않는다. 차가운 심성의 완벽주의자 알튀세르도 돌이킬 수 없는 실수를 저지른 후에서야 비로소 자신의 불완전함을 깨닫고 일생 동안 가슴에 안고 지내던 스스로의 문제를 촌철살인의 심정으로 곱씹으며 되돌아본 것이며, 그렇게 해서 나온 것이 그의 자서전이었던 셈이다. 그것은 자신의 치부는 물론 오장육부까지 파헤쳐 세상사람들에게 드러내 보인 대단한 용기의 결단이었다.

그는 스스로 고백했듯이 어머니의 진정한 사랑과 관심을 얻지 못한 사실과 아버지에 대한 복수심 때문에 사랑과 미움의 적절한 타협과 통합에 실패한 인물이었다. 따라서 그는 가족이라는 구조 자체를 경멸했으며 대신에 가톨릭과 공산당이라는 상호 모순된 거대 조직에 의지해 살았다.

그러나 엘렌느와의 결혼생활은 그의 잠재된 욕망과 환상의 세계를 계속 자극했으며, 결국 비극적인 사건으로 그들 관계는 종말을 고하고 말았지만, 엎친 데 덮친 격으로 난치병의 일종인 조울병에 시달림으로써 그의 삶은 더욱 불행으로 치달았다. 그럼에도 불구하고 그는 그 숱한 역경을 오로지 학문적인 열정으로 버티며 견디어 냈다. 그 힘의 원천이 에로스가 되었든 공격성에서 비롯된 것이든 그에게는 그런 것이 걸림돌이 될 수 없었다. 그렇게 수도 없이 정신병원을 드나들면서도 그는 초인적인 힘으로 자신의 지적 활동을 계속했던 것이다. 다만 애정관계에서만큼은 그 스스로가 입증해 보였듯이 매우 초보적인 단계에 머무른 실패자였음을 알 수 있다.

Part 2

영과 육의 갈림길에서

아벨라르와 엘로이즈

인간의 성과 사랑은 삶의 가장 중요한 원천이요 동력이다. 거의 모든 문학작품들이 성과 사랑을 주제로 삼는 이유는 바로 그 때문이다. 서구 중세문학의 백미라고도 할 수 있는, 아벨라르와 엘로이즈 사이에 오간 서한집은 성직자들 간의 사랑을 묘사하고 있다는 점에서 특히 관심을 이끈다. 물론 단테와 보카치오, 세르반테스 등의 걸작에 비견될 수는 없겠지만, 이 서한집은 단순한 상상력의 산물이 아니라 본인들의 간절한 염원을 담고 있다는 점에서 오랜 시대적 간격에도 불구하고 더욱 현실적으로 다가오는 것이다.

아벨라르와 엘로이즈가 살았던 시대는 그야말로 중세 암흑기라는 표현에 어울릴 정도로 일반 대중의 성까지 억압하는 매우 엄격한 금욕주의가 서구사회를 주도하던 시절이었다. 이들의 이루어질 수 없는 사랑은 결국 제각기 성직에 몸담은 이후에도 은밀히 지속되었다.

그러나 두 남녀의 애절한 사연은 이들이 죽은 후 100년이 지난 뒤에야 비로소 세상에 알려지게 되면서 중세 유럽을 뒤흔든 일대 사건이 되었다. 루소의 유명한 서간체 장편소설『신 엘로이즈』는 바로 이들 남녀의 가슴 아픈 순애보를 토대로 쓴 것으로 자연으로 돌아가라는 그의 모토를 잘 드러낸 작품이기도 하다.

금지된 사랑

피에르 아벨라르(1079~1142)는 프랑스의 유명한 스콜라주의 철학자요 신학자이며 교육자로 브르타뉴 지방 낭트 부근의 작은 마을에서 태어났다. 우리나라로 치면 고려 중엽에 해당되는 시기에 살았던 인물이다. 그의 활동 시기는 유럽에서 십자군 전쟁이 시작되던 사회적 격동기와 함께 맞물린다.

브르통 가문의 소귀족 집안에서 장남으로 태어난 그는 르팔레의 영주이자 군인이며 노트르담 대성당의 수사신부를 지내기도 했던 아버지의 뜻에 따라 어릴 때부터 철학과 논리학을 공부함으로써 아버지와는 다른 학문의 길을 걷게 되었으며, 노트르담 대성당 학교에 들어가 수학하면서 특히 논리학 분야에서 명성을 날리기 시작했다. 그의 문하에 많은 제자들이 모여들면서 아벨라르는 결국 1115년 노트르담 성당의 사제평의원에 추천되었다.

당시 대성당 참사관이었던 필베르의 조카 엘로이즈는 노트르담 관할 구역에서 삼촌의 보호하에 살고 있었다. 그녀는 비록 평범한 외모의 소유자이긴 했으나 머리가 매우 총명하여 라틴문학에서 그리스 및 유대문학에 이르기까지 고전문학에 두루 조예가 깊었다. 아벨라르는 필베르의 집을 자주 방문하면서 엘로이즈와 가까워졌으며, 필베르가 이들 관계를 눈치채고 두 사람을 강제로 떼어 놓으려 했으나 두 사람은 은밀히 만남을 계속했다. 결국 엘로이즈가 임신까지 하게 되자 아벨라르는 그녀를 브루타뉴로 보내어 아기를 출산하게 했다.

엘로이즈는 아들을 낳은 후 그 이름을 천체 관측기를 의미하는 아스트롤라비우스라고 지었다. 이 아들은 장성한 후에 성직에 몸담은 것으로 추정된다. 왜냐하면 아벨라르가 죽은 뒤 엘로이즈는 클뤼니의 수도원장에게 보낸 편지에서 그녀의 아들에게 성직을 마련해 줄 것을 부탁하고 있기 때문이다. 아벨라르는 자신의 출세에 지장이 없도록 하기 위해 두 사람의 비밀결혼을 허락해 줄 것을 퓔베르에게 간청했다. 어쨌든 이들은 퓔베르가 참석한 가운데 결혼식까지 치렀다.

비록 퓔베르는 나중에 약속을 깨고 이들의 결혼을 공개적으로 폭로했지만, 엘로이즈는 결혼사실을 끝까지 부인하고 삼촌의 보복이 두려워 파리 외곽에 있는 어느 수녀원으로 은신했는데 이는 아벨라르의 권유에 따른 것이었다. 퓔베르는 이러한 결과가 자신과 엘로이즈 사이를 떼어 놓으려는 아벨라르의 음모 탓인 것으로 오해하고 사람들을 매수하여 아벨라르가 잠든 틈을 타 기습을 가함으로써 강제로 그를 거세시켜 버리고 말았다. 그중에는 아벨라르의 시중을 들던 심부름꾼도 끼어 있었다. 물론 그 시중꾼 역시 나중에 붙들려 눈이 뽑히고 성기를 절단당하는 중벌을 받았다.

이런 끔찍스런 사고를 당함으로써 아벨라르의 명성은 추락했고 출셋길은 완전히 차단되고 말았다. 상처의 아픔보다 더욱 큰 수치심과 모멸감에 빠진 아벨라르는 어쩔 수 없이 수도원으로 도망쳐 들어갔고 엘로이즈 역시 그 후 강압에 의해 수녀가 되었다. 아벨라르로서는 일생일대의 수모와 치욕을 겪은 셈이다.

엘로이즈(1101~1164)는 부모가 없는 고아로서 삼촌의 보호를 받으며 자랐다. 일설에 의하면 수녀의 딸이라는 주장도 있지만 확인된 사실은 아니다. 퓔베르가 친삼촌인지 여부도 확실치가 않다. 심지어는 퓔베르의 딸이라는 주장도 있다. 또한 그녀가 한동안 은신했던 아르장퇴이유 수녀원은 어릴 때 자랐던 곳이기도 했다. 삼촌이 비밀을 지킨다는 약속을 깨고 두 사람의 결혼사실을 공개해 버리자 엘로이즈는 퓔베르를 비난하며 맹렬히 항의했는데 그 때문에 화가 치밀어 오른 삼촌은 그녀를 자주 학대하고 괴롭히기 시작했다. 아벨라르는 그런 횡포로부터 그녀를 보호하기 위해 아르장퇴이유 수녀원에 은신토록 했던 것이다.

그러나 아벨라르에 대한 퓔베르의 잔인한 복수가 단지 가문의 명예를 더럽혔다는 사실에 기인한 것이었다면 분명 도에 지나친 행동임에 틀림없다. 따라서 그것은 퓔베르의 과도한 질투심에서 유발된 분노의 표현으로 볼 수도 있겠다. 그토록 이성을 잃을 정도의 질투심을 느꼈다는 사실을 고려하면 조카딸에 대한 이례적인 감정을 지니고 있었을 가능성도 배제하기 어렵다. 엘로이즈가 어떤 경로로 퓔베르의 보호하에 들어온 것인지 여부도 확실치가 않기 때문에 그런 의혹은 더욱 커진다.

이처럼 비극적인 사건으로 헤어진 후에 두 남녀는 15년간이나 서로 만나지 못하고 떨어져 지냈다. 솔직히 말하면 아벨라르가 연락을 끊은 것이다. 그러나 우연히 친구에게 보낸 아벨라르의 편지를 보게 된 엘로이즈는 즉각 아벨라르에게 편지를 보내 자신의 변함없는 애정을 전했다. 당시 수녀원장이었던 엘로이즈는 편지에서 "우리의 기도가 가장 순수해야 할 미사시간에도 당신과 쾌락을 나누었던 그 음탕한 장면이 나의 불행한 영혼을 사로잡습니다."라고 하며 용감하게 고백을 털어놓는다.

이처럼 간절한 그녀의 호소에 대하여 아벨라르는 계속해서 그녀를 설득했다. 자신들이 과거에 나누었던 사랑은 단지 육체적인 쾌락에 불과한 것이었을 뿐 그녀는 신의 사랑에 귀의해야만 한다고 계속 권유한 것이다. 그런 점에서 옛사랑의 변함없는 유지를 원했던 엘로이즈와는 달리 아벨라르는 수도원으로 도피한 이후 전혀 딴사람처럼 변한 듯이 보인다.

그러나 아벨라르의 고백에서도 밝히고 있듯이 그녀에 대한 사랑은 매우 간절한 것이었다. "나의 손은 책장보다는 그녀의 굴곡진 몸매에 더 자주 머물렀고, 사랑은 우리의 눈을 책에서 멀어지게 하고 서로를 바라보도록 이끌었다."는 그의 고백은 그녀에 대한 사랑이 어느 정도였는지 짐작케 한다.

이렇게 해서 1133년부터 시작된 두 사람의 편지 왕래는 그 후 2년간이나 계속됐다. 물론 아벨라르는 그녀를 계속 달래며 단지 엘로이즈가 성직자로서의 직분에 충실하기만을 바랄 뿐이라고 담담히 말했지만, 그녀에 대한 사랑이 완전히 식은 것 같지는 않다. 다만 그녀의 애끓는 호소로 인해 과거에 자신이 당해야 했던 거세의 아픔과 두려움이 되살아나는 것이 힘겨웠을 것이다. 당시 사회적으로 매장되다시피 했던 그로서는 달리 방도가 없었을 것이다.

그럼에도 불구하고 아벨라르는 수녀회의 기금을 마련하고 성가를 짓는 등 여러 활동을 통해 엘로이즈를 돌보며 지원을 아끼지 않았다. 그것은 겉으로는 냉정을 유지하면서도 드러나지 않게 그녀와의 애정을 존속시키려는 나름대로의 자구책이었을 것이다.

종교적인 사랑과 세속적인 사랑의 공존에 대한 엘로이즈의 요구는 사실 지나친 욕심인지도 모른다. 당시 사회적 분위기로 보아 이들의 사랑은 어차피 이루어질 수 없는 사랑이었다. 따라서 이들은 현세에서 이루지 못한 사랑을 내세에서 이루기를 염원했다. 아벨라르는 자신이 죽으면 엘로이즈가 있는 수녀원 묘지에 묻어 달라고 부탁했으며, 실제로 그녀는 그의 요구에 응해 주었다.

그리고 두 사람 모두 세상을 떠나고 600년이 지난 후에 나폴레옹의 부인 조세핀 왕비는 이들의 애절한 사연에 감동을 받아 이들 남녀의 유해를 파리 근교의 납골당에 합장하도록 지시했으며 비로소 이들 연인은 오랜 숙원을 풀게 되었다. 아벨라르와 엘로이즈는 공교롭게도 마치 약속이나 한 듯이 두 사람 모두 똑같이 63세로 세상을 떠났다.

聖과 性

성스러움은 인간의 모든 탐욕과 이기심을 초월한다. 경건함 역시 인간의 모든 속된 감정을 압도하고 제어한다. 그러나 이들 성스러움과 경건함의 유지에 가장 강력한 도전은 바로 성적 욕망에서 비롯된다는 사실을 성직자들 자신이 너무도 잘 알고 있었다. 중세 암흑기에 악명이 자자했던 마녀재판도 사실 알고 보면 성적 유혹에 대한 두려움에서 비롯된 일종의 집단 히스테리 현상이었다.

이처럼 금욕주의적 태도가 온 세상을 압도하고 있던 시대에 태어나 은밀히 뜨거운 사랑을 불태웠던 아벨라르와 엘로이즈 두 사람의 입장에서는 자신들에게 가해진 시련이 너무도 가혹하다고 여겼을 것이다. 아벨라르는 자신이 쓴 저술을 통해 죄의 개념을 분석하면서 인간의 행위 자체에 선악의 잣대를 적용할 수 없다고 보고, 신은 그 행위로 인간을 선하거나 악한 것으로 판단하지 않는다는 파격적인 해석을 내린 바 있다. 신이 갖는 주요 관심사는 그 행위의 결과가 아니라 어떤 의도로 그런 행위를 했는가에 있다는 것이다. 따라서 죄는 행동으로 드러난 그 어떤 것이 아니라 잘못된 줄 알면서도 어쩔 수 없이 받아들이는 그 무엇이라는 것이다. 결국 예수 그리스도가 자신의 희생적인 삶을 통해 의도한 점은 인간들에게 모범을 보임으로써 사랑의 실천이 중요함을 깨우치게 하려는 것이었다는 주장이다.

그는 이처럼 과감한 논리를 내세움으로써 당시 매우 금욕적인 교단으로부터 단죄를 받고 은인자중할 수밖에 없었다. 그에 대한 단죄는 교황에게까지 보고되었으며 그로 인해서 아벨라르는 죽을 때까지 입조심을 하지 않으면 안 되었다. 물론 아벨라르의 과감한 논리는 일종의 자기변호에 가까운 것으로 볼 수도 있다. 그러나 그로서도 자신의 과거 행적에 대해 나름대로의 합리화가 필요했을 것이다. 마르틴 루터 역시 과도한 성적 욕구로 고통을 받았으며 그 때문에 결국 성직자의 혼인을 정당화시킨 종교개혁을 단행한 것이 아니겠는가.

아벨라르가 조금 더 늦게 태어났더라면 그는 성직자 신분으로서 얼마든지 엘로이즈와 혼인생활이 가능했을지도 모른다. 비록 루터에 의해 종교개혁이 이루어졌지만 그 이후에도 성직자로서 성적 갈등 때문에 곤욕을 치른 사례는 얼마든지 찾아볼 수 있다. 그것은 동양도 마찬가지라 하겠다.

헉슬리가 1952년에 발표한 『루당의 악마』는 17세기 프랑스의 작은 도시를 무대로 벌어진 실제 사건을 소재로 한 내용으로 인간의 추악한 본성과 종교적 위선을 여지없이 폭로했는데, 이를 토대로 영국의 영화감독 켄 러셀은 1971년에 〈악령들〉이라는 제목으로 일종의 종교적 공포물을 만들어 발표하기도 했다. 그러나 이 영화는 가톨릭에 대한 지독한 모욕으로 인해 헉슬리의 원작보다 더 큰 사회적 물의를 일으키기도 했다.

비록 실제가 아닌 창작물이긴 하지만 이와 유사한 내용을 다룬 영화들로는 밀로스 포만의 〈고야의 유령〉을 비롯하여 알프레드 히치콕의 〈나는 고백한다〉, 다릴 듀크의 〈가시나무새〉 등을 들 수 있겠다. 특히 밀로스 포만의 〈고야의 유령〉은 종교재판에 희생된 죄 없는 처녀의 비극적인 말로를 통해 고매한 성품의 성직자라 해도 비정하고도 잔혹한 인간으로 전락할 수 있음을 생생하게 보여 준다.

물론 마더 테레사 수녀나 이태석 신부처럼 숭고한 인물들도 없는 것은 아니지만 금욕주의 자체는 인간의 다양한 방어기제 중에서도 가장 성숙한 승화의 한 유형에 속하는 것이 사실이다. 다만 지나친 금욕의 강요는 성의 억압에 실패한 수많은 사람들을 더욱 심각한 노이로제 상태로 몰고 가기 쉽다.

미국의 저명한 분석가 칼 메닝거는 극단적인 순교와 금욕주의 모두를 일종의 만성적인 자살로 간주하기도 했지만, 그것은 지나친 해석일 수 있으며 금욕 자체가 문제라기보다는 그것으로 인해 야기될 수 있는 부작용이 더욱 문제일 것이다. 금욕을 통해 자기를 정화시키고 더 나아가 그것이 이타적인 행위로 승화될 때 금욕은 그 무엇에도 견줄 수 없는 고귀한 지침으로 인정받을 수 있기 때문이다.

다만 가혹한 초자아로 인하여 일방적으로 자아에 강요된 금욕은 그에 못지않은 강력한 힘을 지닌 이드의 욕망 때문에 전혀 예기치 못한 결과를 초래할 수도 있다. 우리는 역사적으로 그런 부작용을 수없이 목격해 왔다.

왜 이루어질 수 없는 사랑인가

아벨라르는 귀족 가문에서 어려움 모르고 자란 전도유망한 철학자요 신학자이며 교육자였다. 그는 당대에 제일가는 유명한 논객으로서 아무도 자신을 당할 자가 없다는 심한 자아도취에 빠져 있었다. 그러나 그 역시 한 남성으로서 쾌락적 욕망에서 결코 자유롭지 못한 입장이었다. 그는 비록 뛰어난 논리학자이기도 했지만 논리에 앞서는 것은 항상 감정 문제라는 사실을 깜박 잊고 있었던 것이다.

아벨라르는 논리에는 강했지만 감정에는 약했다고 볼 수 있다. 그는 자신의 쾌락적 욕망을 매우 은밀하고도 다소 기만적인 방식으로 해소하고자 했지만 결국에는 이성을 잃고 그 도를 넘고 말았다. 물론 그들의 첫 만남은 사제지간을 통해서였다. 그러나 매우 이성적인 아벨라르가 재능 있고 총명한 어린 소녀 엘로이즈에게 빠져든 것은 그 어떤 이성적인 논리나 사유의 영역을 넘어선 것이기에 그로서도 어찌할 도리가 없었을 것이다. 어쨌든 엘로이즈에 매료된 그는 스스로가 자청해서 그녀의 가정교사로 써 줄 것을 필베르에게 요청했던 것이다.

물론 성직자의 성적 일탈 행위는 예로부터 새삼스러운 일도 아니었다. 그러나 일단 그 사실이 공개적으로 드러날 경우에는 파문은 물론 화형까지 당할 수도 있었다. 아벨라르는 그런 위험을 무릅쓰면서까지 엘로이즈를 얻고자 했던 것이다. 물론 금욕적인 근본주의자 입장에서 본다면 이들은 타락한 사탄의 유혹에 빠진 중죄인들이다. 그러나 낭만주의적 입장에서 본다면 이들은 그야말로 지고지순한 사랑의 열정에 빠진 로맨티스트로 보일 것이다.

그러나 세상의 모든 사랑이 성공하는 것은 아니다. 물론 사랑에 실패한 데는 개인적 이유와 환경적 이유가 있을 것이다. 이들에게 족쇄를 채운 환경적 요인은 금욕주의적 가톨릭 전통과 주변 인물들의 방해, 그리고 아벨라르에게 가해진 잔혹한 거세행위였다. 그러나 이들 남녀에게 가해진 가장 무거운 형벌은 영원히 속세로 나올 수 없는 수도원의 감금생활이었다. 더욱이 아벨라르에게는 육체적으로 가해진 거세뿐만 아니라 사회에서 매장되고 수도승으로 평생을 살아야 한다는 상징적 거세 또한 견디기 힘든 일이었을 것이다.

이들에게 주어진 가혹한 운명은 물리적으로 떨어져 있어 서로 만날 수 없다는 것이 아니라 사랑을 교류할 수 있는 마음의 공간 자체가 차단되고 말았다는 사실에 있다. 이들은 단지 수도원에 격리되고 감금된 것이 아니라 각자의 마음의 감옥에 갇혔다는 점 때문에 더욱 큰 고통을 받은 것이다. 사랑을 주고받을 수 없는 마음은 그 자체가 곧 감옥이요 지옥을 의미한다는 점에서 그렇다는 뜻이다.

미국의 탁월한 여성분석가인 에델 퍼슨은 모든 사랑은 개인적 성장의 밑거름이 될 수 있다는 점에서 정신병리적 관점에만 치우친 프로이트의 애정론을 비판하고, 무엇보다 중요한 문제는 이처럼 소중한 사랑을 파괴하는 이상화의 상실과 공감의 실패라고 했다.

그런 점에서 볼 때, 나르시시스트인 아벨라르는 이 두 가지 요인뿐만 아니라 거세를 당했다는 정신적 충격 때문에 지속적인 사랑의 유지에 실패한 것으로 보인다. 반면에 엘로이즈는 그에 대한 이상화를 유지하며 계속 사랑을 호소했으나 종교적 승화를 강조하는 아벨라르의 권유에 공감하고 그를 체념한 것으로 보인다.

물론 사랑의 본질에 대한 문제는 오늘날에 와서도 여전히 의문부호로 남아 있다. 미국의 저술가 나다니엘 브랜든은 낭만적인 사랑이 자기발견에 이르는 중요한 통로임을 강조하면서도 다만 낭만적 사랑에도 미성숙한 사랑과 성숙한 사랑이 엄연히 존재하기 때문에 낭만적 사랑에 빠지는 일도 중요하지만 그런 사랑을 유지해 나가는 힘이 더욱 중요함을 강조한다. 그리고 사랑의 유지에 가장 큰 걸림돌이 되는 것은 바로 질투심이며, 따라서 이를 잘 극복하는 일이 중요하다고도 했다.

바로 그런 점 때문에 오늘날의 현대인들이 입으로는 항상 사랑을 부르짖고 두 손으로 하트를 만들어 보이지만 진정으로 낭만적인 사랑을 찾기 어렵다고 하소연하는 게 아니겠는가. 사랑의 유지에는 상당한 인내심과 타협정신, 그리고 용서 및 화해가 요구된다. 결국 사랑의 강도가 중요한 것이 아니라 성숙한 인격의 형성이 더욱 중요하다는 말이다.

에리히 프롬은 『사랑의 기술』에서 사랑에는 낭만적 사랑, 부모의 자식사랑, 형제애, 에로스적 사랑, 자기애, 신의 사랑 등 여러 다양한 형태가 있지만, 진정한 사랑에는 무엇보다 성숙함과 용기 그리고 자기에 대한 지식이 요구된다고 하면서 참된 사랑이란 보살핌, 책임감, 존경심, 지식 등의 기본 요소로 이루어진 상태를 말한다고 했다. 첫눈에 반해 이루어진 성적인 결합은 일종의 약물중독과 같은 상태로 그런 성적 욕구는 사랑에 의한 것이 아니라 외로움에 대한 불안, 정복욕, 허영심, 심지어는 피학적인 욕구에 의해서도 자극받을 수 있기 때문에 일시적인 흥분과 쾌락만을 남길 뿐이라는 것이다. 그리고 사랑이 해체된 현대인일수록 육체적 결합과 사랑을 동일한 것으로 간주하기 쉽지만 그것은 참된 사랑이 아니라고 단언했다.

이런 관점에서 보자면, 아벨라르는 용기가 없었던 반면에 엘로이즈는 성숙함과 자기이해가 부족했던 것으로 볼 수 있다. 더욱이 그들은 육체적 결합을 사랑과 동일한 것으로 오해했을 수도 있다. 소위 첫눈에 반하는 사랑은 실패할 확률이 매우 높거나 위험하다고 보는 경향도 없는 것이 아니지만, 그런 사랑 자체가 위험하다기보다는 오히려 그것이 나르시시즘적 환상에 기초한 경우가 많기 때문에 그 사랑의 유지에 더욱 큰 어려움이 따르기 쉬울 것이다.

첫사랑은 실패하기 마련이라는 속설이 생겨난 것도 따지고 보면 충분히 성숙하기 이전에 휩쓸린 풋사랑일수록 미해결의 오이디푸스 갈등 문제에서 비롯된 감정적 혼란의 잔재일 가능성이 그만큼 높기 때문일지도 모른다.

현실적으로 금지된 사랑은 일단 그 불길에 휩싸인 남녀들 입장에서는 더욱 더 강렬한 자극과 쾌감을 선사하기 쉽다. 그것은 공개된 사랑보다 더욱 큰 짜릿함을 주기 때문이다. 비록 처음에는 불장난으로 시작된 것인지는 모르지만 그 어떤 선을 넘게 되면 달리 선택의 여지가 없다는 절박함에 내몰리기 마련이다. 그것은 유혹을 물리치지 못하고 금단의 열매를 따 먹은 아담과 이브가 결국 낙원에서 추방된 것처럼 신조차 막을 수 없는 일이었다.

아벨라르와 엘로이즈는 나이 차가 22년이나 된다는 점에서 어찌보면 부녀지간에 해당하는 연령 차이에도 불구하고 불처럼 타오르는 열정에 휘말림으로써 비극을 자초하고 말았다. 실제로 아벨라르와 엘로이즈가 함께 만남을 유지한 것은 1년도 채 되지 못하였다. 그리고 처음에는 아벨라르가 그녀를 유혹했지만 15년이 지나 다시 교류가 시작되었을 때 변함없는 사랑을 먼저 고백한 것은 엘로이즈였다. 아벨라르에게 보낸 첫 번째 편지에서 그녀는 고백하기를, "아내라는 이름이 더욱 성스럽거나 또는 더욱 결속된 듯이 보일 수도 있습니다. 그러나 내게 더욱 달콤한 것은 언제나 애인이라는 단어, 또는 그대가 허락하신다면 정부나 창녀라는 단어일 것입니다."라고 거침없이 말한다.

그러나 이들이 다시 교류를 재개한 시점은 아벨라르가 54세요, 엘로이즈는 32세 때였으니 이미 그는 열정이 식을 나이인 반면에 그녀는 한창 불타오를 나이였음을 알 수 있다. 비록 강압에 의해 울며 겨자 먹기 식으로 성직에 몸담게 되었지만 엘로이즈는 여전히 에로스적인 사랑에 얽매여 있었던 것이다. 그녀의 솔직한 고백에 아벨라르 역시 당혹감을 어찌할 수 없었을 것이다.

사람들은 사랑을 모든 것에 우선하는 만병통치약으로 인식하는 경향이 많다. 그러나 모든 사랑이 아름답고 가치 있는 것만은 아니다. 사랑에는 거짓 사랑도 있고 신경증적 사랑, 심지어는 망상적 사랑도 있다. 그뿐 아니라 사랑과 집착을 구분하지 못해 고통받는 연인들도 많다. 이처럼 병적인 동기에 의한 사랑은 특히 깨지기 쉬운 법이다.

그런 점에서 아벨라르와 엘로이즈의 사랑은 비록 처음에는 신경증적 동기에 의해 비롯된 것이었을지 모르나 강제로 거세를 당한 아벨라르가 그 심리적 충격으로 어디론가 잠적하고 그 후 이들의 관계가 다시 재개되었을 때는 두 사람 모두 성직자의 신분으로 도저히 넘을 수 없는 장벽이 존재함을 인정하고 종교적으로 승화시켜 나갈 수밖에 없었던 것이다. 금지된 사랑을 어떻게든 고수하려던 두 사람 모두에게 자신들이 처한 감옥 같은 세상을 바꿀 능력은 당연히 존재할 수 없었다.

그들에게는 마르틴 루터와 같은 용기나 배짱도 없었을 뿐더러 그럴 입장도 못 되었다. 루터의 종교개혁이 의외로 수월하게 이루어졌던 것도 결국은 오랜 십자군 전쟁의 여파와 때마침 면죄부 판매로 인해 교황권의 위신이 형편없이 추락했던 시대적 배경에 힘입은 바 컸기 때문일 수 있다. 따라서 아벨라르와 엘로이즈에게 죄가 있다면 단지 시대를 잘못 태어났다는 사실뿐이다. 후대에 이르러 이들의 비극적인 사랑은 억압적인 중세시대의 희생양이 된 대표적인 사례로 운위되고 있지만, 그 시대를 살았던 사람들의 대다수는 이들 남녀보다 더욱 가혹한 시련 속에 살았던 것으로 볼 수 있다.

그런 점에서 아벨라르와 엘로이즈는 오히려 운이 좋았다고 하겠다. 이들은 그럼에도 불구하고 화형에 처해지지도 않았거니와 수도원장과 수녀원장 등 고위직을 역임하며 각자의 신앙생활에 전념할 수 있었기 때문이다. 다만 현세에서 자신들의 사랑을 이루지 못했을 뿐이다.

루터와 로욜라

인류의 역사에 끼친 영향력 면에서 볼 때 기독교 문명의 존재는 거의 절대적인 위치를 차지해 왔다. 그리고 로마 제국이 동로마와 서로마로 분리되어 세계를 지배하였듯이 기독교 문명 또한 로마 가톨릭과 프로테스탄트로 양분되어 오늘날에 이르렀다. 기독교 세계의 양분은 끊임없는 종교전쟁이라는 엄청난 대가를 치르기도 했지만, 그런 분리의 시발점은 결국 마르틴 루터의 종교개혁이었으며, 그에 대한 반동으로 정통 가톨릭 교회의 수호자임을 자처한 로욜라의 예수회 운동이 출현하게 되었다.

이처럼 루터와 로욜라 두 인물이 기독교 사회의 진로에 끼친 영향은 가히 절대적이었으며, 그들은 예나 지금이나 변함없이 수많은 기독교신자들에게 카리스마적 존재로 추앙받고 있다는 점에서, 그리고 기독교 사회에서 진보와 보수를 대표하는 두 인물이 그들 각자가 경험했던 특이한 종교체험을 토대로 서로 상반된 노선의 선도자로 나섰다는 점에서 그들이 겪은 종교체험의 본질과 의미가 무엇인지 궁금하지 않을 수 없다. 또한 그들의 삶과 성장과정이 각자의 종교체험 및 그들의 향후 진로에 어떤 영향을 주었는지 관심을 일으키는 부분이기도 하다.

신앙적 대결

　1492년 콜럼버스의 신대륙 발견 이후 스페인의 국력은 급속히 강성해졌다. 그리고 통일된 스페인 왕국은 바티칸의 강력한 후원으로 중남미 대륙을 거의 독점하다시피 했다. 반면에 독일의 신성 로마 제국은 바티칸의 보호하에 있었지만 명목상의 제국일 뿐 수많은 영주들이 군웅할거하는 상태로 실질적인 지배권은 바티칸이 행사하고 있었기 때문에 국제적으로는 별다른 힘을 못 쓰는 형편이었다.

　그런 시대적 상황을 배경으로 루터와 로욜라는 제각기 무기력한 독일과 강력한 스페인 땅을 무대로 활동하면서 절대적 권력을 행사하는 바티칸에 대해 전혀 상반된 태도를 취함으로써 서로 한 치의 양보도 있을 수 없는 영원한 맞수가 되었다.

　루터가 일으킨 종교개혁의 여파로 오랜 기간의 농민전쟁과 종교전쟁이 잇따랐지만, 그럼에도 불구하고 두 인물은 한 번도 직접 대면한 적이 없었다. 1517년 교황령에 의해 판매되기 시작한 면죄부에 대해 즉각적인 이의를 제기하며 반박하고 나선 마르틴 루터의 행동은 전 기독교 사회를 술렁이게 만들었으며, 그때까지 평범한 사제에 불과했던 루터는 일약 슈퍼스타가 되었다. 루터에서 비롯된 종교개혁은 마침내 바티칸의 지배에서 벗어난 독립된 교파를 형성하여 복음루터교회가 탄생하는 밑거름이 되었으며, 그의 교파는 그 후 독일과 북유럽을 중심으로 교세를 확장해 나갔다.

　헨리 8세가 주도한 영국 국교회의 이탈과 더불어 개신교파의 비약적인 세력 확장으로 오랜 기득권에 안주해 온 로마 가톨릭 사회는 위기의식을 느끼지 않을 수 없게 되었으며, 이런 시대적 상황을 토대로 정통 가톨릭 교회의 수호와 교황권의 보호를 기치로 내세우며 나타난 로욜라의 예수회 운동은 당연히 프로테스탄트 운동과의 대결을 피할 수 없게 되었다.

1556년 로욜라가 죽었을 때, 그의 제자들은 뜨거운 열정과 충성심으로 인도, 중국, 일본, 신대륙 등지로 흩어져 외방선교에 혼신의 힘을 쏟았다. 로욜라와 함께 예수회를 설립했던 자비에르도 일본에 최초로 기독교를 전파한 장본인이었다. 예수회는 전 세계로 퍼져 나가면서 교육에 투자하여 수많은 대학들을 설립하기도 했다. 우리나라의 서강대학교도 그렇게 해서 탄생한 예수회 소속의 교육단체이며 중앙도서관 이름도 그래서 로욜라 도서관이다.

신구교 간에 벌어진 치열한 교세 싸움은 그 후 수백 년에 걸쳐 계속되었으며, 이들 사이의 분쟁과 반목은 지금까지도 북아일랜드 사태에서 보듯이 멈추지 않고 있다. 이처럼 16세기에 시작된 루터와 로욜라의 신앙적 대결은 21세기에 도달한 이 시점에서도 아직 승부가 나지 않은 상태로 남아 있다.

다만 오늘날의 관점에서 두 인물을 평가한다면, 평민 출신의 루터는 기득권층의 권위와 특혜를 타파했던 좌파적 혁명투사였다고 할 수 있으며, 반면에 귀족 출신의 로욜라는 기득권 수호에 헌신적으로 봉사한 우파적 투사였다고 할 수 있다. 그들이야말로 전통적 기독교 사회의 오랜 좌우파 대립의 초석을 깐 장본인들이었던 셈이다.

루터의 반항

마르틴 루터(1483~1546)는 독일의 작센 지방 아인슬레벤에서 한스 루터와 마르가레테 지글러의 아들로 태어났다. 그가 태어난 날은 마침 성 마르티누스의 날이어서 그에 따라 이름도 마르틴으로 지었다. 그러나 이듬해 그의 가족은 만스펠트로 이주하였고 그는 14세까지 이곳에서 자랐다.

루터는 라틴어학교를 졸업한 후 집을 떠나 에어푸르트 대학에서 인문학을 공부하고 22세부터는 아버지의 뜻에 따라 법학공부를 시작했으나 집에서 대학으로 돌아가는 도중에 엄청난 뇌우를 만나 두려움에 떨다가 수호성자인 안나의 도움을 구하고 수도사가 될 것을 맹세했으며, 그 길로 아우구스티누스 수도회에 들어갔다. 24세에 사제 서품을 받고 첫 미사를 집전하였으며, 이듬해에는 비텐베르크대학에서 윤리학을 강의하기 시작했다. 29세에는 비텐베르크대학 신학부 교수로 정식 취임하여 죽을 때까지 교수직에 있으면서 강의를 맡았다.

1517년 34세 때 유명한 '95개조 반박문'을 마인츠 대주교 앞으로 발송했으며, 그와 동시에 루터에 대한 심문이 시작되었다. 그 후 교황청에서 파견한 특사와 치열한 논쟁이 계속되다가 결국 교황 레오 10세의 파문 위협이 있은 후, 루터가 시 광장에서 공개적으로 교회 법규집과 교황의 교서내용을 불태우는 행동을 보이자 1521년 그의 나이 38세 때 정식 파문장이 그에게 전달되었다. 독일 황제 칼 5세도 루터를 심문한 결과 그에게 이단을 선고하였다.

그러나 그는 이에 아랑곳하지 않고 자신의 신념을 계속 밀고 나갔으며, 39세에 신약성서의 독일어 번역을 완성하였다. 그의 나이 41세가 되었을 무렵 마침내 농민전쟁이 시작되었다. 그리고 이미 수도회와 결별한 그는 42세 때 카타리나 폰 보라와 결혼하여 모두 6남매를 낳았다.

54세부터는 결석 증세에 시달렸으며 현기증도 심해졌다. 그 후 그의 아내가 병석에 앓아눕게 되고 루터 자신의 병세도 악화되자 그는 59세에 자신의 유언장을 작성하였다. 60세에 『유대인과 그 허위에 대하여』를 발표하여 반유대주의를 부추겼으며, 62세에는 『악마에 의해 세워진 로마의 교황에 반대하여』를 발표하였다. 그리고 63세에 여행을 떠났다가 병세가 악화되어 곧 숨을 거두었다. 그의 유해는 비텐베르크 교회에 안장되었다.

미국의 분석가 에릭슨은 그의 저서 『청년 루터』를 통하여 종교개혁의 장본인 마르틴 루터를 정체성의 위기 차원에서 분석한 바 있다. 그에 의하면, 루터 자신의 부친살해욕구 및 거세공포 그리고 항문기적 고착이 루터로 하여금 바티칸의 아버지 교황을 거부하고 대적하게끔 이끌었으며, 지상의 아버지를 포기하고 하늘에 계신 이상적 아버지를 열렬히 추구하도록 했다는 것이다.

가난한 광부였던 아버지는 자신의 아들이 법학자로 성공하기를 애타게 바랐지만 루터는 그런 아버지의 뜻을 결국 저버렸다. 그에게 있어서 아버지가 강요하는 법이란 결국 지상에 존재하는 모든 아버지들만 유리하게 만드는 불공평한 체제일 따름이었기 때문이다. 따라서 그는 대학에서 법학부 석사학위를 딴 이후에 자신도 설명하기 어려운 무기력상태에 빠져 버렸다. 그리고 마침내 루터가 아버지의 뜻을 거스르고 신학으로 선회하자 아버지 한스는 아들이 주장하는 신의 계시는 궤변에 지나지 않으며 사실상 마귀의 음성을 들은 것이라고 계속 주장했다. 물론 이에 순순히 굴복할 루터가 아니었다. 일단 아버지의 의지를 꺾고 자신의 뜻대로 성공적인 신학자가 된 루터는 이번에는 그 화살을 바티칸의 교황에게로 돌렸다. 그럼에도 불구하고 항상 반항심에 젖어 있던 루터에게 권위적인 아버지와 교황의 존재는 강한 양가감정의 대상이 될 수밖에 없었다.

복종과 반항에 따른 죄의식 사이를 오가던 그에게 지상의 부권을 거부하고 천상의 부권을 맞이하기까지에는 상당한 정신적 방황이 수반되어야만 했다. 따라서 루터의 주된 갈등의 주제는 부권에 대한 반항인 것으로 보인다. 루터가 일으킨 개신교운동이 어원상 반항을 뜻하는 프로테스탄트로 불리게 된 배경을 이해할 만하다.

따라서 그가 보인 남다른 용기와 행동의 이면에는 상당한 불안이 자리 잡고 있던 것으로 볼 수 있으며, 그것은 달리 말해 극심한 거세공포를 극복하기 위한 초강수였던 것으로 보인다. 더구나 그는 왕성한 성욕의 소유자로 모든 성직자에게 강요되는 금욕주의를 도저히 견딜 수가 없었다. 당연히 그는 그러한 금욕주의에도 저항하였다. 루터의 개혁을 통하여 개신교의 모든 성직자들은 결혼할 수 있게 되었으며, 인위적인 금욕이라는 사슬에서 해방될 수 있게 되었던 것이다.

그리고 잠재적인 오이디푸스 갈등의 해소가 가능해진 마당에 더이상 성모 마리아 숭배의 필요성이 사라졌기 때문에 오로지 복음이 전하는 메시지 자체에만 몰두할 수 있게 된 것이다. 마르틴 루터는 이처럼 무의식적 갈등 요인을 일거에 해소시켜 주는 중추적 역할을 떠맡은 것이다. 프로이트와 교류했던 스위스의 개신교 목사 오스카 피스터는 로마 가톨릭에 대한 비판에서 가톨릭의 이상은 결국 자연이 준 본능적 욕구의 억압에 있으며 많은 성자들 역시 도덕적으로는 존경을 받고 있지만, 그들이 한평생 노력한 것은 결국 자신들의 욕망을 부분적으로 승화시킨 것에 지나지 않는다고 주장했다. 그런 점에서 마르틴 루터는 성직자에게 주어지는 가장 큰 짐 가운데 하나를 덜어준 위대한 공로자였다고 볼 수 있다.

따라서 그는 자신에게 금지된 근친상간적 욕구 및 성적인 욕망을 속세에서 이룩한 셈이며, 동시에 그런 금지의 주범이었던 현세의 아버지와 교황에게 감히 대적함으로써 자신의 거세공포를 극복한 것으로 볼 수 있다. 마침내 루터는 당당한 승리자가 되어 자신의 욕망을 만족시키는 동시에 불가항력적인 존재로 여겨졌던 강력한 경쟁자들을 물리침으로써 당시로서는 상상도 할 수 없었던 심리적 혁명을 일으킨 장본인이 되었던 것이다.

그러나 사람들은 루터가 자신의 가족에 대한 각별한 애정의 소유자였음은 기억하는 데 반하여, 그에 못지않은 가족애를 지니고 살던 유대인 마을을 불태우라고 독려한 그의 행동에 대해서는 애써 언급을 회피하는 듯하다. 분명한 사실은 마르틴 루터가 이성적이기보다는 매우 격정적인 감정에 사로잡힌 인물이었다는 점이다. 그는 항상 불안정하고 때로는 우울에 빠졌으며, 자신의 신념에 대해서도 끝없는 회의와 확신 사이를 오가며 갈등하고 고뇌한 인물이었다. 결국 반항과 복종, 항명과 죄의식의 반복은 마르틴 루터에게 주어진 미완의 숙제였던 셈이다.

루터의 종교체험

마르틴 루터가 22세 때 집을 떠나 대학으로 가는 길에 뇌우를 만나 공포에 질린 나머지 성 안나의 도움을 청한 끝에 기사회생한 경험은 그의 인생진로를 바꾸는 데 있어서 가장 결정적인 계기가 되었다. 그 순간 루터는 수도사가 되기로 작심하고 아버지의 뜻과는 정반대의 진로를 걷게 되었기 때문이다.

20대 초반의 루터가 성가대석에서 갑자기 쓰러지며 고함을 지르는 등의 발작을 보인 것도 바로 그 무렵이었다. 마치 신들림과 같은 모습을 보인 루터는 계속해서 '그것은 내가 아니다'라는 말을 큰소리로 외쳤다고 전해진다. 그 장면을 현장에서 목격했던 세 사람의 동료는 이후에 루터가 유명해진 뒤에도 그를 추종한 적이 결코 없었다는 점을 고려한다면 그들은 당시에 루터가 귀신 들린 상태였다고 판단했는지도 모른다. 루터는 그런 발작 이후 심한 우울과 회의에 빠지기도 했다.

루터의 정신적 혼란상태 및 그의 성격적 결함에 대해 가장 날카로운 공박을 가한 인물로 악명을 날린 로마교황청 문서실장이었던 하인리히 데니플레는 루터의 발작을 신으로부터의 계시나 은총이 아니라 개인적인 원인에서 찾았다. 따라서 그에 의하면, 뇌우 속에서의 서약이든 성가대석의 발작 및 그 후에 루터가 일으킨 종교개혁이든 무엇이든지 간에 그러한 행동들은 신의 개입이나 성령과는 아무런 관련도 없는 것이며, 단지 한 개인의 망상적 오류에서 비롯된 결과였다는 것이다.

데니플레는 한 인간의 환상을 교리의 위치에까지 끌어올렸다는 점에서 루터교를 평가절하고 루터의 전 생애 자체가 어쩌면 악마의 유혹 때문이 아닌지 의구심을 표하기도 했다. 또한 그는 루터의 반항적 기질에 주목하고 자신의 개인적 심성 때문에 세상을 뒤집어엎기를 강력히 원했던 혁명적 인물로 평가하면서, 그런 루터의 특이한 재능을 선동가, 거짓 예언자의 재능과 연관지었다.

데니플레의 주장은 물론 바티칸을 옹호하고 루터를 공격하기 위한 목적에서 나온 것으로 다분히 의도적인 경향이 농후하지만, 나름대로 설득력을 지니는 부분이 없는 것도 아니다. 다만 악마와의 관련성을 무의식적 갈등이나 환상으로 대체한다면 오히려 현대의 심리학적 이해 및 설명에 가까운 해석으로 볼 수도 있다는 점에서 당시로서는 매우 탁월한 식견이라 하겠다.

키르케고르도 그의 일기에서 "루터는 전 기독교 사회에 대단히 중요한 환자"라는 표현을 쓴 바 있다. 여기서 환자라는 표현은 물론 정신질환자를 의미한 것이 아니라 정신적 고통을 겪는 인간이라는 포괄적인 의미였을 것이다. 그러나 분명한 사실은 성가대석에서 돌발적으로 나타난 루터의 발작 현상을 오늘날의 관점에서 보자면 일종의 히스테리성 발작 증세로 간주할 수 있다는 점이다.

일생 동안 루터는 유달리 강한 성욕을 물리치기 매우 힘들어했던 인물이었다. 루터의 아버지 한스도 자신의 아들이 성적인 문제로 금욕적인 수도사 노릇을 견디기 힘들 것이라고 이미 예견한 바 있다. 아들의 특성과 기질을 잘 파악하고 있었을 아버지가 그렇게 확신할 수 있었던 이유는 무엇이었을까? 그는 아들의 자위행위를 목격했던 것일까? 그러나 어디에도 그런 내용의 기록은 전해지지 않는다. 다만 루터가 강한 성욕의 소유자라는 증언은 많이 있다. 물론 지금까지 전해진 기록들의 대부분은 루터의 갈등을 영적인 측면에서만 부각시켰을 뿐 성적인 갈등은 언급조차 없는 것이 사실이다.

그러나 마르틴 루터의 정신병리에 많은 관심을 지니고 연구했던 덴마크의 정신의학자 파울 라이터는 루터가 그의 초기 강연에서 남성의 사정행위에 대해 상세하게 언급한 내용을 밝히고 있다. 그 강연에서 루터는 자위행위와 같은 자발적인 사정행위와 몽정이나 지나친 긴장상태에서 본인의 의사와 관계없이 일어나는 사정행위 간의 차이를 구분하고, 루터 자신도 그러한 경험 이후에는 상당한 심리적 갈등상태에 빠진 나머지 단식을 행해 보기도 했지만 역설적으로 더욱 상태가 악화되었던 경험이 있다고 고백했다는 것이다. 수도사로서의 첫 출발부터 루터에게는 강한 성적 욕구 자체가 가장 참기 힘든 부분이었던 셈이다. 그런 점에서 그가 성가대석에서 갑작스런 히스테리 발작을 보인 모습도 성적인 좌절에 시달린 많은 여성들에서 관찰할 수 있는 발작 양상과 크게 다를 바 없다.

중세에는 그런 히스테리 발작을 보였던 수많은 여성들이 마녀로 단죄되어 화형에 처해졌던 기록들이 많다. 프로이트의 리비도이론에 의한 신경증 개념도 루터와 유사한 증세들을 보인 여성환자들의 분석 경험을 토대로 나온 것이며, 그런 전형적인 사례들은 고도의 산업화 과정에서 많이 사라지긴 했지만, 현대사회에서도 그와 유사한 히스테리 발작은 보다 교묘한 형태로 바뀌어 나타나기도 한다. 특히 대규모 종교집회 등에서는 자주 목격되는 현상으로 대부분의 경우 마귀 들린 현상으로 간주되기 마련이다.

로욜라의 회심

이냐시오 로욜라(1491~1556)는 스페인 북부의 명문 귀족인 바스크 가문에서 11남매의 막내로 태어났으며, 그의 본명은 이니고 로페즈 데 레칼데였다. 귀족 가문의 막내아들로 태어났다는 사실만으로도 그는 이미 기득권사회의 수호천사 역을 떠맡을 운명이 예정되어 있었던 것처럼 보이기도 한다.

그러나 로욜라는 처음부터 신앙심이 돈독했던 인물은 아니었다. 오히려 그는 26세에 이를 때까지 세속적인 허영과 야심에 가득 찬 인물이었다. 1521년 프랑스군대가 피레네산맥을 넘어 스페인을 침공하자 나바르공의 군대에 합류하여 용감하게 싸우다가 다리에 심한 부상을 입어 귀향하게 되었으며, 로욜라성에 머물면서 어느 정도 상처가 아물게 되었을 무렵, 그는 『성인열전』과 『그리스도의 생애』를 읽고 깊은 감명을 받았다. 그리고 31세가 되었을 때, 신에 대한 봉사를 결심하고 로욜라성을 떠나 몽세라트의 베네딕토 수도원에 기거하던 중에 자신의 옷과 검을 모두 버리고 순례자가 되었다. 그 후 작은 도시 만레사에 도착한 그는 카르도넬 강가의 작은 동굴 안에서 기도와 금식으로 고행을 계속했다.

당시 로욜라는 매우 심한 우울상태에 빠져서 어떨 때는 자살까지 생각할 정도였으며, 이러한 고통스런 심적 과정을 거치면서 드디어 영적인 체험을 하기에 이르렀다. 그 후로 전혀 다른 사람이 된 로욜라는 신을 위한 봉사의 첫 단계로 다른 사람들을 돕기로 결심하였으며, 그러기 위해서는 사도의 길을 걸어야겠다고 생각했다.

그는 파리에서 대학공부를 끝내고 46세에 드디어 사제 서품을 받았다. 1537년 그는 로마로 가는 도중에 라스토르타의 성당에서 영적 환시를 경험하고 '예수의 동반자'라는 단체를 조직했다. 1539년 로욜라와 그의 추종자들은 새로운 수도회인 예수회 설립을 구상하고 교황 바오로 3세에게 청원하여 1546년 마침내 인가를 받기에 이르렀다. 로욜라는 선언하기를, 교황의 지시에 대한 무조건적인 충성과 믿음으로 강력한 예수 그리스도의 군대가 될 것임을 공표하였다. 초대 총장으로 선출된 이후 그를 따르는 예수회 사도들이 모든 대륙으로 흩어져 파견되어 나가면서 오늘날에 이르렀고, 사후 66년이 지난 1622년 로욜라는 바티칸의 교황 그레고리우스 15세의 공식 발표에 의해 성인으로 추대되었다.

　로욜라는 프랑스 국경과 인접한 바스크 지방 출신이다. 비록 귀족 가문이긴 했지만, 그가 속한 지역의 바스크인들은 독립심이 유달리 강한 기질을 타고나서 오늘날에 와서도 계속 스페인으로부터 분리 독립을 외치며 끝까지 저항하고 있는 특이한 민족이다. 소위 에타로 불리는 저항단체는 지금도 험준한 피레네 산맥을 거점으로 스페인의 부당한 지배에 무력 항쟁을 벌일 정도로 바스크인들의 반골기질은 오랜 역사와 전통을 지니고 있는 것이다.

　미국의 분석가 마이스너는 로욜라 가문의 역사에 대해서도 소상히 소개하고 있는데, 그에 의하면, 로욜라는 어느 날 갑자기 야심에 가득 찬 세속적 군인에서 신성한 그리스도의 군대를 지휘하는 사령관으로 변신했는데, 이를 종교에서는 회심이라고 부르지만 거기에는 상당한 죄의식이 관여된 듯하다고 했다.

실제로 삶의 고통과 고달픔이 무엇인지 겪어 보지 못하고 곱게 자란 귀족 가문의 막내아들로서 단순히 영웅심과 허영심의 발로에 이끌려 끔찍스런 살육의 현장에 동참하면서 느꼈을 정신적 충격과 그에 따른 죄의식을 짐작해 볼 수 있겠다. 더욱이 중상을 입고 투병하는 가운데 자신의 장래 문제도 곰곰이 생각했을 법하다. 가문을 승계할 장자의 입장도 아니었으며 그렇다고 학문적 자질도 뛰어나지 못한 자신의 처지를 고려해 봤을 때, 그가 선택할 수 있는 당시의 가장 큰 출세의 길은 당연히 성직에 몸담는 일이었을 것이다.

중세 유럽에서 가톨릭 성직자가 되는 길은 아무나 걷는 길이 아니었다. 그리고 당시 바티칸의 영향력은 모든 왕족들 위에 군림하고 있던 실정이었다. 그런 시절에 부모의 곁을 떠나 오랜 수도생활과 조직 운영에 몸담게 된 로욜라의 생애는 오로지 금욕과 기도, 그리고 교황에 대한 절대적인 충성으로 일관한 삶이었다.

그는 자신의 아버지를 거부하고 그 대신 교황 및 신적인 아버지를 섬기기로 결심했다. 그리고 현실적으로 그 소유가 불가능한 어머니를 대신하여 성모 마리아 숭배에 몸담았다. 그의 오이디푸스 갈등은 자신의 고향에 잠시도 머무르지 못하게끔 하였으며, 먼 길을 떠나 그보다 더욱 성스러운 가치를 부여해 줄 수 있는 대상으로 향하도록 그를 이끌었다. 그렇게 함으로써 그는 그런대로 만족스러운 삶을 영위할 수 있게 된 것이다. 그리고 끊임없이 출몰하는 갈등적 요인과 맞서기 위해서는 반복적이고도 쉴 새 없는 묵상과 기도가 요구되었을 것이다.

이처럼 끊임없는 자기감시와 단련 및 교육은 일종의 자기암시와 같은 작업으로서 철저한 의식전환과 변신을 유지하기 위해서는 필수불가결한 과정이 되는 것이다. 로욜라는 결국 교권과 교황에 대한 충성심이 인정되어 성자로 시성됨으로써 자신의 부모와 형제들이 꿈도 꿀 수 없는 위치에 올라 그들을 오히려 영적으로 인도할 수 있는 자리를 차지하는 데 성공한 셈이다.

로욜라의 종교체험

로욜라는 다마스커스로 향하는 도중에 사도 바울이 경험했던 것과 유사한 종교적 환각을 경험했다. 바울의 회심과 관련한 종교적 환각 체험에 대해서는 바울 자신의 변화에 대한 열망과 심리적 위기의식이 투사된 결과로 보는 견해도 있다. 로욜라 역시 그와 유사한 심리적 동요와 위기감에 사로잡힌 상황에서 강력한 종교적 환각을 겪었던 것이다. 물론 그러한 환각은 그가 동굴 안에 은둔하며 오랜 기간 기도와 금식으로 자신을 단련하던 중에 일어난 것이었기 때문에 단순히 감각박탈 상태의 결과로 간주할 수도 있겠다.

그러나 신체적 상태뿐 아니라 당시의 로욜라가 지녔던 심리적 상태에도 주목하지 않을 수 없다. 당시 그는 극심한 우울증 상태였으며 죄의식과 자학적 심리상태에서 자살까지 고려할 정도로 고통의 나날을 겪고 있었지만, 자신만의 독특한 영적인 훈련방법을 통해 극복해 내었다. 로욜라가 작성한 『영성훈련』이라는 소책자는 예수회의 가장 중요한 교과서이며 인간의 내적 발전단계의 개요를 기록한 내용이다.

그가 영성훈련을 고안할 당시 그에게 가장 큰 영감을 불어넣어 준 장본인은 그 누구도 아닌 성모 마리아였음을 그는 믿어 의심치 않았다. 거의 절망적인 심리상태에서 그가 경험했던 환각은 로욜라 자신의 내면적 상황을 그대로 반영한 것으로 볼 수 있다.

로욜라로 하여금 세속적·육체적 단계로부터 영적 단계로 이끌어 준 존재는 분명 예수 그리스도가 아니라 성모 마리아였다. 따라서 그가 경험한 영적인 황홀경은 조기 모자관계의 공생적 단계에서 경험하는 나르시시즘적 전지전능감을 특징으로 하는 합일적 경지였다고 간주할 수도 있다. 절망적인 우울상태에서 지복의 황홀한 순간으로 극적 반전이 이루어진 셈이다. 이런 과정은 뼈아픈 죄의식에 사로잡힌 로욜라에게 놀라운 심기일전의 계기를 제공했던 것으로 보인다.

그러나 종교적 열정에 사로잡힌 이후에도 그는 계속해서 비슷한 환각을 경험한다. 성지 순례에 실패한 후 로마로 입성하기 직전에도 그는 성모 마리아의 모습을 목격한 것이다. 마치 사도 바울이 다마스커스에 입성할 때 예수 그리스도의 모습을 목격했던 것처럼 말이다.

물론 로욜라의 영적인 체험은 그가 남긴 자전적 기록에 의거해 인용되고 있는 내용이지만, 엄밀한 의미에서 그것은 본인이 쓴 기록이 아니며, 로욜라의 회상에 기초한 구술 내용을 그의 한 추종자가 받아 적은 것이기 때문에 오늘날의 시점에서 그 진위 여부를 확인할 도리는 없다. 그러나 그와 유사한 영적 체험은 이미 그 이전부터 동서고금을 통하여 흔히 목격되고 언급되어 온 내용이기 때문에 진위 여부를 가린다는 것은 큰 의미가 없겠다.

종교체험과 정신병리

종교적 체험은 적절한 분석의 대상이 될 수 없다는 점은 누구나 인정하는 사실이다. 그러나 모든 종교적 체험이 성스럽고 영적인 것만은 아니다. 임상적인 관점에서 본다면 종교적 망상이나 환각 경험은 실로 빈번하게 목격되는 현상이며, 또한 다양한 종교의 이름으로 체험되는 모든 현상들이 고차원적인 것만도 아니다.

무엇보다 중요한 문제는 그러한 체험을 겪는 사람이 어떠한 인격적 토대와 심리적 상태를 갖추고 있는가 하는 것이다. 저급하고 조잡한 내용들로 이루어진 종교적 체험들도 많은 것이 사실이다. 소위 정신 질환자들의 종교적 체험은 각자의 정신병리를 반영하는 수가 많다. 따라서 건전한 인격의 소유자 및 성자들의 종교적 체험과 환자들의 체험을 동일선상에서 논한다는 것부터가 잘못된 것일 수 있다.

그러나 인간 심리의 보편적 특징 중의 하나는 자신의 내면적 상태를 외부로 투사한다는 점일 것이다. 다시 말해서 부정적 감정상태에 몰입된 사람은 마귀의 형상을 볼 가능성이 매우 높아지며, 유아적 황홀경에 도취된 사람은 사랑에 충만한 신의 은총을 마주할 가능성이 높아지기 마련이다.

모든 종교적 체험을 병리적 현상으로 간주하는 것은 매우 경솔한 일임에 틀림없겠지만, 그런 영적 체험이 당사자의 심리적 상태와는 아무런 상관도 없다고 주장하는 것도 사실 무리가 아니겠는가.

기독교 사회에서 성자 대열에 오를 만큼 추앙을 받아 온 로욜라나 루터 두 인물 모두에게 삶의 행로를 결정지은 것은 바로 강력한 종교체험이었다. 다른 한편으로는 그러한 체험을 겪게 된 시점에 놓인 두 인물의 심리적 상태가 어떠했는지 살펴볼 필요가 있다. 루터나 로욜라 모두 당시에는 심각한 정서적 혼란과 위기감에 빠져 있을 무렵이었기 때문이다.

루터는 자신의 주체할 수 없이 강렬한 성적 욕망에 대한 죄책감과 아버지의 권위에 대한 반항심으로 인해 결과적으로 교황의 권위에 반발하고 성직자의 결혼을 허용하는 종교개혁을 일으키게 되었으며, 반면에 로욜라는 어머니에 대한 합일에의 욕망과 아버지의 존재를 부정하고자 하는 욕망 사이의 갈등에서 비롯된 타협의 결과로 절대적인 성모 마리아 숭배와 그녀에 순종하는 교황권 수호라는 사명감에 불타오르게 된 것으로 보인다. 따라서 루터는 성적인 금지에서 해방될 수 있는 합리적인 장치를 마련할 수 있게 되었으며, 로욜라는 자신의 금욕적인 태도를 고수하는 대신 영적인 수련방식을 통하여 이를 승화시켜 나갈 수 있는 강력한 장치를 개발한 것으로 간주할 수 있다.

물론 이러한 해석은 반종교적 관점에서 논하는 것이 결코 아니다. 일반적인 평신도들의 세계에서 흔히 관찰되는 종교체험 및 심리적 상태와 동등한 입장에 놓고 평가해 보자는 시도일 뿐이다.

루터나 로욜라는 기독교 역사에서 가장 중요한 분기점에 나타나 서로 상반된 운동을 주도했던 종교인들이다. 물론 인간적인 측면에서 본다면, 제각기 개인적인 갈등과 모순에 처했던 인물들임에 틀림없지만 그들 역시 자신들이 속했던 당시 중세 기독교 문화의 분위기에서 결코 자유로울 수 없었다. 그들이 추구했던 공통된 목표는 단 한 가지, 즉 종교계를 통한 성공과 출세였다.

그러나 서민 출신의 루터에게는 스스로 감당하기 어려운 성적 욕구의 문제가 가장 큰 걸림돌이 되었으며, 따라서 그는 금욕주의를 타파하고 성직자의 결혼을 합법화시키는 종교개혁의 지도자로 나서게 된 것이다. 개혁의 명분으로 내걸었던 면죄부 문제나 성서지상주의 등은 사실상 부차적인 문제였을 뿐이다. 그러나 어쨌든 그는 개신교 역사를 새롭게 연 종교혁명가였다.

반면에 로욜라는 귀족 출신의 군인답게 보수정통파의 입장에서 교황청의 권위를 수호하는 금욕적인 수도자로서 보다 영적인 차원의 진화를 위해 애쓴 인물이었다.

이들 두 사람의 종교적 회심에 결정적인 영향을 준 감정적 요인은 물론 강한 죄의식이었다. 루터에게는 성적 욕망에 대한 죄의식이요, 로욜라에게는 숱한 전투에서 저지른 살인행위에 대한 죄의식이었다. 그러나 다른 한편으로는 아버지에 대한 반항심 또한 무시할 수 없는 요인으로 작용했을 것으로 보인다. 당시로서는 이처럼 개인적인 갈등 문제를 해결하는 데는 종교적인 해법만이 유일한 통로였던 시기였기 때문에 이들 역시 그 길을 따랐던 것이다. 그리고 그 선택은 각자의 이해관계에 따라 방향이 달라졌을 뿐이다.

유혹의 달인 카사노바

지아코모 카사노바(1725~1798)는 희대의 바람둥이로 알려졌다. 그는 베니스에서 태어나 대학에서 법학을 공부한 인텔리였으며, 한때는 성직자를 꿈꾸기도 했으나 항상 염문을 일으키는 바람에 어느 한곳에 정착하기 힘들었다. 따라서 항상 경찰에 쫓기는 신세였던 그는 일생을 여기저기 방랑하면서도 온갖 엽색행각을 벌인 것으로 유명하다. 그의 부모는 당시 이름을 날린 배우였으나 아들을 키우는 데는 크게 신경 쓰지 않은 듯하다.

그는 말년에 자신의 『회상록』을 통해 그동안 자신이 벌였던 애정행각을 세밀히 밝힘으로써 당시의 성풍속도를 이해하는 데 아주 유용한 자료를 남긴 셈이 되었다. 물론 그는 자신을 사랑의 화신으로 미화시켰지만 오늘날의 시각에서 보자면 일종의 애정결핍증 또는 사랑중독증에 해당되는 성격장애자라 할 수 있겠다.

다만 그의 독특한 애정관은 그 나름대로 상당히 매력적일 뿐 아니라 호기심을 유발하기에 족하다. 그가 관계한 수많은 여성들은 국적뿐만 아니라 신분 또한 실로 다양했다. 그는 귀족에서 하녀까지 그리고 창녀에서 수녀까지 신분 고하를 막론하고 상대했다는 점에서 가히 자신의 명성에 걸맞은 사랑의 행적을 남겼다.

카사노바의 『회상록』은 무엇보다도 수천 페이지에 달하는 방대한 자료 속에 자신의 성생활을 노골적으로 묘사했다는 점에서 에로문학적 가치 또한 무시할 수 없겠다. 그런 이유 때문에 그의 『회상록』은 사드의 저술과 더불어 오랜 기간 금서 목록에 오를 수밖에 없었다.

카사노바의 행적을 좇아서

18세기 유럽 최대의 유혹자인 동시에 세기적인 연인으로 불리는 카사노바는 베니스 공국의 연극배우이며 무용수인 아버지 가에타노 카사노바와 역시 배우인 어머니 자네타 파루시 사이에서 6남매 중 첫째로 태어났다. 그러나 어머니의 방종한 생활 탓에 이들 자녀 가운데 누가 아버지의 친자식인지 여부는 제대로 알려져 있지 않다. 카사노바 본인도 자신의 친아버지는 가에타노가 아니라 부모가 일하던 극장 소유주이며 귀족 가문의 일원이었던 미셸 그리마니일 것이라고 믿고 있었다. 물론 신분이 낮은 배우 출신의 집안에서 태어난 카사노바로서는 항상 귀족계급에 대한 선망을 지니고 살았기 때문에 자신의 핏줄이 명문 귀족 일가에 속한다는 일종의 가족 로망스에 빠진 것으로도 볼 수 있겠다. 실제로 그가 유혹하고 상대한 여성들의 대다수는 귀족 여성들이었다는 점에서 그런 심증을 더욱 굳게 한다.

카사노바 자신은 어릴 때 부모의 무관심이야말로 제일 고통스러운 기억이었다고 술회했다. 그리고 그가 여덟 살이 되었을 때 아버지가 죽었을 뿐만 아니라 게다가 어머니는 전국 순회공연으로 집을 비우는 경우가 많았기 때문에 카사노바를 키운 것은 사실상 할머니였다. 아홉 살이 되자 그는 파두아의 기숙학교로 보내졌는데 그곳에서 그는 스승의 누이동생 베티나에게서 처음으로 이성애를 느꼈다. 그녀는 비록 다른 남자와 결혼했지만 카사노바는 그 후에도 오랫동안 그녀를 잊지 못했다. 어머니의 사랑을 제대로 받아 본 적이 없던 그에게 베티나의 존재는 그야말로 새롭게 떠오른 태양과도 같았다.

그 후 카사노바는 12세 때 파두아 대학에 입학할 정도로 조숙하고 머리 또한 비상했다. 그는 불과 17세 때 대학을 졸업하고 법학사 자격을 땄다. 그의 후견인은 변호사가 되기를 원했지만 그는 오히려 의사가 되기를 바랐다. 그러나 그는 이미 대학 시절부터 도박에 빠져서 헤어나지를 못했다. 도박으로 큰 빚을 지게 되자 할머니는 공부를 포기하고 베니스로 돌아오라고 지시할 정도였다.

베니스에서 그는 자신의 후원자였던 그리마니 일가의 먼 친척뻘이 되는 십대 소녀 자매 나네타와 마리아를 상대로 그로서는 최초의 성적인 경험을 겪게 되는데 이것이 그 후 전개된 오랜 쾌락적 모험의 시발점이 된다. 할머니가 세상을 떠나자 부채를 감당할 수 없었던 그는 로마로 가서 추기경의 비서로 일하며 교황을 알현하기도 했다. 그러나 다른 추기경의 연애편지를 대필해 주다가 말썽에 휘말려 그 자리를 떠나야 했다.

새로운 직업을 찾던 그는 베니스 공국의 군인이 되기로 했지만 따분하기만 한 군인생활을 견디지 못하고 그것도 도중에 그만두고 말았다. 21세가 되자 그는 직업적인 도박사가 되지만 남은 돈을 모두 잃고 후견인에게 부탁해 극장의 바이올린 주자로 일하기 시작했다. 그러나 그 일도 오래가지 못했다. 그 후 어느 귀족의 생명을 구해 준 인연으로 그의 저택에 얹혀살며 귀족행세를 하고 다니기도 했다.

그러던 중에 불미스런 사건에 연루되어 베니스를 떠나야만 했다. 파르마로 도주한 그는 그곳에서 앙리에트라는 프랑스 여성을 만나 깊은 사랑에 빠지게 되었다. 그녀는 지성과 미모를 겸비한 여성이었고 그는 그녀와 함께 꿈처럼 달콤한 세월을 보냈지만, 그녀는 카사노바의 실체를 꿰뚫어 보고 미련 없이 그의 곁을 떠났다. 그녀는 카사노바의 삶에서 육체적인 쾌락뿐 아니라 정신적으로도 깊은 교감을 나누었던 유일한 여성이었을 뿐 아니라 그를 과감하게 차 버린 유일한 여성이기도 했다.

그 후 카사노바는 정처 없는 여행길에 올라 유럽 각지를 전전하며 엽색행각은 물론 도박과 복권사업 등에 몰두하며 한때는 프랑스 외무성의 스파이 노릇도 마다하지 않았다. 그 때문에 그는 항상 쫓기는 몸이었으며 오갈 데 없는 신세로 전락했다. 스페인에서는 암살을 모면하기 위해 스스로 자청해서 감옥에 들어간 적도 있었다.

결국 그는 로마에 머물며 베니스에 재입국할 수 있는 방도를 찾는 데 몰두했다. 베니스 당국의 눈에 들기 위해 그는 다시 산업스파이 노릇을 자청하기도 했다. 그리고 마침내 입국 허가가 떨어지자 그는 감격의 눈물을 흘렸다. 그때가 1774년이었으니 그가 추방된 지 18년 만의 일이었다. 나이 50을 바라보는 시기에 이르러 이미 정력이 쇠할 대로 쇠해진 그는 비로소 고향땅을 밟을 수 있게 된 것이다. 그리고 그의 『회상록』에 기록된 엽색행각도 이 시기를 끝으로 그 발길을 멈춘다.

이때 그는 이미 예전의 그토록 세련되고 멋진 모습이 아니었다. 초 췌한 몰골에 얼굴은 천연두로 인해 곰보가 되어 있었고 볼이 움푹 들어간 볼품없는 모습이었다. 더군다나 그동안 베니스도 변해 있었 다. 그는 가진 돈도 없었을 뿐만 아니라 그에게 관심 갖는 여성들도 없었고 지인들도 보이지 않았다. 그리고 어머니의 사망 소식마저 듣 고 그에게 처음으로 성을 일깨워 주었던 베티나 역시 세상을 떠났다. 베티나는 카사노바의 품에 안겨 숨을 거두었다.

그러나 1783년 카사노바는 베니스 귀족을 모욕한 글을 썼다는 이 유로 또다시 추방될 처지에 놓이고 말았다. 그는 어쩔 수 없이 나이 60에 이르러 독일의 발트슈타인 백작의 사서로 고용되어 죽을 때까 지 보헤미아 지방의 둑스 성에 기거하게 되었다. 그러나 그는 그곳 사 람들에게 노골적으로 무시를 당했을 뿐만 아니라 건강도 눈에 띄게 약해졌다. 사람들의 냉대는 물론 몹시 지루하고 무의미한 생활에 낙 담한 그는 한때 자살을 고려할 정도로 심각한 정신적 위기에 빠졌다. 그러나 그것은 양심의 가책이나 죄의식 등에 따른 우울증이 아니라 단지 나르시시즘적 상처 때문이었다. 그는 애초에 죄의식 따위를 느 낄 정도로 그렇게 엄격한 초자아를 지닌 인물은 아니었기 때문이다.

그런 모멸과 좌절감에서 벗어나기 위해 그는 결국 성적 모험으로 가득 찬 자신의 과거 행적을 기록으로 남기기로 작심하고 1789년 집 필에 들어가 죽을 때까지 멈추지 않고 계속 글을 썼다. 그것이 그의 유일한 위안거리였기 때문이다. 공교롭게도 그 기간은 프랑스 혁명 시 기와 일치한다. 그리고 1797년 마침내 베니스 공국이 무너졌다는 소 식이 들려왔다. 나폴레옹 군대가 베니스를 점령했기 때문이다. 귀향

길이 다시 열렸지만 때는 이미 늦었다. 1798년 이 희대의 난봉꾼 카사노바는 둑스 성에서 73세의 나이로 외롭게 숨을 거두었다.

카사노바의 고백

원래 프랑스어로 쓰인 카사노바의 『회상록』은 그 내용도 내용이지만 실로 방대한 분량으로 인해 번역 자체도 힘들었을 뿐만 아니라 그 출판은 더욱 큰 어려움을 겪어야 했다. 물론 그의 생전에는 『회상록』의 존재 자체가 전혀 알려지지 않았다. 그가 죽고 난 후에도 원고를 보관하던 그의 친지들은 출판할 엄두조차 내지 못하고 있었다. 나폴레옹 전쟁 등으로 인해 시대적으로도 적절치 못하다는 판단에 의해서였다. 오랜 세월이 지난 후에 힘겹게 출판되었지만 그마저 금서로 지정되는 곤욕을 치러야 했다.

그러나 수천 페이지에 달하는 그 내용을 모두 독파한다는 일도 용이한 일이 아닐뿐더러 또한 과연 그런 수고를 할 만한 가치가 있겠는가 하는 점은 물론 독자들이 알아서 할 일이겠다. 다만 여기서 관심을 두고자 하는 부분은 그 내용 자체라기보다는 카사노바 자신의 삶과 행적에 강력한 동기를 제공한 심리적 상태에 있다고 하겠다. 카사노바는 단지 왕성한 정력만을 자랑하는 변강쇠 차원의 저급한 인물로 간주하기 어려운 그 나름대로의 독특한 철학을 지닌 기인이었다. 그런 만큼 카사노바에 대한 평가 역시 각자의 가치관에 따라 달라질 것이 분명하다. 따라서 여기서는 그 어떤 평가절하나 절상도 유보하고 오로지 드러난 그의 행적에 초점을 맞추어 바라볼 뿐이다.

우선 우리가 던질 수 있는 질문은 과연 그가 소문대로 세기의 연인이요 낭만주의자인가 하는 점이다. 여기에는 당연히 진정한 사랑과 낭만의 정의가 무엇인가 하는 의문이 뒤따르겠지만 무엇보다 분명한 사실은 그는 타의 추종을 불허하는 유혹의 전문가였다는 점이다.

물론 그 자신은 스스로를 변호하기를, 자기는 일생 동안 어느 누구에게도 해를 끼친 적이 없으며, 그것도 자신이 유혹한 것이 아니라 오히려 상대에게서 유혹을 당했다는 사실이 문제일 뿐이라는 억지 주장을 폈다. 고독이 병을 만들고 사랑이야말로 만병통치약이라는 신념에 따라 그는 사랑의 전도사를 자처했으며, 불교 식으로 말하면 그는 침대 위에서 정에 굶주린 수많은 중생들에게 일종의 보시를 한 셈이다. 그런 보시의 대상 중에는 11세 소녀도 있었으니 자신은 오로지 유혹되었을 뿐이라는 그의 주장은 앞뒤가 맞지 않는 억지 논리라 하겠다.

그의 방대한 『회상록』은 자신이 49세에 이르기까지 상대했던 120여 명의 여성에 관한 사랑의 삽화로 가득 차 있다. 그의 기본적인 지침은 쌍방의 동의에 의하지 않은 성관계는 절대로 하지 않는다는 것이었으며, 또한 너무 손쉽게 정복할 수 있는 상대나 지나치게 골치 아픈 상황에 놓인 여성들도 자신에게는 금기의 대상이 된다는 것이다. 그에게 가장 끔찍스런 형벌은 바로 권태 그 자체이며, 특히 그는 혼자라는 사실을 견디지 못하는 사람이었다.

분석적으로 말하자면, 모성적 사랑을 충분히 제공받지 못한 유아는 엄마와 떨어지는 일을 가장 두려운 사건으로 경험하기 마련이며,

그런 이별불안은 곧 홀로서기에 어려움을 초래할 뿐만 아니라 성인기에 가서도 상대에 대한 병적인 집착이나 거절에 대한 과민반응으로 나타나기 쉬운 법이다. 따라서 상대의 거절은 곧 버림을 받는다는 불안으로 이어져 더욱 과도한 집착을 보이는 것이다. 이는 남녀 간의 애정 행태에도 그대로 반영되기 쉽다. 즉 진정한 사랑의 표현이냐 아니면 단순한 집착에 불과한 것이냐 하는 문제는 실제로 많은 연인이 고민하는 중요한 화두가 되기 때문이다.

그런 점에서 카사노바의 무모한 애정행각은 진정한 사랑의 표출이라기보다는 병적인 집착으로 간주될 수 있겠다.

카사노바 자신의 표현을 빌면, 그는 항상 휴대하고 다니는 호신용 피스톨처럼 자신의 성기를 무기 삼아 마치 자선을 베풀듯이 숱한 여성들에게 사랑을 쏟았다고 술회한다. 실제로 그는 한 여성을 차지하기 위해 법으로 금지된 피스톨 결투를 벌여 부상을 입고 추방된 적도 있었다.

그러나 그에게는 실제의 피스톨보다 자신의 성기가 더욱 안전하고 신뢰할 수 있는 무기였을 것이다. 자신의 성기에 대한 과도한 자부심 및 신뢰감은 그것이야말로 이성 앞에 내세울 유일한 자랑거리이기 때문이며 그것은 마치 어릴 때 소꿉동무 앞에서 누가 멀리 오줌을 내갈길 수 있는지 시합을 벌이며 뽐내는 아이들의 의기양양한 태도와 크게 다를 바 없는 것이다. 그리고 일단 정복한 여성을 두 번 다시 돌아보지 않고 사라져 버리는 행동은 상대로부터 가해질지도 모르는 거절에 대한 두려움 때문에 스스로가 먼저 상대를 버리는 것일 수도 있다. 그것은 내가 버림을 당하기 전에 미리 선수를 쳐서 자신이 상대를 버리는 것이라고 스스로를 안심시키는 자기합리화에 해당하는 셈이다.

그는 일찍이 자신의 내면적 사악함을 감지했음인지 한때는 성직자가 되기를 꿈꾸기도 했지만, 만약 그가 불미스런 염문으로 신학교에서 쫓겨나지 않고 실제로 신부나 수도사가 되었다면 그는 아마도 가톨릭 교회 전체를 초토화시켰을지도 모른다. 그는 유럽 전역에 뛰놀고 있을 자신의 아이들을 떠올리며 회심의 미소를 띠기도 했으니 말이다.

젊은 시절 그는 다른 남성들과의 관계도 시도해 봤지만 결국 자신에게 어울리는 상대는 여성들뿐이라는 확신에 도달했다. 그리고 그런 확신 때문에 그는 여러 번 성병에 걸려 고생하기도 했다. 굴이 정력에 좋다는 속설을 믿는 사람들은 카사노바 역시 매일처럼 아침마다 굴을 즐겨 먹었다는 사실을 인용하기도 한다.

그러나 그의 초인적인 정력도 40대에 이르러 종말을 고하고 말았다. 물론 그의 『회상록』에서는 49세에 이르기까지 여성 편력을 계속한 것으로 기록하고 있지만, 실제로 그는 이미 40대에 접어들면서 성적으로 불능이 되어 버린 것이다. 너무 과도하게 정력을 낭비했기 때문일 것이다.

성적 쾌락의 길이 막히게 되자 그는 식탐가로 돌변했다. 그리고 포크와 나이프를 사용하지 않는 시간에는 대신에 하루 종일 펜대를 쥐고 자신의 과거를 회상하는 데 온 힘을 쏟았다. 이미 말을 듣지 않는 육체 대신에 그는 상상 속의 에로틱한 회상 장면을 통해서 즐거움을 만끽하며 스스로를 달랜 셈이다.

카사노바는 말년에 이르러 베니스 귀족사회를 모욕한 글을 썼다는 이유로 또 다시 추방되는 수모를 당해야 했다. 그 글에서 그는 처음으로 자신의 친아버지가 당대의 실력자 미셸 그리마니라고 공개적으로 폭로했지만, 그런 사실의 진위 여부는 지금까지도 알려져 있지 않다. 그것은 자신의 존재가 사생아임을 스스로 밝히는 행동인데 왜 굳이 그래야만 했을까 의문이 든다. 자신의 몸 안에도 귀족의 피가 흐르고 있다는 사실을 사람들에게 알리고 싶었던 것일까. 아마 그랬을지도 모른다. 아니면 그의 가상적인 아버지가 자신을 사생아로 만들었듯이 자신도 그처럼 수많은 사생아를 낳았을 뿐이라는 자기합리화였는지도 모르겠다.

실제로 그는 충분한 사랑을 부모로부터 받은 적이 없는 인물이다. 어려서 사랑을 제대로 받아 보지 못한 사람은 커서도 사랑을 베풀지 못하는 법이다. 사랑을 하고 싶어도 할 수가 없기 때문에 더욱 큰 심적 고통을 겪기 마련이다. 물론 육체적인 관계를 통해 사랑을 나누었다고 스스로 위안을 얻을 수는 있겠지만, 이 세상에는 사랑이 없는 육체적 관계도 얼마든지 존재한다. 당연히 그런 관계는 오래 지속되기 어렵다.

따라서 사랑의 능력이 결여된 사람은 자신의 결함을 인정하지 못하고 일회적인 관계조차 진정한 사랑이었다고 강변하는 것이다. 그리고 그런 경험이 수도 없이 반복된 경우에는 기억의 왜곡이 돌처럼 굳어지기 마련이다. 카사노바는 죽을 때까지 그런 믿음을 지니고 세상을 떠난 것이다. 본인으로서는 물론 다행인지도 모르겠지만 그를 흠모하는 수많은 카사노비스트들은 오늘날에도 여전히 그가 남긴 엽색행각의 기록들을 마치 바이블처럼 모시고 숭배한다는 점에서 진정한 사랑의 부재로 고통받는 현대인의 실상을 접하는 것 같아 안쓰럽기만 하다.

그가 임종을 맞이해서 마지막으로 남긴 말은 "나는 철학자로 살았지만 이제는 기독교인으로 죽는다."였다고 한다. 스스로를 철학자요 기독교인으로 자처한 이 말은 곧 예수 그리스도가 그토록 목숨을 바쳐 설파했던 사랑의 철학을 그 누구도 아닌 오로지 자신만이 일생을 바쳐 실천했다는 자부심의 발로가 아니고 무엇이겠는가.

그러나 예수가 전한 사랑의 메시지 그 어느 곳에도 바람을 피워도 좋다는 말씀은 보이지 않는다. 오히려 마음속으로 간음을 생각하는 것조차 이미 간음을 행한 것이나 다름이 없다고 준엄하게 타이르셨다. 카사노바는 이런 구절을 의도적으로 외면한 것일까. 아니면 그 스스로가 사생아로 태어났다는 사실을 믿었듯이 예수 역시 아버지 요한의 친아들이 아니라 동정녀 마리아의 수태를 통해 이 세상에 나왔다는 점에서 자신과 예수를 동일시했는지도 모르겠다. 조건 없는 사랑의 실천을 외쳤다는 점에서는 공통점을 지니고 있기 때문이다. 그러나 카사노바는 예수를 오해해도 보통 오해한 것이 아니다. 실제로 그가 성경을 제대로 읽어 보기라도 했는지 의심스러울 정도다.

카사노바의 심리

카사노바의 초인적인 능력에 대한 부러움이나 질투심은 일단 접어 두기로 하고, 우선 그의 심리적 특성부터 살펴보도록 하자. 그의 삶을 온통 도배하고 있는 특성들로는 무모성, 무책임성, 변덕스러움, 즉흥성, 과도한 성적 집착, 과시욕, 과대망상적 전지전능감, 정복욕, 몰염치성, 죄의식의 부재, 기만성, 나태함, 착취성, 이중성, 한탕주의 등을 들 수 있겠다.

물론 이것은 공연한 생트집이 아니다. 그의 삶의 행적을 통해 분명히 드러난 특성이기 때문이다. 그는 자신의 낮은 신분에서 벗어나기 위해 주로 귀족이나 왕족, 성직자에 의도적으로 접근했다. 그리고 그런 친분 관계를 통해 그들이 지닌 특권을 마음대로 이용했다. 그러나 그는 남성들과의 교류에 미숙함을 보였으며 그런 이유 때문에 주로 유혹에 약한 여성들을 상대로 집중 공략했다. 그의 탁월한 유혹의 기술은 백발백중이었다. 그리고 상대가 원하지 않는 성관계는 절대로 무리하게 요구하지 않았다. 그렇게 하는 것이 뒤탈이 없게 하는 유일한 방책이기 때문이다. 그런 점에서 그는 유부녀를 유혹해 돈을 뜯어내는 오늘날의 제비족과는 그 차원이 전혀 다르다고 하겠다. 적어도 여성을 상대할 때만은 카사노바는 아무것도 원하지 않고 오로지 사랑만을 나눈 것이다. 그가 일생 동안 큰소리친 것도 결코 무리가 아니다.

그는 자신의 『회상록』을 통하여 그 어떤 후회나 죄의식을 보이기는커녕 오히려 큰 자부심을 느끼며 자신이 과거에 누렸던 즐거움을 다시 맛보기 위한 동기에서 책을 쓴다고 기록하기도 했다. 그의 일생은 엽색행각뿐 아니라 사기와 도박으로도 점철된 삶이었다는 점에서 반사회적 특성을 지녔으리라고 추측해 볼 수 있겠지만, 그는 결코 폭력을 행사한 사실이 없다는 점으로 미루어 볼 때 그럴 가능성은 적어 보인다. 물론 여성을 차지하기 위해 결투를 벌인 적은 여러 차례 있었다.

다만 초자아 기능에 결함이 있다는 점은 부인하기 어려울 것이다. 인습적 도덕에 얽매이지 않고 오로지 자신의 본능에 충실했던 그는 스스로를 자유인으로 자처했지만, 그처럼 전도된 인식의 소유자는 철저하게 자기 본위대로 모든 사물을 받아들이기 때문에 상대의 입장에 대해서는 전혀 이해할 능력이 구비되어 있지 못하다는 점에서 그는 전형적인 나르시시스트라 하겠다. 자기도취에 빠진 나르시시스트는 그만큼 철저한 자기기만에 빠질 수밖에 없다. 겉으로는 사랑을 베푼다고 스스로 오해하지만 실제로는 자신의 이기적인 욕망을 충족시키기 위해 상대를 이용하고 착취할 뿐이며, 진정한 사랑의 교류 및 유지에는 실패하기 마련이다. 그리고 자신의 욕망이 채워지면 미련 없이 상대를 배신하고 뒤돌아보지도 않는다.

그런 점에서 미국의 분석가 오토 컨버그는 호색적 난봉꾼의 전형인 돈 후안에 대하여 오이디푸스적 갈등을 행동화시킨 히스테리 남성으로 보는 정통적 해석에 반대하고 자신은 오히려 돈 후안을 나르시시즘의 한 전형으로 본다고 주장했다. 그것은 근친상간적 욕망의 실현이라기보다는 애정결핍에 기초한 나르시시즘적 분노와 좌절의 표출로 본다는 것이다. 물론 영국의 천재 시인 바이런도 비록 다리를 저는 절름발이였지만 그의 바람둥이 기질은 세상이 다 아는 사실이었고, 수많은 여성들이 그를 연모할 정도로 그는 정말 잘 생긴 미남이었다. 따라서 바이런이 쓴 서사시 〈돈 후안〉도 어떻게 보면 자신의 실제 모습을 그린 자화상이라 할 수도 있을지 모르겠다.

도스토예프스키의 도박벽과 마찬가지로 카사노바 역시 고질적인 도박으로 항상 빚에 쪼들렸다. 물론 도박의 심리에 대한 분석적인 해석은 오이디푸스 갈등 해소 차원에서 설명되기도 하지만 카사노바는 거세불안을 비웃기라도 하듯 왕성한 정력을 과시한 장본인이다.

그의 아버지는 그가 어렸을 때 일찍 죽었을 뿐만 아니라 게다가 그는 자신의 친아버지가 따로 존재한다고 믿었기 때문에 의미 있는 부자관계 경험을 이야기한다는 것 자체가 무리일지도 모른다. 오히려 근친상간적 욕구 차원에서 그가 보인 엽색행각을 설명하는 것이 더욱 타당할지도 모른다. 그런 점에서 그의 도박벽도 어머니의 사랑을 되찾고 싶은 간절한 욕구의 표출로 볼 수도 있겠다. 돈을 따고 잃는 행위 자체가 일종의 사랑에 대한 도박이요 게임을 상징하기 때문이다.

카사노바는 일생 동안 오로지 돈과 사랑에 목숨을 걸었다. 평범한 일반인들은 일과 사랑에 삶의 중요한 가치를 부여하지만, 카사노바는 일정한 직업을 가져 본 적도 없는 인물이다. 그는 땀 흘린 노동의 대가로 돈을 버는 것이 아니라 일확천금을 통해 한평생을 편히 놀고 먹을 생각에만 몰두했던 사람이다. 그는 다른 도박꾼들과 마찬가지로 자신에게만 손짓하는 행운의 여신이 존재한다는 점을 굳게 믿은 낙천가였다. 그런 무책임한 낙천가는 돈을 따는 일에만 관심을 기울일 뿐 돈을 잃는다는 사실에는 전혀 주의를 기울이지 않는다. 그리고 자신이 돈을 딸 때도 그것이 타인의 희생을 바탕으로 얻은 결과라는 사실을 인정하지 않는다.

그러나 이처럼 돈과 사랑에만 강한 집착을 보이던 카사노바도 점차 노년에 이르러 모든 것을 잃고 빈털터리가 되자 비로소 홀로 서재에 틀어박혀 자신의『회상록』을 쓰기 시작한 것이다. 프랑스 대혁명의 불길이 막 타오르기 시작한 바로 그 시점에, 그리고 세상이 온통 새로운 자유와 평등을 위해 몸살을 앓고 있던 그 시기에 카사노바는 그런 새로운 변화의 물결에 등을 돌리고 앉아 자신의 에로틱한 추억거리에만 매달려 있었으니 그 스스로를 진정한 자유인이라 자처한 인물치고는 너무도 이율배반적인 모습이 아닐 수 없다. 그런 점에서 그는 자유와 방종을 제대로 구분하지 못한 듯하다. 그것을 구분하는 능력을 누구에게서도 배우지 못했기 때문이다.

간디의 모순

마하트마 간디(1869~1948)는 인도 독립의 아버지요, 비폭력 무저항주의로 인류 평화에 크게 이바지한 인도주의 사상가이기도 하다. 그의 숭고한 정신에 힘입어 인도는 수백 년간의 식민 지배에서 벗어나 진정한 독립을 쟁취할 수 있었다.

물론 간디는 독립 이후 인도의 통합에는 실패했지만, 그는 여전히 인도 사회에서 성자를 의미하는 마하트마로 불리며 국부의 대우를 받고 있다. 간디의 존재야말로 인도의 자부심이며, 인도인의 정신적 지주가 되어 온 것이 사실이다.

그럼에도 불구하고 간디에게도 약점은 있었다. 그것은 그 자신의 출신 배경에서 자유롭지 못했으며, 진취적인 발상의 결여 및 여러 가지 측면에서 상호 모순된 모습들을 보였다는 점 등이다.

따라서 필자는 이미 잘 알려진 간디의 위대성에 초점을 맞추는 것이 아니라 그 이면에 놓인 간디의 또 다른 모습들을 집중적으로 다루어 보고자 한다. 이는 결코 간디의 명예에 흠집을 내고자 하는 뜻에서가 아니라 보다 균형 잡힌 시각에서 간디의 본모습을 바라볼 필요가 있기 때문이다.

대중은 위대한 지도자에 대하여 각자의 개인적 욕구 및 환상을 투사함으로써 실제의 모습과는 매우 동떨어진 신격화 내지는 우상화를 시도하는 경향이 있다. 그러나 이는 바람직한 태도가 아니다. 물론 사회적 위기를 맞이했을 경우에는 강력한 카리스마적 지도자의 리더십이 절실히 요구되겠지만, 진정으로 건전한 사회는 냉철한 비판적 안목에 기초한 시민적 교양으로 뒷받침되는 사회일 것이라는 전제하에 간디의 모순된 측면에 대해서도 한번 주목할 필요는 있겠다.

간디의 진실과 모순

간디는 한마디로 최상류층 출신이다. 그는 영국령이었던 인도 서부 연안지대 카티아와르 후국의 포르반다르에서 수상직에 있던 카람찬드 간디와 그의 네 번째 부인 푸틀리바이 사이에서 태어났다. 그의 아버지는 그 후에도 인근 지역의 수상을 역임했다. 독실한 자이나교도였던 어머니의 영향으로 간디는 어릴 때부터 채식주의, 자기정화를 위한 단식, 서로 다른 생각으로 대립한 사람들 사이에서 잘 참고 인내하며 화해시키는 능력 등을 배웠다.

그러나 간디가 자서전에서도 고백하고 있듯이 그 자신은 어린 시절에 매우 겁이 많고 소심했을 뿐만 아니라, 특히 아버지와 밤도둑, 그리고 도깨비를 무서워했으며, 사춘기 시절에는 형의 금팔찌를 훔친 사건 등으로 양심의 가책을 느끼고 있었음을 알 수 있다. 그리고 종교적 관습에 따라 그는 불과 14세에 한 살 연상인 카스투르바와 혼인했다. 그리고 그의 나이 15세 때 첫아이가 태어났으나 수일 만에 숨졌으며, 바로 그 해에 아버지가 세상을 떠났다.

그 후 간디는 네 아들을 차례로 얻었는데, 하릴랄은 그중에서 가장 맏이였다. 비록 간디 자신은 서구식 교육을 받았지만, 그 아들들에게는 전통 인도방식의 교육을 강요함으로써 이에 가장 크게 반발했던 장남 하릴랄과 불화를 낳게 되었는데, 결국 이 때문에 이들 사이는 부자의 인연을 끊고 사는 관계로까지 치닫고 말았다.

부유한 집안 배경에 힘입어 영국에서 법률공부를 무사히 마친 간디는 남아프리카로 건너가 인권변호사로 활동하며 명성을 날리기 시작했다. 간디가 인권 문제에 관심을 갖게 된 동기 중의 하나로 꼽히는 유명한 일화가 있는데, 그것은 그가 기차여행 중에 백인 전용 칸에 탔다가 승무원의 발에 차여 기차에서 쫓겨난 일이었으며, 또한 법정에서 인도식 터번을 머리에 둘렀다가 제지를 당한 적도 있었다.

이처럼 뼈아픈 인종차별을 호되게 당한 간디는 그 후 남아프리카 지역의 인도인 권익을 위한 활동에 적극적으로 뛰어들게 되었으며, 이때에 이미 비폭력 무저항주의를 내세워 간디의 이름이 널리 알려지는 계기가 되었다. 그는 그 운동의 명칭을 나중에 '사탸그라하'라고 불렀다.

1915년 인도로 귀국한 간디는 본격적인 항영운동에 들어갔다. 우선 그는 시민 불복종운동의 전개로 인도민중을 이끌기 시작했다. 1918년 아메다바드 방직공장 직공들의 파업을 지원하면서 처음으로 단식을 행함으로써 극적인 타결을 이끌어 내는 모습을 보여 주었으며, 1930년에는 수만 명의 민중을 직접 이끌고 400km에 달하는 그 유명한 소금행진을 감행함으로써 인도인들에게 독립 가능성에 대한 희망을 더욱 크게 고취시켰다.

더군다나 대영제국의 강경진압 정책에 맞선 간디의 투쟁전략은 놀랍게도 비폭력 무저항주의였다. 이런 그의 전략은 제국주의자들을 오히려 당혹케 만들었다. 전 세계의 이목을 받는 가운데 그의 비폭력 무저항주의는 많은 사람들을 감동케 했다.

그러나 성자들의 나라 인도는 신사의 나라임을 자부하는 대영제국이라는 자존심 강한 상대를 마주했다는 점에서 차라리 운이 좋았다고도 할 수 있다. 그의 상대가 나치 독일이나 일본 제국주의 또는 스탈린이었다면 과연 그런 비폭력 무저항주의가 제대로 효력을 발휘했을까?

그런 점에서 간디의 사탸그라하 운동은 그 정신의 숭고함은 인정되지만, 상대에 따라서는 오히려 자멸적인 위험을 초래할 수도 있는 매우 비효율적인 투쟁 방식일 수도 있다. 특히 상대가 극도로 무자비하고 사악한 세력이라면 더욱 그렇다. 1919년 한반도 전역을 들끓게 했던 삼일운동 역시 비폭력 무저항주의에 입각한 독립만세 사건이었지만, 그 참담했던 결과를 상기해 본다면 아무리 숭고한 정신도 상대 나름이라는 점을 깨닫게 되기 때문이다.

정신사회적 관점에서 정체성 문제를 다루었던 미국의 저명한 분석가 에릭슨은『간디의 진실』을 통하여 자신의 이론을 간디에게도 그대로 적용시켜 설명하고자 했지만, 그의 야심찬 시도에도 불구하고 간디라는 인물의 본질을 이해한다는 것은 복잡다단한 인도를 이해하는 것만큼이나 어려운 일임에 틀림없다. 결국 간디에 대한 에릭슨의 이해도 매우 피상적인 수준에 머물 수밖에 없었다.

단적인 예로, 간디 자신은 비록 저항의 초기 시절에는 비폭력 무저항주의를 내세웠지만, 후기로 갈수록 점차 호전적인 태도로 변해 갔다는 사실을 에릭슨은 간과하고 있기 때문이다. 또한 에릭슨 역시 그 나름대로의 서구식 선입견에서 자유롭지 못했음을 보여 준다. 그것은 대영제국이 인도의 산업화에 크게 공헌했으며, 인도인의 현대적 정체성 확립에도 기여한 부분이 컸다는 등의 주장을 통해서도 드러난다. 이는 곧 지배자의 논리를 대변하는 것처럼 들리기도 해서 뒷맛이 영 씁쓸하다. 이런 논리는 마치 일본이 과거 일제 강점기를 두고 우리에게 억지 주장을 늘어놓는 것과 비슷하지 않은가.

　이처럼 매우 피상적인 에릭슨의 접근에 비하면, 캘리포니아 대학교 정치학교수이며 분석가로 활동한 유진 볼펜스타인의 해석이 오히려 본질에 더욱 가까이 접근한 것이 아닌가 한다. 우선 그는 간디의 자서전에서도 묘사된, 부모에 대한 간디의 상반된 태도에 주목했다.

　즉 간디는 아버지의 두 가지 결정적인 결함, 불같은 성미와 탐욕을 비난하고 그것을 닮지 않기 위해 노력했다는 고백을 통하여 그가 방탕한 아버지를 매우 두려워한 동시에 섹스 또한 두려워했음을 지적한 것이다. 그뿐 아니라 간디가 어머니에 대해서는 순결하고 거룩한 성녀인 것처럼 묘사하면서 특히 자신의 순결함은 어머니에게서 물려받은 것이지 아버지에게서 받은 것이 아니라고 주장한 사실을 통해 그가 어머니와의 일체감을 추구하는 가운데 그녀로부터 받지 못한 애정을 갈구하는 동시에 그녀에 대한 분노감 역시 감추고 있다고 본 것이다.

　어머니에 대한 그의 이상화는 그녀가 수시로 행했던 금식을 그대로 모방하고 따랐던 그의 행적을 통해서도 알 수 있다. 그러나 어머니의 자학적인 금식은 종교적 이유에 따른 것일 뿐 아니라 남편과 자녀들을 다스리고 조종하기 위한 전략적 도구이기도 했다. 물론 어머니는 간디도 그런 방식으로 다루었을 것이다.

이는 결국 권위적인 존재와 어떻게 대결할 것인지에 대한 생생한 모범을 어머니가 어린 시절의 간디에게 보여 준 것으로, 아버지보다 더욱 강력한 힘을 지닌 대영제국의 권위를 상대로 투쟁할 때도 간디가 채택한 저항 방식은 죽음을 불사한 단식이었다.

그러나 간디의 금욕주의와 단식은 그 자신의 성적 환상과 무관치 않아 보인다. 그것은 그의 어머니에 대한 근친상간적 욕구 및 아버지의 보복에 대한 두려움이 혼재된 상태의 무의식적 환상이다. 더욱이 간디는 이미 사춘기 시절에 결혼하여 성에 일찍 눈뜬 편으로, 그의 나이 16세 때 병든 아버지가 숨을 거두는 바로 그 순간, 간디는 연상의 아내를 상대로 성관계에 몰두하고 있었기 때문에 임종을 하지 못하고 말았는데, 그런 사실로 인해서 심한 죄의식을 느끼게 되었다.

그는 이 사실을 스스로 '이중의 수치'라고 불렀는데, 그것은 자신이 육욕에 사로잡혀 있었다는 사실과 아버지의 임종을 하지 못한 사실을 염두에 두고 한 말이었을 것이다. 그러나 이를 다시 분석적으로 풀어서 설명하자면, 자기보다 연상의 상징적인 대리모와 잠자리를 함께한 결과 아버지의 죽음을 방치했다는 점에서 강한 죄의식이 동반된 것으로 볼 수 있다. 따라서 그것은 수치의 차원이 아니라 이중으로 중복된 죄에 해당하는 것이며, 결국 그런 이중의 죄 때문에 특히 금욕과 절제, 채식과 단식 등을 통한 자기징벌적인 행동을 보이게 된 것이 아니겠는가.

그의 금욕주의가 단지 종교적인 영향이나 어머니에 대한 모방으로만 보기 어려운 이유가 여기에 있다. 간디의 채식주의 역시 금욕주의 원칙의 연장선상에 놓인 태도임에 틀림없지만, 그가 일생 동안 우유를 마시지 않은 사실도 우유가 동물적인 정욕을 자극한다는 개인적 신념뿐만 아니라 일찍이 어머니와 맺은 맹세를 지키기 위한 것이기도 했다. 그러나 건강을 유지하기 위해서는 우유라도 마셔야 한다는 주치의의 충고를 물리치기 어려워 그가 대안으로 선택한 것은 염소의 젖이었다.

이를 통해 우리가 알 수 있는 점은 어머니와의 맹세를 그가 매우 신성시했다는 사실이며, 동시에 우유를 기피함으로써 모유에 대한 향수 및 근친상간적인 욕구를 미리 차단한다는 무의식적 동기를 엿볼 수 있다는 점이다. 그리고 그가 우유 대신에 염소젖을 마셨다는 것은 우리식으로 말하자면, 꿩 대신 닭이라는 속담과 매우 유사한 태도라 하겠다. 원래 힌두교에서 소를 신성시하는 것은 성과 생식의 상징이기도 하지만, 특히 암소의 경우에는 우유를 제공하는 존재라는 점에서 젖을 물려 주는 착하고 사랑에 가득 찬 어머니의 상징이기 때문이다. 따라서 암소는 모유를 지닌 여신으로서의 힌두적 상징이 되는 셈이다. 실제로 간디는 암소 보호운동에 앞장서기도 했다.

힌두 전통에 철저했던 간디로서는 이처럼 보편적 상징에 충실했을 뿐만 아니라 개인적 욕망의 억압 및 회피에도 매우 방어적인 태도로 일관했다. 또한 간디 자신이 성욕을 자제하는 일에 매우 큰 어려움을 겪었다고 스스로도 고백했듯이 그는 그런 절제의 어려움이 마치 칼날 위를 걷는 것과 같다는 표현을 썼는데, 그것은 곧 육욕을 느낄 때마다 거세공포가 작용했음을 의미하는 것이기도 하다.

실제로 간디는 환갑을 넘긴 나이에도 불구하고 끊이지 않는 몽정을 속죄하기 위해 의도적으로 발가벗은 여러 명의 아가씨들과 함께 잠을 자는 의식을 치르다가 거센 비난을 받기도 했다. 특히 어릴 때부터 아버지와 밤도둑을 몹시 두려워했던 그는 밤만 되면 오한에 시달리는 증세를 보였으며, 그 때문에 서로 잘 아는 집안의 처녀들을 불러들여 자신의 몸을 그녀들의 체온으로 따뜻하게 덥혀 줄 것을 부탁하기도 했는데, 간디는 자신의 그러한 행위를 일종의 자연요법으로 간주했을 뿐만 아니라, 동시에 그것은 자기조절 및 극기심을 실험하는 의식절차였다는 것이다.

간디는 이런 실험에서 한 여성만을 상대한 것이 아니라 두 여성을 동시에 번갈아 가며 상대하기도 했다. 간디는 자신의 이런 기묘한 행위를 오히려 능동적 금욕주의라는 표현으로 합리화시키고, 이성과 함께하는 자리에서도 완벽한 자기통제에 이르는 것이 그의 목표라고 주장했다. 그는 자신의 종손인 카누 간디의 아내 압바를 데리고 이런 실험을 시행하기도 했는데, 당시 그녀의 나이 불과 16세였다. 또한 자신의 증손녀인 19세의 마누 간디에게도 똑같은 실험을 했으며, 간디는 마누와 함께 자면서 힌두계와 이슬람계의 통합에 대한 사색에 몰두했다는 것이다. 그러면서 간디는 자신이 마치 압바와 마누를 돌보는 어머니 역할을 한 것으로 여기기도 했다.

물론 간디는 그런 실험이 매우 위험할 수도 있다는 점을 인정하면서도, 그 효과는 몹시 만족스러운 것이었다고 말했다. 역설적인 사실은 그런 실험을 그의 아내인 카스투르바와 함께 시도했을 때는 충분한 효과를 보지 못했다는 것이다.

그러나 이처럼 과감한 실험을 통해서까지 자기통제에 이르고자 했던 간디가 그에게 매우 헌신적인 추종자였던 살라데비와 깊은 관계까지 맺었다는 사실은 매우 모순된 태도가 아닐 수 없다. 더욱이 살라데비는 아이들까지 둔 유부녀로, 그 유명한 아메다바드 방직공장 파업 시 공장주들의 배후 인물이면서 간디에 대항했던 셰드 암발랄의 아내였던 것이다. 심지어 간디는 그녀를 자신의 영적인 아내라고 부르기까지 했다.

간디의 이런 모습에 대하여 그의 도덕성에 의문을 제기하는 것은 어쩌면 당연한 일이라 하겠다. 물론 이처럼 자기기만적인 간디의 모습에 실망하고 미련 없이 그의 곁을 떠난 추종자들도 있었다. 간디의 속기사였던 파라수람은 간디가 벌거벗은 마누와 함께 동침하는 모습을 보고 즉각 사표를 내던지고 간디 곁을 떠났다. 그러나 간디의 도덕성에는 그 어떤 하자도 없다는 것이 그의 측근들 주장이었다. 간디의 여성관계는 어머니의 젖만큼 순수했다는 것이다. 그리고 간디 자신도 젊은 여성들과의 동침에서 아무런 욕망을 느끼지 못했다고 계속 주장했다.

이에 대하여 에릭슨은 간디의 측근이었던 니르말 보스의 말을 인용하여, 간디의 아내 카스투르바가 세상을 떠나면서 간디에게 어린 마누를 맡아 어머니처럼 키워 달라고 부탁했다는 사실을 언급했다. 그러나 간디의 모성주의가 어찌됐건 그가 마누뿐 아니라 수많은 여성과 잠자리를 함께한 사실에 대해서는 에릭슨도 적당히 얼버무린 채 넘어가고 말았다. 『간디의 진실』을 집필하면서 대부분의 지면을 아메다바드 방직공장 파업에 할애한 점과 비교해 볼 때, 에릭슨의 이런 회피적인 태도는 분명 간디의 이미지에 흠집이 갈까 염려했기 때문일 수 있다.

그러나 그것은 저술의 제목과는 달리 진정으로 진실을 밝히는 행위는 아닐 것이다. 다만 관대함을 가장한 간디의 오만함과 그의 내면에 감추어진 증오심을 지적한 것은 나름대로의 소득이라고 하겠다. 에릭슨도 지적한 바 있지만, 아메다바드 파업의 배경에는 복잡다단한 이해관계가 서로 얽혀 있었기 때문에 간디 자신도 그의 자서전에서 스스로 고백하기를, 그 당시 자신이 몹시 괴로운 상태에 있었다고 실토한 것이다. 왜냐하면 간디는 노동자 편에서 파업을 지원하면서도 평소 친분관계에 있던 자본가들에 대한 존경심과 애정을 표시하고 동시에 그들을 상대로 투쟁한다는 사실 때문에 매우 곤혹스러운 위치에 있었기 때문이다. 따라서 그가 선택할 수 있는 유일한 해법은 오로지 단식뿐이었으며, 실제로 그 방법은 효과가 있었다. 더욱이 투쟁 상대의 아내 살라데비는 간디의 열렬한 추종자이기도 했다.

오히려 에릭슨이 그런 미묘한 관계에 대해 아무런 언급도 하지 않은 것은 인도인의 자존심을 건드리지 않기 위해서였는지도 모른다. 에릭슨은 아메다바드 방직공장 노동자들의 파업을 집중적으로 다루면서도 마치 그 사건이 간디의 저항운동의 성공을 예고하는 상징적인 사건인 것처럼 소개하고 있지만, 실제로 간디는 노동운동에서 적지 않은 과오를 범했던 것도 사실이다.

그뿐 아니라 간디는 불가촉천민과 노동자의 비참한 실상에 대한 인식도 결여되어 있었다. 특히 불가촉천민은 말 그대로 그 누구와도 신체 접촉이 허용되지 않는 천한 신분의 민족으로 다른 계층의 사람들과 같은 우물을 사용할 수 없으며, 침조차 마음대로 뱉을 수 없었다. 그들은 수천 년간 대를 이어 비천한 직업에 종사해야만 했다. 그러나 간디는 비록 이들에게 동정심을 보이기는 했으나 근본적인 사회 개혁의 의지는 전혀 보이지 않았다. 왜냐하면 그에게는 카스트 제도를 포함한 힌두 전통이 더욱 중요했기 때문이다.

카리스마적 성자의 이미지로 비폭력 무저항주의를 무기 삼아 인도인들을 이끌고 종국에는 대영제국을 굴복시켰던 간디에게는 또 다른 약점들도 있었다. 상류층 출신인 그는 계급주의 및 선민의식에서 완전히 자유롭지 못했으며, 정치적 타협과 절충에는 능했는지 모르지만 산업화에 대한 인식은 매우 부족하였다. 그는 오히려 전통적인 인도의 생활 방식에 집착했다. 그 자신이 인도로 귀국한 이후에도 그는 조국 인도의 핵심적인 문제를 파악하는 데 어두웠다. 전국 각지를 기차로 여행하면서 비로소 비참한 인도인의 생활에 눈떴으나, 그것도 매우 피상적인 수준에 머무른 것이었다.

그러나 무엇보다 인도의 경제적 독립을 위해 전통적 방식의 생산수단을 고집했던 사실은 간디의 가장 큰 약점으로 꼽는다. 그의 전근대적인 발상을 대표하는 가장 단적인 예는 물레 사용의 권장이었을 것이다. 그는 사회봉사에 종사하는 사람은 가장 단순한 생활방식을 유지해야 함을 강조하고 그러기 위해서는 서구식 생활방식에서 벗어나야 한다고 주장했다. 간디는 자신의 주장을 실천하는 의미에서 인도식 옷차림을 고집했으며, 대중 앞에서 손수 물레 사용법을 시연해 보이기도 했다.

이처럼 전근대적이고도 시대착오적인 발상의 소유자였던 간디의 고집은 의료행위에 대한 태도에서도 드러난다. 그는 백인들에 의해 도입된 서양의학에 무조건적인 반감을 지니고 강한 거부감을 표시한 것이다. 심지어 그는 자신의 아내가 폐렴에 걸려 사경을 헤맬 때조차도 페니실린 주사를 권유한 영국인 의사의 진료를 끝내 거부했으며, 의사의 말에 따라 막내아들 데브다스가 캘커타에서 어렵게 구해 온 페니실린조차도 절대로 아내에게 주사하지 말도록 지시했다.

물론 그 이유는 불필요한 고통의 연장을 아내에게 강요해서는 안 된다는 것이었지만, 아내가 사망한 직후, 간디 자신이 말라리아에 걸렸을 때에는 영국인 의사에게 진료를 부탁하기도 했다. 이처럼 그의 신념은 매우 자의적일뿐 아니라 수미일관성이 결여된 모순을 드러내 보인다.

인종차별에 저항한 간디지만 그 자신도 사실은 흑인 및 백인에 대해 강한 혐오감을 지녔던 차별적 의식의 소유자였음을 주장하는 비판의 목소리도 있다. 1906년 줄루전쟁이 벌어지자 간디는 흑인 원주민을 상대로 한 전쟁에 인도인들도 영국군의 일원으로 참전할 수 있도록 당국에 요구한 적도 있었기 때문이다.

물론 간디 자신은 흑인 원주민에 대해 개인적인 원한은 없다고 했지만, 남아프리카에서 보인 간디의 행동은 인도인의 권익에만 초점을 맞춘 것이었으며, 흑인들의 인권 문제에는 아무런 관심도 보이지 않았던 것이 사실이다.

그런 관점에서 유대인 문제에 대한 간디의 인식도 비판의 대상이 되어 왔다. 간디는 1930년대 나치 독일에 의한 유대인 박해의 도덕적 부당함을 비판하지 않고, 오히려 유대인들의 비폭력 무저항주의를 요구했기 때문이다. 그는 심지어 히틀러가 대학살을 자행하더라도 유대인들은 자발적으로 그런 시련을 받아들여야 하며, 그렇게 된다면 비록 신이 독재자의 편에 서서 대학살을 감행하는 일이 있더라도 유대인들은 결국 고통에서 해방되는 축복과 감사의 날을 맞이하게 될 것이라고 말하면서 신을 두려워하는 자에게 죽음은 더 이상 테러가 아니라고 했던 것이다.

이에 대하여 철학자 마르틴 부버는 강력한 비판을 가하고, 간디에게 직접 보낸 서한에서 인도인을 다루는 영국의 방식과 유대인을 다루는 나치 독일의 방식을 동일하게 비교하는 일은 매우 부당하며, 인도인이 박해의 희생자였던 시절에 간디는 한때나마 그런 박해세력을 지지하기도 했음을 지적하기도 했다. 그것은 사실 또 다른 영적 제국주의라는 비난을 피할 수 없게 만든 간디의 돌이킬 수 없는 실수였다.

그러나 간디는 자신의 입장을 끝까지 철회하지 않았다. 제2차 세계대전이 종식된 후에도 그는 유대인들이 도살자의 칼날 앞에 스스로를 내맡기거나 절벽에서 바다로 몸을 던져 뛰어내렸어야 했다고 말한 것이다.

그러면서도 정작 간디 자신이 가장 두려워했던 것은 힌두교도와 이슬람교도 간에 벌어진 대학살의 참극이었다. 홀로코스트라는 끔찍한 대학살을 겪었던 유대인들에게 그가 진심으로 충고해 마지 않았던 비폭력 무저항주의를 곧이곧대로 따른다면, 힌두교도이든 이슬람

교도이든 인도 민중은 자신에게 위해를 가하는 폭력적인 집단에게 결코 저항하지 말고 자발적인 희생을 맞이했어야만 했다.

간디는 죽음을 각오한 단식을 통해 양측 모두가 폭력을 즉각 중단할 것을 요구했지만, 대대적인 학살과 만행은 그의 뜻대로 손쉽게 가라앉지 않았다. 더욱이 그는 자신의 비폭력주의에 어긋난 주장을 하기도 했는데, 즉 간디 자신이 가장 두려워하는 것은 바로 비겁함이라고 하면서, 만약에 비겁함과 폭력 중에서 한 가지 선택만이 강요되는 경우라면, 자신은 차라리 폭력 쪽을 선택하겠다는 말을 했기 때문이다.

이처럼 그의 주장은 상황에 따라 서로 모순되는 양상을 보이기도 했다. 물론 간디 자신은 스스로가 전지전능하다고 여기지는 않았다. 그는 매우 겸손했으며, 자신을 낮출 줄도 알았다.

그러나 겸손을 가장한 그의 적대감과 공격성은 정작 내부의 적, 다시 말해서 분리 독립을 원하는 이슬람교도와 정치적 권리를 요구하는 불가촉천민의 문제에 대해서는 매우 냉담한 태도로 일관했다. 뿐만 아니라 간디는 자신의 장남을 폐인이 되도록 방치함으로써 조국 인도의 영혼은 구했으나 정작 자기 아들의 영혼만은 구하지 못하는 오점을 남기기도 했다. 이는 분명 위대한 영혼 마하트마라는 칭호에 어울리지 않는 간디의 유일한 약점으로 남는 부분이다.

그런 점에서 에릭슨의 『간디의 진실』은 불행히도 간디의 진실을 밝힌 것이 아니라 오히려 은폐시킨 결과를 낳았던 것이다. 그리고 그런 은폐는 에릭슨에게나 인도인에게 모두 만족을 제공했을 것이다.

간디의 아들

간디가 암살당한 바로 그 해 6월에 그의 아들 하릴랄 간디 역시 알코올중독에 의한 간질환으로 봄베이의 한 시립병원에서 숨을 거두었다. 그는 간디의 맏아들이었다. 하릴랄 간디(1888~1948)는 1911년 20대 초반의 이른 나이에 아버지 간디와 절연하고 가출하여 그 후 이슬람교로 개종하였으며, 일생을 거의 폐인으로 지내다시피 했던 인물이다. 그는 노숙자 신세임에도 간디의 장례식에 남몰래 참석했지만, 아무도 그를 알아보지 못했다고 한다. 페로즈 칸 감독의 영화 〈나의 아버지 간디〉는 이들 부자의 갈등관계에 초점을 맞춘 작품으로 간디의 남모를 고민을 담고 있다.

간디 스스로 그의 삶에서 가장 큰 후회를 남긴 것은 그가 설득할 수 없었던 유일한 두 인물, 즉 아버지에 반항한 아들 하릴랄과 무슬림의 분리 독립을 고집했던 알리 지나였다고 고백한 바 있듯이, 비록 간디는 위대한 성자로 추앙받았지만 개인적으로는 아들을 잃고 국가적으로는 인도의 통합을 잃은 두 가지 재앙에 직면해야 했다.

하릴랄은 일찍부터 자신의 아버지처럼 변호사가 되기를 꿈꾸고 영국 유학을 원했으나, 간디는 서구식 교육은 더 이상 불필요하다는 이유를 내세워 이를 끝까지 반대했던 것이다. 이에 불만을 품은 아들은 자포자기의 심정으로 가족과 인연을 끊고 알코올중독과 도박, 매춘, 사기 등의 자기파괴적인 행동에 빠져 걸인처럼 거리를 배회하고 다녔으며, 인도 전통 의상 차림을 하고 다녔던 아버지와 달리 의도적으로 영국산 수입품 의상을 걸치고 다니는 등 간디의 얼굴에 먹칠을

하는 행동을 서슴지 않았다. 그는 경찰에도 여러 차례 구속되기도
했다.

또한 간디의 명예에 더욱 치명적인 사건은 이 아들이 힌두교를 버
리고 이슬람교로 개종하여 이름도 압둘라 간디로 바꾸었다는 점이
다. 이런 아들에 대하여 간디는 모든 것을 신의 뜻으로 돌리며 스스
로를 달래야만 되었다. 이처럼 장남 하릴랄의 존재야말로 간디에게는
가장 큰 골칫거리요, 치명적인 아킬레스건이었던 셈이다. 간디는 자신
의 자서전에서도 이 아들의 존재에 대해서는 자세히 언급하지 않
았다.

다만 자녀교육 부분에서 자신의 맏아들이 바람직하지 못한 생활
을 하는 것은 제대로 된 공교육을 시키지 못한 때문이 아니라 간디
자신의 철없던 젊은 시절을 반영하는 것으로 간주했다. 이는 다시 말
해서 환경도 물론 중요하지만, 조상으로부터 물려받은 소질도 결코
무시할 수 없다는 주장이다. 간디는 자신이 이상적인 아버지가 되지
못한 점은 매우 유감이나, 아버지의 노력에도 불구하고 자식에게 부
족한 점이 생기는 것은 아버지의 관심 부족 때문만이 아니라, 부모
양쪽에 모두 결함이 있다는 점을 드러내는 것이라며 은근히 자신의
아내에게 책임을 전가시키기도 했다. 다시 말해서 패륜아로 전락한
아들의 문제는 간디 자신에게 책임이 있는 것이 아니라 유전과 아내
탓이라는 주장이다.

그는 아들에게 노예교육의 속박에서 벗어날 수 있는 자유를 준 것
이라고 주장하며 끝까지 자신의 선택이 옳았음을 내세웠다.

또한 아들의 개종에도 불구하고 간디는 동요하지 않았다. 모든 종

교는 하나라는 것이 간디의 굳은 신념이었기 때문이다. 그리고 아들이 저지른 배교 행위는 그리 신경 쓸 일이 아니라면서 그것은 단지 아들의 의지가 약한 탓으로 돌렸다. 개종을 하는 사람은 모두 의지가 약하기 때문이라는 말인데, 그렇다면 간디에 실망하여 힌두교를 버리고 불교로 개종한 불가촉천민의 지도자 암베드카르와 그 추종자들 50만 명은 모두 의지가 약한 사람들이었을까 하는 의문이 든다. 오히려 강한 의지의 표현이 아니었겠는가.

물론 말은 그렇게 했지만 간디 자신도 내심으로는 몹시 괴롭고 곤혹스러웠을 것이다. 그리고 서로 한 치의 양보도 보이지 않는 이 두 고집스런 부자 사이에서 간디의 아내 카스투르바가 겪었을 고충은 이루 말할 수 없었을 것이다. 하릴랄은 굴랍 간디와 결혼하여 다섯 자녀를 낳았으나 둘은 일찍 죽고 세 자녀가 남았는데, 그중 장녀인 라미벤의 딸 닐람 파리크는 자신의 외조부인 하릴랄 간디의 전기를 쓰기도 했다.

간디는 자신의 아버지에 대한 불만과 반항심을 아버지보다 더욱 강력한 권위의 상징인 대영제국을 상대로 싸우고 투쟁함으로써 표출했다. 그러나 정작 자신의 아들이 아버지의 권위에 반기를 들었을 때, 간디는 그 어떤 도전도 용납하지 않았다. 간디의 소극적인 저항 정신의 모태는 물론 어머니의 영향을 따른 것이기는 하나, 권력의 화신인 아버지에 대한 두려움이 더욱 컸기 때문일 수 있다. 방탕하고 절대 권력을 휘두른 아버지와는 달리 그는 어머니의 수동-공격적인 태도를 그대로 따르고 모방했다. 그리고 그런 특성은 간디의 아들 역시 마찬가지였다. 아들 하릴랄은 위대한 성자로 추앙받는 아버지의 명예를 떨어트리는 행동을 의도적으로 나타내 보임으로써 아버지에게 간접적인 방식으로 복수를 가한 셈이다.

그러나 간디는 자신의 개인적인 욕구와 동기를 조국의 독립을 위한 이타적인 희생으로 승화시킨 반면에, 그 아들은 오로지 자기파괴적인 방향으로만 나감으로써 삶의 깊은 수렁에 빠져 헤어 나오지 못하고 말았다. 어떻게 보면, 간디는 자신의 아들을 희생시켜 개인적인 영광을 유지했다고까지 혹평할 수도 있겠지만, 간디 입장에서는 아들 한 사람보다 인도의 장래가 더욱 큰 문제였을 것이다. 그는 비록 아들을 희생시켰는지는 모르겠으나, 수억에 달하는 인도인의 더 큰 희생을 막았다는 점에는 그 아들도 공감했을 것이다. 따라서 간디는 한 아들의 아버지 노릇을 포기하는 대신에 인도의 아버지가 된 것이다.

마하트마 간디와 그의 아들 압둘라 간디. 마하트마는 성자를 의미하고 압둘라는 신의 종이라는 뜻이다. 힌두의 성자인 아버지와 알라신의 종을 자처한 아들의 모습은 결코 서로 화해할 수 없는 위치에 서 있음을 상징한다. 결국 아버지 간디는 암살의 비운을 겪었고, 알코올중독과 우울증에 빠진 아들은 봄베이의 한 병원에서 시름시름 앓다가 세상을 떠났다. 공교롭게도 이들 부자는 1948년 같은 해에 숨을 거두었다. 아버지 간디는 79세의 나이였고, 그 아들은 60세였다.

짐 존스와 인민사원

1978년 11월 18일 남미 가이아나의 존스타운에서 벌어진 인민사원 집단학살 및 자살은 세상을 놀라게 한 너무도 충격적인 사건이었다. 이처럼 비극적인 파국을 초래한 장본인은 인민사원의 강력한 지도자 짐 존스(1931~1978)였다. 그리고 한순간에 900명 이상의 인명을 죽음으로 몰고 간 존스타운의 비극은 아직도 그 자세한 내막이 밝혀지지 않고 있다.

그러나 이와 유사한 현상들은 우리나라 현대사에서도 전혀 낯설지가 않다는 점이 문제다. 한 개인의 정신병리적 문제가 그의 가족에게 끼치는 온갖 정신적·물질적 폐해는 누구나 잘 알고 있는 사실이지만, 그가 속한 집단이나 공동체와의 관계에 대해서는 별다른 관심을 기울이지 않고 있는 것이 우리의 현실이기 때문이다. 더욱이 폐쇄적이고 배타적인 종교집단이나 정치적 이념집단일 경우 그 파급효과는 더욱 심각하기 마련이다. 특히 병적 성향이 두드러진 지도자일 경우, 그 집단의 운명은 이미 예고되어 있다고 해도 과언이 아니다.

자신의 집단 구성원을 파국으로 몰고 갔던 짐 존스 역시 매우 강력한 카리스마로 인민사원 신도들을 이끌었으나, 정작 그 자신은 병적인 과대망상과 피해망상을 지닌 성격이상자였음이 밝혀졌으며, 동시에 심각한 약물중독자였다. 물론 우리는 짐 존스와 그의 추종자들이 벌인 존스타운의 비극이 갑자기 하늘에서 떨어진 현상이 아님을 잘 안다. 그리고 그와 유사한 사건들은 앞으로도 얼마든지 일어날 수 있을 것으로 전망한다.

따라서 짐 존스의 인민사원에 관심을 갖는 이유도 한 개인의 건전한 심성 발달은 물론 집단 건강에 있어서도 부모의 역할과 가족적 배경, 그리고 지도자의 자질 및 사회적 지지망의 중요성이 얼마나 중요한 것인지 강조하고자 하기 위함이다.

인민사원의 정체

인민사원은 말 그대로 인민들의 사원이었다. 인민과 사원이 결합된 이 명칭은 곧 정치와 종교의 결합을 의미한다. 인민이라는 단어를 사용한 이유는 사회주의 이념에 입각한 이상적인 만민 평등사회를 구현하기 위한 것으로 여기에는 인종적 차별이나 사회적 신분 차이, 빈부 차이, 연령 차이 등 모든 불평등을 해소한다는 의미가 깃들어 있다. 사원은 기독교 차원의 영적 구원과 천년왕국을 지향하는 믿음을 뜻한다.

다시 말해서 인민사원은 사회주의 이념을 추구하는 기독교 신앙공동체 운동인 셈이다. 남미에서 발원한 해방신학과 그 궤를 같이한다고 볼 수도 있다. 그러나 해방신학이 자본주의 독재사회에 능동적으로 저항하며 그 체제변혁을 시도한 것이라면 인민사원은 위험하고 적대적인 세계로부터 오지로 도피하여 자신들만의 지상낙원을 건설하려 했다는 점에서 상대적으로 소극적인 특성을 보였다.

1955년 인디애나폴리스에서 첫걸음을 시작한 인민사원은 짐 존스의 적극적인 사회개혁 및 봉사정신에 힘입어 처음에는 크게 호응을 얻었다. 그리고 존스 부부는 인종차별의 장벽을 깨트린다는 인종통합의 시범을 보인다는 측면에서 한국인 소녀를 처음으로 입양했고, 그 후에도 여러 명의 흑인, 동양계 아이들을 차례로 입양했다. 존스 부부는 인디애나 주에서 흑인을 양자로 삼은 최초의 백인이었다. 존스 부부의 이런 솔선수범은 커다란 호응을 얻어 교세 확장에 큰 몫을 했다.

그 후 1967년에 인민사원은 인디애나 주를 떠나 캘리포니아 주 레드우드 밸리로 근거지를 옮기게 되었는데, 그 이유는 장래 있을지도 모르는 핵전쟁의 재앙에서 살아남을 수 있는 유일한 안전지대로 간주되었기 때문이다. 이처럼 안전한 장소를 찾아 헤매는 그의 여정은 그 후에도 계속된다. 그리고 미국조차 그에게 안전하지 못하다는 판단이 서자 결국 그는 자신의 최종적인 은신처로 남미 정글 속의 존스타운을 택했으나, 그곳 역시 안전하지 못함을 깨닫는 순간 극단적인 해결책을 택한 것이다.

그러나 그의 삶을 뒤돌아보면 그는 한순간도 안정적인 환경을 경험해 보지 못한 것으로 보인다. 생의 초반부터 그는 안정적인 어머니의 품에 안겨 보지 못했으며 따스한 보살핌도 받지 못한 것이 분명하다. 그리고 세상에 대한 부정적인 인식은 그때부터 이미 그의 내면에 자리 잡은 것으로 보인다.

1972년 존스는 샌프란시스코에 새 교회를 열었는데, 그때부터 그는 자신의 정치적 입장을 반공에서 사회주의로 바꾸었다. 인민사원은 특히 빈민층, 흑인을 포함한 소수인종, 약물중독자, 창녀, 노숙자, 소외된 노인 등을 상대로 펼친 전도사업과 자선사업으로 명성을 얻었다. 인종차별의 장벽을 뛰어넘는 방침으로 많은 사람들을 끌어들인 인민사원은 그러나 점차 정치색을 띄기 시작하면서 일종의 사회변혁을 추진하는 급진적 운동으로 변모되어 갔다. 따라서 인민사원은 개신교로부터도 점차 멀어져 갔다. 더욱이 그의 사회주의적 이념은 철저한 반공국가인 미국 내에 발붙이기 어려울 수밖에 없었다.

알고 보면 미국도 모순투성이에 여러 가지 문제점을 안고 있지만, 세계에서 유일하게 혁명을 겪어 보지 못한 국가이기도 하다. 짐 존스는 자신이 미국의 체 게바라 또는 모택동이 되기를 꿈꾸었는지 모르나 그는 자신이 속한 사회의 본질을 제대로 간파하지 못한 듯싶다.

물론 일부 평자들은 인민사원 신도들이 인종주의, 성차별, 연령 등의 구분을 뛰어넘어 평등주의에 입각한 기독교 신앙공동체를 서로 공유한 것에 만족을 느끼고 있었다고 하면서 매우 동정적인 시각으로 존스타운을 묘사하기도 한다. 그리고 그곳에서 최후를 맞이한 사람들이 남긴 마지막 기록에서조차 그 어떤 절망적인 모습이 아니라 매우 인간적인 측면을 느낄 수 있다고까지 기술한다.

그러나 표면적으로 드러난 현상은 빙산의 일각에 불과했다. 실제로 인민사원에 참여했다가 힘겹게 그곳에서 벗어난 데보라 레이턴은 어머니와 오빠를 남겨 둔 채 존스타운을 탈출한 후 여기저기에 그 실상을 알리며 도움을 호소했으나, 세상은 그 누구도 그녀의 말에 귀를 기울이지 않았다. 그리고 얼마 지나지 않아 대학살극 소식이 전해진 것이다.

존스타운의 비극

1977년 여름, 짐 존스는 신도들과 함께 미국 캘리포니아를 떠나 남미 가이아나로 향했다. 교회의 탈세 혐의로 당국의 조사가 막 시작된 직후였다. 그는 미래의 지상낙원이 될 도시에 자신의 이름을 따서 존스타운이라고 명명했다. 자기만의 새로운 왕국이 탄생하는 순간이었다. 그의 소망은 인종차별을 타파하고 사회주의에 입각한 새로운 유토피아를 밀림 속에 건설하는 것이었다.

막대한 금액의 세금 포탈 혐의에도 불구하고 신도들은 짐 존스를 숭배했으며 아버지로 떠받들었다. 그러나 존스타운 주민의 대다수는 가난한 흑인이었으며, 교육 배경도 낮았다. 존스타운 신앙공동체의 주민은 처음에 존스타운 건설에 참여했던 50명에서 일 년 사이에 천여 명으로 늘었다.

이들의 노동력 동원으로 신도시의 건설은 순조롭게 진행되어 나갔다. 그러나 주 6일 하루 12시간 노동은 존스타운이 적도 부근에 위치한 점을 감안할 때 매우 힘겨운 일이었으며, 급식도 쌀과 콩이 전부였다. 반면에 존스는 개인 냉장고를 이용하며 호화로운 식사를 즐겼다. 그럼에도 불구하고 신도들은 새로운 낙원을 건설한다는 꿈에 부풀어 짐 존스의 명령에 절대 복종하고 있었다.

문제는 의료였다. 공동체의 절반 이상이 집단적인 설사, 고열 등에 시달리고 있었지만, 약품의 절대 부족으로 수많은 신도들이 고통받았다. 반면에 다량의 클로르프로마진, 발륨 등의 약품이 공동체에 들어온 것을 보면 상당수의 인원이 정신과적 문제를 일으킨 것으로 추정할 수 있다. 더욱이 클로르프로마진은 정신분열증 치료제라는 점에서 일부 정신병환자들도 함께 있었던 것으로 보인다.

체벌도 문제였다. 규칙을 위반한 주민들은 작은 나무 상자 안에 감금되었으며, 아이들은 우물 바닥에서 밤을 지새워야 했다. 탈출을 시도하다 붙들린 주민들에게는 약물을 투여했으며, 무장 경비원들이 밤낮으로 순찰을 돌며 감시했다.

아이들은 공동체가 집단으로 관리하고, 존스를 아빠라고 부르도록 강요받았다. 부모를 만날 수 있는 기회는 밤에만 그것도 잠시뿐이었다.

데보라 레이턴의 증언에 의하면, 집단자살에 대한 모의 행사는 예전부터 정기적으로 개최되어 왔던 것으로 신도들은 그 의식을 백야(white night)라고 불렀다. 아이들을 포함한 주민들 모두를 불러 모아 줄을 서게 하고, 작은 잔에 담긴 붉은 음료를 차례로 마시게 하는 의식이었다. 그것은 독배를 마시는 의식으로 45분 안에 죽을 것이라는 말도 들었다. 존스는 충성심을 시험하는 것이라고 설명했다. 그 때문에 실제로 집단자살이 실행된 그날에도 일부 신도들은 평소에 행하던 모의 독배의식인 것으로 믿었다고 한다.

1978년 11월 미 상원의 라이언 의원 일행이 존스타운의 인권 침해 여부를 조사하는 임무를 맡아 가이아나에 도착하면서부터 비극의 조짐이 보이기 시작했다. 조사단 일행에는 미국 방송 및 잡지사에 종사하는 기자들과 뉴스 리포터들, 카메라맨들이 동행했다. 이들은 11월 15일에 존스타운에 도착하여 3일간을 그곳에서 신도들과 함께 지냈다. 신도들은 춤과 노래로 밤을 지새우며 자신들의 안락한 삶을 과시했다.

그러나 불의의 사고가 생겼다. 한 남자가 칼을 들고 라이언 의원을 해치려고 했기 때문이다. 조사단은 예기치 못한 이 사건을 계기로 서둘러 철수하기에 이르렀다. 라이언 의원은 존스타운을 떠나기 원하는 신도들 15명을 함께 데리고 갈 것을 요청했으며 짐 존스도 굳이 말리지 않았다. 그러나 조사단 일행이 비행기에 탑승하려는 순간에 트럭을 몰고 따라온 짐 존스의 무장 경호원들이 총기를 무차별 난사하며 라이언 의원과 다른 일행 5명을 사살했다.

그리고 그날 저녁 존스타운의 집단자살이 행해졌다. 900여 명의 신도들이 한꺼번에 죽음을 맞이했는데, 그중 3분의 1은 아이들이었다. 아이들부터 줄을 세워 독약을 마시게 했는데, 자살기도의 능력이 없는 아이들이라는 점에서 명백한 살인행위로 간주되기도 한다. 많은 신도들이 독약을 마시고 숨을 거두었으며, 일부는 사살되었다. 신도들 가운데 167명은 죽음을 거부하고 그곳을 탈출했다.

짐 존스는 계속 확성기를 통하여 죽음을 두려워 말라고 신도들을 독려했다. 그는 그것을 항상 혁명적 자살이라고 불렀다. 그리고 그 자신은 머리에 총상을 입고 사망했다. 자살 및 타살 여부는 알려지지 않았다. 다만 사후 부검에서 밝혀진 사실은 당시 그가 치사량에 가까운 페노바르비탈 혈중 농도를 유지하고 있었다는 사실뿐이다. 집단자살극 이후 존스타운은 폐허가 되었으며, 1980년대 초 라오스 난민이 잠시 거주하다가 곧 불태워져 지상에서 영원히 사라지고 말았다.

종교망상과 카리스마

짐 존스는 사람들을 조종하고 다루는 데 탁월한 재능을 보유했으며, 새로운 개종자들을 위해 기적의 치유를 베풀기도 했다. 신도들은 그를 아버지라 부르고, 재림한 예수로 믿었다.

짐 존스는 설교 중에도 기존 교회를 상말로 빌어먹을 교회들이라고 욕하며 비방하기 일쑤였다. 이처럼 그는 설교를 할 때에도 고상한 용어 대신 뒷골목의 저급하고 상스런 용어들을 사용함으로써 오히려 신도들에게 큰 호응을 얻었다. 신도들의 대다수가 비천한 소외계층에 속한 사람들이었기 때문이다. 소위 눈높이 설교를 함으로써 극적인 공감대를 이룬 것이다.

이처럼 존스는 신도들이 요구하는 것이 무엇인지 정확히 간파하고 이를 잘 활용한 것이다. 그의 카리스마는 그래서 더욱 강력한 힘을 발휘했다. 따라서 인민사원의 신도들은 짐 존스의 정신상태에 대해 한 치의 의구심도 지닐 수 없었다. 이미 자신들을 구원해 줄 아버지로 믿고 따르는 입장에서 당연한 결과일 것이다. 무한대의 사랑과 은혜를 베푸는 아버지인 그가 간혹 실수나 착각을 하더라도 얼마든지 받아들일 수 있다는 심정이었을 것이다.

교주에 대한 신도들의 이례적인 관용은 다른 모든 사교집단에서도 공통적으로 발견되는 현상이다. 그런 점에서 일부 평자는 존스에 대하여 카리스마적 지도자로, 그리고 인민사원을 카리스마적 관료사회라고 불렀는데, 이는 존스가 신도들을 한 가족의 일원으로 보고 자신이 대가족의 아버지임을 자임하면서도 말로서만이 아니라 실제 행동으로 그것을 입증해 보임으로써 강한 신뢰감과 의존감을 심어 주었기 때문이라는 것이다.

더욱이 지구종말에 대한 계시적 암시는 신도들의 심리적 퇴행을 가속화시킨 것으로 보인다. 그들에게 적어도 존스타운은 세상에 그 어떠한 종말이 오더라도 영원히 살아남을 수 있다는 안전지대라는 믿음이 있었지만, 다른 한편으로는 세상에서 완전히 고립되었다는 점에서 그곳은 시간이 정지된 세계나 다름없었다. 그러한 상황은 마치 어느 날 갑자기 증발해 버린 고대 문명 유적지에 감도는 두려운 적막과도 같은 것일 수 있다.

그처럼 불길한 적막 속에 울리는 유일한 음성은 "죽음은 단지 잠든 상태일 뿐이다."라는 짐 존스의 단조롭게 반복되는 메시지였을 뿐이다. 존스타운의 실상을 생생한 영상에 담은 스탠리 넬슨의 기록영화 〈존스타운: 인민사원의 삶과 죽음〉에서 신도들이 독약을 마시고 서서히 죽어 갈 때 스피커를 통해 반복해서 흐르는 그의 단조로운 음성은 마치 아기를 달래는 엄마의 자장가처럼 시간과 공간을 뛰어넘어 머나먼 저 세상에서 전해 오는 메시지 같이 들린다. 그런 점에서 존스타운에서는 시간이 완전히 멈춘 셈이다.

컬트 종교의 유형은 폭력적 컬트 집단과 초월적 컬트 집단의 두 가지로 구분되기도 하는데, 폭력적인 컬트 집단은 주로 지구종말 등의 계시론적 갈등을 증폭시킴으로써 폭력을 조장하지만, 반면에 초월적 컬트 집단은 묵시론적 계시에 입각하면서도 개인적인 초월적 명상 등을 통한 신비주의 경험을 강조한다는 점에서 비폭력적이다. 미국의 맨슨 패밀리와 일본의 옴 진리교 등은 전자에 속한다고 볼 수 있다. 그리고 존스의 인민사원도 점차 폭력적인 집단으로 변모해 갔다.

이처럼 처음에는 단순한 종교적 열정으로 시작한 집단도 외부의 압력과 비판이 증가하게 되면 경계심이 증폭되면서 공격적인 모습으로 변모하게 되는 경우가 흔하다. 그러나 편집증적인 강도가 극에 달하면 집단적인 폭력으로 행동화되기 쉬우며, 그것마저 여의치 않게 될 경우에는 집단자살 및 파멸로 치닫게 되는 것이다.

핵전쟁의 위협과 세기말이 다가오면서 특히 병적인 종교망상에 의해 자행된 집단적 범죄행위가 세계 도처에서 목격되어 왔다. 단적인 예로 1995년 3월 일본의 옴 진리교 신도들이 동경 시내 한가운데 지하철 안에서 동시다발적으로 독가스를 살포한 사건을 들 수 있다. 1987년 8월에 발생한 우리나라의 오대양교 집단자살 사건도 마찬가지다.

우리나라에서 백백교 등 수많은 사이비 종교집단이 번성한 주된 원인을 살펴볼 때 사회적 불평등에 기인한 가난과 성차별 등에 따른 좌절 및 상대적 박탈감을 빼놓을 수 없을 것이다. 특히 사교집단의 희생자 중에 여성들이 많은 이유도 사회적 불이익에 노출되는 경우가 그만큼 더욱 흔하기 때문 아니겠는가. 그래서 어떤 사회이든 간에 개인적인 불행과 고통을 덜어 줄 수 있는 사회적 지지망이 빈약하거나 그 혜택에서 소외된 사람들일수록 사교집단의 희생양이 될 가능성이 높아질 수밖에 없다.

물론 핵전쟁의 위협과 지구종말에 대한 위기감이 21세기를 맞이해서는 다소 누그러진 느낌이지만, 예외적으로 우리 사회는 아직도 그런 위기가 상존해 있는 상태이기 때문에 안심하기에는 아직 이르다. 따라서 종교망상은 개인적 병리일 뿐 아니라 사회적 병리를 대변하는 현상이기도 하다는 점에서 빈부의 격차 및 인종적·성적 차별 등 온갖 차별을 극복하는 사회적 안정이야말로 집단의 건강을 유지하는 지름길이 될 것이다.

마음의 지옥

짐 존스는 과대망상 및 피해망상에 사로잡힌 편집증적 인물이었다. 그는 종교적·정치적인 과대망상증에서 인민사원을 이끌었지만, 자신을 포함한 집단 전체를 위험한 외부세계의 공격으로부터 보호해야 된다는 피해망상 때문에 돌이킬 수 없는 파국을 몰고 온 것이다. 또한 그는 심각한 알코올 및 약물중독자였다.

본명이 제임스 워렌 존스인 짐 존스는 미국 인디애나 주 출생으로 외가 쪽으로는 체로키 원주민의 피가 섞여 있는 것으로 알려졌다. 그는 부모의 관심을 거의 받지 못하고 자랐는데, 그의 아버지는 제1차 세계대전 당시 프랑스 전선에서 독가스에 노출된 이후 그 후유증으로 호흡기장애를 앓아 하나뿐인 아들에게 관심조차 두지 않았다. 어머니 리네타는 가족을 부양하기 위한 공장일로 집을 비우는 적이 많았다. 그녀는 의지력이 강한 여성으로 남들이 하는 말에 동요되는 법이 없었다고 한다. 그는 그런 어머니를 깊이 숭배했다.

그는 항상 외톨이로 지냈기 때문에 친구들과 어울리는 데 어려움이 있었으나 교회를 통하여 그의 교우관계는 다소 나아졌다. 그런 점에서 기독교 신앙은 그에게 큰 힘이 되어 준 것도 사실이다. 그는 친구들과 어울리며 죽은 동물들의 장례식을 치러 주고 그 자리에서 목사를 흉내 내어 설교를 하기도 하는 등 일부 바람직한 태도를 보이기도 했으나, 친구들 사이에서 그는 여전히 입심이 사나운 악동으로 유명했다. 그의 입에 붙은 심한 악담은 어머니 말투를 그대로 모방한 것이었다.

이처럼 어려서부터 부모의 관심과 애정을 받지 못하고 외롭게 성장했던 그는 자신에게 불행한 과거만을 남겨 준 가족을 부정하게 되었고 더욱 큰 관심과 애정이 보장되는 새로운 대가족을 절실하게 갈망했던 것이다. 그에게 아버지라는 존재는 있으나 마나 한 존재였다. 무기력하고 무능력한 아버지는 결국 어느 날 갑자기 그의 삶에서 사라져 버렸다. 어린 시절 부모의 이혼은 그에게 어머니를 독점할 수 있는 기회를 부여했다. 그러나 어머니는 생업으로 인해 그를 돌볼 여유조차 없었다. 그는 철저하게 외톨이가 되었던 것이다.

이처럼 따스한 가정을 겪어 보지 못한 그는 대가족을 이끌고 돌보는 아버지 역할을 그 자신이 떠맡음으로써 어린 시절의 고통스런 기억을 상쇄시키고자 했다. 그에게 교회는 새로운 가족이었으며, 사회주의 이념에 입각한 공동체 역시 새로운 가족이었다. 따라서 그는 자신이 의지할 수 있는 강력한 두 개의 기둥, 즉 신앙과 이념에 전적으로 매달리게 된 것이다.

프로이트는 부모의 존재를 부정하고 자신이 훌륭한 신분을 지닌 가문의 자식이라는 그릇된 믿음을 가족 로망스라 불렀는데, 이를 다른 말로 미농 망상이라고도 부른다. 이와 유사한 동기에서 존스는 자신의 부모를 부정하고 그보다 더욱 크고 지지적인 신앙공동체로서의 교회를, 그리고 더욱 크고 이상적인 이념공동체로서의 사회주의적 유토피아인 존스타운을 세운 것이다.

그러나 분리불안의 차원에서 본다면 그에게 신앙과 교회, 그리고 정치적 이념은 그 자체가 거대한 이행기 공간인 동시에 적절한 이행기 대상을 제공한 것으로 보인다. 영국의 분석가 위니코트가 말한 이행기 대상은 엄마에 대한 분리불안을 가라앉혀 주고 스스로를 달래 주는, 즉 진정제 역할을 대신하는 존재다. 예를 들어 울고 보채는 아기 입에 물려 줌으로써 진정시키고 달래 주는 효과를 발휘하는 가짜 젖꼭지가 바로 이행기 대상이 되는 셈이다.

그러나 존스는 그런 공동체를 통해서도 불안과 좌절을 완화시킬 수가 없었기 때문에 마약과 환각제, 진정제와 알코올 등에 탐닉할 수밖에 없었다. 엄마의 보호와 보살핌을 제대로 받지 못한 존스는 항상 홀로서기에 어려움을 보였으며, 누군가로부터 돌봄을 받거나 집단의 지지가 없게 될 경우에는 극심한 불안에 사로잡힌 것으로 보인다. 그것은 곧 홀로 있는 능력의 결핍을 의미하는 것이며, 홀로 남아 있어도 스스로 잘 견딜 수 있는 능력이야말로 정서적 발달에 가장 중요한 요인으로 간주되는 것도 바로 그런 이유 때문이다.

존스가 이른 나이에 서둘러 결혼한 것도 의존적 대상이 그만큼 절실했기 때문일 것이다. 그는 18세라는 어린 나이에 네 살이나 연상인 간호사 마셸린 볼드윈과 결혼했다. 이는 그에게 엄마 노릇을 해 줄 대리인의 필요성이 그만큼 절박했음을 의미한다. 그들이 처음으로 만난 곳은 그가 간호보조원으로 일하던 레이드 병원이었다. 이처럼 일찍 결혼한 몸으로 그는 인디애나 대학교에 입학했으나 친구를 사귀는 데 어려움을 겪는 등 학교생활에 제대로 잘 적응하지 못해 결국 도중하차하고 말았다.

당시 그의 룸메이트였던 친구 말에 의하면, 아내 마셸린이 짐 존스에게 엄마와 같은 존재로 보였을 정도로 그는 수시로 부인에게 전화를 걸어 사소한 문제의 해결을 요구하는 등 심한 의존성을 보였다고 한다. 그가 존스타운의 어린아이들을 집단적으로 비정하게 죽음으로 내몰 수 있었던 것도 자신의 불행한 아동기를 투사한 결과일지도 모른다. 이는 자신의 불행했던 아동기를 보상받기 위해 양자들을 입양시킨 행동과는 상반되는 태도이기도 하다. 따라서 그는 자신의 아동기에 대해서도 매우 양가적이며 이율배반적인 태도를 지닌 것으로 보인다.

특히 그는 존스타운에서 말썽 피우는 아이들에 대해서 매우 가혹하게 다루었다. 미 의회 조사단이 파견된 것도 아동학대, 성적 착취, 신도 살해, 인권 유린, 노동 착취 등 실로 많은 부분에서 그에 대한 좋지 않은 소문이 무성했기 때문이다. 이처럼 그의 내부에 숨겨진 파괴적 환상과 욕구는 지구파멸 망상 및 구원 망상의 형태로 나타난 것이기 쉽다.

더욱이 그는 성적인 면에서도 혼란된 양상을 드러냈다. 동성애적 유혹 때문에 경찰에 구속된 적이 있는가 하면, 존스타운에서는 여성 신도들을 대상으로 성적인 착취를 거침없이 자행했다.

스탠리 넬슨 감독의 기록영화 〈존스타운: 인민사원의 삶과 죽음〉(2006년)은 그런 점에서 매우 큰 충격을 준다. 필자 역시 이 영화를 직접 봤지만 결코 남의 얘기로만 넘길 수 없는 슬픔과 아픔을 느꼈다. 우리 주변에서도 그와 유사한 일들을 자주 목격할 수 있기 때문이다.

실제로 존스에게서 성적인 피해를 입었던 여신도들의 생생한 증언에 의하면, 짐 존스는 그런 성적 착취를 오히려 일종의 시혜로 간주했다는 것이다. 그런 병적인 자기합리화는 물론 그의 지독한 나르시시즘을 반영하는 것일 수도 있지만, 이런 유형의 인간은 지시와 명령만을 내리고 타인의 숭배와 찬양을 바랄 뿐, 자신으로 인해서 타인들이 어떤 고통과 불행을 겪어야 하는지에 대해서는 전혀 무지하며 알려고도 않는 것이 특징이다. 이는 곧 종교적 망상이 도덕적 판단까지 마비시킨 단적인 예에 속한다.

존스는 분명 자신의 아버지에 대한 적대감으로 적절한 동일시를 이루지 못했으며, 어머니와도 긴밀한 관계를 유지한 적도 거의 없었다. 따라서 건전한 초자아 형성에도 장애가 생긴 것으로 보인다. 존스 자신은 어려서부터 부모에 대한 분노와 적개심에 충만해 있었으며, 그것은 곧 세상 전체에 대한 적개심으로 발전했을 것이다. 그는 그러한 공격성을 억압하고 종교적으로 승화시키고자 했으나 결과적으로는 실패하고 말았다.

이처럼 세상을 변화시키려던 그의 시도는 실은 매우 단순한 발상에서 비롯된 것이었고, 그에게 몰려든 추종자들 역시 그와 마찬가지로 세상에 대한 분노와 적개심을 강하게 부정하고 억압한 사람들이었다. 그런데 그들은 자신들의 내부에 숨겨진 적개심과 공격성을 너무 과소평가했던 것으로 보인다. 그리고 그들이 지닌 극도의 분노와 적개심은 결국 지구파멸에 대한 묵시론적 계시에 매달리도록 이끌었던 것이다.

그러나 인민사원 신도들의 결정적인 오판은 자신을 구원해 줄 대상이 하늘에 계신 아버지가 아니라 지상에 계신 아버지 존스라고 굳게 믿은 사실에 있다. 그리고 자신들을 핍박할 것으로 예상되는 위험이 닥쳐오자 존스 자신을 포함한 모두가 자포자기의 심정에 빠져든 것으로 보인다. 존스 개인의 편집증적 공황상태는 순식간에 집단 전체로 번지고 공유되었으며, 이들은 현세의 소망을 포기하고 내세의 구원을 바란 것이다. 그러나 존스는 십계명 가운데 적어도 부모 공경, 간음, 도둑질, 거짓 증언, 재물욕 등에 관한 많은 계명을 어긴 셈이다.

짐 존스의 정신병리에 대한 심리적 배경을 요약하자면 다음과 같다. 그는 부모의 무관심 속에 성장하면서 매우 외롭고 불행한 아동기를 겪었다. 그는 버림받은 아이처럼 홀로서기에 익숙지 않았으며, 사람들과 어울리는 데도 어려움을 보였다. 그러나 어린 나이에 일찍 접하게 된 신앙과 교회는 그로 하여금 부모가 안겨 주지 못한 위안과 애정을 느끼게 해 주었다. 그는 소외된 거리에서가 아니라 교회에서 비로소 자기는 혼자가 아니라는 안도감을 얻은 것이다. 그는 자신에게 불행과 고통만을 안겨 준 부모 및 가족과 달리 무한대의 사랑을 베풀어 주는 교회를 자신의 새로운 집으로 받아들였다.

신앙과 교회는 그에게 큰 집이요 새로운 가정이었으며 새로운 부모였다. 자신을 버린 아버지를 부정하고 새로운 아버지를 섬기게 되었으며, 어머니의 사랑을 갈구하다가 때 이른 조혼을 통해서, 그것도 연상의 여인을 아내로 맞아들임으로써 대리적인 만족을 구했다. 그리고 그는 자신만의 인민사원을 세움으로써 새로운 대가족을 일으키고 모든 추종자들을 한 식구로 맞아들였다. 그뿐 아니라 소수민족의 아이들을 양자로 맞아들여 새로운 자녀들을 키우면서 자신의 불행했던 아동기를 보상받고자 했다.

결국 그는 새로운 가족, 새로운 부모, 새로운 자녀, 새로운 세상 등을 추구하며 자신의 과거를 부정하고 새롭게 변신하고자 한 것이다. 그는 추종자들이 자신을 아버지로 부르고 섬기게 함으로써 강력한 지배자임을 확신했다. 그것은 그의 내면에 자리 잡은 아버지에게서 받은 뿌리 깊은 열등감과 모멸감을 일거에 반전시키는 효과가 있었다.

그럼에도 불구하고 그는 세상에 대한 근본적인 불신감을 극복할 수 없었다. 그는 일찍부터 홀로서기에 어려움을 지니고 있었으며, 누군가에게 의지하지 않으면 불안해했다. 그에게 가장 두려운 것은 버림받는 일이었고, 분리불안 및 거절에 유달리 민감했다. 그런 그에게 가장 든든한 힘이 되는 것은 집단의 지지였다. 따라서 1978년 존스타운에서 미 의회 조사단이 방문한 후 그의 곁을 떠나겠다는 이탈자들이 나오게 되자 짐 존스는 큰 충격과 좌절에 빠진 듯하다. 자신을 버리고 떠나겠다는 가족의 일원들이 나오게 되면서 그는 그 파급효과를 우려했고, 결국 집단의 와해 및 자기 자신의 붕괴를 두려워한 것이다. 그의 내적 안전감이 흔들린 것이다. 그는 전혀 예상치 못한 분리와 유기에 대하여 절망하고 좌절한 상태로 자포자기하게 되었으며, 자신을 버리고 배신한다는 사실을 인정할 수 없었다.

결국 그는 절망감과 분노 및 복수심이 혼합된 복잡한 감정상태에서 벗어나기 위해 자신의 집단과 함께 자살하기로 작심한 것이다. 집단자살은 그에게 자신의 내부에 존재하는 부모를 포함한 모든 내적 대상을 파괴시키는 최종해결책을 의미했다.

Part 3

사랑과 미움에 흔들리는 갈대처럼

11

베토벤의 고통과 열정

　　루트비히 반 베토벤(1770~1827)은 독일 본에서 궁정 음악가의 아들로 태어났다. 그의 조상은 본래 벨기에 플랑드르 지방에 살던 사람들이었지만, 1733년 조부 루트비히가 독일로 이주한 후 1771년부터 본의 궁정악장을 지내면서 그의 가계는 독일인이 되었다.

　　아버지 요한은 궁정 테너가수로 일하면서 궁정요리장의 딸인 막달레나와 결혼하여 일곱 자녀를 낳았는데, 그중 세 명은 일찍 죽었기 때문에 둘째 아들로 태어난 베토벤은 본의 아니게 장남 역할을 해야만 했다. 그가 태어난 시점은 천재 모차르트가 신동으로 명성이 자자하던 때인지라 아버지는 자신의 아들 역시 음악의 천재로 키우고 싶은 야심을 품고 어린 베토벤에게 혹독한 쳄발로 연주 훈련을 시켰다. 그렇게 해서 베토벤은 불과 7세 때 피아노 연주회 무대에 억지로 섰지만 그 결과는 참담한 실패로 돌아갔다. 당시 아버지는 청중들에게 자신의 아들 나이를 두 살이나 줄여 소개할 정도로 신동 모차르트를 지나치게 의식하고 있었다.

　　이처럼 아버지 요한이 기획했던 신동 프로젝트는 결국 실패로 끝나 버렸지만, 오히려 그의 실력을 크게 신장시켜 준 장본인은 궁정 오르간주자 네페였다. 베토벤이 장차 제2의 모차르트가 될 것임을 의심치 않았던 네페는 그에게 열심히 바흐를 가르치는 한편, 어린 베토벤을 자신의 오르간 연주 조수로 기용하기도 했다.

그 영향으로 모차르트를 동경하게 된 베토벤은 드디어 16세 때 빈 유학을 떠나 모차르트 앞에서 즉흥 연주를 해 보임으로써 그 재능을 인정받았지만, 어머니의 갑작스런 죽음으로 공부를 포기하고 도중에 귀국할 수밖에 없었다. 어머니가 죽은 후 아버지의 주벽은 더욱 심해지고 거의 폐인이 되다시피 하면서 결국 궁정가수직에서도 해고되고 말았다. 졸지에 집안 생계를 떠맡는 신세가 된 베토벤은 그럼에도 불구하고 군소리 없이 자신의 가족들을 챙겼다. 다행히 곤경에 처한 베토벤을 돕는 후원자들이 계속 생겨나면서 재정적으로는 그런대로 큰 어려움을 모르고 지낼 수 있었다.

그를 신처럼 숭배했던 슈베르트가 악보 살 돈이 없을 정도로 가난에 찌들어 살았던 점에 비교한다면 베토벤은 차라리 인복이 많았던 것으로 보인다. 그러나 28세 무렵부터 시작된 난청 증세가 악화되면서 32세인 1802년에 이르러서는 유서까지 쓰고 자살을 결심할 정도로 심각한 우울증에 시달렸다.

따라서 이 시기에 그는 극도의 절망감에 빠진 나머지 주위 사람들과 다투는 일이 잦아지면서 후원자들과의 관계도 멀어지게 되었다. 이처럼 정신적 위기로 극한 상황에 몰린 시기였던 1815년에 베토벤은 설상가상으로 그의 동생이 결핵으로 사망함으로써 또 다른 위기를 맞이하고 말았다. 동생이 죽으면서 베토벤에게 자신의 아들 칼을 대신 보살펴 줄 것을 부탁했기 때문이다.

당시 9세였던 조카 칼의 양육을 떠맡고 함께 살기 시작했던 이 시기야말로 베토벤의 삶에서 또 다른 전기를 맞이했던 시점이 되었을 뿐만 아니라, 그 후에 보인 조카와의 관계에서도 엿볼 수 있듯이, 그동안 감추어져 왔던 베토벤의 온갖 정신병리적 특성들이 행동상으로 표출된 시기이기도 했다. 더욱이 그는 칼의 양육권을 두고 자신의 제수인 요한나와 오랜 기간 치열한 법정 투쟁을 벌일 만큼 조카의 양육에 강한 집착을 보였는데, 이는 매우 이례적인 모습이 아닐 수 없다.

왜냐하면 그는 조카를 그다지 사랑하지도 않았기 때문이다. 그는 이 지루한 법정 싸움을 벌이던 기간 내내 작곡을 거의 포기하다시피 할 정도로 양육권을 차지하는 문제에 병적으로 집착했다. 결국 오스트리아 법정은 베토벤의 손을 들어 주었고, 요한나는 패소했다.

그러나 이미 청력을 상실한 베토벤은 어린 조카와 의사소통을 나누는 데도 큰 어려움을 겪을 수밖에 없었으며, 게다가 자식을 키워 본 경험도 없었기 때문에 조카의 양육에 이루 말할 수 없는 고초를 겪기 시작했던 것이다. 베토벤은 한때 자신에게 배웠던 체르니에게 어린 조카의 음악교육을 의뢰하기도 했으나 칼은 전혀 음악적인 소질을 보여 주지 못했을 뿐만 아니라 이런저런 말썽만 피워 베토벤을 괴롭혔다.

그럼에도 불구하고 베토벤은 조카의 양육을 포기하지 않고 끝까지 그의 뒤를 보살펴 주고자 했지만, 조카 칼은 병적으로 지나친 베토벤의 간섭을 견디지 못하고, 1826년 자신의 머리에 총을 쏘아 자살을 기도하고 말았다. 다행히 목숨은 건졌지만, 칼은 끝까지 자신의 어머니 집으로 돌아갈 것을 요구했다. 그렇게 해서 결국 베토벤은 양육권을 요한나에게 빼앗기고 말았다.

그리고 조카를 잃은 직후부터 그는 갑자기 삶에 대한 모든 의욕을 잃고 눈에 띄게 건강이 악화되는 모습을 보이다가 마침내는 그 이듬해 세상을 떠나고 말았다.

베토벤의 시련과 죽음

베토벤은 청력의 상실에 대한 비관 및 연이은 애정관계의 실패, 그리고 동생의 죽음과 조카 양육을 둘러싼 어려움에도 불구하고 그러한 위기를 잘 극복하고 계속해서 〈영웅교향곡〉 〈운명교향곡〉 〈전원교향곡〉 등 대작들을 발표해 나갔다.

그러나 음악을 통하여 전해지는 그의 뜨거운 인류애와 삶의 승리 및 환희에 가득 찬 희망적인 메시지와는 달리, 현실 속에서는 실로 감당하기 어려운 여러 신체적·정신적 고통에 빠져 살았음을 알 수 있다. 그의 실제 모습, 다시 말해서 청력의 상실과 그에 따른 우울 및 자살충동, 애정관계의 연이은 실패, 성격적인 결함 등에도 불구하고, 그가 이 모든 시련을 극복하고 위대한 창조적 작업을 지속해 나간 것은 결국 자신의 정신적 붕괴라는 최악의 위기상태에서 벗어나 나름대로 심리적 평형상태를 유지하고자 했던 필사적인 시도로 보인다. 그런 시련과 고통에서 자기를 구원하고 스스로를 치유할 수 있는 길은 오로지 작곡 이외에 다른 방도가 없었기 때문이다.

그런 점에서 베토벤의 필생의 대작인 아홉 교향곡을 그의 정신적 발달과정과 관련시켜 보려는 시도들도 일부 있어 왔지만, 모순투성이인 그의 정신세계가 그렇게 단계적인 과정을 거치며 발전했는지 여부는 단정짓기 어렵다. 예를 들어 처음에 나폴레옹을 위해 작곡했다는 〈영웅교향곡〉도 실제로는 그 자신을 위한 것이었을지도 모른다.

로맹 롤랑은 자신이 쓴 『베토벤의 생애』 서문에서 자신이 생각하는 영웅의 개념을 분명히 했다. "나는 사상이나 힘만으로 승리한 사람들을 영웅이라고 부르지 않는다. 나는 정신적으로 위대한 사람을 영웅이라 부른다."

따라서 그의 정의에 따르자면, 나폴레옹은 영웅이 될 수 없고, 베토벤은 영웅이 되는 것이다. 로맹 롤랑이 자신의 조국 프랑스에서 매국노로 매도당한 이유를 알 만도 하겠다.

〈운명교향곡〉의 강렬한 도입부는 마치 천둥이 울리는 듯한 진한 감동을 주지만 실제로는 고질적인 난청증세에 시달렸던 그에게 마치 천둥처럼 울리는 심장의 고동소리를 통하여 스스로 살아 있다는 안도감을 느끼게 한 것일지도 모른다. 그가 감지할 수 있는 유일한 진동은 자신의 맥박뿐이었기 때문이다.

〈전원교향곡〉을 통해서 그는 자신이 들을 수 없는 새소리, 물소리 등 자연의 소리에 대한 애절한 갈망을 담고 싶었을 것이다.

〈합창교향곡〉은 자신의 어두운 운명을 헤치고 새로운 광명을 찾고자 하는 뜨거운 소망을 장엄한 합창을 통하여 소리 높이 외친 것으로 볼 수도 있다. 그러나 몹시 귀에 거슬리는 도입부의 불협화음은 청력 상실에 따른 불가피한 결과였을지도 모른다.

베토벤은 이처럼 자신의 내면적인 고통과 소망을 오로지 작품을 통해 드러내고자 했다. 그러나 베토벤의 비극은 정신적인 고통뿐 아니라 육체적인 고통 또한 감당하기 어려운 상태였다는 데 있다. 그는 20대부터 이미 만성적인 복통에 시달리고 있었으며, 1818년 무렵에는 설상가상으로 청력을 거의 상실함으로써 필담을 통해서만 의사소통이 가능할 정도에 이르렀다.

이처럼 건강상의 문제로 악전고투하던 그는 1824년 최후의 걸작 〈합창교향곡〉을 발표한 후 폐렴 증세 및 지병인 간경화가 악화되어 투병생활을 지속하다가 1827년 봄에 향년 57세의 나이로 세상을 떠났다. 그는 독신으로 생을 마쳤으며, 임종 직전에 친구 브로이닝에게 남긴 마지막 유언에서 "친구들이여, 박수를 쳐라. 코미디는 끝났다." 라는 말을 남겼다. 자신의 삶을 코미디에 비유한 이 말은 자신의 인생이 그만큼 비극적이고도 불행했었다는 사실을 우회적으로 암시하는 매우 자조적인 표현이기도 하다.

천둥과 번개가 몹시 치던 어느 날 베토벤은 갑자기 오른손을 뻗어 들어 올린 후에 조용히 숨을 거두었다. 마치 〈운명교향곡〉의 서주부에 울리는 화음에 맞추어 지휘하듯이 천둥소리에 응답하는 몸짓이었다. 평소 교회를 몹시 싫어했던 그는 비록 미사에 참석한 적이 한 번도 없었지만, 임종 직전에는 종부성사를 받아들이고 신부에게 감사를 표시하기도 했다.

베토벤이 사망하자 그의 장례식에는 수만 명의 군중들이 모여들어 그를 애도했다. 극빈자의 신세로 비참하게 공동묘지에 마구 내던져진 모차르트에 비하면 실로 거국적인 환대였다. 횃불을 들고 행진하는 군중들 틈에는 눈물을 흘리며 운구를 따르는 슈베르트도 있었다. 슈베르트 역시 그 이듬해 일찍 요절하면서 그의 유언에 따라 베토벤의 무덤 곁에 묻힐 수 있었다.

로맹 롤랑은 자신이 쓴 『베토벤의 생애』에서 베토벤의 모습을 다음과 같이 묘사한다. "그는 석회와 모래로 만들어진 것 같다. 강한 근육질에 다리는 짧고, 몸집은 네모진 모양이고, 넓은 얼굴은 벽돌색처럼 붉다. 그러나 웃음 자체는 불쾌하고 격렬하며 귀에 거슬린다. 그것은 즐거움과는 친숙하지 않은 사람의 웃음이다. 그의 평소 표정은 자살적 우울증을 나타내고, 치유될 수 없는 슬픔을 드러낸다. 그는 셰익스피어의 리어왕 같은 인물이다."

베토벤을 리어왕에 비유한 것은 그의 비극적인 운명을 염두에 둔 말이겠지만, 모든 것을 잃고 거친 광야를 미친 듯이 배회하는 리어왕에 비하면 베토벤은 나름대로 충분한 보상을 받은 인물일지도 모른다. 리어왕을 숭배하는 사람들은 없지만 베토벤의 숭배자들은 영원할 것이기 때문이다.

베토벤의 죽음에 대해서는 아직도 많은 논란이 계속되고 있다. 빈 의대 법의학과장인 크리스찬 라이터는 베토벤의 사인은 납중독에 의한 것이며, 당시 그의 주치의가 실수로 상태를 더욱 악화시킴으로써 죽음을 재촉했다는 주장을 폈다. 그러나 20대부터 발병한 베토벤의 만성적인 복통이 납중독의 영향 때문이라고 추정은 되지만, 머리카락만으로는 그 오염 정도를 정확히 입증하기는 어렵다는 주장도 있다.

반면에 기복이 매우 심한 그의 정서적 불안정 상태를 양극성 장애의 결과로 보는 정신의학적 견해도 있는데, 특히 그에 관한 면밀한 자료 검토에 의하면, 베토벤의 여러 증세들은 양극성 장애 및 알코올중독, 납중독에서 비롯된 것으로 보는 견해가 지배적이다.

그러나 스웨덴의 외과 의사 필립 샌드블롬은 베토벤의 특이하게 자란 두개골 형상을 토대로 매독 및 파젯씨병 징후의 가능성을 제기함으로써 뇌의 기질적 병변을 뒷받침하는 주장을 내세우기도 했다.

원인이야 어쨌든 음악가에게 소리를 들을 수 없다는 사실은 화가에게서 시력을 빼앗는 일과 다를 바 없다. 그것은 예술가에게 사실상의 사망선고나 다름없는 일이다. 양손을 잃은 피아니스트가 있다면 그는 가혹한 운명 앞에서 얼마나 절망할 것인가. 실제로 라벨은 전장에서 한 팔을 잃고 크게 낙담한 동료 음악가를 위해 왼손을 위한 피아노 협주곡을 작곡하여 친구를 위로하기도 했다.

그러나 말년에 시력을 잃은 밀턴과 헨델, 그리고 청력을 잃은 고야, 스위프트, 베토벤, 스메타나, 포레 등을 비교해 본다면, 세계와의 접촉을 상실한 채 영원한 침묵 속에 고립된다는 점에서 예술가에게는 시각의 상실보다 청각의 상실이 더욱 큰 상처를 주기 쉽다.

그런 점에서 본다면, 베토벤의 경우, 외부 현실과의 단절은 그로 하여금 자연히 내적 대상과의 관계에 몰두하는 방향으로 이끌었음 직하다. 그리고 보다 퇴행적인 상태에서 그에게 끊임없이 영감을 준 원천은 매우 근원적인 단계에서 겪은 원초적 감정들의 재경험이었을지도 모른다.

청력을 상실함으로써 세상과의 유일한 의사소통 수단을 잃었던 베토벤으로서는 세상과의 단절을 피할 수 있는 유일한 해결책은 오로지 작곡에만 몰두하는 일이었을 것이며 달리 선택의 여지가 없었을 것이다. 자신의 작품이 무대 위에서 연주되고 청중들의 환호를 받는 모습에서 그는 스스로 고립된 존재가 아니라는 사실을 눈으로 확인할 수 있었기 때문이다. 실제로 베토벤이라는 존재는 그의 위대한 혼이 담긴 음악을 통해 인류의 영원한 자산으로 남아 그 생명을 유지하고 있지 않은가.

베토벤의 정신병리

베토벤은 심각한 정신적 성장통을 겪으며 온갖 곤경을 극복함으로써 자신의 삶을 재창조했다는 점에서 위대한 혼의 소유자임에 틀림없다.

그러나 실제의 베토벤은 인간적인 결함은 물론 신체적 약점에서 비롯된 정신적 고통에 시달리며 살아야 했다. 그의 영웅적인 모습은 현실 속에서가 아니라 차라리 그가 창조한 예술세계에 드러난 모습이다. 실제 베토벤의 모습은 영웅적인 인간상과는 다소 거리가 멀고 오히려 매우 세속적인 인간에 가까워 보인다.

심지어 전기 작가 에드먼드 모리스는 베토벤을 매우 속물적이고도 이기적인 인물로 평가하고, 더 나아가 편집증적 망상의 경향까지 동반한 정신병적 단계에 있었던 것으로 보기도 했다. 특히 조카 양육권을 둘러싼 7년여에 걸친 법정 소송과정에서 보인 그의 행적은 거의 광적이라고 해도 지나친 말이 아니라는 것이다.

또한 조카에 대한 병적인 집착과 간섭은 거의 망상적인 수준이었으며 베토벤은 어린 조카를 조카로 생각한 것이 아니라 마치 자신의 아들인 것처럼 믿고 행동했다는 것이다.

어쨌든 어린 아들을 친엄마에게서 강제로 떼어 놓고 모자간에 일체의 접촉도 하지 못하도록 일거수일투족을 감시한 것은 매우 비인간적인 행위에 속한다는 주장이다.

이에 반해서 빈 태생의 유명 분석가 스테르바 부부가 내린 결론은 보다 분석적이다. 이들에 의하면, 베토벤은 잠재적인 동성애적 성향을 지녔으며, 여성들 특히 어머니상에 대한 그의 분노감을 토대로 조카 칼에 대한 지나친 애착과 칼의 어머니 요한나에 대한 증오심, 그리고 여성들과의 애정관계 유지의 실패 등을 이해할 수 있다고 보았는데, 그가 보인 편집증적 망상도 이런 사실과 결코 무관치 않다는 주장이다.

물론 베토벤의 정신상태에 대해서는 편집증, 나르시시즘, 강박증 및 조울병 등 다양한 견해들이 있는 것도 사실이다. 그러나 베토벤이 그토록 불행한 신체적·정신적 고통에 시달렸음에도 불구하고 성공적인 창작활동을 이룩한 점을 결코 과소평가할 수 없을 뿐만 아니라 특히 그의 정서적 고통 문제는 어린 시절부터 오래도록 이어져 온 문제임을 고려할 때, 단지 베토벤의 후기 삶과 조카와의 문제에만 초점을 맞추는 일은 베토벤의 전반적인 삶을 이해하는 데 오히려 걸림돌이 될 수도 있을 것이다.

베토벤의 내면세계는 항상 심각하고 우울했으며, 외면적으로는 세상에 대한 부정적인 태도로 일관했다는 점에서 그리고 유머 감각도 없으며, 잘 웃는 법이 없다는 점에서 개인적으로는 매우 불행한 인물이었다. 그러나 자신의 능력에 대해서는 지나친 확신과 자신감을 지녔던 것으로 보인다.

그러한 나르시시즘적 전지전능감은 세상이 자신의 능력을 제대로 인정해 주지 않을 경우 충동적으로 폭발하기 쉽다.

그러나 이처럼 부정적인 태도에도 불구하고 역설적이게도 그는 적절히 세상과 타협할 줄도 알았다. 적어도 부양가족의 책임이 상대적으로 더욱 컸던 베토벤에게 있어서 돈은 무엇보다 중요한 삶의 일부였다. 따라서 그는 자신의 후원자를 끌어모으는 재주가 있었으며, 필요에 따라서는 상대를 적절히 이용할 줄도 알았다.

또한 베토벤은 대중적인 인기를 얻기 위해서는 어떤 방식으로 작품을 만들어야 하는지에 대해서도 남다른 감각을 지니고 있었다. 그의 피아노 소나타 〈열정〉〈비창〉〈월광〉 등과 수많은 실내악곡, 협주곡들은 관객들의 귀를 즐겁게 자극하는 마력이 깃들어 있다는 점에서 더욱 그렇다.

심지어 그는 전혀 베토벤답지 않은 작품을 남기기도 했는데, 〈웰링턴의 승리〉가 바로 그런 작품에 속한다. 워털루 전투의 승리를 축하한다는 의미에서 〈전쟁교향곡〉으로 불리기도 하는 이 작품은 우리가 알고 있는 베토벤의 이미지와 전혀 어울리지 않는다는 점에서 이해하기 어려울 뿐만 아니라 악성으로 숭배되는 인물이 어떻게 전쟁의 승리를 찬미한 작품을 작곡할 수 있었는지 다소 의아스럽기까지 하다. 1813년에 개최된 전쟁부상병들을 위한 자선연주회에서 베토벤은 7번 교향곡을 직접 지휘하기도 했다.

그는 이처럼 현실과의 타협에도 전혀 소홀하지 않았던 인물이었다. 베토벤은 돈이 궁해지면 미처 완성하지도 않은 악보를 내다 팔기도 했다. 따라서 그는 대중을 무시하고 경멸하면서도 다른 한편으로는 대중적 인기에 연연하고 민감한 반응을 보이는 등 매우 이율배반적인 모습을 보였던 것이다.

베토벤이 나타낸 우울 성향의 원인은 그의 가족 배경에서 찾을 수 있다. 그는 어린 시절부터 폭군적인 아버지와 그 희생양이 되었던 어머니 밑에서 자랐다. 그리고 그가 평생을 독신으로 살았던 것도 그토록 가련했던 어머니의 죽음과 무관치 않아 보인다. 그에게 어머니의 존재는 폭군인 아버지로부터 항상 학대받으며 살다가 불행한 삶을 마친 여성으로 기억되었으며, 그런 아버지는 어머니와 아들 모두에게 감당하기 어려운 고통과 시련을 안겨 준 장본인이기도 했다.

따라서 베토벤에게 있어서 어머니는 근친상간적 욕구의 대상인 동시에 잔혹한 아버지의 폭압으로부터 구출해야만 할 구원환상의 대상이기도 했던 것이다.

그러나 베토벤은 자신의 무의식적 환상을 실현하지 못하고 어머니라는 존재를 일찌감치 상실하고 말았다. 결국 그는 어머니에 대한 그리움은 물론 심한 죄책감에서 자유로울 수 없었다. 상징적으로 어머니를 대신할 여성들 앞에서 항상 그 어떤 결단을 내리지 못하고 스스로 물러나곤 했던 것도 그런 미해결의 감정적 문제 때문이었던 것으로 보인다.

비록 아버지의 학대로부터 벗어나기 힘들다는 점에서 베토벤은 어머니와 함께 한배를 탄 것임에 틀림없지만, 아버지의 학대와 횡포로부터 자신을 적절히 보호해 주지 못한 어머니에 대한 원망과 분노 또한 부분적으로 내포되었을 수도 있겠다.

베토벤은 특히 젊은 귀족 여성들에게 지대한 관심을 보이고 접근하기는 했으나, 신분상의 제약뿐 아니라 매우 미숙한 연애기술과 유별난 수줍음 때문에 번번이 실패를 맛봐야만 했다.

반면에 이미 결혼한 여성들에게는 아무런 어려움 없이 접근할 수 있었다. 이는 곧 그의 내면에 은밀히 간직된 오이디푸스적 소망을 암시하는 부분이기도 하다.

이처럼 그의 오이디푸스 갈등 문제는 특히 이성관계의 어려움, 권위상에 대한 도전, 동료관계에서의 미숙함, 말썽 많은 조카와의 관계, 제수 요한나와의 치열한 경쟁 등을 통해 드러난다. 또한 베토벤이 창녀촌을 자주 드나들었다는 사실을 통해 정상적인 이성관계를 맺는 데 상당한 어려움을 지니고 있었음을 알 수 있다는 주장도 꾸준히 제기되어 왔다.

반면에 베토벤을 옹호하는 입장에서는 그가 비록 생의 대부분을 교회와는 담을 쌓고 살았으나, 개인적으로는 매우 경건한 종교적 열망을 지녔던 인물로 그의 대작 〈감람산의 그리스도〉 〈장엄 미사〉 〈프로메테우스의 창조〉 등을 통해 베토벤의 신앙심을 확인할 수 있으며, 실제로 베토벤은 매우 강한 도덕성의 소유자였다는 반론 또한 만만치 않다.

갈등은 누구에게나 존재한다. 성직자나 철학자도 갈등에서 자유롭지 못하며, 위대한 음악가 또한 예외가 될 수 없다. 프로이트에게 잠시 분석을 받았던 작곡가 말러는 우울과 발기부전으로 고통을 받았는데, 공교롭게도 말러의 어머니와 아내의 이름이 같았다. 무의식적 근친상간 욕구가 어머니로부터 아내에게 전치되어 정상적인 성생활을 방해한 것이다.

물론 프로이트는 환자의 이름을 밝히지는 않았지만, 실제로 말러는 자신의 어머니를 떠올리게 하는 여인을 배우자로 선택함으로써 부부관계에서 무의식적인 죄책감을 느낀 것이다. 프로이트에게서 치료를 받은 음악가는 말러뿐이 아니다. 비록 단기 치료에 그쳤지만 세계적인 명지휘자 브루노 발터 역시 프로이트의 도움을 받았다. 브루노 발터는 말러의 작품 해석에 일가견이 있는 지휘자였지만 같은 유대계로서 그리고 프로이트에게 치료를 받은 환자였다는 점에서 같은 배를 탄 동지였던 셈이다.

그런 점에서 베토벤 역시 비록 악성으로 불리지만 성자는 결코 아니었다. 그는 타고난 천부적 재능뿐 아니라 피나는 노력으로 세속적인 성공에 도달한 인물이었다. 베토벤이 위대한 것은 범인이 상상하기 어려운 신체적·정신적 고통에도 불구하고 이를 이겨 내고 위대한 걸작을 창조했기 때문이다. 그러한 걸작들이 없었다면 누구도 그를 위대한 인물로 기억하지 않을 것이 분명하다.

베토벤은 삶의 고통을 음악으로 승화시키는 데 천재적인 감각을 지닌 음악가였지만, 그런 반면에 매우 타산적이고 실리를 추구하는 인물이기도 했으며, 세속적인 욕망 또한 매우 컸던 인물이다.

그런 점에서 베토벤의 갈등세계를 간단히 요약하자면, 폭군적인 주정뱅이 아버지에 대해 강한 반항심과 동시에 극심한 거세공포를 지녔으며, 매 맞는 어머니에 대한 구원환상에 사로잡혀 지냈음을 알 수 있다. 그리고 가족에 대한 부정적인 인식도 그 자신의 불행했던 아동기 경험에서 비롯되었을 가능성이 높다.

물론 피상적으로만 본다면 베토벤처럼 가족 부양에 헌신하며 산

인물도 그리 흔치는 않을 것이다. 그러나 그것이 단순히 남다른 책임 감 때문이었는지 여부는 확실치 않다.

오히려 그처럼 희생적인 삶을 통하여 자신이 결국 아버지의 마수 로부터 어머니를 구출하지 못했다는 죄의식을 떨쳐 버리려 한 것인지 도 모른다. 그는 아버지 역할을 거부하고 자신의 삶에서 그 역할을 과감히 내던졌으며, 불행한 아동기 시절의 고통스런 기억 때문에 자 식을 낳고 키우는 결혼생활을 거부한 것으로 보인다. 대신에 그는 조 카 칼의 양육에 병적으로 집착함으로써 자신이 해결하지 못한 무의 식적 갈등을 해소하고자 했으나 어머니에 대한 구원환상이나 어머니 역할의 대리 수행에도 결국 실패하고 말았다.

다만 우리는 베토벤의 삶을 통해 하나의 교훈을 얻을 수는 있다. 예술적 승화가 지닌 무한대의 힘을 확인할 수 있다는 점이다. 인간적 모순과 결함에도 불구하고 꿈과 희망을 잃지 않고 결코 삶의 고통에 굴복하지 않는 불굴의 투쟁정신을 우리는 배울 수 있다. 작은 시련에 도 손쉽게 무너지는 인간의 나약함을 인정한다면, 실로 감당하기 어 려운 신체적 곤경과 정신적 고통을 물리치고 보다 높은 이상을 향해 온갖 삶의 역경을 헤쳐 나간 베토벤의 생애는 우리에게 커다란 감동 을 주기에 충분하다.

그러나 무엇보다 베토벤이 위대한 것은 그처럼 삶의 고통에 익숙했 던 음악가도 드물다는 점이며, 그런 고통을 환희와 희열로 승화시키 는 데 초인적인 힘을 발휘했다는 사실에 있다. 그런 점에서 그는 고통 의 달인이며 고통의 심연을 응시하고 하늘 높이 날아올라 달관의 경 지에 도달했던 인물이기도 하다.

12

뭉크의 절규

노르웨이가 낳은 근대화가 뭉크(1863~1944)는 북구의 대표적인 예술가 중의 한 사람이다. 특히 뭉크의 그림들은 강렬한 색채와 구도를 통해 인간 내면의 고통스런 심리적 갈등을 화폭 위에 고스란히 담아냄으로써 기묘한 흥분과 감동을 불러일으킨다.

뭉크의 북구적인 우울과 불안에는 사람들의 마음을 강렬하게 뒤흔드는 마력이 혼재되어 있으며, 더욱이 그의 독특한 표현기법은 회화뿐만 아니라 조각, 문학, 연극, 영화 등을 포함한 독일 표현주의 예술에 큰 영향을 미친 것으로 평가된다. 있는 그대로의 사실적 묘사를 거부하고 작가 자신의 주관적 심리상태를 그대로 반영하는 새로운 화풍을 보여 주었음을 고려하면 그의 작품은 문학적 요소를 가미한 일종의 심리회화였다고 할 수도 있다.

그러나 뭉크가 자신의 그림을 통해 누구보다도 더욱 도발적이면서 노골적으로 자신의 심리상태를 아무런 여과 없이 드러내 보였다는 점에서 그의 작품은 순수회화라기보다는 일종의 그림을 통한 문학이라는 비판을 듣기도 한다.

어쨌든 음울한 북구풍의 정서가 물씬 풍기는 뭉크의 작품세계를 통하여 그가 겪은 삶의 고통과 개인적 갈등의 일면을 엿볼 수 있다는 점에서 우리는 마치 그림으로 남긴 일기를 보는 듯한 착각에 빠지기도 한다. 어떻게 보면 반 고흐의 경우보다 더욱 분명한 아동기의 정신적 외상을 겪었다고 할 수 있는 뭉크의 처절한 절규의 모습은 보는 이로 하여금 상당한 마음의 동요를 불러일으키는 것이 사실이다.

더군다나 뭉크 자신이 스스로의 정신적 결함을 솔직히 인정하고 일종의 자기치유책의 일환으로 작품활동을 지속해 나갔다는 점에서, 그리고 인간 심리의 광기와 혼란을 강렬한 색채와 상징적 기법을 통하여 거침없이 표현했다는 점에서 그는 흔히 동시대의 반 고흐와 대비되기도 하지만, 반 고흐가 뜨겁게 불타는 광기의 시선을 드러낸 화가였다면, 뭉크는 얼음처럼 차가운 광기의 모습을 지닌 화가였다고 할 수 있다.

뭉크의 초상

뭉크의 작품에 대한 평가는 보는 관점에 따라 엇갈려 왔다. 그러나 오늘날에 와서 뭉크의 선각자적인 업적과 탁월한 상징적 예술성에 대해서는 이론의 여지가 없을 정도로 그의 위대성이 널리 인정받고 있다.

특히 자연과 대비되는 인물의 묘사는 고통과 불안에 휩싸인 인간의 근원적 내면세계를 있는 그대로 드러내 보인다는 점에서 특히 현대인의 억압되고 소외된 삶의 불안과 고독을 자극하는 동시에 강렬한 감정적 체험을 유도하는 마력을 발휘하는 것으로 높이 평가된다.

물론 뭉크에 대한 평가는 그의 작품을 바라보는 각자의 심리상태와 인생경험에 따라 차이가 있겠지만, 한 가지 분명한 점은 뭉크 자신의 고통, 불안, 우울, 공포의 감정들을 과감하게 화폭 위에 옮긴 행위 자체가 광기에 대한 일종의 카타르시스인 동시에 종교적 구원에 가까운 행위였다는 것이다.

그런 점에서 그는 회화적인 표현 기법을 통해 스스로 자기치유에 도달한 매우 드문 사례에 속할지도 모른다. 특히 뭉크의 수많은 자화상들은 서양미술사에서도 매우 비중 있는 위치를 차지하고 있는데, 그것은 자화상이야말로 화가의 자의식을 드러내는 가장 중요한 수단으로 자리 잡아 왔기 때문이다.

따라서 사실적 표현을 뛰어넘어 화가 자신의 내면적 세계를 대담하게 폭로한 뭉크의 자화상이야말로 그림을 통한 일종의 고백록이라 할 만하다. 이는 "나의 삶은 마치 소설처럼 기묘했다."는 뭉크 자신의 고백을 통해서도 확인할 수 있다.

뭉크는 수많은 초상화, 자화상의 걸작들을 남겼지만, 특히 자화상은 연대기적으로 변화하는 뭉크 자신의 내면적 심리상태를 반영하고 있어 더욱 흥미롭다. 그의 자화상이야말로 10대 말부터 70대 말까지의 생애를 그림으로 남긴 생생한 자서전이나 다름없다.

그런 점에서 뭉크는 전 생애를 통해 인간의 모습만을 다룬 가장 위대한 초상화가였으며, 그림의 주된 대상도 그 자신이었고, 더군다나 연대기적인 그의 자화상은 뭉크 자신의 내면적 고백, 죽음에 대한 갈등과 대결, 불안 등에 대한 상징으로서 죽음을 수용하려는 모습이 그 밑바탕에 깔려 있다고 할 수 있다.

뭉크의 첫 자화상은 17세 때 그린 것이지만, 20대 초에 그린 〈자화상〉은 무표정한 얼굴과 반항적인 시선 속에 조소하는 듯한 야릇한 미소를 머금고 있어 청년 뭉크의 우울한 적대감을 드러내고 있다.

뭉크의 초상화 주인공들은 어둡고 차가운 시선으로 정면을 응시하고 있는 게 특징이다. 뚫어질 듯 바라보는 시선 앞에 사람들은 왠지 모르게 묘한 긴장감을 느낀다. 정면응시란 그만큼 도발적이다. 무언가 할 말이 있지만 굳게 다문 입술과 무표정한 얼굴은 왠지 차갑게만 느껴진다.

그중에서도 〈한스 예거의 초상〉은 특히 모든 것을 알고 있다는 듯 오만한 표정이 인상적이다. 뭉크 자신의 표정도 마찬가지다. 심각하게 꽉 다문 입술과 표정 없는 얼굴은 비록 정면을 응시하고는 있지만, 마치 마주 보는 이의 존재를 아랑곳하지 않는다는 듯하다.

뭉크의 생애는 일생 동안 여성을 피해 도망 다니는 삶이기도 했다. 여성들에 대한 기피와 혐오는 가히 쇼펜하우어나 스트린드베리에 못지않다. 또한 여성에 대한 그의 태도는 지극히 양가적이었다. 그런 점에서는 키르케고르를 연상시킨다.

뭉크는 자신이 어릴 적 겪었던 어머니와 누이의 죽음에 따른 정신적 충격을 단 한 번도 잊은 적이 없었다. 따라서 그는 일생을 독신으로 보내며 여성들을 멀리했다. 그런 점에서 〈여성의 3단계〉와 〈마돈나〉에서 보여 주는 여성상들은 뭉크의 양가적인 감정들을 잘 나타내고 있다. 특히 〈마돈나〉는 그림 주위에 정자와 태아를 그려 넣음으로써 신성한 분위기에 어울리지 않는 출산에 대한 혐오감을 덧칠하고 있다.

뭉크의 어머니는 그에게는 성모와 다름없는 신성한 존재였지만, 결국에는 그를 이 세상에 홀로 남기고 떠나 버린 존재였다. 그리고 그녀 이외의 다른 여성들은 사악하기 짝이 없는 무가치한 속물들이었을 뿐이다.

그러나 여성들에 대한 뭉크의 경멸과 혐오감은 실상은 두려움의 증거이기도 했다. 그는 일생 동안 여성들에게 착취당하고 이용만 당하는 수컷들의 처참한 삶에 대해 일종의 피해망상적인 의식까지 보인 듯하다. 여성들은 결코 믿을 수 없는 존재라는 근본적인 불신감은 그의 어릴 적 이별의 경험이 남겨 준 상처의 결과로 보인다.

한때 그를 따라다녔던 툴라 라르센과의 교제도 그에게는 자신의 부정적인 여성관을 거듭 확인시켜 준 결과가 되고 말았다. 특히 그는 매우 히스테리적인 그녀의 변덕스러움에 치를 떨었는데, 엎친 데 덮친 격으로 권총 스캔들까지 일어나 뭉크의 피해의식은 더욱 깊어만 갔으며, 게다가 그 사건으로 손가락 부상까지 당했으니 그가 겪었을 공포감이 어떠했을지 짐작이 가고도 남는다. 화가에게 손의 부상은 거의 사망선고나 다름없는 치명적인 사건이 아니겠는가. 화가에게 그림을 그릴 수 없는 상황이란 곧 죽음을 의미하는 것이기 때문이다.

따라서 뭉크로서는 여자란 극히 위험하고 믿을 수 없는 존재라는 사실을 피부로 절감한 사건이었다. 이처럼 무모한 총기 사건을 통해 그의 뇌리에 깊이 각인된 여성에 대한 극도의 불신감과 여성 혐오증은 일생 동안 그를 따라 다니며 괴롭힌 가장 핵심적인 감정이 되었다.

그 후 뭉크는 강인한 이미지의 남성들과 어울리기 시작했는데, 한스 예거가 바로 그 대표적인 인물이다. 지독한 염세주의 극작가 스트린드베리와의 관계에서도 알 수 있듯이, 뭉크는 생의 대부분을 남성들과만 가까이 어울리며 지냈다. 그에게 여성이란 가까이 하기에는 너무나 멀고 위험하며 신비스런 존재였기 때문이다. 그렇게 뭉크는 평생을 수도승처럼 혼자 살면서 오로지 창작에만 전념했다.

뭉크의 대표작으로 꼽히는 〈절규〉는 1893년 작이다. 이 해를 전후하여 그는 공포와 절망을 주제로 한 일련의 작품들을 계속 그렸는데, 실제로 그는 광장공포증과 편집증에 시달렸으며, 마술적 사고에 집착한 나머지 특히 초자연적인 사악한 악령의 존재를 믿었던 사람이었다.

작품 속에 드러나 보이듯이 공포에 대한 뭉크의 환상들은 어찌 보면 카프카나 키르케고르의 작품에서 나타나는 분위기와 흡사한데, 특히 〈절규〉는 굽이치는 붉은 노을을 배경으로 마치 해골을 연상시키는 주인공의 얼굴이 압권이다. 공포에 질린 얼굴은 마치 유령 같기도 하고 갓 태어난 태아 같기도 하다. 화면을 찢을 듯이 공포에 찬 절규가 비명소리와 함께 당장이라도 터져 나올 것 같다. 텅 빈 얼굴에 양손으로 귀를 틀어막은 채 안구 없는 시체와 같은 몰골의 모습은 마치 출구가 보이지 않는 인간 실존의 공포와 두려움 그 자체인 것 같다. 또한 그 모습은 공포영화 〈스크림〉에서 살인마가 쓰고 나타나는 해골 가면과 너무도 닮았다.

뭉크의 친구였던 스트린드베리는 〈절규〉에 대해 "분노로 붉어진 자연, 신과 같아질 수 없으면서도 신이 되고자 망상하는 어리석은 미물들에게 뇌우와 천둥으로 말하기 시작한 자연 앞에서의 경악의 비명"이라고 평하기도 했다.

이 시기에 뭉크는 그의 초기 걸작 〈병든 아이〉를 통해서 죽은 누이 소피에를 형상화시키고 있는데, 이미 자신의 핵심적인 갈등의 일부를 작품 주제로 다루기 시작한 것을 알 수 있다. 그런 점에서 생전에 뭉크가 가장 싫어했던 화가로 세잔느를 꼽은 이유를 알 만도 하겠다. 뭉크는 세잔느식의 표현을 생명이 없는 죽은 그림으로 본 것이다.

뭉크의 초기 작품에서 흔히 다루어지는 주제로서 병실과 침대, 소녀와 노모, 애도하는 사람들, 검은 상복 등은 자신의 어린 시절에 겪었던 쓰라린 아픔을 상기시킨다. 의사집안이면서도 그토록 사랑하는 가족들의 생명조차 구하지 못하는 절망감, 이별의 쓰라림, 빼앗긴 사랑, 되찾을 수 없는 따스한 손길, 그리운 어머니의 품, 갑자기 사라져버린 사랑의 눈길, 이 모든 것들이 뭉크의 삶을 결정해 버렸다.

프로이트를 비난하는 사람들은 한번쯤 뭉크의 작품을 감상해 보면 좋을 것이다. 어떻게 기나긴 80평생을 일관되게 잊어버리지도 않고 또한 결코 포기하지도 않은 채 그토록 집요하게 어린 시절의 경험을 형상화시킬 수 있는지, 그리고 그런 붓놀림을 지치지도 않고 집요하게 강요하는 힘의 실체는 과연 무엇인지 진정으로 알고 싶다면 뭉크의 그림을 보라고 권하고 싶다.

미국의 분석가 조지 폴록은 아동기 시절에 겪은 부모형제의 죽음과 그에 따른 애도과정이 수많은 예술가들의 창조적 활동에 상당한 자극을 주었음을 밝히고, 그것은 반복적인 애도반응을 통하여 잃어버린 대상을 되찾고자 하는 강렬한 소망이 반영된 것임을 주장했다.

이처럼 죽음이란 주제는 항상 뭉크의 주변을 맴돌고 있었다. 어쩌면 그는 일찍이 세상을 떠난 어머니 곁으로 따라간 누이 소피에를 부러워했는지도 모른다. 그리고 남성으로 태어난 자신의 운명을 저주했을지도 모른다.

그는 여성의 접근에 대하여 매우 병적인 거부감과 두려움을 느꼈는데, 사랑하는 두 여성을 구제하지 못한 아버지에 대한 원망과 실망 때문에 정상적인 동일시과정을 거치지 못함으로써 스스로 남성으로서의 정체감을 확립하지 못하고 여성도 남성도 아닌 어중간한 중성 역할에 만족한 채 살아야만 했다.

그에게 결혼이란 끔찍스런 악몽 그 자체였으며, 성이란 불결과 부도덕을 가리키는 것이었다. 따라서 순결의 문제는 뭉크에게 있어서 매우 중요한 테마였으며, 소녀야말로 그러한 순결의 상징이 될 수 있었다.

그러나 비정한 현실은 그 같은 순결을 그대로 놔두지 않았다. 뭉크는 그런 현실을 차가운 시선으로 바라보고 화폭에 담았던 것이다. 예를 들면 〈사춘기〉에서 보듯이 순결을 잃고 난 직후 드러나는 소녀의 두려움과 불안한 모습을 통해 그는 인간에 부여된 잔인한 숙명을 폭로하고 있는 셈이다.

파리 화단의 주된 임무가 아름다움을 창조하고 간직, 보존하는 것이라고 한다면, 뭉크의 사명은 고통받는 인간의 눈에 비친 주관적인 자연을 표현하는 것이었다.

뭉크의 작품배경을 이루는 자연의 모습은 뭉크 자신의 심리상태를 그대로 표출하고 있다. 차가운 표르드 바닷가, 갈매기와 배, 목조 다리, 달과 그림자, 백야, 황혼, 불길처럼 넘실대는 하늘과 몰아치는 해풍 속에서 관객을 응시하고 있는 인물의 묘사는 언제나 겁에 질린 표정이다. 〈바닷가의 두 여인〉에서 바다 위에 떠 있는 달그림자의 형상은 남성의 성기를 연상시킨다. 마치 바그너의 악극 무대장치에 설치된 거대한 돌기둥이 장중한 남성 성기를 연상시키듯이.

그러나 뭉크가 표현한 성기의 상징은 겨울바다의 달빛처럼 차갑고 정적이다. 마치 얼어붙은 듯 고정되어 있다. 반면에 몰아치는 파도는 난폭하게 휘몰아쳐 배들과 나는 갈매기를 집어삼킬 듯하다.

그렇게 뭉크의 성은 차갑게 죽어 있다. 그러나 내면의 공포와 우울은 극에 달해 있다. 아름다운 표르드 해안의 어촌과 고깃배들, 목조다리의 배경은 뭉크의 붓을 거치면서 자신의 심리상태를 돋보이게 하는 배경화면으로 탈바꿈한다. 그리고 그곳에 소녀들, 열정이 식은 여인들, 공포에 휩싸인 남자, 무심한 주변인물이 등장하여 묘한 대조를 이룬다.

뭉크에게 자연은 아름다운 감상이나 보존의 대상이 아니라 자신의 심리상태를 반영하는 거울일 뿐이다. 우울과 공포에 휩싸인 사람의 눈에 비친 자연의 모습이란 한낱 그 마음의 그림자에 불과할 따름이 아니겠는가. 소설 같은 삶의 이야기, 그림 같은 자연이란 말은 고통에 가득 찬 뭉크에게는 분에 넘치는 사치로 받아들여졌을 것이다.

그런 점에서 뭉크의 그림들은 표면적으로는 평온해 보이는 일반인들의 심층 속에 깊이 감추어진 근원적인 불안과 두려움을 도발적으로 건드리고 시험하는 듯하다.

뭉크의 내면세계

뭉크의 예술은 그의 성장배경과 밀접한 관련이 있다. 따라서 뭉크를 배출한 가족적 배경을 제대로 알지 못한 상태로 그의 작품을 감상한다면 그만큼 그 묘미가 반감될 수밖에 없다.

물론 예술적 승화의 개념은 이미 오래전에 프로이트가 소개한 이론이기도 했다. 그러나 뭉크 자신이 "내게 그림을 그리는 행위는 일종의 병이요, 도취다. 그 병은 벗어나고 싶지 않은 병이요, 그 도취는 내게 필요한 도취다."라고 고백한 것에서 알 수 있듯이, 그 스스로도 자신의 정신적·육체적 불안정이 작품의 성향과 밀접한 연관이 있음을 잘 인식하고 있었다.

뭉크의 가계는 대대로 목사, 군인, 관료, 학자 등을 배출한 집안이었다. 반면에 외가는 순박한 농부의 집안이었으나 정신적·육체적으로 병의 소인을 지니고 있었다. 아버지는 늘 신경질적이고 우울했으며, 광신적으로 종교에 집착하는 타입이었다. 그의 어머니는 결혼생활을 시작한 후 불과 8년 만에 어린 5남매를 남겨 두고 먼저 세상을 떠났다. 당시 그녀의 나이는 불과 30세였다.

결핵으로 어머니가 죽었을 때, 누이 소피에, 뭉크, 남동생 안드레아스, 두 여동생 로라와 잉게르가 있었다. 어머니는 숨을 거두기 직전 소피에와 뭉크를 불러 마지막 작별인사를 하였다. 감수성이 예민한 다섯 살 아이에게 어머니의 죽음은 너무도 큰 상처를 남겨 주었고, 뭉크는 그 후 일생을 통해 그런 상처의 주제를 줄기차게 다루며 살았다. 아버지는 아내가 죽은 후 더욱 종교적 신앙에 매달려 자신의 무력감에서 벗어나고자 했으며, 비록 처제인 카렌이 집안과 아이들을 대신 돌봐 주었지만 아버지의 말수는 갈수록 적어졌다.

그 영향 때문인지 뭉크의 여동생 로라 역시 종교에 극단적으로 몰두한 나머지 결국 정신병에까지 이르고 말았다. 엎친 데 덮친 격으로 뭉크가 열네 살 되던 때 그가 크게 의지했던 착한 누이 소피에가 역시 결핵으로 죽고 말았다. 누이의 죽음으로 뭉크는 더욱 큰 자책감에 빠져들었다. 열병에 든 뭉크가 어느 날 밤에 피를 토하면서 죽음의 공포에 사로잡혔을 때, 그는 엉겁결에 하느님께 맹세를 한 적이 있었는데, 얼마 지나지 않아 소피에가 결핵으로 쓰러진 것이다.

어린 뭉크는 누이의 죽음이 자신 때문이라고 받아들였다. 이후 뭉크는 일생 동안 줄곧 우울증에 시달려야 했다. 그리고 그 상처는 그의 작품 〈병든 아이〉와 〈병실의 죽음〉에 잘 묘사되고 있다.

뭉크는 성장한 이후에도 아버지와 거의 접촉하지 않았다. 그에게 아버지라는 존재는 아무런 의미도 없었기 때문이다. 그런 이유 때문인지 뭉크는 죽을 때까지 아버지 노릇을 한 번도 해 본 적이 없다. 80평생에 걸친 장수를 누리면서도 독신생활을 고집했던 그에게 가족이라는 개념은 차라리 악몽 그 자체였을 뿐이다.

북구의 춥고 어두운 날씨처럼 뭉크의 집안은 결코 밝고 쾌적한 분위기가 아니었다. 그곳은 항상 무겁고 칙칙한 침묵이 감도는 장소였을 뿐이다. 그럼에도 불구하고 어머니와 누이가 곁에서 돌봐 주는 한 그곳은 양지바른 공간이기도 했다.

그러나 유일하게 따스한 온기를 제공해 주던 두 여성의 죽음은 어린 뭉크에게는 도저히 현실로 받아들이기 어려운 재앙이었을 것이다. 어머니의 죽음만으로도 상당한 충격을 받았을 아이에게 그 후에 어머니 노릇을 대신해 주던 누이의 죽음은 그야말로 돌이킬 수 없는 상처를 남기고 말았다.

아버지는 더욱 말수가 줄었으며, 어린 자녀들에게 관심조차 기울이지 않았다. 세상을 보는 어둡고 비극적인 시야는 이때 이미 뭉크의 가슴 속에 깊이 각인되고 있었던 셈이다.

물론 뭉크는 자신의 아버지에 대해 동정심을 느끼면서도 고집스런 아버지에게 두려움도 함께 느끼고 있었다. 특히 그의 광적인 신앙심 앞에서는 저항감을 몹시 느꼈다. 부자지간에 의사소통을 가로막는 두터운 장벽이 놓이기 시작한 것이다. "그는 의사가 되지 말았어야 했다."라는 뭉크의 회고에서 우리는 "사랑하는 아내와 딸의 생명조차 구하지 못하는 주제에 의사는 무슨 의사냐"라고 비웃는 듯한 아들의 조롱 섞인 힐난을 듣는 것 같다.

마침내 그는 공대 진학을 강요하는 아버지의 뜻을 거역하고 화가가 되기로 작심했다. 뭉크의 나이 17세 때였다.

청년 시절 뭉크는 한동안 한스 예거가 이끄는 무정부주의적 보헤미안운동에 참가한 바 있었다. 소심한 성격의 뭉크는 급진적 이념 문제로 상당한 갈등을 겪기도 했지만, 그에게는 새로운 영감을 불어넣는 계기가 되었으며, 일종의 성장통이요 통과의례 과정이기도 했다.

물론 그의 어머니는 착하고 순박한 심성의 소유자이기는 했으나 너무도 병약했기 때문에 어린 뭉크를 제대로 보살피기 어려웠다. 따라서 사랑을 받기에는 너무도 짧았던 순간이기에 그는 남에게 사랑을 베푸는 데에도 역시 서투를 수밖에 없었다. 뭉크는 사랑하는 법을 제대로 배우지 못한 것이다. 그리고 사랑의 결핍을 메우기에는 그의 아버지 역시 잔정이 없는 우울한 남성이었다.

결국 뭉크는 성인이 된 후에도 여성들을 멀리하였고, 그가 주로 교류했던 친구들 대부분도 여성들을 혐오하는 우울 성향의 남성들이었다는 점이 특이하다고 하겠는데, 스트린드베리 같은 작가가 그 대표적인 인물이다. 결국 뭉크의 상실을 메우는 유일한 수단은 화폭 위에 그림을 그리는 일이었을 뿐이다.

뭉크가 떨쳐 버릴 수 없었던 것, 일생 동안 그를 늘 따라다니며 괴롭혔던 것은 바로 사랑, 병, 죽음에 대한 공포, 요컨대 삶에 대한 공포 그 자체였다. 뭉크 자신의 고백을 들어 보자. "나는 가장 무서운 인간의 적 두 가지를 물려받았는데, 폐결핵과 정신병의 소인이 그것이다."

그에게 삶이 그토록 공포와 두려움의 대상으로 느껴지도록 만든 원인은 결국 어린 시기에 겪은 어머니의 죽음에서 찾아야 할 것 같다. 유아의 생존은 곧 어머니의 품 안에서 보장된다. 어머니의 치마폭을 벗어날 때까지는 모든 세상은 위험과 미지에 대한 두려움으로 가득 찬 세계일 수밖에 없다.

어린 뭉크는 어머니의 품 안을 벗어나자마자 상실을 겪었고, 그 후로는 오로지 혼자 힘으로 힘겨운 삶을 헤쳐 나가야 했다. 마치 빌 아우구스트의 영화 〈정복자 펠레〉의 마지막 장면처럼 인적도 없이 끝없이 펼쳐진 북구의 얼어붙은 겨울바닷가의 눈벌판 위를 오로지 혼자서 먼 길을 떠나는 어린 소년의 뒷모습이 남기는 애처로움, 그 여운처럼 뭉크의 어린 가슴은 그 무엇으로도 메울 수 없는 공백과 쓸쓸함 그리고 두려움이 깃들어 있었을 것이다.

몰아치는 삶의 힘겨운 한파로부터 그를 감싸고 보호해 줄 치마폭을 그는 너무 일찍부터 잃어버린 것이다. 천국은 갑자기 사라져 버리고 생각지도 못한 지옥이 그를 기다리고 있었다. 따라서 죽음의 주제는 항상 뭉크의 곁을 떠나지 않은 채 그의 주위를 맴돌고 있었다. 우울과 공포에 사로잡힌 그로서는 회화적 표현수단이야말로 구원의 처방이었다. 반복적인 주제에도 불구하고 그림그리기 작업을 통하여 그는 자신의 과거와 상처를 어루만지고 새롭게 태어난 것이다. 창조적인 작업에 몰입하는 그 순간만은 그 무엇으로도 대신할 수 없는 자기치유의 시간이 되었던 것이다.

그래서 뭉크 자신은 다음과 같이 말한다. "앞으로도 계속 간직하게 될 이 약점들은 나 자신의 일부다. 나의 예술세계는 나의 병에 크게 빚지고 있는 고로 내게는 그것을 물리치고 싶은 생각이 없다." 뭉크가 그토록 자신의 작품을 친자식처럼 아끼고 애착을 지녔다는 사실은 그의 마음속 깊이 숨겨 둔 근원적 사랑의 감정을 살아 있는 인간이 아닌 자기 내면의 대상 이미지를 향해 쏟아부었다는 증거가 될 수도 있다.

그런 점에서 만약 뭉크가 자신의 갈등상태에서 벗어나 평범하고도 행복한 보통시민으로 생을 살았더라면 우리는 아마도 그의 걸작들을 접할 기회를 영원히 잃어버렸을지도 모른다.

뭉크(Munch)라는 성은 의미부터가 수도승(monk)을 뜻하는 말이다. 실제로 그는 자신의 성에 어울리는 삶을 살았다. 평생을 독신으로 살면서 금욕적인 수도생활이나 다름없는 생애를 살았기 때문이다.

그러나 그의 삶은 아버지와 같은 경건한 종교적 신앙에 의존한 삶은 결코 아니었다. 물론 그의 아버지도 아내가 사망한 후에는 재혼하지 않고 20여 년을 혼자 살다 죽었다. 가족들이 모두 사망한 후에 그의 막내 여동생 잉게르도 독신으로 살았다. 어머니가 죽은 후 뭉크의 집에 들어와 가족을 돌봐 준 이모 카렌 역시 혼자 살았다. 이처럼 뭉크의 집안은 온통 금욕과 절제, 우울 성향의 내력이 있는 것 같다.

그의 작품 〈잉게르의 초상〉에서 보듯이 엄숙하고 단정한 여동생 잉게르의 몸가짐은 목까지 가린 검은 색 드레스와 머리 정중앙에 가지런히 탄 가르마, 앞으로 조심스레 모은 두 손과 함께 감히 그 앞에서 가벼운 농담 한마디조차 꺼내 볼 수 없는 숙연함이 깃들어 있다. 실제로 잉게르는 그런 삶을 살았다.

금욕은 말 그대로 인간의 가장 원초적인 본능과 욕구를 혐오하고 육체를 학대하는 것을 말한다. 실제로 역사적으로 보면 수많은 천재들이 독신으로 살았으며 후손을 남기지 않았던 게 사실이며, 창작과 섹스의 양자택일에서 주저함이 없이 창작 쪽을 택한 것은 주지의 사실이다. 그들은 자손을 번식시키고자 하는 욕망이라는 측면에서 본다면 의외로 의지가 박약했다고 할 수 있다.

물론 괴테나 빅토르 위고와 같은 예외적인 인물도 있기는 하지만, 대부분의 천재는 성적 탐닉과는 무관한 삶을 살았음이 분명하다. 특히 뭉크에게는 인간의 성욕, 결혼, 양육 등 여성과 관련된 일련의 모든 과정이 끔찍스런 재앙으로 인식되었으며, 더 나아가 인간의 출생 자체를 혐오했다.

그에게 인간의 성이란 하늘이 내린 저주요 징벌에 가까운 것이었다. 따라서 그는 영원한 순결의 상징인 어머니와 누이의 이미지 세계로 도피함으로써 구원과 안식을 얻고자 한 것이다.

뭉크의 심리회화

뭉크는 한때 코펜하겐에 있는 다니엘 야콥슨 교수의 정신병원에 입원해 치료를 받은 적이 있었는데, 당시 그는 상당히 자기분석적인 편지들을 친구들에게 보내기도 했다.

그런 점에서 독일의 미술사가 마티아스 아르놀트는 뭉크가 그토록 지겹고 고통스러운 삶에서 살아남는 유일한 수단으로서 자신에게 주어진 예술적 자질에 의지했다는 사실을 다음과 같이 설명했다.

"뭉크는 병을 이기는 강력한 무기로 자신의 창조력을 십분 활용했다. 이와 동시에 병원 측의 치료를 비웃기도 했다. 뭉크의 심리분석적 자기정화, 프로이트가 자신의 이론적 기초를 다지는 데 이보다 더 좋은 예증을 바랄 수 있겠는가! 그림을 그리려는 시도조차 자기 치료의 일부였다. 반 고흐, 로트레크, 키르히너를 생각한다면, 1900년을 전후한 위기로 뒤흔들리던 신경증적인 시대에 뭉크는 병과 알코올을 동반한 그와 같은 실존적 위협을 견뎌 낸 유일한 사람이 될 것이다."

이처럼 예술가의 위대함 중 하나는 창작활동에 몰두함으로써 정신적 위기를 벗어나 작품을 통한 승화 및 정화, 구원을 추구하는 동시에 자기 자신을 치유하는 타고난 재능의 소유자들이라는 사실에 있다.

앙드레 모로아는 〈약속의 땅〉에서 말하기를 "신경증은 예술가를 만들고, 예술은 신경증을 낫게 한다."고 했다. 뭉크를 포함한 수많은 천재적 예술가와 창조성의 문제를 이처럼 명쾌하게 지적해 준 논평도 드물 것 같다. 앙드레 모로아의 언급은 지극히 평범한 진실을 지극히 쉬운 말로 해명하고 있는 셈이다.

초현실주의 화가 살바도르 달리는 스스로 자신의 편집증을 고백하며 "모든 인간은 광기를 지니고 있다는 점에서 똑같다. 광기는 인간 영혼의 공통된 토대를 이룬다."고 역설하기도 했다. 여기서 말하는 인간영혼의 공통된 토대란 바로 무의식 세계를 의미하는 것으로 이해하면 되겠다.

그런 점에서 뭉크는 자신의 심리적 갈등과 광기를 너무도 잘 인식하고 있었으며, 또한 그것을 굳이 숨기려 하지도 않았다. 물론 위대한 화가의 예술성은 그의 병적 측면이 드러난다 할지라도 결코 손상되는 법이 없다. 반 고흐와 뭉크가 그 단적인 예라고 할 수 있다. 뭉크는 오히려 자신의 병적인 내면세계를 스스로 인정하면서 오히려 두려움 없이 그것을 예술적 차원으로 승화시키고 있지 않은가. 정신병적 상태에서 자신의 귀를 자른 반 고흐의 자화상을 보라. 누가 그의 예술성에 이의를 달겠는가. 서구인들은 뭉크와 반 고흐의 정신질환을 부인하지도 않거니와 그렇다고 해서 그들의 작품성에 대해서도 이의를 제기하는 법이 없다.

프로이트는 일과 사랑의 조화를 강조하는 동시에 사랑과 죽음의 본능을 강조함으로써 인간의 삶을 지탱하는 원동력이 무엇인가 하는 문제에 상당한 논란의 여지를 남기기도 했다. 그러나 인류역사가 시작된 이래 사랑과 죽음이라는 주제는 변함없이 이어져 온 중요한 화두였으며, 모든 종교와 예술, 철학 등에서도 수많은 대가들이 사랑과 죽음의 주제에 매달리곤 했다.

그런 점에서 동시대에 활동한 프로이트와 뭉크는 비록 서로 맡은 분야는 전혀 달랐지만, 제각기 심리학과 예술 분야에서 이처럼 동일한 주제에 매달려 씨름한 것으로 볼 수 있다.

뭉크 자신의 고백을 들어 보면 그의 예술적 특성이 보다 분명해진다. "나의 그림들은 곧 나의 일기다. 내게는 내 그림 이외의 다른 자식들은 없다. 나의 예술은 일종의 자기고백이었고, 내게 삶의 불안과 병이 없었다면, 나는 노 없이 나아가는 배였을 것이다."

그가 남긴 일련의 연작 〈삶의 프리즈〉는 자신이 살아오면서 겪은 모든 인간적 고뇌와 아픔, 슬픔, 고통과 불안, 그리고 두려움을 여과 없이 드러내 보여 준다. 그런 점에서 뭉크는 그림을 그리는 키르케고르였다. 그것은 다음과 같은 뭉크의 실존적 고백을 통해 확인할 수 있다.

"나의 예술은 나는 왜 여느 사람들 같지 못할까 하는 삶과의 불화를 설명하려는 성찰에 뿌리박고 있었다. 나는 원하지도 않았는데 왜 태어났는가? 이러한 의문에 대한 저주와 성찰이 나의 예술에 깔리는 배경음이 되었다."

그러나 뭉크는 자신의 삶을 저주하고 원망하면서도 저주 속에 단순히 침몰한 것이 아니라 그런 삶과의 불화관계를 작품 속에 적나라하게 드러내 보임으로써 자신의 악몽 속에 그대로 안주하기를 끝까지 거부한 결과 삶과의 끈질긴 투쟁에서 승리할 수 있었다고 본다. 그런 점에서 자신의 심리적 갈등을 마치 일기를 쓰듯이 일생을 통해 화폭에 옮긴 뭉크야말로 진정한 심리회화의 선구자라 하겠다.

13 니체와 자라투스트라

　　　　　니체의 『자라투스트라는 이렇게 말했다』
는 몰락의 조짐을 보이기 시작했던 서구문명에 대한 통렬한 반박문
이자 최후 선고문이라 할 수 있다. 그러나 그 내용 자체는 고대 페르
시아의 조로아스터교 창시자의 실제 모습과는 별다른 상관이 없어 보
인다. 단지 그의 입을 빌려 니체 자신이 하고 싶은 말을 한 것에 지나
지 않는다.

　그러나 반서구적 철학을 대표하는 상징적 인물로서 자라투스트라
는 대단한 반향을 불러일으켰다. 프로이트와 융도 니체에 경도했을
만큼 그는 서구 지식인 사회에 엄청난 파장을 불러일으킨 것이다. 오
랜 서구적 전통과 기존 가치관을 무너뜨리는 니체의 메시지는 마치
광야에 외치는 예언자의 목소리처럼 우렁찼다. 그러나 그 메시지는
충격적인 내용으로 일관했다. "신은 죽었다"고 외친 그의 목소리는 매
우 반그리스도적이었기 때문이다.

　물론 여기서는 니체의 철학적·사상적 배경을 탐색하려는 것이 아
니다. 또한 필자에겐 그럴 능력도 자격도 당연히 없다. 다만 그런 저
술이 나오게 된 심리적 배경에 초점을 맞추고자 할 뿐이다. 니체는
질풍노도와 같은 심리상태에서 단숨에 『자라투스트라는 이렇게 말했

다』의 첫 부분을 써 내려갔다. 실제로 저술 당시의 니체는 자살 직전까지 가는 매우 참담하고도 우울한 상태에 빠져 있었다. 물론 그 직접적인 이유는 루 살로메에 대한 청혼이 거절당한 직후부터 삶의 모든 의욕을 잃었기 때문이다.

그러나 결코 포기할 줄 모르는 니체의 오기와 자존심은 실로 놀라울 만큼 빨리 절망감을 극복해 냈다. 그는 자신을 스스로 구제하기 위해 거의 초인적인 힘으로 『자라투스트라는 이렇게 말했다』를 썼던 것이다. 그것은 자살을 피하기 위한 필사적인 시도이기도 했다. 따라서 이 책이야말로 니체가 자신의 심각한 정신적 위기를 벗어나고 극복해 내기 위해 벌일 수밖에 없었던 그 치열한 내적 투쟁과정을 엿볼 수 있는 유일한 작품이라는 점에서 자료적 가치 또한 크다고 할 수 있다.

『자라투스트라는 이렇게 말했다』의 탄생

니체의 삶에서 루 살로메와의 만남과 헤어짐은 그에게 결정적인 영향을 주었던 일대 사건이었다. 그녀를 만나지 않았다면 『자라투스트라는 이렇게 말했다』의 모습도 오늘날 우리가 알고 있는 것과는 판이하게 달라졌을지 모른다. 또한 절친했던 친구 파울 레가 개입되지만 않았어도 두 사람의 관계가 단절되는 단계까지 이르지는 않았을지도 모른다. 그러나 니체의 운명은 자신의 뜻대로 되지 않았다. 그리고 자신에게서 연인을 앗아간 유대인 철학자 파울 레 역시 루 살로메의 변심에 낙담하여 절벽에서 투신자살하고 말았다.

니체를 극한적 상황으로까지 몰고 갔던 두 장본인들이 러시아 장군의 딸과 유대인 철학자였다는 점은 매우 역설적이기도 하다. 그는 비록 반유대주의자는 아니었지만, 노골적인 반유대주의자로 알려진 바그너를 숭배하게 되었으며, 그의 초인사상은 본의 아니게도 나치 이데올로기에 영향을 준 것으로 알려져 왔기 때문이다.

그러나 미국의 철학자 월터 카프만은 이런 주장에 강력히 반발하고, 실제 나치즘의 인종이론은 니체에게서 온 것이 아니며, 실제로 그는 인종주의자도 아니라고 항변했다. 히틀러가 하사관으로 종군하던 시절에 니체를 탐독했으며, 그의 『자라투스트라는 이렇게 말했다』를 항상 몸에 지니고 다닐 정도로 니체광이었다는 점과 그 후에는 바그너 숭배에 열을 올렸다는 사실에서, 그리고 『권력에의 의지』에서 보인 초인사상 등 때문에 니체에 대한 오해가 생겼을 가능성이 높다. 그런 점에서 나치에 협력했던 작곡가 리하르트 쉬트라우스의 교향시 〈자라투스트라는 이렇게 말했다〉는 니체에 대한 불필요한 오해를 더욱 가중시켰을지도 모른다.

그런데 그가 왜 하필이면 고대 페르시아의 성자 자라투스트라를 선택했겠는가 하는 문제를 생각해 볼 수 있다. 그는 『이 사람을 보라』에서 그 이유를 밝혔지만, 그것은 철학적 명분에 불과한 것이었을 수 있다. 진정한 이유는 그와 루 살로메를 사로잡은 신의 문제와 관련이 있기 때문일 수 있다. 그가 그토록 혐오했던 서구 기독교의 신은 결국 그 기원을 유대교의 여호와에 두고 있지 않은가. 니체는 그런 기독교 신의 뿌리를 근절시키기 위해 이스라엘이 아니라 페르시아를 선택한 셈이다. 유대인을 선민으로 간주한 신은 진정한 인류의 신으로 인정할 수 없기 때문이다.

그런 점에서 니체는 유대인을 증오한 것이 아니라 오히려 질투하고 있었음이 드러나는데, 그것은 루 살로메의 사랑을 앗아간 유대인 친구 파울 레에 대한 질투심 때문일지도 모른다. 여기서 우리는 니체가 굳이 왜 엉뚱하게도 고대 페르시아의 성자 자라투스트라의 입을 빌려 얘기해야만 되었는지에 대한 수수께끼의 해답 하나에 도달하게 되는 것이다.

그러나 결정적인 열쇠는 역시 루 살로메가 쥐고 있었다. 독일인과 유대인 철학자 두 사람 모두를 좌절시키면서 그녀가 선택한 최종 배우자는 독일인도 아니고 유대인도 아닌 페르시아계 귀족 가문의 후예인 언어학 교수 칼 안드레아스였기 때문이다.

그토록 시대를 앞서가는 자유분방함으로 지성과 미모를 뽐내었던 이 러시아 귀족의 딸은 결국 자신과 같은 귀족 신분의 남성을 배우자로 맞아들임으로써 그녀에게 빠져들었던 수많은 지식인들의 뒤통수를 때린 셈이다. 특히 남달리 자존심이 강했던 니체에게는 그토록 세속적인 선택을 한 루 살로메의 태도가 너무도 천박해 보였을 것이다. 그러나 그는 곧 자라투스트라의 입을 빌려 그녀의 비열한 선택을 힐난하고 조롱하는 동시에 최종적으로는 자신의 도덕적 승리와 우월감을 자축하는 의미가 담긴 글을 단숨에 써 내려간 것이다.

결국 그가 전하고자 했던 메시지의 핵심은 다음과 같이 요약할 수 있겠다. "루, 당신은 고작해야 일개 페르시아 학자를 선택했지만, 나는 이렇게 위대한 페르시아 성자가 되어 당신과 같은 한 여자가 아니라 전 인류를 상대하게 되었소."『자라투스트라는 이렇게 말했다』는 이렇게 해서 절망의 나락에 빠진 니체를 구원하고 극적인 반전을 이룰 수 있도록 도운 셈이다.

초인과 마녀

니체의 초인사상은 플라톤의 철인정치 사상 계보에 속한다고 볼 수도 있다. 그는 낡은 도덕적 양심에서 벗어나 새로운 이상형을 추구함으로써 도덕적으로 초월적인 존재의 출현을 갈망했고 그런 존재야말로 진정으로 바람직한 미래의 인간상이라 보았다. 특히 그는 무력한 성직자들에 의해 날조된 도덕률을 공박하고 진정한 초인은 그 무엇에도 속박되지 않는 자유로운 정신에 도달한 사람이라고 했다.

또한 그는 양심의 기원을 신의 음성이 아니라 인간의 가슴 안에 울리는 내면적 음성에서 찾고자 했는데, 그것은 바로 프로이트의 견해와 전적으로 일치하는 내용이다. 이와는 달리 여성에 대한 그의 혐오감은 결코 쇼펜하우어에 못지않을 정도로 지독한 반감에 사로잡힌 것으로, 그의 초인사상과 대극을 이루는 일종의 마녀사상이라 해도 무방할 것이다.

여성에 대한 그의 매우 거칠고도 과격한 평가절하는 루 살로메로부터 거절당한 경험이 직접적인 원인이요, 어머니와 그의 누이동생과의 경험이 간접적인 원인이 되었던 것으로 보인다. 적어도 니체의 삶에서 의미 있는 관계를 형성했던 네 사람의 여성을 꼽는다면 어머니와 누이동생, 그리고 루 살로메와 바그너의 부인 코지마 등을 들 수 있다.

그의 어머니와 누이동생은 니체를 루 살로메와 떼어 놓기 위해 안간힘을 썼다. 그리고 실제로 니체는 그들 모녀로부터 결코 자유롭지 못했던 것이 사실이다. 이들 모녀에게 루 살로메의 존재는 순진한 니체를 유혹하고, 그의 일생을 망치는 희대의 위험한 요부요, 사악한 영혼을 지닌 마녀였다.

목사 미망인이었던 어머니는 루 살로메 때문에 죽어 버릴지도 모른다고 위협하며 난리치는 아들에 대해 눈 하나 깜짝 안 하면서 자신의 딸에게 말하기를, "그는 결혼하거나, 미쳐 버리거나, 자살하거나 셋 중 하나일 것"이라고 거침없이 내뱉었다고 한다.

그러나 무엇보다도 이들 모녀의 마음에 가장 걸리는 부분은 그가 결혼하는 일이었다. 이들 모녀의 집요한 방해 공작과 설득은 효과를 거두었다. 결국 루 살로메는 니체를 버렸으며, 배신감에 치를 떨던 니체도 마침내 그녀를 위험한 마녀로 간주하게 된 것이다. 마녀를 이기기 위해서는 신의 도움을 빌어야 하지만, 그에게 신의 존재는 이미 죽었기 때문에 당연히 초인이 필요했던 것이다.

영국의 극작가 조지 버나드 쇼는 〈인간과 초인〉을 통하여 여성을 사냥하는 남성이라는 기존의 관습적 구도를 타파하고, 거꾸로 생명의 번식을 위해 남성을 사냥하는 신여성 인류의 존재를 희화적으로 그린 바 있다.

그렇다면 니체가 루 살로메의 사냥에 실패한 것인가, 아니면 루 살로메가 니체 사냥을 포기한 것인가. 어쨌든 니체는 심각한 우울증에 빠졌고, 거의 울부짖는 심정으로 『자라투스트라는 이렇게 말했다』의 제1부를 단숨에 써내려 간 것이다. 그리고 서구사회를 향해 일갈하기를, "신은 죽었다"며 신에 대한 사망선고를 내린 것이다.

그러나 실제로 신의 죽음에 대한 언급은 자라투스트라 이전에 이미 그의 저서 『즐거운 지식』에 나온 말이었다. 그럼에도 불구하고 서구사회는 니체를 비난하지 않았다. 오히려 그의 철학은 새로운 돌풍을 몰고 왔다.

버나드 쇼는 이렇게 말했다. "모든 일을 용서받는 청년기는 스스로 아무것도 용서치 않으며, 스스로 모든 일을 용서하는 노년기는 아무것도 용서받지 못한다."

그러나 니체는 루 살로메를 결코 용서하지 않은 반면에, 서구인들은 니체를 용서한 셈이다. 단지 종교를 신경증에 견주었다는 이유만으로 서구사회가 프로이트를 맹비난했던 점에 비추어 본다면, 매우 이례적인 관용이었다.

그런데 그는 왜 이처럼 매우 심각하고 철학적인 내용을 운문의 형태로 써야만 했을까? 그것은 머리로 생각해서 쓴 것이 아니라 그의 심장에서 솟구치는 울부짖음에 따라 써 내려갔기 때문이다. 그는 자신을 극복하기 위해 스스로 초인이 되어야 했으며, 그 길만이 마녀를 극복할 수 있는 유일한 해결책이었던 셈이다. 초인의 탄생은 결국 절망의 나락에까지 다다랐던 상황에서 자신을 구제하기 위한 절실한 요구에서 나온 것이다.

암호 해독

1883년 초판이 나온 『자라투스트라는 이렇게 말했다』는 엄밀히 말해서 『니체는 이렇게 말한다』로 제목을 바꾸어 이해하는 편이 옳다. 작품 속의 화자는 비록 자라투스트라로 되어 있지만 진정한 화자는 바로 니체 자신이기 때문이다. 분석적으로 말하자면, 니체는 의식적인 자아이며 자라투스트라는 그 자신의 무의식을 대표하는 셈이다.

언젠가 루 살로메는 "문학은 꿈과 해석 사이에 있는 그 무엇이다."라고 했다. 니체는 자신의 꿈과 현실 사이에서 방황하고 고뇌했으며 더군다나 심각한 우울증에 빠졌다. 그리고 자라투스트라를 통하여 그는 일종의 정신적 지옥체험을 통과한 것으로 보인다.

니체는 물론 개신교 목사의 아들이었지만 기독교를 혐오했으며, 그렇다고 조로아스터교를 믿은 것도 아니다. 그는 신의 사망을 선고했지만, 스스로를 무신론자라고 한 적도 없다. 그에게 믿고 안 믿고 하는 문제는 모두가 같은 범주에 드는 것이기 때문이다. 그가 강조한 것은 믿음(believing)의 문제가 아니라 앎(knowing)의 문제였다. 믿음과 불신은 누구나 할 수 있는 매우 간단한 일이지만, 안다는 것은 피나는 각고의 노력이 요구된다는 점에서 아무나 할 수 있는 일이 아니라고 생각한 것이다.

신에 대해서도 마찬가지다. 신을 믿고 안 믿고 하는 일은 너무도 간단한 일이지만, 신을 안다는 것은 아무나 할 수 있는 일이 아니라는 뜻이다. 그러나 정작 니체가 자기 스스로에 대해 어느 정도 알고 있었는지 여부는 그 누구도 알 수 없다.

『자라투스트라는 이렇게 말했다』는 그가 하산하는 장면으로 시작한다. 그리고 하산 도중에 마주친 한 성자가 여전히 신을 찬양하며 지내는 모습을 보고 속으로 중얼거린다. "이럴 수가 있나, 이 늙은 성자는 신이 죽었다는 소식을 아직도 모르고 있다는 말인가!" 이 책은 출발부터 이렇게 매우 도발적인 화두로 시작된다.

그러나 여기서 니체가 말하는 신의 죽음이 과연 기독교의 신을 의미하는지의 여부는 확실치 않다. 그것은 물론 니체의 무의식 속에 내재된 개신교 목사로서의 아버지일 수도 있고, 또는 아버지가 믿었던 하나님을 뜻할 수도 있다. 다른 한편으로는 니체가 여신처럼 숭배했던 루 살로메일 수도 있다. 아니면 이 모두를 포함하는 복합적인 의미일 수도 있다.

어쨌든 여기서 니체는 신적인 존재를 여전히 믿고 있는 성자에 대하여 매우 빈정대는 투로 말하고 있다는 점에 주목할 필요가 있다. 아름다운 여신에게 버림받은 한 고독한 철인의 좌절과 낙담을 고려한다면, 그러한 빈정거림을 이해 못할 바도 아니다.

'늙은 여인과 젊은 여인에 대하여'라는 장에서 그는 세상의 모든 남성들에게 여인의 위험성에 대해 경고한다. 여자란 유희를 원하는 남성들을 유혹하지만, 달콤한 여인일수록 위험한 법이며, 동시에 모든 남자는 어린아이 같은 경향이 더욱 강해서 여자들의 손아귀에 놀아날 수 있는 위험이 많다는 것이다. 그것은 실제로 니체가 루 살로메에게 당했던 뼈아픈 경험에서 나온 말이기도 하다. 물론 여자가 지닌 강력한 힘에 대한 주의를 환기시킨 말이지만, 여자는 가장 위험한 장난감이라거나 또는 남자의 휴식을 위해 교육시켜야 한다는 부분은 많은 페미니스트들의 반발을 사기 쉬운 말이 될 것이다. 더욱이 남자는 전쟁을 위해서, 그리고 여자는 용사의 휴식을 위해서 교육되어야 한다는 말은 마치 히틀러의 연설을 듣는 기분이다.

자라투스트라가 만난 늙은 여인은 그에게 다음과 같은 충고를 던진다. "그대는 여자에게 가려고 하는가, 그렇다면 채찍을 잊지 말게나." 여자를 찾아가는데 난데없이 채찍이 왜 필요한가? 채찍은 니체에게 어떤 의미가 있으며 또한 무엇을 연상시켰는가? 여자를 때리고 혼내 주라는 말인가? 아니면 가학적 환상의 표출인가?

그러나 그 채찍은 원래 살로메가 들고 있던 것이었다. 스위스 뤼체른의 알프스 산중에서 루 살로메와 니체 그리고 친구 파울 레가 미묘한 삼각관계에 빠져 있으면서 제각기 서로 다른 동상이몽에 빠져 있었을 때, 그리고 그들이 짐마차 곁에서 잠시 포즈를 취하며 함께 찍은 사진에서 루 살로메는 오른손에 채찍을 들고 앉아 있었던 것이다.

그녀와 파울 레는 나란히 정면을 응시하고 있지만, 짐차 손잡이를 잡고 있는 니체만은 이들을 외면한 채 홀로 다른 먼 곳을 바라보고 있다. 그곳에서 니체는 결정적으로 루 살로메에게 청혼을 거절당한 것이다.

니체는 그녀에게서 당한 배신감 그리고 모욕감에서 결코 자유로울 수 없었다. 채찍은 그래서 필요했던 것이다. 자존심 강한 독일인의 입장에서 러시아 출신 미녀로부터 거절당했을 뿐 아니라 유대인 친구에게 판정패했다는 사실은 그에게 이루 말할 수 없는 치욕감과 모멸감을 불러일으켰으며, 그런 굴욕적인 감정은 강렬한 분노감과 복수심으로 이어졌을 것이다. 그리고 채찍으로 상징되는 가학적인 복수심은 모든 여성에 대한 혐오감 및 평가절하로 일반화되고, 그런 부정적인 감정 때문에 그는 평생을 독신으로 지내야만 했다.

'아이와 결혼에 대하여'라는 장에서 니체는 드디어 자신의 강한 질투심을 드러낸다. 결혼을 두 마리 짐승의 결합이라고 비하하며 경멸조로 언급한 것이다. 그리고 자신처럼 쓰라린 상처를 겪어 본 자만이 진정한 사랑에 눈뜰 수 있는 것처럼 훈계하고 있다. 가면 쓴 여인을 맞이하는 남성들의 어리석음에 대해서도 말한다.

그는 사랑하는 법을 배우라고 하지만, 그것은 바로 그 자신에게 하는 말처럼 들린다. 니체는 사랑하는 법을 제대로 몰랐던 것 같기 때문이다. 비록 배우지도 못하고 깨달음도 얻지 못했지만, 순박한 사랑을 가꾸며 살아가는 사람들도 많다는 사실을 그는 알지 못했던 것일까. 루 살로메와 안드레아스 교수의 결합은 니체가 보기에 너무도 세속적이면서도 위선적인 결합으로 보였을 것이다. 그것은 진정한 사랑이라고 할 수 없는 성질의 것이었다. 단지 서로의 필요성에 따른 계약 결혼과도 같은 눈속임에 불과한 것임을 그는 간파하고 있었는지 모른다.

그러는 가운데서도 결혼에 대해 계속되는 빈정거림은 소외된 자신에 대한 위안처럼 들리기도 하고, 끓어오르는 질투심을 이기지 못하여 아무에게나 화풀이를 하는 것처럼 보이기도 한다. 니체는 사랑의 소유욕을 탐욕이라고 불렀는데, 사랑과 탐욕은 똑같은 본능의 각기 다른 이름이라고 했다. 따라서 그는 '순결에 대하여'라는 장에서 도시에는 부정한 여인들이 너무도 많기 때문에 차라리 숲을 사랑한다고 말한다.

그러나 니체는 '독사에 물린 상처에 대하여'라는 장에서 분노를 극복하기 위해 위선적인 술수를 부리지 말라는 경고를 보내고 있다. 다시 말해서 원수를 은혜로 갚는다는 것은 다른 사람보다 위에 올라서려는 위선적인 심리를 반영하는 것으로 매우 솔직하지 못한 태도라는 것이다.

물론 여기서 독사에 물린 상처란 루 살로메에게서 받은 마음의 상처를 말한다. 그러나 니체는 자신의 분노를 있는 그대로 수용하고 인정한다. 자신의 분노를 부정하고 악에 대해 선으로 보답하는 식으로 행하는 것은 결코 두 사람 모두에게 이롭지 못함을 설파한다. 그는 계속해서 주장하기를, 차라리 화를 내라고 권유한다. 복수심이 전혀 없는 것보다는 약간의 복수심을 품고 있는 편이 더 인간적이라는 것이다.

이 말은 어떤 의미에서는 매우 설득력이 있는 말이기도 하다. 니체 자신도 루 살로메의 배신이 없었다면, 그의 『자라투스트라는 이렇게 말했다』는 나오지 못했을 것이라는 점을 너무도 잘 알고 있었던 것 같다. 결과적으로 루 살로메는 그를 이롭게 한 셈이 된 것이기 때문이다. 그리고 이어지는 '독거미에 대하여'라는 장에서 죄의식에 빠진 그는 복수심으로부터의 해방을 부르짖는다. 그리고 남을 처벌하려는 강한 충동을 마음속에 지닌 모든 자들을 의심하라고 외친다.

이렇게 해서 니체는 자신을 사로잡은 배신감과 분노와 좌절, 그리고 강한 복수심에서 벗어나게 되었다. 마음의 독을 스스로 치유한 것이다.

그는 일관되게 약자에 대해 강한 적대감을 보였지만, 그것은 자신의 약함을 감지했기 때문이 아닐까 한다. 니체야말로 건강이 좋지 못해 항상 약을 달고 살았으며, 사랑에도 실패하고 현실 적응에도 어려움을 겪었던 장본인이 아닌가.

그럼에도 불구하고 그는 그러한 실패를 통하여 그리고 절망의 깊은 심연에서 평범한 인간들이 보지 못한 인간 정신의 비밀을 목격한 것이다. 결국 그는 복수의 칼을 내리고 분노의 폭풍 속을 뚫고 나와 과감하게 성자의 위치에 오르고자 한다. 그것은 복수의 갑옷을 벗어던지고 모든 것을 초월한 성자로 거듭남으로써 비록 그 선택이 형극의 길이 될지언정 자신은 그런 초인이 될 것이라고 선언한 셈이 되었다. 따라서 이미 내린 칼날은 그 의미를 상실했으며, 그 자신에게든 루 살로메에게든 분노의 칼날을 겨눌 필요가 없게 된 것이다.

그렇게 해서 마지막 부분에 이르러 '취가(醉歌)'라는 장에서 그는 드디어 덫에 걸린 삶의 어두운 터널을 빠져나와 밝은 대낮을 맞이한다. 그에게는 캄캄한 한밤중이 더 이상 죽음이 아니라 새로운 생명의 탄생을 의미했다. 세상 사람들이 그것을 술 취한 자의 헛소리로 듣는다 해도 그는 자신의 예언적 음성에 확신을 갖게 된 것이다. 그것은 죽음의 심연을 걷는 과정을 통하여 새롭게 허물 벗은 자만이 느낄 수 있는 전혀 새로운 세계였던 것이다. 적어도 니체는 그런 점에서 자신을 버린 루 살로메와의 뼈아픈 경험을 통해 그만의 자유로운 세계에 도달하는 행운을 얻은 것으로 받아들인 셈이다. 그녀가 아니었으면 과연 니체에게 그러한 성찰에 도달할 수 있는 기회가 주어졌겠는가.

모든 것은 생각하기 나름이다. 『자라투스트라는 이렇게 말했다』는 그런 점에서 니체와 루 살로메가 본의 아니게 함께 이루어 낸 합작품이라 해도 과언이 아닐 것이다.

우울과 광기의 천재

니체는 정신이상 상태로 누이동생의 품에 안겨 죽었다. 루터파 목사였던 그의 아버지 역시 정신이상으로 죽었다. 물론 이들 부자의 정신이상이 유전적 요인으로 인한 것인지 여부는 확인된 바 없다. 1889년 그의 첫 발작 이후 그가 입원했던 바젤 정신병원에서 그에게 내린 진단은 매독에 의한 진행성 마비였다.

그러나 그의 병력을 자세히 검토한 프랑스의 정신과 의사 자크 로제는 오히려 조울병으로 진단하고『자라투스트라는 이렇게 말했다』역시 조증상태에서 단숨에 써 내려간 것이라고 추측했다. 두 가지 병명이 다 맞는다 하더라도 당시로서는 적절한 치료방법이 없었기 때문에 그에게는 별다른 도움이 되지 못했을 것이다.

어쨌든 수개월 만에 병원을 퇴원한 이후에는 어머니가 세상을 떠나기까지 8년간 그녀의 간호를 받았으며, 그 뒤에는 파라과이에서 귀국한 누이동생이 그를 죽을 때까지 돌봤다. 그러나 여기서는『자라투스트라는 이렇게 말했다』의 집필과정을 전후해서 그가 보여 준 심리적 상태에 초점을 맞추고 있기 때문에 말년에 그가 보인 정신상태를 문제 삼지는 않겠다.

루 살로메는 1894년에 쓴 〈니체〉라는 글에서 자신이 니체와 교류할 때 이미 그의 정신상태에 의구심을 품고 있었으며, 실제로 그에게 그의 저술내용과 정서적 불안정 상태의 관계를 언급하고 충고까지 했다고 주장한다. 그녀가 보기에는 니체의 심리적 불안정 상태가 그의 철학 전개 과정에도 그대로 반영되었다는 얘기다.

물론 그녀의 주장은 자신으로 인해 야기된 여러 문제들의 책임을 회피하고 니체 자신의 문제로 전가시키기 위한 것으로 평가되기도 하지만, 부분적으로는 사실일 가능성도 배제할 수 없을 것이다.

분명한 사실은 그가 심각한 우울증에 시달렸다는 것이었다. 그는 외부와 단절한 채 두문불출했으며, 그의 우울증은 자살을 계획할 정도로 심각했다.

더욱이 그 자살은 단독 자살이 아니라 전 세계를 끌어안고 공멸할 성질의 실로 거대한 동반 자살이었다. 왜냐하면 그는 혼자만 죽는 것이 아니라 신의 존재를 죽이고 또한 그 신을 믿고 따르는 모든 기독교인들을 끌어안고 함께 죽는 자살이기 때문이다. 적어도 지구 파멸의 망상은 아니더라도 기존의 모든 가치체계를 전복시킬 의도는 충분히 지니고 있었던 셈이다. 그것은 엄청난 복수심의 발로이기도 하다.

물론 그의 복수심은 루 살로메를 향한 것이며, 자신에게 시련과 고통을 안겨 준 잘못된 서구문명의 구조적 모순도 함께 포함해서였다. 그리고 그의 삶에 유대인이 개입되지만 않았다면, 그는 사랑과 종교를 모두 거머쥘 수 있었을지도 모른다.

그러나 모든 것이 뒤죽박죽된 상황에서 그가 헤쳐 나올 수 있는 유일한 탈출구는 제3의 길이었을 것이다. 니체는 그것을 낯선 이국의 땅 페르시아의 성자 자라투스트라에서 찾은 것이다. 이처럼 철인 니체를 강한 복수심과 분노, 그리고 죄의식과 자살 충동에 빠트린 장본인이 한 여성이었다는 점이 선뜻 믿어지지 않는다.

또 한 가지 짚고 넘어갈 부분은 근친상간적 욕구에 관한 것이다. 물론 니체의 근친상간적 소망은 분석적 해석의 결과가 아니라 그 자신의 고백이기도 하다. 니체는 『나의 누이와 나』에서 자신의 누이동생 엘리자베트에 대한 은밀한 욕망으로 평생을 두고 괴로워했음을 밝히고 있다.

목사의 자녀들로서 이들 남매의 긴밀한 관계는 어릴 때 한 침대에서 서로의 따스한 체온을 느꼈던 이후 평생 지속되었다. 그리고 소년 시절에는 누이동생을 위해 수많은 시를 쓰기도 했으며, 그녀는 그런 오빠의 시를 오래도록 간직했다. 이처럼 다정한 오누이 사이에 갑자기 나타난 루 살로메는 지성과 미모를 겸비한 매우 뛰어난 인물이었으며, 질투심에 빠진 노처녀 엘리자베트는 수단 방법을 가리지 않고 오빠와 루 살로메 사이를 갈라놓기 위해 필사적이었다.

판이한 기질의 이들 두 여성 사이에 벌어진 한 판 대결은 그야말로 치열한 싸움이었다. 한쪽은 용감하고 자유분방한 여자였고, 다른 한쪽은 독선적이고 소심한 여성이었다. 루 살로메는 니체와 파울 레 사이에서 고민했지만, 니체는 루 살로메와 엘리자베트 사이에서 고민한 것이다. 결국 루 살로메가 의외의 인물과 결혼함으로써 문제는 일단락되었지만, 그 후유증은 매우 컸다. 아버지의 종교를 부인하고 어머니를 그토록 증오했던 니체는 자신의 근친상간적 욕구의 대상을 어머니로부터 누이동생에게로 돌렸던 것이다.

그러나 루 살로메에 빠져 있던 오빠에 대한 실망감과 더불어 세속적 야심에 가득 찬 엘리자베트는 1885년 당시 독일에서 이름을 날리던 반유대주의자인 동시에 바그너 숭배자였던 베른하르트 푀르스터와 결혼하여 남미 파라과이에서 새로운 독일 식민지를 건설하려는 계획에 참여하게 되었다. 그녀는 자신의 남편을 국민적 영웅으로 만들려는 야망에 들떠 있었지만 현지 주민들의 반발로 그 계획은 무산되고 남편도 결국 자살하고 마는 비운을 겪었다. 니체는 그녀의 남편을 끔찍이도 싫어했었는데 그것은 정치적인 이유보다는 누이동생의 사랑을 빼앗아 갔기 때문일 것이다. 한때 그녀는 병든 오빠에게 파라과이에 가서 자기와 함께 살 것을 제안하기도 했지만 그 일은 성사되지 않았다.

니체가 루 살로메에게 이끌렸던 것도 그녀의 강한 남성적 이미지에 압도되었기 때문으로 생각된다. 그는 매우 수줍은 청년처럼 그녀에게 접근했지만, 루 살로메는 그녀 자신의 문제 때문에 오히려 자신을 돌봐 줄 강한 남성을 원했던 것이다. 적어도 그녀에게는 니체의 존재가 자신이 바라는 그런 남성상은 아니었던 것으로 보인다.

그런 점에서 니체가 보인 전지전능적 과대사고는 좌절과 실의에 빠진 상황에서 동원된 그의 퇴행적이고도 유아적인 나르시시즘의 표출로 보인다. 그는 『이 사람을 보라』에서 "나 이전의 철학자들 중에서 도대체 그 어느 누가 심리학자였단 말인가?"라고 묻고 있다. 이 말은 자부심의 발로일 수도 있고, 자신의 연약함에 대한 뿌리 깊은 열등감 때문에 오히려 과대적 사고를 동원하여 그것을 극복하고자 한 것으로 볼 수도 있다.

니체는 분명히 천재임에 틀림없다. 또한 천재는 타고나는 것이지 결코 만들어지는 것이 아니라고들 말한다. 그러나 천재일수록 심리적 갈등과 고통이 더욱 클 수 있으며, 동시에 모순된 행동으로 사람들을 더욱 당혹하게 만들 수도 있다. 그런 점에서 한 위대한 철인의 작품을 통하여 그가 겪은 삶의 흔적을 탐색하는 작업은 매력적인 일임에 틀림없다.

물론 지금까지 다룬 문제들은 니체의 본질에 다가서기에는 상당한 한계가 있는 것이 사실이다. 그리고 니체가 본의 아니게 겪게 된 극심한 심리적 혼란이 그의 철학에 어떤 영향을 주었는지에 대해서는 정확히 파악할 수 없다.

다만 니체를 통해 분명히 알 수 있는 점은 그가 매우 모순된 이중성을 보여 준다는 사실이다. 다시 말해서 혼돈과 무지의 철학을 말하는가 하면, 초인과 권력에의 의지를 주장하기도 하는 등, 서로 상충되고 일관성 없는 철학을 내세움으로써 통일된 하나의 관점으로 이해하기 힘들다는 특징을 보이기도 한다. 그러나 니체의 혼란된 심리상태를 고려한다면, 그 정도의 모순성은 충분히 이해할 수 있다고 본다.

천재는 오히려 인간적으로 혹은 심리적으로 완전치 않은 경우가 많다. 『자라투스트라는 이렇게 말했다』의 내용에서도 니체라는 천재의 불완전성을 엿볼 수 있다. 다른 방대한 저작들과는 달리 이 책은 니체의 삶에서 가장 위기에 몰린 시기에 나온 것이기도 하다. 한마디로 그는 자기치유를 위해 『자라투스트라는 이렇게 말했다』를 썼던 것이다. 그리고 실제로 그는 초인적인 힘으로 그런 시련과 고통, 절망을 극복하고 그토록 방대한 저술들을 남긴 것이다.

근대사상사에서 니체만큼 서구인들의 인식론적 혁명을 주도적으로 이끈 인물도 그리 흔치 않다. 그리고 그 출발점은 바로 『자라투스트라는 이렇게 말했다』였으며, 그 동기적 배후에는 루 살로메라는 여성이 자리 잡고 있었던 것이다.

위대한 혼은 안락한 정원에서 나오는 것이 결코 아니다. 감당하기 어려운 고통과 시련, 갈등의 폭풍을 통과하면서 위대한 혼은 솟아난다. 니체는 절망의 나락 끝에서 벼랑 밑으로 뛰어내린 친구 파울 레와는 달리 오히려 하늘 위로 솟구쳐 올랐다. 바로 그런 점이 위대한 인물과 나약한 지식인의 차이라 하겠다. 니체의 세속적인 실패는 그에게 오히려 약이 되어 준 셈이다.

그런 점에서 니체는 삶의 최종적인 승리자가 될 수 있었던 것이며, 동시에 인류사상사에 영원히 기억되는 정신적 스승으로 자리매김하게 된 것이다.

14 위험한 여인 루 살로메

루 안드레아스-살로메는 탁월한 지성과 미모, 그리고 문학적 소양을 겸비한 여성으로 한 시대를 풍미하며 뭇 남성들을 울리다가 나치 독일의 괴팅겐에서 생을 마친 인물이다.

그녀는 동시대 사람들로부터 성녀와 마녀라는 전혀 상반된 평가를 받았는데 니체, 릴케, 바그너, 하우프트만, 톨스토이, 마르틴 부버, 프로이트 등과 교분을 나누었으며, 20편의 소설 및 100여 편에 달하는 평론을 남겼다. 또한 정신분석에도 관심을 지녀 프로이트를 열렬히 지지했으며, 이 때문에 그녀는 나치 독일에서 요주의 인물이 되기도 했다.

루 살로메의 존재는 지금까지도 마치 전설 속의 여왕처럼 신비와 수수께끼로 가득 찬 인물로 다가온다. 그녀를 찬미하는 사람들은 다소 과장된 어투로 그녀가 수많은 남성들의 영혼을 구제한 것처럼 묘사하기도 한다.

그러나 그녀의 삶을 면밀히 살펴보면, 루 살로메라는 존재는 성녀도 마녀도 아닌 단지 그녀 나름대로의 신경증적 갈등에 휘말려 살았던 카리스마적 매력의 소유자이자 한 평범한 언어학 교수의 아내였음을 알 수 있다.

눈의 여왕

루 살로메(1861~1937)는 제정 러시아의 성 페테르스부르크에서 백계 러시아 귀족 가문의 5남 1녀 중 막내로 태어났다. 그녀의 아버지 살로메 장군은 인간적인 품위와 교양을 지녔던 사람으로 가정에서뿐 아니라 사회적으로도 존경을 한몸에 받았던 인물이었다. 그는 특별히 외동딸인 루 살로메를 극진히 사랑했지만 자신의 아내를 자극하지 않기 위해 세심하게 신경 쓰기도 했다. 루라는 이름은 어머니의 이름인 루이즈에서 따온 애칭이었다.

루 살로메의 어린 시절은 제정 말기 귀족 가문의 외동딸답게 인생의 고달픔과 고통이 무엇인지 전혀 모르고 자란 시기였다. 마치 공주처럼 대우받으며 귀하게 자란 그녀는 비천한 하층민들의 밑바닥 생활이 어떠한지 알 도리가 없었다. 그런 점이 그녀의 빛나는 지성에도 불구하고 살로메의 가장 취약한 부분이기도 했다. 적어도 세상을 폭넓게 이해한다는 측면에서 그녀의 삶은 매우 제한적일 수밖에 없었던 것이다.

살로메의 정신적 방황은 아버지가 병석에 누우면서 더욱 심화되었다. 그 무렵 17세였던 그녀는 당시 귀족사회 여성으로부터 선망의 대상이었던 잘생기고 지적인 목사 헨드릭 길로트와 스캔들을 일으켜 어머니를 격분케 만들었다. 그는 살로메의 간청에 의해 그녀와 정기적으로 만나면서 그녀에게 신학과 철학, 문학 등 폭넓은 지식을 전수했던 인물이었다.

그러나 막상 유부남이었던 길로트가 이혼을 해서라도 살로메와 결혼할 것을 제의하자 그녀는 실망감을 감추지 못하고 그에게서 도피할 방법을 궁리했다. 그리고 스위스로 유학을 떠나 취리히 대학교에 입학했다. 꽃다운 나이였던 21세에 살로메는 어머니와 이탈리아를 여행하던 중에 젊은 철학자 파울 레와 니체를 만났다. 그들은 거의 동시에 살로메의 눈부신 미모와 지적인 매력에 정신없이 빠져들었다. 그녀가 파울 레와 동거생활에 들어가자 니체는 절망감에 빠졌지만 얼마 가지 않아 파울 레는 그녀에게서 버림을 받고 비관한 나머지 절벽에서 뛰어내려 투신자살하고 말았다.

살로메는 1887년에 독일 괴팅겐 대학교의 프리드리히 안드레아스 교수와 결혼하지만 그것은 통상적인 부부관계가 아니라 우정관계를 전제로 한 결혼이었다. 다시 말해서 성생활을 배제하고 사적인 행동의 자유가 보장된 일종의 계약결혼이었던 셈이다. 자유분방한 사생활을 즐기면서 그녀는 릴케를 동반하고 러시아 여행을 시도하지만 결국 그와도 헤어지고 말았다.

그 후 그녀는 1911년 바이마르에서 개최된 국제정신분석학회에서 프로이트를 만났으며, 그 이듬해 그의 문하에서 정신분석을 공부하던 도중에 프로이트의 제자였던 빅터 타우스크와 열애에 빠졌으나 그녀가 그의 곁을 떠나자 타우스크 역시 비관자살하고 말았다.

죽음을 몰고 다니는 마녀의 이미지는 그렇게 해서 생긴 것이다. 그것은 누구를 탓할 수도 없는 일이지만, 살로메의 심리적 배경을 이해한다면 미리 예견할 수 있는 일이기도 했을 것이다. 보수적인 괴팅겐의 주민은 당연히 살로메라는 존재를 별로 달가워하지 않았다. 그녀의 자유분방한 행보와 처신은 전통적 가치관에 감히 도전하는 것이었으며, 특히 독일 사회에서 매우 존경받는 위치에 있는 교수 부인으로서 대중이 기대하는 기품 있는 자질과는 거리가 멀었기 때문이다.

살로메의 남편 안드레아스는 1930년에 사망했고 그로부터 7년 후 살로메도 조용히 그의 뒤를 따랐다. 그녀가 생존했을 당시에는 살로메에 대한 온갖 악의적인 소문이 떠돌기도 했다. 인간의 심리를 꿰뚫어보는 이상한 내용의 글을 쓴다거나 마법을 행한다는 소문도 돌았다.

나치 독일의 게슈타포는 당시 유대인의 학문으로 매도당하던 정신분석에 몰두하고 유대인 작가들의 저서를 탐독하는 살로메의 모습에 신경을 곤두세우기도 했다. 그러나 그녀는 유대인이 아니었으며 사회적으로도 존경받는 교수의 아내라는 신분상의 특권 때문에 안전할 수 있었다. 그리고 나치는 이미 늙고 힘없는 그녀를 건드리지 않고 내버려 두기로 했다. 다만 그녀가 죽은 후에는 게슈타포가 괴팅겐의 집을 수색하여 그녀가 남긴 모든 문헌과 서적 등을 압수해 갔다.

말년에 요독증으로 고생한 그녀는 76세를 일기로 자신의 괴팅겐 저택에서 조용히 생을 마감했다.

살로메의 연인들

살로메가 보인 은밀한 유혹의 여정은 기혼남이었던 길로트 목사에서부터 시작된다. 당시 성 페테르스부르크의 귀족사회, 특히 여성들 사이에서 지적이고 잘생긴 길로트의 인기는 절정에 달하고 있었다.

처음에 살로메는 개인적인 서한을 통해서 그와의 접촉을 시도했다. 그리고 그들의 만남은 표면적으로는 지적인 교류의 형태를 띠고는 있었지만 점차 연인의 관계로 발전했다. 그의 무릎 위에서 살로메는 수차례 의식을 잃고 쓰러진 적도 있었다. 눈부시게 아름다운 처녀가 자신의 무릎에 얼굴을 기대고 앉아 신의 존재에 대해 이야기하는 모습을 한번 상상해 보라.

유부남이면서 성직자였던 길로트의 마음은 몹시 흔들리기 시작했다. 결국 그는 살로메에게 자신과 결혼할 것을 요청했고 당연히 살로메의 어머니는 격분했다. 그러나 살로메는 어머니의 반대 때문이 아니라 그녀 자신의 내적 갈등 때문에 길로트의 요구를 거절했다. 그리고 그와 마주치는 것을 피하기 위해 스위스로 도피유학을 떠나기로 결심했다.

길로트 목사는 살로메에게 있어서는 거의 신적인 존재였다. 그러나 그것은 사춘기 소녀가 지닌 낭만적 우상에 불과했다. 그녀의 진정한 신은 아버지였기 때문이다. 아버지를 잃은 살로메의 입장에서 신의 죽음이란 상상도 할 수 없는 의문을 불러일으켰을 것이다. 그 신의 대리자였던 길로트가 너무도 세속적인 요구를 해 오자 그녀는 자신의 환상과 기대가 무너지는 소리에 놀라움을 금치 못했던 것이다. 그리고 아버지의 죽음을 계기로 그녀는 신의 곁을 떠났다. 살로메와 어머니는 서둘러 이탈리아 여행길에 올랐으며 살로메는 그곳에서 또 다른 신경증적 만남과 헤어짐을 반복해야만 했다.

그녀의 이루어질 수 없는 사랑은 자신의 성적 거부감과 남성에 대한 경쟁심 및 적대적 태도에 기초하는 것이다. 매우 역설적이고도 이율배반적인 태도지만 그녀의 무의식세계에서 성적인 결합이나 접촉은 근친상간적 의미를 지니고 있기 때문에 내심으로는 두려움과 죄의식을 유발하는 것이기도 하다.

따라서 그녀는 자신의 미모와 지성을 동원하여 남성을 유혹하면서도 그 유혹에 넘어간 상대가 자신에게 깊은 관계를 요구하는 단계에 접어들면 자신도 모르게 회피하고 거부하는 태도로 돌변하게 되었으며, 결국 미련 없이 그를 배신하고 또 다른 남성을 찾아 새로운 모험의 세계로 뛰어든 것이다. 자신의 유혹에 여지없이 굴복하고 마는 지식인 남성들의 초라하고 추악한 모습에서 그녀는 쾌재를 부르며 승리감을 만끽하는 동시에, 지상의 모든 남성들이란 결국 성적인 욕구 앞에서는 지성도 위신도 다 내던져 버리는 도덕적으로 열등한 동물적 존재일 뿐이라는 그녀 자신의 믿음을 확인했던 셈이다.

물론 그녀는 회상기를 통하여 다소 분석적인 시각에서 자신이 보여 준 사랑과 우정관계를 재조명하고자 시도하기도 했지만, 두 남성이 동시에 자신을 좋아하고 있다는 사실을 잘 알면서도 살로메는 그 사실을 솔직히 공개하지 않으면서 오히려 내심으로는 그런 상황을 즐기고 있었던 것으로 보인다.

이처럼 미묘한 삼각관계를 통하여 자신의 우월한 위치를 확인하고자 했던 살로메의 심리는 결국 자신을 차지하기 위해 벌이는 니체와 파울 레의 치열한 먹이다툼을 은밀한 방식으로 조장한 셈이다.

이 경우에 살로메는 매우 지적인 무기를 동원한 유혹자에 해당되는 것이며, 그리고 그런 유혹자에게 삶은 일종의 게임인 동시에 유희의 장소가 될 뿐이다. 유혹의 그물로 포획할 먹이는 도처에 얼마든지 널려 있기 때문에 사실상 이런 유혹자를 제지할 방도는 현실적으로 없다고 할 수 있다.

히스테리적인 성향을 가진 여성의 심리적 배경을 이해한다면, 그런 삼각관계의 연출은 이미 그 역사가 오래되었으며, 그 때문에 숱한 남녀들이 사회적 물의를 일으키며 입소문의 주인공이 되어 왔음을 알 수 있다. 그러한 여성들은 그런 방식으로 항상 세상의 이목을 끌고 그 중심에서 주인공 노릇을 하고자 애쓰기 마련이기 때문이다.

살로메에게 제3의 연인으로 다가온 라이너 마리아 릴케는 외형적으로 거칠고 남성적인 풍모를 지닌 니체와는 달리 매우 섬세하고 여성적이며 내성적인 성격의 소유자였다. 그런 점에서 릴케는 파울 레를 빼닮았다. 그는 타고난 감수성으로 인해 항상 불안과 우수에 가득 찬 모습을 띠고 있어 주위 여성들의 동정심과 모성애를 자극하는 면이 있었던 사람이다. 그의 부모는 릴케가 9세 때 이미 이혼했으며 그 후로는 줄곧 어머니 밑에서 성장했다.

여성들로 하여금 보호본능을 일으키게 하는 그의 성격적 특성은 살로메와의 관계에서도 여실히 드러난다. 용감하고 도전적인 살로메에 이끌려 릴케는 매우 의존적인 태도를 드러내 보였다. 루 살로메는 릴케에게 있어서 일종의 정신적 지주였으며 스승이기도 했다. 그녀는 매우 유약한 기질의 이 남성을 상대로 자기 마음껏 주도권을 행사했다.

릴케는 1897년 뮌헨에서 처음 살로메를 만난 이후 그녀에게서 헤어나지 못했으며, 두 번에 걸쳐 그들이 함께 떠난 러시아 여행은 일종의 지적인 밀월여행인 동시에 그로 하여금 시인으로서 거듭나게 하는 계기가 되었다. 여행에서 돌아온 이후 릴케는 살로메에게서 버림받고 그 대신 여류조각가 베스토프를 만나 결혼하게 되지만, 그 결혼은 결국 실패로 돌아갔다.

혹자는 릴케의 시에 종교적 심오함과 경건함을 심어 준 장본인이 바로 살로메였다고 주장하기도 한다. 그러나 어떤 근거에서 나온 주장인지 선뜻 이해하기 어렵다. 그녀가 경건한 신앙심을 지닌 여성이었다는 뜻이라면 그것은 잘못된 주장이다.

그녀는 아버지가 사망한 이후에는 종교의 세계를 이미 떠난 여성이었다. 이미 결혼한 성직자를 유혹하고 굴복시켰던 전례가 있고, 남편이 있는데도 외간남자와 함께 제멋대로 장기간 해외여행을 떠났던 그녀가 함께 동행했던 젊은 시인 릴케에게 깊은 종교적 영감을 주었다는 주장은 너무도 작위적이다.

다만 삶의 의욕을 잃고 오랜 침체기에 빠져 있던 젊은 시인에게 구원의 여인상으로 나타난 그녀의 존재가 매우 신선한 활력소 역할을 함으로써 그로 하여금 심기일전하는 계기를 심어 주었을 가능성은 있다.

또한 그들의 관계가 순수한 영적 교류의 차원이었음을 주장하는 견해들도 많다. 물론 그것이 성적인 관계를 배제한 차원의 지적 교류를 의미하는 것이라면, 이성 간의 순수한 우정을 말하는 것인데, 그런 관계에 영적이라는 과장된 표현을 동원할 필요까지는 없다고 본다.

릴케는 원래 뜨거운 열정을 지닌 시인이라기보다는 어둡고 조용한 구도자에 가까운 인물이었다. 살로메에게 어머니 역할은 어울리지 않는다는 것이 릴케의 경험을 통해서도 확인된 셈이다. 더욱이 항상 자극적인 경험과 지적인 모험을 즐기는 살로메에게 있어서 릴케와 함께 했던 두 번에 걸친 러시아 여행은 너무도 단조롭고 무미건조한 여정일 뿐이었다.

그리고 어떤 점에서 보자면, 그녀의 러시아 여행은 상징적인 아들 릴케를 동반하고 그리운 아버지를 찾아 나선 심리적 여정이었을 수도 있다. 그러나 아버지는 더 이상 존재하지 않았으며, 아버지가 없는 마당에 아들의 존재는 무의미해 보였을 것이다. 더욱이 릴케가 그녀에게 가할 수 있는 자극은 아무것도 없었다. 단지 무한대의 모성적인 영양공급만을 바라는 이 시인에게 심리적 자양분을 공급해 줄 만한 여력이 살로메에게 있는 것도 아니었다. 그녀에게 어머니의 역할은 어색하기만 했을 뿐이다.

그리고 실제로 그녀는 어머니 노릇을 한 번도 해 본 적이 없다. 그녀에게는 오로지 아버지만이 존재했기 때문이다. 그녀에게 아들은 불필요한 존재였다. 루와 릴케는 그렇게 해서 헤어진 것이다.

그녀가 선택한 최후의 안식처 안드레아스 교수와의 결혼은 일종의 도피였다. 살로메는 소위 결혼으로의 도피를 시도한 셈이다. 그들의 결혼이 성생활을 배제한다는 조건하에서 이루어졌음을 고려한다면 그녀는 성적인 불감증이 있었는지도 모른다. 성에 대한 거부감이 강한 히스테리 여성에게서 불감증은 매우 흔한 현상이기 때문이다.

그런 여성은 무의식적으로 성적인 도발과 유혹을 감행하지만 결정적인 순간에는 성을 거부하기 쉽다. 아이를 출산하고 양육하는 번거로움에서 벗어나 자연스럽게 어머니의 역할을 떨쳐 버리는 것이다.

살로메는 일생을 통해 한 번도 자녀를 낳고 기르지 않았다. 자신의 어머니에 대한 거부와 부정을 실현한 셈이다.

그러나 어찌됐건 살로메는 그토록 수많은 스캔들을 일으켰음에도 불구하고 항상 자신의 순결을 지키며 살았던 점은 확실하다. 그녀는 오로지 아가페적인 사랑으로 일관했다는 점에서 이성 간의 육체적인 성을 혐오하는 여성들이나 동성애자들에게는 우상적 존재로 비쳐질 수도 있다. 다행히도 그녀는 지적인 능력과 예술적 재능을 동시에 부여받았기에 자신의 성적인 결함을 얼마든지 극복해 나갈 수 있는 자신감과 긍지가 있었을 것이다.

그러나 살로메는 그것만으로 결코 만족할 수 없는 강한 심리적 동기에 사로잡혀 있었다. 그녀의 해결되지 못한 오이디푸스 갈등과 욕망은 지적인 사색만으로 극복되기에는 너무도 강력했기 때문이다. 물론 그런 내면적 욕구에 부응할 수 있는 적절한 조역들이 다행히도 그녀 주변에는 얼마든지 있었다.

그녀의 삶에서 세 가지 중요한 관계 형식을 가족관계, 연인관계, 동료관계로 요약한다면, 사춘기 이전의 가족관계에서 비롯된 미해결의 갈등적 요소가 사춘기 이후의 성인기에 빚어진 다양한 연인관계에서 적나라하게 노출된 것이며, 숱한 우여곡절 끝에 인생의 황혼기에 접어들어서야 비로소 적절한 동료관계를 통해 지적인 차원으로의 승화가 가능해졌다고 본다.

정신분석은 그런 동료관계의 형성에 도움이 되었으며, 특히 프로이트와의 교류는 상징적으로 매우 안정적인 부녀관계의 의미를 부여함으로써 더 이상의 정신적 방황에 흔들리지 않도록 지탱해 주는 정신적 지주 역할을 제공한 것으로 보인다.

실제로 프로이트는 살로메에게 편지를 보낼 때, 스스로 '파파'라는 서명을 즐겨 사용했다. 결국 살로메는 일련의 연인관계, 상징적 모자 관계 등의 경험을 통해서 계속 실망과 좌절을 겪었으나, 프로이트와의 만남을 통한 상징적 부녀관계로 인해 마침내 심리적 안정에 도달한 것으로 보인다.

살로메와 프로이트

살로메와 프로이트는 서로 성장배경은 다르지만 거의 비슷한 시기를 살다 간 인물이다.

살로메는 1912년 빈을 방문하여 프로이트의 문하생이 되었다. 그녀의 나이 갓 오십을 넘긴 시점이었다. 온갖 스캔들로 얼룩진 청춘기를 보내며 산전수전 다 겪고 난 후의 살로메로서는 인생의 황혼기를 맞이할 무렵에 이르러서야 비로소 자신의 내면을 되돌아볼 수 있는 정신분석의 세계와 마주쳤던 것이다.

그러나 살로메의 출현은 정신분석에 새로운 불씨를 남기고 말았다. 그녀의 마성이 여전히 빛을 발한 것이다. 프로이트조차도 그녀의 마성에 이끌렸지만 그는 끝까지 냉정을 잃지 않았다. 프로이트는 살로메와 절친했던 인물들의 한결같은 공통점이 유혹에 약하다는 것이었고, 그녀가 유혹에 손쉽게 무너지는 남성들의 연약함에 대해 경멸과 혐오감을 표시하는 등 이율배반적인 모습을 보인다는 사실을 이미 간파하고 있었다.

따라서 매우 유혹적인 동시에 남성적인 특성을 함께 지녔던 루 살로메를 여신 뮤즈로 받아들인 니체나 릴케와는 달리, 프로이트는 오히려 성서에 나오는 살로메의 이미지를 읽었는지도 모른다. 같은 인물에 대해 그토록 다른 인상을 받은 것은 프로이트가 그만큼 풍부한 임상경험을 갖고 있었기 때문일 것이다. 실제로 수많은 히스테리 여성들에서 그녀와 유사한 갈등의 고리를 발견하기란 그리 어려운 일도 아니다. 프로이트는 이미 수많은 살로메들을 분석하고 치료하지 않았는가.

프로이트는 루 살로메에게 그녀의 친오빠들에 대한 질문을 던지기도 했는데, 그녀는 이 세상 전체가 오빠들로 가득 차 있다고 생각했다. 그러나 진실로 그녀가 사랑했던 인물은 아버지뿐이었다. 어머니는 너무 차갑고 냉정한 여성으로 기억되었으며, 아버지에 대한 그녀의 숭배와 사랑은 누구에게도 밝힐 수 없는 그녀만의 비밀이었다. 따라서 그녀가 사춘기 때 맞이한 아버지의 죽음은 그녀에게 엄청난 충격과 좌절을 남겨 주었던 것이다.

살로메에게 니체와 릴케가 겉으로는 강한 듯하면서도 어린아이같이 미숙한 독일 남성의 양면성을 대표하는 인물들이었다면, 비천한 유대인 출신의 프로이트는 그 어떤 모욕과 곤경에도 흔들리지 않는 초연한 모습으로 마치 전투를 진두지휘하는 정신세계의 장군과도 같은 인상으로 다가왔다. 그녀의 아버지는 장군이었다. 그리고 실제로 프로이트는 그녀 자신의 아버지처럼 자상하고 침착하며 자신의 말을 강요하기보다 상대의 말에 귀를 기울여 주는 의연함을 보여 주었다.

야성적이고 거칠기만 한 니체와 심약한 릴케에게 실망한 그녀는 이미 두 사람에게서 아버지다운 위엄과 자상함을 발견하지 못하고 관계를 청산한 후였다.

그녀는 다섯 살 연상인 프로이트에게서 이미 이 세상에 존재하지는 않지만 영원한 사랑과 존경의 대상이었던 아버지와 비슷한 이미지를 보았다. 그리고 프로이트에게서 자신을 항상 다정하게 대해 주었던 오빠들의 이미지를 아버지상과 함께 떠올리면서 상징적인 부녀관계 그리고 오누이관계와 비슷한 감정적 체험을 겪었을 것이다.

프로이트는 살로메에 대하여 그녀가 정신분석의 발전에 일부 공헌한 점에 대하여 높이 평가하면서도 그녀의 성격 문제는 여전히 불분명한 상태로 남는다고 말끝을 흐렸다. 그러던 중에 프로이트의 제자 빅터 타우스크가 살로메에게 깊이 빠져들었다가 그녀에게서 버림을 받은 후 자살해 버린 사건이 터지자 프로이트뿐 아니라 정신분석학계 전체가 큰 충격에 휩싸이고 말았다.

비록 프로이트는 아까운 제자 한 사람을 어이없는 사건으로 잃고 말았다는 아쉬움이 컸겠지만, 다른 한편으로는 분석가 전체의 명예를 실추시킨 타우스크의 심약하고 건강치 못한 정신상태에 대해 내심으로 몹시 불쾌한 감정을 감추고 있었을지도 모른다.

그럼에도 불구하고 살로메의 존재는 지금까지도 정신분석의 어머니 또는 좋은 엄마로서의 이미지를 보존하고 있다. 그러나 다른 시각에서 보자면 정신분석이 살로메의 아기가 되었는지도 모른다. 당시 그녀는 프로이트의 자문 역할을 하면서 조언도 잊지 않았다. 따라서 살로메는 정신분석학계에서도 예외적인 특권을 행사했던 매우 특수한 신분이었다. 그런 점에서 그녀는 특권을 지니고 태어나 특권을 누리며 살다간 보기 드문 행운아였다고 할 수 있다.

살로메와 살로메

루 살로메의 인생 목표는 아버지를 되찾는 것이었다. 지적으로 무장된 그녀의 다소곳한 태도와 성에 대한 무관심, 그리고 상대 남성을 정면으로 응시하는 모습은 오히려 매우 도발적이고도 유혹적인 효과를 배가시켰다. 마치 불과 얼음을 함께 겸비한 듯한 그녀의 특성은 당시의 지식인들을 매료시키기에 족했다.

반면에 성서에 나오는 살로메의 존재는 지성과는 담을 쌓은 단지 요부에 가까운 이미지를 보여 준다. 그녀는 의붓아버지인 동시에 친삼촌이기도 했던 헤롯왕 앞에서 유혹적인 일곱 베일의 춤을 추어 환심을 사고 감옥에 갇힌 세례 요한의 목을 잘라 자신에게 달라고 요구했다. 물론 기록에는 살로메의 어머니가 뒤에서 그녀를 사주한 것으로 되어 있다. 헤롯왕이 자신의 형수와 결혼한 것에 대해 세례 요한이 공개적으로 비난했기 때문이다. 결국 요한의 잘린 목은 쟁반에 오른 상태로 살로메에게 바쳐졌다.

참수는 남근을 자르는 거세의 상징이기 때문에 예로부터 참수형은 인간의 잠재적인 거세공포를 극도로 자극하는 효과가 있었던 것이다. 그러나 살로메의 진정한 욕망은 상징적인 아버지에게 향해진 것이었다. 요한은 단지 살로메의 근친상간적 욕망의 대리적 희생물에 지나지 않은 것으로 볼 수도 있다. 그런 점에서 살로메는 진정으로 위험한 여인, 팜므 파탈이었다. 죽음을 부르는 그녀의 요염한 춤과 유혹은 실로 도발적인 근친상간과 치명적인 환상을 자극하기에 충분하다.

어찌됐건 살로메의 치명적인 유혹과 두려움의 도발은 마치 고대 그리스 신화의 메두사를 연상시키기에 족하다. 그녀의 끔찍스런 모습을 한 번이라도 바라본 사람은 그 자리에서 돌로 변하고 마는데, 프로이트는 그런 현상에 대해 '메두사의 머리'라는 글에서 다음과 같은 해석을 내렸다. 메두사의 머리에 뒤엉킨 뱀들의 형상은 보는 이들로 하여금 극도의 공포심을 자아냄으로써 그 자리에 얼어붙게 만드는데, 그것은 바로 어릴 때 경험했던 거세공포를 자극하고 상기시키기 때문이라는 것이다.

다시 말해서 메두사의 머리는 아동기 시절에 음모로 뒤덮인 어머니의 성기를 직접 목격함으로써 근친상간적 욕구뿐 아니라 그에 상응하는 거세공포의 극심한 두려움까지 불러일으켰던 심리적 충격을 연상시키기에 족한 모습이라는 것이다. 요염하고 유혹적인 여성에 대해 지니는 두려움의 근원은 이처럼 강한 거세공포를 유발하기 때문이 아닐까 한다.

루 살로메는 통상적인 결혼생활을 거부한 여성이었다. 물론 성생활도 거부했으며 아이를 낳고 기른 적도 없다. 그녀는 어머니 역할을 맡아 본 적이 없다. 마치 어머니라는 존재는 이 세상에 있지도 않거니와 필요치도 않다는 듯이 그녀는 모성적 기능을 부정했다. 반면에 그녀는 성적 매력으로 숱한 남성들을 울렸다. 그리고 남성들이 자신에게 성적인 요구를 해 오게 되면 가차 없이 거절하고 좌절시켜 버렸다.

살로메는 많은 남성에게 지적인 어머니이자 스승 노릇을 했다고 전해지지만 그것은 매우 피상적인 관찰에서 비롯된 오해인 듯하다. 그녀의 사전에 어머니란 단어는 존재하지 않기 때문이다. 상징적 의미에서 그녀는 스스로 거세한 여성인 동시에 모든 남성을 거세하고자 애쓴 사람이었다. 그러나 그녀가 어머니 역할을 스스로 가장했을 수는 있다. 자신의 오빠들을 거느리듯이 많은 아들을 거느린 어머니처럼 행세하는 것은 한시적 관계일 경우에 한하여 그다지 어려운 일도 아닐 것이다.

그러나 그 관계가 영속적이라면 그녀로서는 도저히 감당하기 어려운 끔찍스러운 고문처럼 받아들이기 쉬웠을 것이다. 살로메는 한 남성과 고정된 틀 속에서 깊고 의미 있는 관계를 지속시켜 나갈 수 없다는 심리적 조건에 속박되어 있었기 때문이다.

그러나 사회적인 관점에서 본다면 오늘날의 페미니스트가 주장하는 여성해방운동의 차원에서 살로메의 존재는 동시대의 로자 룩셈부르크, 엠마 골드만, 버지니아 울프 등과 같이 선구자적인 위치에 놓일 만하다.

살로메는 숱한 남성 편력을 통하여 자신의 오이디푸스적 환상과 소망을 대리적으로 충족시키고자 했지만, 그녀에게 돌아온 것은 번번이 환멸과 실망뿐이었다.

왜냐하면 그녀의 소망은 현실에서 이루어질 수 없는 내용이기 때문이다. 그녀에게 있어서 구원의 아버지상은 신에게서도 찾을 수 없었으며, 이 지상에 널려 있는 수많은 지성인들에게서도 결코 확인할 수 없는 성질의 것이었다.

그녀가 찾던 오아시스는 결국 헛된 신기루에 지나지 않았던 것이다. 그녀에게 진정한 오아시스란 그녀와 아버지가 서로 다정하게 손잡고 노닐던 어릴 적 정원과 가로수길뿐이었기 때문이다.

살로메의 비극은 바로 그 점에 있었다. 그녀가 교류하며 물의를 빚었던 남성은 모두 저명한 지식인이거나 상류계층 사람들이었다. 그것은 그녀 자신의 신분이 귀족이었기 때문만은 아닐 것이다. 그녀의 마음속에서 적어도 아버지에 준하는 지성과 품위, 용기와 인자함을 겸비하려면 적어도 교양을 갖춘 상류계층에 속한 인물이어야만 했다. 비천한 하층민 출신에서 그러한 뛰어난 소양들을 기대하기는 현실적으로 어렵다는 선입견 때문이었을 것이다.

그러나 그녀는 수많은 유명인에게서 환멸만을 느꼈을 뿐이며, 단지 그녀 자신의 정신적 우월감을 재확인시켜 주는 역할에 만족해야 했다. 다만 예외적으로 비천한 유대인 출신의 대학자 프로이트 앞에서 그녀는 자신의 자존심을 죽이고 배움의 길을 청해야 되는 입장에 놓이게 되었다. 그만큼 정신분석이라는 새로운 학문의 세계는 그녀에게 과거에는 전혀 예상치 못한 충격으로 다가왔다.

그러나 그런 지적인 충격도 예리한 감수성과 남다른 직관을 지니고 있던 그녀였기에 가능했을 것이다. 그녀가 한창 젊었던 전성기 시절에 길로트 목사, 니체, 파울 레, 릴케, 타우스크, 안드레아스 교수 등은 모두가 살로메의 유혹에 굴복한 인물들이었으며, 그들 모두는 사회적으로 존경받는 지식인 계급이었다. 살로메를 사이에 두고 그들이 보인 질투와 반목은 지상에 존재하는 모든 남성의 심리적 취약성과 실상을 여지없이 드러낸 장면이 아닐 수 없다.

루 살로메가 연출하는 대립적 삼각관계는 그녀 자신의 부모와의 미해결 관계를 재연하는 것이기도 했다. 실제로 살로메는 그들과 직접적인 성관계를 갖지는 않았다. 그녀는 자신의 성적인 욕망의 좌절을 남성들에게 투사함으로써 그들 스스로가 자진해서 거세하도록 유도한 셈이다.

그런 점에서 살로메는 요즈음 유행하는 속된 말로 공주병의 원조쯤 되는 여성이라고 할 수 있다. 그러나 사회적으로 높은 신분에 있었던 여성이었기에 그리고 당시로서는 보기 드물게도 지적으로 잘 무장된 매력적인 여성이었기에 그 어떠한 제약에도 얽매이지 않고 자신의 소신대로 자유분방하게 행동할 수 있었던 특권을 누렸던 것으로 보인다. 그러한 특권은 아무에게나 주어지는 것이 아니란 점에서 그녀는 매우 드문 행운을 누렸지만, 개인적으로는 미해결의 정신적 갈등을 오랜 기간 반복하며 살았다는 점에서 결코 성공적인 삶을 영위했던 것으로 보이지는 않는다.

다만 인생의 황혼기에 접어든 나이에 비로소 접하게 된 프로이트의 정신분석은 그녀 자신의 고백처럼 인생의 커다란 전환점이 되었으며, 그녀 스스로도 자신의 삶에 고귀한 선물을 가져다준 것으로 받아들임으로써 그 후 남은 20여 년에 걸친 여생을 조용히 사색과 문필생활로 마무리했던 것으로 보인다.

그녀가 남긴 명언 중에 "문학은 꿈과 해석 사이에 있는 그 무엇이다."라는 말은 마치 그녀 자신을 가리킨 말처럼 들린다. 그녀의 삶 자체가 한 편의 드라마요 꿈같은 이야기처럼 들리겠지만, 그것은 결코 꿈이 아니었다. 그녀의 파란만장한 삶은 결국 현실적으로 그 성취가 불가능한 무의식적 소망을 이루기 위해 일생을 다 바친, 다시 말해 불가능한 사명에 이끌린 신경증적 삶의 현장이었기 때문이다.

15 아인슈타인의 두뇌와 사랑

앨버트 아인슈타인(1879~1955)은 현대 물리학의 아버지로 불리는 천재 과학자다. 그의 상대성이론은 오랜 기간 물리학계를 지배해 온 고전적 뉴턴 물리학을 무너뜨리고 상대주의에 입각한 새로운 세계관을 제시했다. 그것은 절대주의에 반하는 새로운 인식론적 혁명이기도 했다. 그런 점에서 아인슈타인은 가히 코페르니쿠스적 혁명에 버금가는 엄청난 사회적 파장을 불러일으킨 장본인이었다.

그러나 이처럼 서구사회에 거대한 인식론적 혁명을 가져온 그의 상대성이론에 보이지 않는 공헌을 한 여성이 있었다. 그녀의 이름은 밀레바 마리치. 아이슈타인의 첫 번째 부인이었다. 비록 이들은 세 자녀를 낳고 이혼했지만, 그 후 노벨상을 받으며 위대한 과학자로 승승장구했던 아인슈타인에 비해 밀레바의 삶은 불행의 나락으로 떨어졌다는 점에 우선 주목할 필요가 있다.

물론 아인슈타인은 천재적인 두뇌의 소유자임에 틀림없다. 비록 그의 육신은 한 줌의 재가 되어 프린스턴 연구소 앞마당에 뿌려졌지만 그의 두뇌는 지금까지 소중하게 보관되고 있다. 그만큼 세상이 그의 두뇌에 대해 외경심을 지니고 있다는 증거다.

그러나 아인슈타인의 굴곡진 삶은 그의 두뇌만큼 명쾌하지는 못했던 것 같다. 그런 삶의 분기점이 되었던 사건이 바로 밀레바 마리치와의 만남이었다. 애당초 천재들에게 평범한 인격을 요구하는 것이 무리일지도 모른다. 그러나 이 두 사람의 기묘한 관계를 더욱 깊이 살펴볼수록 두뇌와 인격의 상호관계가 더욱 모호해짐을 절감하게 된다.

아인슈타인의 뇌와 정신

아인슈타인은 불과 30대 후반의 나이로 일반상대성이론을 발표함으로써 물리학계에 엄청난 지각변동을 일으켰다. 그리고 1921년 노벨 물리학상을 수상함으로써 그는 일약 세계적인 저명인사로 떠올랐다. 미국 체류 시절에 그는 길에서 자신을 알아보고 온갖 질문을 쏟아붓는 시민들에게 "죄송하지만 저는 아인슈타인이 아닙니다. 그런 오해를 자주 받습니다. 그럼 이만 실례."라고 대꾸하며 황급히 그 자리를 피했다고 한다.

우주 공간은 휘어 있다거나 시간은 공간의 일부이며 시간과 공간은 속도에 따라 뒤틀리고 관찰자의 위치에 따라 질량이 변한다는 등의 그의 주장은 물질과 시공에 대한 전혀 새로운 개념을 제시한 것이기에 일반인들로서는 난해하기 그지없는 이론일 수밖에 없었다.

물론 아인슈타인은 상대성이론을 통해 우주관에 일대 혁명을 일으켰지만, 세상은 그의 비상한 두뇌에만 관심을 두었을 뿐 아인슈타인이라는 사람 자체에 대해서는 거의 관심을 기울이지 않았다.

만약 그의 두뇌를 탐낸 나치 독일이 그의 신병을 확보하고 미국보다 선수를 쳐서 핵무기 개발에 그를 이용했더라면 인류의 역사는 파멸에 이르렀을지도 모른다. 그는 미국의 핵무기 개발에 직접적으로 참여한 사실은 없지만, 1939년 루스벨트 대통령에게 독일에서 은밀히 진행되고 있던 핵무기 개발의 위험성에 대해 귀띔을 해 주었고, 이를 계기로 미국은 본격적인 맨해튼 계획에 착수하기 시작한 것이다. 따라서 제2차 세계대전을 승리로 이끈 배경에는 아인슈타인의 보이지 않는 영향력도 결코 무시할 수 없다.

이런 점이 아인슈타인의 이율배반적인 모습이기도 하다. 비록 당시로서는 핵무기의 사용이 불가피했었다는 점을 그 역시 인정하고는 있으나 종전 후에는 핵 실험 및 핵무기 개발에 반대하는 반핵운동과 반전운동에 적극 참여하는 등 상호 모순된 입장을 보이기도 했기 때문이다.

이론물리학자로서 누구도 생각하지 못한 새로운 이론을 제시했던 아인슈타인이었지만 그의 놀라운 두뇌에서 나온 것은 과학이론뿐이 아니었다. 그의 정신세계는 일정한 고정관념 및 편견에서 벗어난 것이기에 그의 언행 역시 많은 사람들에게는 다소 엉뚱한 괴짜 천재 과학자라는 인상을 심어 주기에 충분했다.

단적인 예로 아인슈타인은 사회주의 세계정부를 지향하는 사해동포주의를 외쳤다. 그것은 국제연합의 수준을 능가하는 초국가적 조직을 의미하는 것이었으며, 모든 공격적 무기를 합법적으로 관장하는 범세계적 기구를 말하는 것이었다. 그러나 그의 발상은 너무도 비현실적인 제안이었을 뿐이다.

한때 아인슈타인은 프로이트에게 보낸 장문의 서한에서 인류는 항상 평화를 갈망하면서도 왜 그토록 끊임없이 전쟁을 벌여야만 하는지 의문을 표시하고 그에 대한 해답을 요구하기도 했다.

이에 대한 프로이트의 응답은 『왜 전쟁인가?』에 잘 드러나 있다. 물론 프로이트는 아인슈타인과 마찬가지로 모든 전쟁에 반대한다고 하면서도 모든 폭력과 살상의 주된 동기를 이루는 공격성의 문제는 손쉽게 극복될 성질의 것이 아니라고 하면서, 그 어떠한 종교적 이상이나 정치적 이념에서 주장하듯이 인간 공격성의 본질은 그렇게 간단히 사라지는 것이 아니라는 회의적인 태도를 보였다.

평화주의에 기초한 세계정부론에 대한 아인슈타인의 오랜 노력은 별다른 성과를 거두지 못한 게 사실이다. 비록 자신의 명성에 힘입어 대중의 관심을 끌기는 했으나 정작 실권을 쥐고 있는 정치가들에게는 마이동풍이었을 뿐이다. 자신의 그런 실패를 인정했음인지 그는 '정치는 순간을 위한 것이지만 방정식은 영원을 위한 것'이라는 유명한 말을 남기기도 했다.

그는 나치즘과 공산주의를 모두 비판했지만, 그렇다고 해서 자본주의 사회를 이상적인 형태로 본 것도 아니었다. 그에게 자본주의 역시 이상적인 사회로 가는 과정에서 극복되어야만 할 그 무엇이었던 것이다. 아인슈타인은 1949년 '왜 사회주의인가?'라는 글을 기고하여 자본주의 사회는 반드시 극복되어야만 할 악의 근원으로서 인류 발전의 예비적 단계에 불과할 뿐이라는 견해를 밝혔다. 그런 점에서 아인슈타인이 1950년대 미국을 휩쓴 매카시즘 선풍에 휘말리지 않은 것은 실로 천만다행이라 하겠다. 당시 그는 이미 고인이 되어 있었다.

영광의 뒤안길

아인슈타인은 실로 괴짜였다. 물론 아인슈타인의 특이한 성격과 행동은 그의 천재적인 두뇌와 별개의 문제라 하겠다. 잘 알려져 있듯이 천재들은 일반인들에 비해 갈등의 소지가 더욱 많은 법이다. 그러나 아인슈타인은 그렇지 않았다. 그는 쓸데없는 일로 고민하고 갈등하는 그런 타입의 사람이 결코 아니었다. 오히려 그 어떤 곤경이나 시련에도 결코 낙담하지 않고 항상 쾌활하고 익살스럽기까지 했던 면모에서 그의 낙천적인 기질을 엿볼 수 있다.

그는 음악을 사랑했으며, 피로를 풀 때는 항상 바이올린을 연주하곤 했다. 특히 그의 기발한 창의적 사고와 이론은 그의 좌뇌에서 나온 것이겠지만 적어도 음악에 심취했을 때만은 우뇌의 기능에 의존했을 법하다. 그는 그렇게 좌우 뇌의 기능에 균형을 맞추며 살았던 것으로 보인다.

어린아이 같은 천진성도 그만의 독특한 장점으로 꼽힌다. 물론 아이들은 책임감 같은 것에 구애받지 않는다. 미국의 아이다호 주립대학교 물리학 교수였던 배리 파커는 아인슈타인의 순진무구함에 대해서 뇌 아이(Brainchild)라는 표현을 썼는데 이는 매우 적절한 표현으로 들린다. '뇌 아이'란 천재적인 두뇌를 가진 아이라는 뜻이다. 그는 상대성이야말로 아인슈타인으로 하여금 모든 과업을 용이하게 이끌게 했던 근원적인 힘이었다고 인식했다. 무책임성과 상대성은 아인슈타인의 삶을 가장 집약적으로 나타내는 일종의 화두라 해도 지나친 말은 아닐 듯싶다. 그는 전혀 인습에 얽매이지 않는 철없는 아이처럼 살았기 때문이다.

정신분석가들도 그와 비슷한 용어를 사용하기는 한다. 다만 정신분석가들이 말하는 뇌 아기(Brain Baby)란 성인이면서도 심리적으로는 미숙하고 퇴행적인 상태에 있는 경우를 의미하는 것으로, 인간의 마음속에 자리 잡고 있는 어린 시절의 흔적을 비유적으로 가리키는 용어라 하겠다.

아인슈타인은 다소 엉뚱한 측면들이 많았던 게 사실이다. 모자를 쓰는 법이 없었으며, 항상 헝클어진 머리로 돌아다니고 아무 데서나 주위 시선에 아랑곳하지 않고 휘파람을 불거나 노래도 불렀다. 그는 어릴 때부터 어떤 규율이나 규칙에 얽매이는 것에 질색한 사람이다. 따라서 그는 항상 자기가 하고 싶은 일만 했으며 일단 자기가 옳다는 확신이 들면 그 누구의 말도 듣지 않는 고집불통이었다. 그러니 정작 그 자신은 몹시 행복했을 것이다.

그는 스스로 말하기를, 자신은 그 누구에게도 그리고 아무것도 기대하지 않기 때문에 행복하다고 했던 사람이다. 어떻게 보면 매우 나르시시즘적 자기만족에 빠져 살았던 것으로 보이기도 한다.

따라서 그런 그에게 타인의 입장을 고려하거나 이해하기를 기대한다는 것은 더욱 힘든 일이었을지도 모른다. 마치 부모의 말을 듣지 않고 제멋대로 구는 아이처럼 그는 그 어떤 질서도 혐오했다. 그에게 질서란 사물을 생각하고 탐구할 때만 필요한 것이었고 일상생활과는 무관한 것이었다. 번거로운 규칙을 지키며 산다는 것은 인생을 더욱 복잡하게 만들 뿐이라는 게 그의 신조였기 때문이다.

그의 삶에는 단 두 가지의 좌우명만이 있었는데, 그것은 규칙을 절대로 만들지 말 것, 그리고 다른 사람의 의견에 좌우되지 말 것이었다. 그런 그에게는 상대성이론보다 야구 규칙을 이해하는 일이 더욱 불가능했을 것이다. 그는 자신의 상대성이론을 미인과 난로의 경우에 비유했다. 미인 곁에 있으면 1시간도 1분처럼 느껴지지만, 뜨거운 난로 앞에 앉아 있으면 1분이 1시간만큼이나 길게 느껴지는데 바로 그것이 상대성이라는 것이었다.

한번은 아인슈타인이 채플린과 만난 자리에서 그가 채플린의 예술에 대해 극찬을 아끼지 않자, 채플린이 대답하기를, "당신은 나보다 훨씬 더 위대합니다. 이 세상에서 아무도 당신의 이론을 이해하지 못하는데도 당신은 그 누구보다 유명하지 않습니까?"라고 했다고 한다.

물론 아인슈타인은 성격적으로 큰 문제는 보이지 않은 것으로 보인다. 다만 그는 어릴 때부터 매우 강박적인 성향을 보이기는 했다. 그는 한 가지 문제에 마주치면 그 해답이 풀릴 때까지 결코 포기하는 법이 없었다. 따라서 그는 학교에서도 선생이 질문하면 얼른 대답을 하지 못했다. 올바른 답을 고르기 위해 너무 많은 생각을 해야만 했기 때문이다. 그러다가 어떤 문제를 해결하게 되면 그는 너무나 기뻐서 깡충거리며 혼자 뜀뛰기를 하곤 했다.

실제로 그는 태어나서 말을 배우기 시작할 때도 그 시간이 너무 더디어 부모의 애를 끊게 만들기도 했었다. 그러나 그의 집중력과 고집 그리고 끈기를 말릴 사람은 아무도 없었다. 그가 그토록 다니기 싫어했던 김나지움은 라틴어와 그리스어를 특히 강조했는데 그는 언어 공부를 유독 싫어했다. 그나마 라틴어는 논리적이라는 이유로 다른 언어만큼 싫어하지는 않았다.

아인슈타인은 여러 다양한 문제를 설명할 때도 흔히 아동의 입장에 견주어 비유하기를 즐겼다. 예를 들어, 자신의 신앙 문제에 대해서 설명할 때도 그는 스스로를 무신론자도 범신론자도 아니라고 하면서 그것을 각기 다른 언어로 쓰인 수많은 책들로 가득 찬 거대한 도서관에 들어선 꼬마의 입장에 비유했다. 아이는 그 많은 책들이 누군가에 의해 쓰인 사실에 대해서는 분명히 알고는 있으나 다만 그 내용을 모르는 것과 같다는 식의 비유다.

그것은 곧 신을 향한 인간의 태도를 의미한 것이기도 하다. 아이들은 알 수 없는 수수께끼로 가득 찬 미지의 세계에 대한 두려움도 많지만 호기심과 동시에 동경심도 갖기 마련이다. 아인슈타인이 보기에 인간은 그와 같은 동심의 수준에서 크게 벗어나지 않은 것으로 판단했는지도 모른다.

그는 말하기를, 이 세상에는 끝없이 이어진 무한대의 것이 두 가지 존재하는데 그것은 바로 인간의 어리석음과 우주 자체라고 하였다. 물론 그가 말한 어리석음이란 탐욕에 물든 나머지 사물을 제대로 관찰하지 못하는 인간의 편협한 사고방식을 질타한 것이겠지만, 소외당하고 핍박받은 유대민족의 일원으로서 그가 겪은 수모와 굴욕적인 삶의 체험과도 무관하지 않을 것이다.

실제로 그는 일생 동안 여러 나라를 전전하며 살았다. 비록 위대한 과학자였지만 그 역시 떠돌이 유대인의 운명에서 결코 예외가 될 수 없었다. 이처럼 여러 국적을 거치면서도 의외로 그는 자신의 정체성을 잘 유지하며 살았다. 어려서 학교를 다닐 때도 반에서 그는 유일한 유대인 아이였다. 따라서 친구들과 잘 어울리지도 않았을 뿐만 아니라 항상 외톨이로 겉돌면서도 자신의 진정한 정체성에 대해 골몰하기도 했다. 그러나 그의 부모는 그렇게 독실한 유대교도가 아니었으며 자녀들에게 유대인의 전통을 강요하지도 않았다. 처음에는 아인슈타인도 그런 집안 분위기에 잘 따랐으나 김나지움에 다니며 유대교에 대한 지식을 접하게 되면서 유대 전통에 따르지 않는 가족들을 비난하기도 했다. 그러다가 갑자기 유대교에 대한 관심이 시들해졌다. 종교에 대한 관심이 과학으로 바뀐 것이다.

그의 아버지 헤르만은 덥수룩한 수염에 프러시아 장교를 연상시키는 매우 근엄해 보이는 인상의 소유자였지만 실제로는 매우 자상하고 친절한 남성이었다. 반면에 그의 어머니 파울리네는 키가 크고 당당한 체격에 매우 강인한 성격의 여성으로, 한마디로 말해서 대가 매우 센 여장부 스타일의 여성이었다. 하지만 음악을 몹시 좋아해서 피아노를 잘 쳤으며, 아들이 다섯 살이 되자 바이올린을 배우게 했는데 그녀의 영향으로 아인슈타인은 일생 동안 바이올린 연주를 즐겼다. 그러나 어머니는 어릴 때부터 아들에게 잔소리를 퍼부으며 몹시 성가시게 굴었기 때문에 이들 모자 사이는 항상 부딪치기 일쑤였으며 그런 관계는 일생을 두고 변함이 없었다.

그런데 그토록 지겨운 어머니였음에도 불구하고 그 아들 역시 성장한 이후에는 어머니와 비슷하게 매우 고집스럽고 집념이 강한 성격으로 변해 갔다. 분석적으로 말하자면 일종의 적대적 동일시에 해당되는 현상인데, 아인슈타인은 그래서인지는 몰라도 의외로 어머니의 성격을 많이 닮은 밀레바에게 처음 이끌린 것 같다.

아인슈타인이 한 살 반이 되었을 때 누이동생 마야가 태어났는데 성인이 되어서는 일생 동안 친밀한 관계를 유지하긴 했지만 어릴 때는 동생을 미워하고 함부로 대했다. 그가 다섯 살 무렵에 마야는 세 살 정도였는데 그는 누이동생을 향해 볼링공을 내던지고 장난감 괭이로 그녀의 머리를 때리기도 했다. 질투심에서 비롯된 적대감의 표현이었던 셈이다.

그의 난폭성은 여기에 그치지 않았다. 어머니는 어린 아들에게 개인교사를 붙여 가르치게 했지만 그는 여선생에게 의자를 내던지고 그 뒤를 쫓기도 했다. 그래도 어머니는 포기하지 않고 다른 선생을 붙여 주었다. 누가 이기나 한번 붙어 보자는 마음이었을 것이다.

이처럼 고집 센 어머니도 남편이 일찍 세상을 떠나자 친정집에 얹혀살다가 제1차 세계대전이 한창일 때 암에 걸려 스위스 요양원에 들어갔는데, 당시 밀레바와 이혼하고 사촌인 엘자와 재혼한 아인슈타인이 그녀를 베를린으로 모셔간 직후 세상을 떠났다.

엘자는 전처 밀레바와는 달리 비록 아인슈타인의 학문에는 일체 관심도 없고 알지도 못했으나 마치 철없는 어린아이처럼 구는 남편의 뜻을 잘 이해하고 따라 준 것으로 보인다. 그에게 진정으로 필요했던 것은 자신을 돌봐 주는 자상한 어머니 역할이었지 밀레바와 같은 머리 좋은 여성의 조언이 아니었던 것이다. 그는 누구의 조언도 귀담아 듣지 않는 타입이었기 때문이다.

두 아내와 누이동생 모두가 세상을 떠난 후 홀로 남은 아인슈타인은 통일장이론의 완성에 전념하다가 1955년 때마침 이스라엘 건국 7주년을 기념하는 TV 프로그램에 출연하기 직전에 장출혈로 쓰러져 세상을 떠났다. 그는 죽을 때까지도 유대인으로서의 자기 정체성을 결코 잊지 않았던 것이다.

밀레바의 비극

밀레바 마리치(1875~1948)는 세르비아 출신의 여성 과학도였다. 당시로서는 수학 및 물리학계에서 활동하는 여성이 거의 없던 시절이었다. 그녀는 비교적 부유한 집안에서 맏딸로 태어났지만 선천성 고관절 탈구로 평생 다리를 절어야 하는 장애인이었다. 그러나 머리만은 매우 명석했다. 자녀에 대한 교육열이 높았던 아버지는 머리 좋은 딸을 일찌감치 스위스로 유학 보냈다. 아버지의 적극적인 격려에 힘입어 그녀는 취리히에서 고등학교 과정을 마치고 취리히 대학교에 입학해 처음에는 의사가 되기 위해 의학부에 들어갔지만 도중에 진로를 바꾸어 취리히 공과대학에 들어갔다.

특히 그녀는 수학에 뛰어났는데 그곳에서 자신보다 네 살 연하인 아인슈타인을 만나 서로의 천재성에 반하게 된다. 그러나 아인슈타인과 열애에 빠지면서 그녀는 학업에 소홀해지게 되었으며 그 결과로 교사 자격시험에도 실패하고 말았다. 더욱이 그녀가 임신하게 되면서부터는 두 번째 시험에도 계속 낙방하게 되면서 그녀의 학문적인 경력 또한 초반부터 흔들리기 시작했다.

실의에 빠진 그녀는 남몰래 부모가 있는 세르비아로 돌아가 딸을 출산하고 취리히로 돌아왔지만 아기는 부모에게 맡긴 채였다. 어쨌든 변방의 소수민족인 세르비아 출신에 혼전 임신 문제까지 생겼으니 아인슈타인의 부모가 결혼을 극구 반대한 것은 당연한 일이었다. 그러나 결국에는 아들의 설득에 밀려 마지못해 혼인을 인정했다.

그러나 이들의 결혼은 출발부터 문제가 많았다. 더욱이 혼전 임신으로 낳은 사생아 딸의 행방은 지금도 수수께끼로 남아 있다. 여기에는 많은 추측들이 난무하지만 신기하게도 그 딸의 존재에 대해서는 어디에도 그 기록이 남아 있지 않다. 마치 갑자기 증발해 버린 외계인처럼 그녀의 행방은 아무도 찾을 수가 없게 된 것이다.

다만 그 행방에 대해 수년간 집요하게 추적한 바 있는 작가 미셸 자크하임의 결론에 의하면, 리제를로 알려진 그 딸은 밀레바의 친정인 세르비아 농가에서 태어난 직후 심한 저능아 상태임이 밝혀졌으며 그것도 성홍열에 걸려 오래 살지 못하고 죽었다는 것이다. 그의 저서에서 자크하임은 누구나 인정하는 위대한 과학자 아인슈타인을 형편없는 이기주의자요 무례한 독재자이며 무책임한 남편으로 다루고 있다.

더군다나 자크하임은 뚜렷한 증거도 없이 리제를의 죽음이 아인슈타인에게서 옮은 매독균 때문이었다고 추정했는데, 이는 너무 지나친 억측으로 보인다. 실제로 아인슈타인이 밀레바에게 보낸 편지에 따르면, 그는 다음과 같이 적고 있다. "딸은 건강하고 제대로 울고 있소? 딸에게 사랑을 듬뿍 보내오. 아직 그녀를 보지는 못했지만." 이런 점으로 미루어 볼 때 밀레바는 정확한 진상을 아인슈타인에게 알리지 않은 것으로 보인다. 정상이 아닌 아기를 데리고 취리히로 돌아갈 수는 없다고 판단했는지도 모른다. 또 다른 편지에서 아인슈타인은 갓 태어난 딸이 성홍열에 걸린 사실도 알고 있었음이 드러난다.

그러나 또 다른 소문에 의하면 아인슈타인의 딸은 밀레바의 가까운 친구 헬레네 사비치에게 입양되어 세르비아에서 컸으며 조르카 사비치라는 이름으로 1990년대까지 살았다는 주장도 제기된다. 실제로 사비치는 태어날 때부터 장님인 딸을 키운 적이 있다. 그러나 그 딸이 밀레바의 아기일 가능성은 희박한 것으로 보인다. 어쨌든 아인슈타인과 밀레바는 그 후 리제를의 존재에 대해 그 어떤 언급도 하지 않았다.

결혼 후 밀레바는 두 아들 한스와 에두아르트를 낳았는데 장남 한스는 건강하게 잘 커서 30대 중반에 미국으로 건너가 버클리 대학교의 수공학 교수로 있었으며 1973년 69세의 나이로 사망했다. 그는 어머니를 따라 세르비아 정교를 믿었다. 장남 한스의 아들 버나드 아인슈타인 역시 물리학자가 되었으며 2008년 사망했다.

그러나 차남 에두아르트는 정신과 의사를 꿈꾸며 의대를 다니다가 20세 때 정신분열증에 걸림으로써 여러 차례 정신병원을 드나들었으며 밀레바는 죽을 때까지 이 아들을 돌보느라 정신적 고통이 더욱 컸다. 결국 평생을 정신병원에서 보낸 에두아르트는 1965년 뇌졸중을 일으켜 55세의 나이로 사망했다. 아인슈타인은 일생 동안 한 번도 그 아들을 방문한 적이 없었다. 이런 사실을 두고 그를 매우 비정한 아버지로 보는 견해도 있다. 더욱이 첫딸을 포함해 작은아들 문제로 항상 마음이 편할 수 없었던 밀레바 입장에서는 더욱 그랬을 법하다.

어쨌든 천재적인 부모 밑에서 지능이 떨어지거나 정신병을 앓는 자식들이 나왔다는 사실이 매우 이율배반적으로 들리기도 하지만, 아인슈타인이 불쌍한 처자식을 버린 것은 부인할 수 없는 사실이다. 그것도 한때는 자신을 도와 상대성이론을 완성하는 데 큰 힘이 되어 주었던 밀레바를 배신한 것은 돌이킬 수 없는 오점으로 남는다. 그러나 이 부분에 대해서도 논란이 많다.

물론 일부에서는 아인슈타인에 못지않은 천재 물리학자로서 밀레바가 그의 이론 성립 과정에 공헌했음을 부각시키며 학문적 명성을 혼자 독차지한 아인슈타인을 비난하는 견해도 없는 것은 아니다. 그러나 아인슈타인의 몇몇 초기 논문에 밀레바와 공동저자 명의로 발표된 내용들이 일부 있는 것이 사실이지만, 밀레바의 역할은 극히 미미한 것에 불과했다고 보는 것이 권위 있는 사가들의 일치된 견해다.

다만 아인슈타인과의 불행한 결혼으로 인해 앞길이 창창한 물리학자로서 발전할 수도 있는 그녀의 재능이 아깝게 사장된 점은 안타까운 일이라 하겠다. 그러나 두 사람 모두 자존심이 매우 강한 고집쟁이들로서 서로에게 한 치의 양보도 보이지 않았다는 점은 그 누구도 말리기 어려운 일이었을 것이다.

처자식에게서 마음이 떠나 있던 아인슈타인은 1914년 베를린으로 가면서 사실상 별거상태에 들어선 것이나 마찬가지였지만, 그 이전에 이미 그의 사촌 엘자와 긴밀한 관계에 있었다. 천재의 두뇌에는 초자아 발달센터가 제대로 존재하지 않는 것일까. 그러나 어쨌든 취리히의 버거운 짐에서 벗어난 그에게 베를린은 자신의 꿈을 이루게 해 줄 희망의 도시였다. 그의 상대성이론이 과학적으로 입증된 1919년 우리 한반도는 3·1 만세운동으로 전국이 피 터지는 함성으로 진동하고 있을 무렵이었다. 바로 그 시점에 아인슈타인의 명성은 하늘을 찌를 듯이 솟아오르고 있었다. 그의 삶에 있어서 가장 찬란한 황금기를 맞이한 것이다.

그러나 이 시기에 때맞추어 그는 느닷없이 밀레바에게 이혼을 요구했다. 예기치 못한 이혼 요구에 밀레바는 당혹감을 떨칠 수가 없었지만 그의 태도는 단호했다. 결국 이들 사이에 협상이 이루어져 이혼이 성립되고 그 후 아인슈타인은 곧바로 엘자와 재혼해 버렸다.

1921년 노벨 물리학상을 수상한 아인슈타인은 그 상금을 밀레바와 두 아들에게 나누어 주고 경제적 지원도 계속했지만, 1933년 독일에 나치정권이 들어서게 되자 재혼한 아내 엘자와 함께 미국으로 이주하게 되면서 한동안 그의 지원도 끊어져 버렸다. 밀레바는 그 상금으로 집을 세 채 구입했지만, 정신병을 앓는 아들의 입원비를 대기 위해 그중 두 채를 팔았으며 그녀가 살던 집도 나중에 아인슈타인 명의로 소유권을 이전시켰다. 그나마 남은 재산을 보호하기 위해서였다. 그녀는 이처럼 생활고에 시달리는 가운데 생계유지를 위해 수학교사 일을 계속했으나 정신적 스트레스로 매우 지친 상태였다. 더구나 말년에는 반신불수의 몸이 되어 누구도 관심조차 두지 않는 외로운 상태에서 1948년 72세 나이로 아인슈타인보다 먼저 세상을 떠났다. 그 이후로 그녀의 존재를 기억하는 사람은 아무도 없었다. 밀레바는 사람들의 기억에서 완전히 사라진 존재가 되어 버린 것이다.

여성 입장에서 본다면 천재 물리학자 아인슈타인은 그야말로 몹쓸인간이다. 그러나 원래 그는 잘 알려져 있다시피 기인적인 행보로 유명한 괴짜였으며, 어려서부터도 매우 제멋대로인 성격으로 어느 누구의 말도 듣지 않는 고집쟁이였다. 그는 특히 잔소리꾼인 어머니의 간섭에 심하게 반발했다. 그가 성인이 되어 그 어떤 규칙에도 질색하며 제멋대로 살았다는 점을 생각하면 우주의 질서를 연구하는 물리학의 대가로 성공할 수 있었다는 사실이 믿어지기 힘들 정도다.

그러나 항상 완전한 답을 만들어 내고자 하는 그의 강박적인 성향은 어릴 때부터 지닌 특성이기도 했다. 그것이 그의 실생활에서는 전혀 반대의 모습으로 나타난 것일 뿐이다. 질서와 무질서 사이에서 그는 외줄타기를 한 셈이다. 게다가 그의 나르시시즘은 밀레바와 그녀의 두 아들에 대한 매우 무심한 태도를 통해서도 엿볼 수 있지만, 상대의 고통에 대한 그런 지독한 둔감성은 오히려 보편적인 인류애와 사해동포주의로 승화되어 나타나기도 했다. 그의 장난기 어린 많은 언행들은 자신의 내면적 혼란과 갈등을 희석시키고자 하는 일종의 긴장해소제 역할을 했던 것처럼 보이기도 한다.

그는 매우 순발력 있게 자신의 곤경을 잘도 피해 나간 인물이었지만, 좋게 말해서 어린아이다운 순수성을 그대로 유지하며 살았던 인물이기도 했다. 그 어떤 책임도 주어지지 않는 어린 시절이야말로 지나고 보면 얼마나 편하고 좋은 시절인가.

따라서 아인슈타인은 천재적인 두뇌를 지니고도 마치 어린아이 같은 심성으로 일생을 보낸 매우 특이한 성격의 인물로 보인다. 그리고 이처럼 비상한 두뇌와 때묻지 않은 순수한 동심의 결합이야말로 그의 과학적 위업의 토대가 된 것일지도 모른다. 그는 매우 순수하고도 착한 심성의 소유자였지만 세속적인 틀에 얽매여 살기를 거부한 사람이었다. 다만 처자식을 제대로 돌보지 않았던 점은 그의 유일한 약점으로 남는 부분이기도 하지만 그가 이룩한 위대한 학문적 업적과 사상에 비하면 그것은 옥에 묻은 티를 문제 삼는 일이 될지도 모른다.

16 니진스키와 이사도라 덩컨

한 시대를 풍미했던 춤의 달인이자 천재적인 무용가 니진스키와 이사도라 덩컨의 불꽃같은 열정과 화려했던 명성에 비해 정작 그들의 생애는 고통과 불행으로 점철된 것이었다. 특히 니진스키는 생의 절반에 해당하는 30년 세월을 정신분열증과의 투병으로 허비하는 바람에 어느 날 갑자기 무대 위에서 흔적도 없이 사라져 버렸다. 반면에 이사도라 덩컨은 세상의 그 어떤 권위와 인습에도 얽매이지 않는 반항아로서 매우 자유분방한 삶을 살았으나 두 아들을 사고로 잃고 난 후에는 갑자기 삶의 의욕을 잃고 절망감에 빠졌다가 교통사고로 숨지고 말았다.

두 사람은 세계 무용사에 한 획을 그었던 전설적인 존재로 기억된다. 니진스키는 남자 무용수의 위치를 격상시켰을 뿐 아니라 초인적인 도약 실력을 보여 준 장본인이기도 했으며, 덩컨은 탁월한 여자 무용수로서 전통적인 발레의 틀을 깨고 무대 위를 맨발로 뛰는 실로 자유로운 표현양식을 보여 줌으로써 현대무용의 효시가 되었다.

니진스키의 열정과 광기

바슬라브 니진스키(1890~1950)는 폴란드계 러시아인으로 우크라이나의 키예프에서 태어났다. 그의 부모는 두 사람 모두 폴란드인으로 당대에 명성을 떨친 무용가였다. 특히 아버지는 도약에 뛰어난 솜씨를 보였다. 그러나 당시 폴란드는 러시아의 지배를 받고 있었기 때문에 폴란드어를 배우고 사용할 수조차 없었다.

아버지는 어린 니진스키를 포함해 형 스타니슬라브와 누이동생 브로니슬라바에게 일찍부터 발레를 가르쳤다. 니진스키의 누이동생 역시 그 후 성장해서 안무가로 성공했다. 불행히도 형 스타니슬라브는 청소년기에 이미 정신질환을 앓았기 때문에 중도에 포기하고 말았다. 그러나 니진스키는 어려서부터 무용에 재능을 보여 9세 때 이미 성 페테르스부르크의 제국발레학교에 들어갔으며, 16세가 되자 마린스키 극장에 입단할 만큼 그 실력을 인정받았다.

그의 뛰어난 발레 솜씨는 당시 러시아 무용계의 실력자 디아길레프와의 만남을 통해 더욱 빛을 발하기 시작했다. 러시아 발레를 세계 톱 클라스의 수준으로 정착시킨 디아길레프는 실질적인 무용계의 황제였다. 그러나 디아길레프는 동성애자였으며 그와 니진스키는 곧 연인 사이로 발전했다. 니진스키는 자신이 성공하기 위해서는 어차피 디아길레프의 신세를 질 수밖에 없다는 판단하에 어쩔 수 없이 그의 연인 노릇을 마다하지 않은 것이다.

그리고 이들이 안나 파블로바와 함께 합작으로 이루어 낸 1909년의 파리 공연은 기대 이상으로 대성공을 거두어 니진스키의 명성을 국제적으로도 널리 알리는 계기가 되었다. 그러던 중 1913년 남미 순회공연 길에 오른 디아길레프 발레단은 모처럼 장거리 여정에 올랐는데, 때마침 디아길레프가 바다를 무서워해서 동행하지 못하는 바람에 니진스키의 삶은 결정적인 분기점을 맞이하게 되었다. 왜냐하면 남미로 가는 선상에서 그는 자신의 열렬한 팬인 헝가리 여성 로몰라의 적극적인 구애에 이끌린 나머지 부에노스아이레스에서 그녀와 전격적으로 결혼식을 치렀기 때문이다.

그러나 니진스키는 사실 로몰라에 대한 뜨거운 사랑 때문에 그처럼 돌발적인 결혼을 실행했다기보다는 디아길레프에게서 벗어나고픈 동기가 더욱 컸을지도 모른다. 그것은 그 자신이 쓴 일기에서 제공한 단서를 통해서도 유추해 볼 수 있는 부분인데, 그는 일기에서 분명한 어조로 밝히지는 않고 있지만 자신의 결혼이 올바르지 못한 이유에서 비롯된 것으로 고백하고 있기 때문이다. 그러나 한편으로는 니진스키의 광적인 팬이었던 로몰라가 그와 결혼하기 위해 계획적으로 접근했다는 주장도 있다.

어쨌든 그의 결혼소식을 접한 디아길레프는 격분한 나머지 곧바로 니진스키를 해고했으며 그 후 독립을 선언한 니진스키의 앞길을 가로막는 데도 혈안이 되었다. 그만큼 디아길레프는 자신을 배신한 니진스키에 대해 철저하게 복수를 한 셈이다. 그리고 실제로 디아길레프와 결별한 이후 니진스키는 점차 몰락의 길을 걷기 시작했다.

니진스키는 그리스 조각처럼 아름다운 외모와 몸매를 지니고 있었다. 그러나 그토록 아름다운 외모의 소유자였던 니진스키는 안타깝게도 지독한 나르시시스트였다. 자신의 용모에 반한 나머지 연못 속에 뛰어들어 생을 마감했던 나르시스처럼 그 역시 정신분열증이라는 깊은 연못 속에 빠져 일생 헤어나지 못하고 말았는데, 자신을 신으로 여긴 그의 과대망상은 나르시시즘이 도달할 수 있는 최고의 정점을 이루는 상태이기도 하지만, 평소의 니진스키는 매우 소심하고 내성적인 성격의 소유자로 조그만 일에도 쉽게 상처받는 매우 유약한 인물이었다.

제1차 세계대전 중에 그는 부인과 함께 헝가리에 억류당하는 신세가 되었다. 교전 상대국의 시민이라는 이유에서였다. 1916년 그는 〈틸 오일렌슈피겔〉의 공연을 마지막으로 무대에서 완전히 자취를 감추고 말았다. 그 무렵 니진스키는 이미 정신분열증 초기 증세를 보이기 시작한 것이다.

갈수록 증세가 심해지자 1919년 부인 로몰라는 니진스키를 스위스 취리히로 데리고 가 당대 최고의 정신과 의사로 알려진 오이겐 블로일러에게 치료를 의뢰했다. 그가 남긴 일기는 바로 이 시기에 쓴 것이다. 입원하기 직전 6주간에 걸쳐 쓴 일기에서 그는 자신이 신이라고 주장하는가 하면, 신의 음성을 듣기도 하고, 주변에서 들리는 소음이나 전화 벨소리, 발소리, 대화소리 등도 모두 자신과 관련된 것으로 인식하는 경향을 보인다. 그는 스스로를 신으로 규정하되 감정적으로만 신이라고 주장했다. 감정과 사고의 분리를 엿볼 수 있는 대목이다.

로몰라는 이 일기를 니진스키가 죽고 난 후에도 여러 해 동안 보관만 하고 있다가 그 후 어렵게 출판을 허락했지만, 정작 중요한 부분은 모두 삭제한다는 조건하에서였다. 이때 삭제된 내용은 동성애 관련 부분, 과대망상적 내용, 신체기능 및 성행위와 관련된 그의 기이한 강박적 사고들에 관한 내용이었다. 따라서 무삭제 원본이 출간된 것은 관련 인물들이 모두 세상을 떠난 이후인 1999년에 이르러서였으니 일기가 쓰인 지 꼭 80년 만의 일이었다.

물론 사람들은 그의 일기에서 사랑과 예술에 대한 무한대의 열정을 읽어 내고 흔히들 그것을 예술적 광기라는 표현으로 미화시키기도 한다. 그러나 중요한 점은 그 열정이 아무리 뜨겁다 할지라도 정신병 상태에 일단 빠져 버린 후에는 그 누구도 두 번 다시 무대 위에서 그의 모습을 찾아볼 수 없었다는 사실에 있는 것이다. 그러나 자신이 미쳤음을 아내에게 가서 실토하라는 신의 음성을 들었다는 대목에 이르면 그 자신도 스스로가 미쳐 가고 있음을 어렴풋이 감지하고 있었던 것 같다.

혹자들은 이 부분을 두고 그가 결코 미친 것이 아니라는 증거라고 우기기도 하는데, 일례를 들어 "사람들이 교회에 가서 포도주를 마시며 그것이 그리스도의 피라고 믿고 있지만, 그 피를 마셔도 취하지 않고 오히려 정신이 맑아지는 이유를 무슨 수로 바보에게 설명해 줄 수 있단 말인가?"라는 대목을 두고 실로 그만의 예리한 종교적 감수성을 느끼게 해 준다고까지 주장되기도 한다. 그러나 자세히 보면 그는 상징적 비유와 실제로 일어난 행위 자체의 차이를 구분하지 못하는 일종의 '구체적 사고'의 경향을 보이고 있음을 알 수 있다.

일찍이 프로이트는 슈레버 판사 증례를 통해 편집증적 정신병의 발병이 잠재적인 동성애 경향과 관련된다고 주장함으로써 후대의 정신과 의사들에게 비웃음을 사기도 했지만, 니진스키의 경우에는 그의 주장이 전혀 허튼소리가 아닐 수도 있다.

디아길레프와의 동성애 관계는 물론 마지못해 응한 것이라는 주장도 있으나 특히 성적인 관계에 있어서 강요된 동성애란 현실적으로 그렇게 용이한 일이 아님에 틀림없다. 적어도 감금된 상태가 아니라면 말이다.

니진스키로서는 디아길레프를 배신했다는 죄의식과 더불어 그로 인해서 배신감에 치를 떤 디아길레프가 자신의 앞길을 가로막고 더 나아가 무용계에서 자신을 철저히 매장시키려 들었다는 사실에 극도의 피해의식에 사로잡힌 것으로 보인다. 더욱이 그는 디아길레프에게서 벗어나기 위해 마음에도 없는 결혼을 선택함으로써 자신의 부인에게도 일말의 죄의식을 지니고 있었을지도 모른다.

일과 사랑 사이에서 도저히 빠져나갈 구멍이 없다고 느낀 니진스키는 그야말로 사면초가에 둘러싸인 셈이었다. 도망갈 구멍을 찾지 못한 그는 결국 모든 현실에서 도피하기 위한 극약 처방으로 자신의 내면 깊숙이 달아나 버린 것이다. 그곳은 바로 망상과 환청으로 자신을 보호하는 정신분열의 세계였던 것이다.

그를 치료한 스위스의 정신과 의사 블로일러는 정신분열증이라는 병명을 만든 장본인으로 정신의학계에서는 세계적인 명성을 지닌 학자이기도 했다. 더욱이 니진스키는 긴장형 정신분열증이었다. 긴장형 정신분열증은 하루 종일 꼼짝도 하지 않는 것이 주된 증상이며, 말도 하지 않을 뿐 아니라 먹지도 않고 심한 경우에는 대소변을 흘리며 눈도 깜박이지 않는 극단적인 거부증을 보이는 것이 특징이다. 마치 죽은 사람처럼 꼼짝도 않는 것이다. 이는 곧 극도의 두려움에 휩싸인 심리상태임을 반영하는 것이다.

새처럼 무대 위를 펄펄 날아오르던 그가 이처럼 부동의 상태에 빠졌다는 것은 실로 기묘한 일이 아닐 수 없다. 그러나 아무리 대가로 소문난 블로일러라 할지라도 치료에는 별다른 대책이 있을 수 없었다. 당시는 항정신병 약물이 존재하지 않았기 때문이다. 정신분열증에 특효를 보인 클로르프로마진이 발명된 것은 니진스키가 죽고 난 직후였다.

어쨌든 니진스키는 그 후로도 계속 증세의 차도를 보이지 않아 정신병원과 요양소를 여기저기 전전해야 했다. 그가 무대 위에서 완전히 그 모습을 감춘 것은 그의 나이 30세 때였으니 그 후 30년간 죽을 때까지 단 한 차례도 춤을 출 수 없었다. 니진스키는 생후 10년간은 무용을 배우고, 그 후 10년간 전설적인 무용수로 명성을 날리다가 나머지 30년은 정신병원을 전전하며 생을 허비하고 만 것이다.

그는 런던의 한 요양소에서 최후를 마쳤다. 향년 60세였다. 그의 아내 로몰라는 1978년에 세상을 떠났으며, 그의 딸 키라는 그 후 지휘자 이고르 마르케비치와 결혼했지만 곧 이혼했다. 그녀는 그 유명한 아버지의 춤을 한 번도 본 적이 없다. 왜냐하면 그녀가 겨우 말을 배우기 시작할 무렵에 이미 그녀의 아버지는 정신분열증에 빠져 있는 상태였기 때문이다.

맨발의 이사도라

이사도라 덩컨(1877~1927)은 미국 샌프란시스코 태생이다. 그녀는 은행가인 아버지 조셉 찰스 덩컨과 캘리포니아 주 상원의원의 딸이었던 어머니 메리 이사도라 그레이의 4남매 중 막내로 태어났다. 그러나 그녀가 태어난 직후 아버지는 은행이 파산하는 바람에 몰락하고 말았으며, 그 때문에 그녀가 세 살 때 이혼하고 말았다.

그 후 아이들을 데리고 오클랜드로 이사한 어머니는 피아노를 가르치는 음악교사로 일했지만 생활은 몹시 쪼들렸다. 그리고 아버지는 1899년에 타고 가던 여객선이 대서양에서 침몰하는 바람에 세 번째 부인 및 그 딸과 함께 세상을 떠나고 말았다. 이처럼 어려서부터 가난과 불행에 찌든 삶을 겪어야 했던 그녀로서는 결혼이라는 제도 자체에 대한 뿌리 깊은 혐오감을 지닐 수밖에 없었을 것이다. 그녀가 죽을 때까지 정식 결혼을 하지 않은 것도 바로 그런 영향 때문이다.

그런 점에서 그녀는 오늘날 사회적 이슈가 되고 있는 미혼모 문제의 효시가 된 인물이라 할 수 있다. 인습적 제도에 얽매여 사는 이 세상 모든 사람들에 맞서 그녀는 당당한 모습으로 자신의 가치관을 고집스럽게 밀고 나간 것이다.

그러면서도 그녀는 스스로가 그토록 경멸했던 대중의 관심과 찬사 및 인정을 받고자 매우 과감하고도 파격적인 유혹의 몸짓으로 사람들의 시선을 끌었다는 점에서 매우 이율배반적이기도 하다. 대중적 인기와 박수갈채로 먹고사는 공연 예술가의 입장에서 자신에게 찬사를 보내는 대중사회에 대해 이처럼 모순된 태도를 지닌다는 사실 자체가 이미 갈등적 요소를 내포하고 있는 것이기도 하다.

자신의 삶 자체를 마치 무대 위에서 펼치는 공연처럼 살았던 그녀의 성격은 한마디로 히스테리성 인격이라 할 수 있다. 공식적인 진단 명칭으로는 연극성 인격이라고 한다. 왜 군이 연극성이라고 부르는가 하면, 마치 연극을 하듯이 삶을 살기 때문이다. 히스테리성 인격을 가진 여성들은 깊은 정서적 유대관계를 맺기 어렵기 때문에 그 관계를 지속적으로 유지하는 데 있어 매우 힘들어한다. 그러면서도 끊임없이 사람들의 관심을 이끌고자 애쓴다. 더욱이 자신을 중심으로 두 남성이 서로 치열하게 싸우는 모습을 즐기며 지켜보기도 한다.

실제로 그녀는 항해 도중에도 두 남자와 동시에 로맨스를 벌임으로써 선상에서 새로 사귄 화가와 그 배의 화부(火夫) 사이에 벌어진 난투극 장면을 술에 취한 채 지켜보기도 했던 것이다.

히스테리성 인격을 가진 여성들의 특징 중 하나는 자신의 욕구와 갈망을 자신의 외모를 이용하여 드러내고 사람들의 시선을 독점하고자 무척 애를 쓴다는 것인데, 그런 점에서 이사도라 덩컨이 무용을 통해 온몸을 내던져 그녀의 욕망을 표현한 것은 매우 탁월한 선택이었던 셈이다.

프로이트는 그런 성격적 특성들이 오이디푸스 갈등을 제대로 해결하지 못한 데서 비롯된다고 보았다. 특히 남성과의 경쟁심은 세상의 모든 특권을 장악하고 있는 남성들에 대한 도전과 반항 및 유혹으로 요약될 수 있다. 그녀의 무절제한 남성 편력은 바로 그녀 자신의 내적 공허감을 반영한 것이었다. 처음에는 그래도 예술인들이나 사회저 명인사를 상대로 했지만 나이가 들어갈수록 점차 상대를 가리지 않고 닥치는 대로 관계를 가졌다.

　그녀는 결혼이라는 제도 자체를 경멸하고 혐오했다. 물론 그것은 그녀의 어린 시절에 파경을 맞음으로써 그녀에게 고통과 시련을 안겨 준 부모에 대한 반발심에서 비롯된 것일 수도 있다. 그녀는 비록 두 아이를 낳아 키웠지만 정식 결혼을 한 것은 물론 아니었다. 딸 데이다는 무대 디자이너 고든 크레이그와의 사이에서 낳은 자식이었고, 아들 패트릭은 그 유명한 재봉틀 회사 창업자인 아이작 싱거의 바람둥이 아들 패리스 싱거와의 사이에서 낳은 자식이었다. 더욱이 패리스 싱거는 유부남이었다. 그러나 강력한 재정적 후원자였던 그는 병약했기 때문에 그녀의 뜨겁게 타오르는 열정을 만족시켜 줄 수 없었다.

　그녀는 니진스키에게도 유혹의 손길을 뻗쳤다. 그러나 그가 거절 의사를 전해 오자 자존심이 상했던 그녀는 대신에 파리 출신의 피아니스트 앙드레 카펠레를 집으로 끌어들여 정사를 벌였다. 그녀의 무분별한 정사가 끊이지 않자 결국 패리스 싱거는 두 손을 들고 그녀의 곁을 떠나 버렸다. 그러던 중 1913년 어느 봄날 그녀의 두 아이가 자동차를 타고 가다 센강에서 익사하는 사고가 발생하고 말았다. 그녀는 두 아이를 사고로 잃은 직후 또 다시 다른 남성과 관계를 가져 아기를 임신했지만 그 아기는 출생 직후 곧 숨졌다.

　연이은 불행으로 그녀의 삶은 더욱 흔들리기 시작했으며 자살을 시도하기도 했다. 삶의 목표인 동시에 결혼에 대한 투쟁의 상징이기도 했던 아이들의 상실은 그녀로 하여금 더욱 방종한 애정관계에 몰두하게 이끌었다. 그녀가 세상을 향해, 아니 그녀 자신에게 입증해 보이고 싶었던 점은 아버지라는 존재가 없어도 얼마든지 엄마의 힘만으로 아이들을 잘 키울 수 있다는 사실이었을 것이다.

그녀 자신이 아버지 없이 컸으며 그럼에도 불구하고 세계적인 무용가로 성공했기 때문에 더욱 그런 자신감에 충만해 있었다. 그녀는 자신과 어머니를 버린 아버지에 대한 복수, 더 나아가서 이 세상의 권력을 독차지한 남성들에 대한 복수심에 불탄 나머지 오로지 자신만이 여성들의 힘을 대변할 수 있다는 자부심에 가득 차 있었던 것이다.

물론 그녀는 아버지가 그의 가족들과 함께 대서양에서 죽음으로써 죗값을 스스로 치렀다고 여겼을 것이다. 그러나 자신의 정당성을 입증해 줄 유일한 증인인 그녀의 아이들이 허망하게 사라지자, 그것도 아버지와 똑같이 물에 빠져 익사하자 그녀는 일시에 자신의 논리적 근거를 잃고 용기마저 잃은 것이다.

그녀의 방황이 거듭되면서 그녀에 대해 좋지 못한 평판이 나돌기 시작하자 친구들과 후원자의 수도 눈에 띄게 줄어들었다. 그녀의 외로움은 날이 갈수록 커져만 갔다. 그리고 그녀의 전매특허였던 독설도 그 칼날이 몹시 무디어졌다. 그녀는 아무리 유명세를 탄 여자라 해도 나이가 들어 가면 주위의 시선과 대우가 어떻게 달라지는지에 대해 까맣게 잊고 산 것이다. 그런 괴로움을 잊기 위해 그녀는 알코올에 자신의 몸을 맡겼다.

1920년대 초 그녀는 미국을 다시 찾아 그녀로서는 미국에서의 마지막 공연을 마쳤는데, 펄럭이는 그리스식 의상에 붉은 스카프를 두르고 젖가슴을 과감하게 드러낸 모습으로 연기함으로써 센세이션을 일으키기도 했다. 발레용 신을 벗어던지고 맨발로 뛰는 그녀의 모습에서 관객들은 신선한 충격을 받았지만, 발목이 자유로워진다고 해서 그 발목의 주인인 정신까지 자유로워지는 것은 물론 아니다.

비록 그녀는 모든 구속에서 벗어나 자유로운 삶을 살고자 했는지 모르나, 고삐 뿔린 망아지라는 표현도 있듯이, 자유가 방종으로 흐르게 되면 그것은 이미 진정한 자유의 가치를 욕되게 하는 것이다. 맨발로 뛰는 것은 깨끗이 정돈된 잔디나 무대 위에서나 가능한 일이며, 유리병 조각이 난무한 거리의 뒷골목에서는 실로 위험한 장난일 뿐이다.

그러나 세상의 진실은 무대 위가 아니라 위험하기 그지없는 뒷골목에 널려 있는 것이다. 그런 점에서 맨발의 이사도라는 안전한 무대위에서 그리고 호화로운 사생활에서 자유를 만끽했는지 모르나 진정으로 고통받는 소시민의 삶에는 아무런 관심도 보이지 않았을 뿐만아니라 그녀 자신의 내면에 자리 잡은 갈등의 사슬에서조차 결코 자유롭지 못했다.

어느덧 그녀의 나이 40대 중반에 들어설 무렵, 외로움에 지친 그녀앞에 소련의 혁명시인 예세닌이 나타났다. 당시 20대 중반의 젊은이였던 그는 모든 것을 잃고 실의에 빠진 덩컨에게 새로운 희망으로 떠올랐다. 오랫동안 전통적인 인습과 도덕에 경멸감을 표시해 왔던 그녀도 결국 나이는 어쩔 수 없었던지 자신의 고집을 꺾고 마침내 1922년 그녀의 나이 45세 때 18년 연하인 예세닌과 결혼식을 올렸다.

그러나 그녀의 선택은 최악이었다. 알코올 중독자인 그는 중증 환자로서 술만 마시면 물불을 가리지 않고 폭력을 행사하는가 하면 그들이 머물던 호텔의 모든 가구를 때려 부수는 지독한 술주정뱅이였다. 결국 그는 이듬해 모스크바로 돌아가 정신병원에 입원까지 했으나 퇴원 후 1925년 30세의 한창나이로 자살하고 말았다.

이처럼 예세닌은 그녀가 관계했던 남성들 중에서 그녀에게 가장 큰 고통을 안겨 준 사람이었다. 그러나 그녀는 자신의 무모한 시행착오를 멈추려 하지 않았다. 자포자기의 심정에 빠진 그녀는 더욱 술독에 빠지고 무절제한 정사를 계속해 나갔다. 결국 1927년 그녀는 불의의 사고로 목숨마저 잃게 되었다. 그런데 항간에서는 그녀의 죽음마저 매우 낭만적인 모습으로 미화시키는 경향도 없지 않아 있다.

그러나 실제로 그녀의 죽음은 그렇게 낭만적인 최후는 아니었다. 그녀는 당시 동행했던 젊고 잘생긴 이탈리아계 자동차 정비사인 팔체토가 운전하던 차에 오르기 전 친구들과 작별인사를 나누던 중에 그가 너무 성급하게 차를 출발시키는 바람에 목에 걸친 붉은 스카프가 차바퀴 사이에 걸려 넘어져 즉사하고 만 것이다. 바로 그날 밤 그녀는 팔체토와 함께 호텔로 가서 성적인 밀회를 갖기로 약속이 되어 있던 참이었다.

그러나 그녀의 죽음을 눈앞에서 목격했던 친구들은 이런 사실에 대해 함구했다. 이 전설적인 무용가의 최후에 누를 끼치고 싶지 않았기 때문일 것이다. 이처럼 어이없는 그녀의 죽음을 두고 작가 거트루드 스타인은 "잘난 척 뽐내다가 위험을 자초했다."며 신랄하게 비꼬기도 했다. 공교롭게도 그녀 자신을 포함해 그녀의 두 아들 및 아버지 모두가 사고로 죽음을 맞이했다는 점도 특이하다.

죽음을 맞이할 당시 그녀는 소련 국적을 지니고 있었다. 생전에 그녀가 지닌 소망 가운데 하나는 미국에서 공인받는 최초의 소련 시민이 되는 것이었다. 실제로 그녀는 미국에서 태어나 성장했지만 생의 대부분을 유럽에서 보냈으며, 오히려 소련 생활에 큰 기대를 걸고 있었다. 그러나 그녀는 이념적으로 무장된 여성도 아니었다. 그런 점에서 그녀는 니진스키와 비슷하다. 니진스키 역시 이념과는 무관한 삶을 살았기 때문이다.

모든 인습의 속박과 족쇄로부터 자유를 얻고자 했던 이사도라 덩컨은 역설적이게도 모든 인간적 욕망에 대한 억압이 가장 지독했던 스탈린 치하의 소련에서 자신의 소망을 실현시키고자 했다. 물론 당시로서는 완벽하게 남녀평등이 이루어지고 고식적인 결혼제도의 폐단을 일소했던 소비에트 사회가 그녀에게는 가장 큰 매력으로 다가왔을지도 모른다. 그러나 그녀는 이념적으로 아무런 무장도 이루지 못한 상태에서 오로지 붉은 스카프를 두르기만 하면 이미 공산주의자가 된 듯한 기분에 빠져드는 어린 소년대원처럼 항상 붉은 스카프를 두르고 다닌 것이다.

물론 그녀는 구태의연한 무용계에 혁명을 일으킨 장본인이다. 모든 혁명은 열정을 요구한다. 그러나 소비에트 사회는 볼셰비키 혁명을 통하여 인류 최초로 평등사회를 이루었으나 그 대신 자유를 탈취했다. 그리고 모든 대중을 파블로프의 말 잘 듣는 개로 만들어 버렸다.

실제로 이사도라 덩컨이 소련에서 생을 마쳤더라면 아마도 그녀는 단 하루도 자유롭게 숨을 쉬지 못하고 미쳐 버렸을지도 모른다. 그녀는 체질적으로 자유가 없는 사회에서는 생존이 불가능한 자유인이었기 때문이다. 그러나 수백만의 이민자들이 아메리칸 드림을 이루기 위해 신대륙을 찾는 동안에 그녀는 오히려 자유의 나라 미국을 떠나 전통에 얽매인 구대륙으로 건너갔다.

　인습에 얽매이지 않는 자유인은 자유를 만끽하는 대신에 고독과
소외라는 대가를 치러야 한다. 그녀는 결국 이것도 저것도 아닌 삶의
아웃사이더로서 정신적 방황을 거듭하다가 미국도 소련도 아닌 그
중간지점 프랑스에서 50세를 일기로 자신의 생을 마감해야만 했다.

17

프리다 칼로의 초상

　　프리다 칼로(1907~1954)의 생애는 폭우가 쏟아지
는 바다의 거친 파도, 또는 용암이 들끓는 화산의 분화구와도 같은
격정적인 삶이었다. 그녀가 태어난 코요아칸은 멕시코에서도 매우 한
적한 변방에 속하는 지역으로 대다수의 주민들은 가난과 폭정에 허
덕이고 있었다.

　프리다는 자신이 1910년에 출생했다고 주장했지만, 그것은 사실이
아니며 그녀가 그렇게 주장한 이면에는 멕시코 혁명이 일어났던 1910년
이라는 기념비적인 해에 자신의 출생 연도를 맞추기 위한 의도가 숨
어 있었던 것으로 보인다. 위대한 혁명의 해에 태어난 자신의 숙명적
인 삶의 불가피성을 부각시키고 싶었는지도 모른다.

　어쨌든 그녀의 어린 시절은 매우 반항적인 소녀의 모습이었다. 더
욱이 6세경에 발병한 소아마비로 프리다는 다른 아이들로부터 놀림
의 대상이 되었다. 그러나 프리다는 매우 강하고 사내아이 같은 기질
이 있어서 조금도 물러서지 않고 그런 조롱과 놀림에 거칠게 대항했
으며, 화려하고 긴 치마로 자신의 가는 다리를 가리고 다녔다.

　이처럼 그녀는 어린 시절부터 이미 자신의 결함과 열등감을 어떤
방식으로 극복해야 하는지 너무도 잘 터득하고 있었다. 소녀 시절에

는 권투를 배우기도 했으며, 머리도 매우 명석하고 총명해서 독서와 글쓰기뿐 아니라 대화에서도 결코 상대에게 밀리는 법이 없었다.

그러나 18세 때 타고 가던 버스가 충돌사고를 일으키는 바람에 그녀는 중상을 입고 병원으로 후송되었다. 목과 척추, 골반 및 하지에 이르기까지 전신에 골절상을 입는 끔찍스런 상해를 당한 것이다. 그 결과 무려 35차례나 수술을 받아야 했지만 그녀는 놀라운 인내심과 의지력으로 그 힘든 고비를 넘기고 마침내 재활에 성공했다.

그 후 프리다는 화가의 꿈을 이루기 위해 당시 유명한 화가였던 디에고 리베라를 직접 찾아가 지도를 청했으며, 그녀의 당돌한 태도에 마음이 끌린 디에고는 얼마 가지 않아 그녀와 깊은 관계로 이어져 결국 22세였던 프리다와 결혼하기에 이른다.

그러나 그 결혼은 프리다에게 고통과 명성이라는 두 가지 상반된 짐을 동시에 안겨 주게 되었다. 그럼에도 불구하고 프리다는 자신에게 주어진 곤경을 오히려 역으로 이용할 줄 아는 능력을 겸비한 여성이었기에 '그런 시련조차 그녀를 그대로 주저앉게 만들지는 못했다.

그녀는 오른발에 생긴 괴저로 인해 발목을 절단하는 수술을 받는 등 그 후유증으로 거동이 몹시 불편한 상태임에도 불구하고 반미 구호를 외치는 군중 집회에 참가하고 귀가한 후 곧 사망했다. 공식적인 사인은 폐색전이었지만 부검은 이루어지지 않았으며, 그녀의 시신은 곧 화장되었다.

칼로의 정체성

프리다 칼로는 독일에서 이주한 사진사 기예르모 칼로와 원주민의 피를 이어받은 혼혈여성 마틸데 칼데론 사이에서 태어났다.

비록 그녀 자신은 스스로 전형적인 멕시코 여성임을 자부하며 살았고 많은 사람들이 항상 멕시코 전통의상을 입고 대중 앞에 나서는 그녀의 모습에서 조국과 민중을 사랑하는 정신을 읽을 수 있다고 했지만, 그것은 오히려 대중을 의식한 매우 계산된 정치적인 몸짓으로 이해할 수도 있다.

실제로 그녀는 대중이 무엇을 원하는지 너무도 잘 알고 있었기에 그들이 원하는 것을 그들 앞에서 보여 주는 연기에도 정통했다. 단적인 예로 그녀는 항상 열렬한 혁명 지지자로서의 면모를 과시하며 살았으나 그녀의 실제 삶은 혁명과는 전혀 무관한 것이었다.

비록 그녀는 자신의 아버지가 헝가리계 유대인의 후손이라고 계속 주장했으나 그 사실 여부는 확실치 않다. 그녀의 아버지는 원래 칼 빌헬름 칼로라는 본명을 지닌 독일인이었지만 불과 19세의 나이로 1891년 독일에서 혈혈단신 멕시코로 이주한 후로는 자신의 이름도 기예르모 칼로로 바꾸고 멕시코 여인과 결혼해 살았던 인물로 말수가 적고 몹시 우울한 성격의 소유자였다. 그런 아버지에 대해 프리다는 매우 양가적인 태도를 지니고 있었는데, 그 후에 그녀가 보인 복잡한 인간관계를 통해서도 그런 특성이 잘 드러난다. 우울하고 가냘픈 아버지와 전혀 다른 타입의 호색한 뚱보 화가 디에고를 배우자로 선택한 것이나 악명 높은 공산주의 독재자 스탈린을 숭배하고 흠모한 점, 그리고 소련의 유명한 유대계 영화감독 에이젠슈타인을 포함해 멕시코 망명 중에 스탈린의 지시로 암살당한 유대계 혁명가 트로츠키와 맺은 밀접한 관계 등이 바로 그 예다. 심지어 그녀는 암살자와도 교분을 가졌다는 이유로 트로츠키 암살사건에 연루되어 멕시코 경찰의 조사를 받기도 했다.

1952년에 그린 작품 〈아버지의 초상〉이라는 그림 하단에 그녀가 직접 쓴 헌사를 보면 다음과 같은 글귀가 적혀 있다.

"헝가리계 독일인 출신으로 예술가이며 사진전문가였고, 너그러운 성품에 머리가 명석했던 나의 아버지 기예르모 칼로의 초상이다. 그는 성실하고 용기 있는 분이셨다. 60년 동안 간질로 고생하면서도 결코 일을 멈추지 않았고, 히틀러에 맞서 싸웠다. 깊은 애정을 담아. 딸 프리다 칼로."

그녀가 죽기 2년 전에 나온 이 작품의 헌사는 프리다 자신의 정체성 혼란뿐 아니라 감정적 상태의 혼란까지 엿보게 한다. 아버지에 대한 애틋한 감회와 그리움을 전하고 있지만, 그녀가 평소에 주장하던 유대계라는 사실은 언급하고 있지 않으며, 실제로는 생활력이 떨어지는 무능한 인물이었음에도 매우 정력적인 인물로 묘사하고 있다.

더욱이 히틀러에 맞서 싸웠다는 것은 전혀 근거 없는 말이다. 그녀는 유약하기 그지없는 아버지의 실제 모습을 부정하고 오히려 아버지의 형상 위에 자신이 가진 투쟁적인 이미지를 덧씌우고 싶었던 것 같다. 그녀의 아버지는 세상과 담을 쌓고 살았던 우울한 성격의 소유자로, 히틀러에 맞서 싸울 용기도 아니 그럴 기회조차 없었던 인물이다. 히틀러가 만 두 살이었던 1891년에 이미 혼자 힘으로 멕시코에 건너가 정착한 아버지가 언제 어디서 히틀러에 맞서 싸웠다는 것인가.

프리다는 이처럼 사실과 전혀 다른 내용의 터무니없는 말들을 많이 퍼뜨렸는데, 이는 그녀 자신의 뿌리 깊은 열등감과 분노, 적개심 그리고 정체성 혼란 등에서 비롯된 결과로 보인다. 더군다나 평소에 미국의 자본주의를 그토록 증오했을 뿐만 아니라 원주민을 핍박한 백인들에 대해 강한 반감을 지녔던 그녀가 자신의 작품을 구입하는 주된 고객이 부유한 백인 자본가들이라는 사실을 누구보다 잘 알고 있었다는 점은 매우 이율배반적인 태도가 아닐 수 없다.

이처럼 백인 남성과 멕시코 여성 사이에서 혼혈로 태어난 프리다의 정체성은 자본주의와 공산주의, 유대계 자본가와 혁명가들, 멕시코 전통의 고수와 급진적인 페미니즘 등 서로 상충되는 부분들 사이에서 상당히 혼란된 모습으로 일관한 게 사실이다.

성과 공격성

프리다 칼로는 생전에 이미 소문난 양성애자로 알려져 있었다. 호색한이었던 천재 화가 디에고에 대한 그녀의 접근 방식도 매우 도발적이고 공격적이었다. 프리다의 도발적인 유혹에 많은 남성들이 무릎을 꿇어야만 했다. 그러나 이들에 대한 그녀의 접근을 오로지 불타오르는 낭만적 열정에 의한 것으로만 보기는 어렵다. 그녀의 유혹적 접근은 모든 남성들에 대한 분노와 질투심 그리고 경쟁심의 발로였을

지도 모르기 때문이다. 그런 점에서는 모든 여성을 자신의 발밑에 굴복시키고자 했던 디에고와 비슷한 동기를 지녔다고 할 수 있다.

이처럼 이성에 대한 추구는 성적인 욕망뿐 아니라 아버지와 관련된 강한 심리적 동기에서 비롯된 것으로 생각되며 동시에 그녀의 강한 동성애적 욕구도 남성적 위치에 서기 위한 심리적 동기 차원에서 생각해 볼 수 있다. 프리다 자신이 여성으로서의 정체성 혼란은 물론 모성적 기능을 행할 수 없다는 깊은 좌절감에 빠졌을 가능성도 있다. 따라서 그녀에게는 여성도 아니고 남성도 아닌 중성적 이미지가 강하게 풍기며, 바로 그런 성 정체성의 문제가 실제 그녀의 성생활 측면에도 영향을 준 것 같다.

그녀의 자화상을 보면, 매우 짙은 일자 눈썹에 코밑수염까지 드러내 보이고 있으며, 어깨 너머로는 원숭이와 고양이가 나란히 자리 잡고 있는데, 멕시코 신화에서 원숭이는 욕망을 상징한다는 점에서 이 두 짐승은 프리다의 성과 공격성을 여지없이 드러내 보이는 상징적 존재라 할 수 있다.

어릴 때부터 소아마비로 다리를 절었던 프리다는 아이들로부터 항상 놀림감이 되었으며, 그런 열등감으로 인해 그녀는 매우 공격적인 소녀로 변해 갔다. 그리고 엎친 데 덮친 격으로 끔찍스런 교통사고를 당함으로써 오랜 기간 병원 침대 신세를 져야만 했다.

그러나 그것은 보통 외상이 아니었다. 기다란 쇠 파이프가 그녀의 복부와 골반, 자궁을 뚫고 척추 깊이까지 박히는 치명적인 상처였다. 그토록 지독한 외상을 겪고도 살아남아 엄청난 고통과 시련을 견디어낸 것은 그녀의 남다른 오기와 공격적 성향에 힘입은 것으로 보인다.

기적적으로 회생한 그녀가 당돌하게 디에고를 직접 찾아간 것도 매우 공격적인 접근이었다. 그리고 프리다의 공격적인 성향은 일찍부터 멕시코 공산당에 입당하면서 더욱 가속화되었다. 그녀는 죽을 때까지 스탈린을 숭배했는데 스스로를 민중 혁명가로 자처했다. 또한 디에고 역시 열렬한 공산주의자로 사실상 멕시코 공산당을 세운 장본인이며 당서기장을 역임하기도 했다. 공산주의가 지닌 가장 강력한 이데올로기 가운데 하나는 물론 계급 타파를 통한 만민 평등사상이긴 하지만, 그 이면에는 가족 이기주의의 해체라는 보이지 않는 이념 또한 무시할 수 없는 힘으로 작용한다. 왜냐하면 가족보다 당이 우선이며, 부모보다 당 지도자의 뜻이 우선이기 때문이다. 가족애에 연연하는 사람은 당연히 열성적인 당원으로서의 자격을 얻기 어렵다. 따라서 불평등한 사회의 구조적 모순에 의한 불행뿐 아니라 가족에 의한 불행을 겪은 사람들일수록 가족 해체라는 이상에 이끌리기 쉽다.

프리다와 디에고 두 사람 모두 불행한 가족 경험에서 비롯된 심리적 동기를 발판으로 공산주의 사상에 빠져들었을 가능성이 매우 높다. 그것은 단순한 정치경제적 이유 때문만은 아닐 것이다. 어차피 모든 혁명은 공격성을 먹고 자라나기 마련이지 않은가. 사랑만으로는 혁명을 성공적으로 완수하기 어렵기 때문이다.

그녀의 작품들은 어떻게 보면 매우 엽기적인 동시에 거칠고 난폭하며 잔혹한 공격성을 드러낸다. 비록 자신을 모델로 한 자화상이 그녀가 남긴 작품의 주를 이루고 있지만, 그녀 자신의 유아적 환상을 매우 파괴적인 모습으로 형상화시킨 것으로 보인다. 따라서 그녀의 수많은 그림은 매우 원초적인 유아의 내면에 자리 잡은 파괴적이며 잔혹한 환상을 여과 없이 드러내 보여 주는 것으로 볼 수도 있다.

남편 디에고가 그녀의 여동생 크리스티나와 불륜관계를 맺은 사실을 알고 난 후 그린 작품에는 한 사나이가 침대 위에 누워 있는 여성을 수십 군데나 칼로 난자한 모습을 보여 주고 있는데, 여기에 덧붙인 프리다의 해설이 더욱 냉소적이다. "그냥 몇 번 칼로 살짝 찔렀을 뿐입니다. 판사님, 스무 번도 안 된다고요." 유혈이 낭자한 가운데 흉기로 난자당하고 관통되는 여인의 모습은 물론 그녀 자신의 저주스런 삶의 고통을 반영하는 것이지만, 다른 한편으로는 이 세상의 착취적인 모든 남성들에 대한 분노와 적개심을 여과 없이 드러낸 것으로 볼 수도 있다.

그러나 너무도 노골적인 메시지의 전달은 오히려 예술적 가치를 훼손시킬 수도 있다. 그런 점에서 프리다 칼로는 그녀의 남편 리베라와 마찬가지로 일종의 목적화를 그린 것이다. 리베라는 사회주의 혁명을 위해서, 그리고 칼로는 여성 해방을 위해서라는 분명한 목적을 자신들의 작품에 반영시킨 것이다.

이런 점은 그녀 자신의 말에서도 확인된다. "그림에 대해 몹시 강한 의욕을 느낀다. 다른 무엇보다도 내 그림이 무언가에 소용이 닿는 것이었으면 좋겠다. 사실 지금까지는 당을 위해 유용하게 쓰일 수 있는 것과는 다른 극히 개인적인 감정만을 표현해 왔다. 이제는 건강이 허락하는 한 최선을 다해 혁명을 위해 투쟁해야 할 것이다. 이것이 내가 삶을 지속할 유일한 이유다."

솔직히 말하면 이런 말은 예술가로서의 본분을 포기하겠다는 선언이나 마찬가지인 셈이다. 그녀는 마치 자신이 예술계의 체 게바라라도 된 듯이 말하고 있지 않은가.

그녀의 자화상 역시 적대적 감정과 공격성으로 가득하다. 그것은 자신에게 시련과 고통을 안겨 준 이 세상 모두와 남성들을 향한 원망과 분노로 가득 차 있다. 그녀는 화폭 안에서 마치 아마존의 여전사처럼 또는 제3의 눈을 이마에 달고 있는 고대 신화의 여신처럼 정면을 바라보며 한 판 대결을 원하는 모습을 취한다.

페미니즘 시각에서 그녀의 전기를 쓴 작가들 역시 프리다 칼로를 지나치게 미화시킨 나머지 남성들의 횡포에 대해 용감하게 맞서 싸운 여전사의 이미지에만 초점을 맞추었으며, 그녀의 내면적인 혼란이나 갈등을 조명하는 데에는 미흡한 감이 없지 않다.

프리다는 자신의 성생활에 대한 대중의 호기심과 관심을 잘 인식하고 있었지만, 그 부분에 대해서는 전혀 입을 열지 않음으로써 사람들의 궁금증을 더욱 증폭시키는 노련함도 보였다. 평자에 따라서는 그녀의 성적 욕망이 매우 강했다고 주장하지만, 그것은 프리다가 쓴 매우 자극적인 구절들을 기초로 추정한 것일 뿐 자세한 내막은 알 수 없다.

그러나 겉으로는 뭇 남성들을 유혹하고 좌절시키는 히스테리적 성향의 여성들일수록 실제로는 성적으로 무능하고 회피적이며 불감증인 경우가 많다는 것은 너무도 잘 알려진 의학적 사실이다. 더욱이 그녀는 참혹한 골반 외상으로 출산이 불가능한 상태였다는 점을 고려한다면 정상적인 성생활이 어려웠을 가능성이 농후하다.

프리다는 디에고의 외도를 거의 방조하다시피 했는데, 그것은 자신의 성적 무능력을 간접적으로 반영하는 것일 수도 있다. 대신에 그녀는 동성애를 즐겼으며, 방만한 이성교제도 성적인 접촉은 아니었던 것 같다. 오히려 그녀는 자신에 대한 남성들의 호기심 어린 접근을 즐겼으며, 그로 인해서 자신의 나르시시즘적 만족을 느낀 것으로 보인다.

디에고와 프리다

프리다 칼로와 디에고 리베라의 결혼을 끝까지 반대했던 그녀의 어머니는 이들 부부에 대해 비둘기와 코끼리의 결합처럼 전혀 어울리지 않는 쌍이라고 여겼다. 그러나 그것은 역시 부모의 입장에서 바라본 편향된 시각이었을 뿐, 솔직히 말하자면 프리다 칼로는 비둘기가 아니라 사나운 매와도 같은 여성이었다.

이 두 사람의 기묘한 관계를 탐색했던 르클레지오에 의하면, 이들은 서로에게 절실히 필요한 상호보완적인 존재였다는 것이다. 그는 한 마리의 비둘기와 식인귀의 만남이라는 매우 자극적인 용어로 사람들의 호기심을 자극하면서 마치 한 편의 장엄한 드라마처럼 두 사람의 관계를 매우 극적인 표현을 동원하여 미화시킨다.

물론 이들의 역할이 특히 돋보인 것은 멕시코 혁명과 공산주의 활동, 그리고 여성 해방이라는 매우 거창한 배경 때문이라 할 수 있다. 평범한 일상생활을 영위하는 일반 대중으로서는 상상하기 어려운 매우 자극적인 요소로 가득 찬 두 사람의 삶에 관한 이야기는 그만큼 상품 가치가 충분히 있다고 생각된다.

그러나 영화 같은 이야기와 실제 삶의 내용과는 상당한 거리가 있기 마련이다. 프리다와 디에고에 대한 대중매체의 관심도 마찬가지다. 일탈적인 삶의 선봉에 섰던 그들은 탈일상화를 꿈꾸는 수많은 대중에게 강한 선망의 대상으로 비쳐지기 때문이다.

그러나 그들의 본질에 더욱 접근해 보면 선과 악의 혼재가 감지된다. 그리고 모순과 위선이 뒤섞인 모습을 목격하게 된다. 결론적으로 말하면, 두 사람은 성자들도 아니고 그렇다고 악인도 아니라는 것이다. 다만 심리적 관점에서 볼 때, 매우 유아적인 측면들에서 자유롭지 못했던 혼란된 정신의 소유자였을 뿐이다.

한마디로 말해서 디에고는 자신을 돌봐 줄 엄마가 필요했으며, 출산이 불가능한 프리다에게는 응석받이 아들이 필요했던 것이다. 그러나 그 아들은 두고두고 엄마의 속을 썩였다. 디에고와 프리다는 오랜 기간을 두고 그토록 괴롭고 숨 가쁜 숨바꼭질을 반복해야만 했다.

그러나 이들의 이율배반적인 관계는 카사노바 기질이 다분한 디에고의 특성과 남성에 대한 분노와 경쟁심에 가득 찬 프리다의 특성이 서로 함께 맞물림으로써 본인들에게는 상당한 심적 고통을 불러일으킨 것으로 보인다.

프리다 칼로는 자신의 일기에서 디에고를 다소 과장된 어조로 표현한다. 디에고는 자신의 모든 것이며 연인이고 아들이며, 남편이고 친구이며, 아버지이고 어머니이며, 나 자신이며 우주라는 것이다.

물론 그것은 단순한 과장이 아니라 그녀 자신의 무의식적 태도를 그대로 반영하는 말이기도 하다. 디에고라는 존재를 통해서 그녀는 자신에게 결여된 부분, 다시 말해서 부드럽고 자애로운 모성적 사랑과 강인하고 애틋한 부성적 사랑의 결합에 대한 소망과 환상을 투사함으로써 자신의 실존적 공백을 메우고자 했는지도 모른다.

그러나 그녀의 갈망과 소망은 현실적으로 이루어지기 어려운 문제이기도 했다. 따라서 그녀의 좌절은 필연적인 결과이며, 디에고의 숱한 불륜에도 불구하고 그에게 필사적으로 매달리고 집착했던 것은 거절과 이별에 대한 불안이 그만큼 강했기 때문이다.

실제 삶에서 그녀는 외형적으로는 매우 강한 남성적인 이미지를 풍기는 카리스마적 존재로 수많은 페미니스트의 우상으로 추앙받고 있지만, 정작 그녀의 내면에는 매우 혼란스런 갈등과 모순으로 소용돌이치는 미해결의 근원적인 불안이 자리 잡고 있었던 것이다.

디에고에 대한 칼로의 과장만큼이나 디에고 리베라의 자서전 역시 과장되고 사실을 호도하는 내용으로 가득하다. 그의 자서전은 실제와 상상을 구분할 수 없을 정도로 기괴하기까지 하다. 아홉 살에 사랑을 하고, 18세에 인육을 먹었으며, 마녀의식에 참여하는가 하면 교회에 대한 신성모독적인 태도와 열성적인 공산당 활동, 세계적인 지도자들과의 관계 및 남근에 생긴 성기암에 이르기까지 실로 그의 정신상태를 의심할 정도로 기이한 모습들로 가득 채워져 있기 때문이다.

물론 그런 내용들을 모두 믿을 수는 없겠지만, 아무리 뛰어난 재능을 지닌 예술가라 할지라도 자신의 재능을 담보로 일탈된 행위로 일관하는 것은 자신이 속한 세상을 존중하는 태도가 아닐 것이다. 그런 점에서 프리다와 디에고는 서로를 적절히 이용할 줄 알았으며 자신들을 신비화시킴으로써 대중의 관심과 찬사를 얻는 데 성공한 셈이다. 두 사람은 헐벗고 가난한 민중들의 편에 서서 사회주의 이상을 외쳤으며 스탈린을 숭배하고 트로츠키와도 교분을 가졌다. 이들은 누가 보더라도 진정한 민중의 구원자로 보였다. 적어도 멕시코에서 리베라와 프리다는 카스트로나 체 게바라를 능가하는 숭배와 인기를 얻은 것이다.

특히 리베라의 무모한 애정행각과 정복욕, 엄청난 식욕, 그리고 건방지고 권위주의적인 태도, 한편으로는 민중의 대변자임을 자처하면서도 다른 한편으로는 재벌들과 접촉하며 교류한 사실 등을 통해 알 수 있는 그의 이중적인 태도, 공산당에서조차 축출당한 사실, 수시로 말을 바꾸는 태도 등등, 그의 매우 혼란스럽고 충동적인 삶의 모습은 누가 보더라도 곤혹감을 느끼지 않을 수 없게 만든다. 그럼에도 그는 분명 멕시코가 자랑하는 천재 화가임에 틀림없다.

물론 리베라는 프리다와 마찬가지로 결코 악한 인간은 아니었다. 단지 인격적 결함을 지닌 천재였을 뿐이다. 그런 점에서 두 사람의 결합과 이별의 반복은 마치 병든 엄마와 병든 아기가 함께 노는 이상한 숨바꼭질처럼 보인다.

내면적 혼란

프리다의 어머니는 신앙심이 매우 깊은 강인한 성격의 소유자였지만 자녀양육에는 거의 관심을 기울이지 않았다. 프리다는 주로 유모가 맡아 키웠다고 해도 과언이 아니다. 반면에 아버지는 자상하고 정이 많았으나 우울한 성격에 평생을 간질로 고생하다가 말년에는 치매에 걸리고 말았다. 그는 프리다를 가장 귀여워하고 사랑했지만, 생활력이 없는 무능한 가장이었으며 매우 소극적인 태도로 일관하며 자신의 삶을 살았다.

프리다의 언니는 그러한 부모에 강력히 반발하고 일찌감치 가출하여 독자적인 삶을 살았는데 프리다는 그런 언니를 가장 좋아했다. 반면에 연년생 동생 크리스티나와는 매우 경쟁적인 관계로 사이가 몹시 나빴다. 이들 자매간의 경쟁적 관계는 성인이 되어서도 식을 줄 몰라서 결국 프리다의 남편 디에고와 동생 크리스티나의 불륜관계로까지 이어졌다. 이 때문에 프리다는 더욱 큰 상처를 입고 말았다.

부모에 대한 프리다의 감정상태는 매우 양가적이었다. 디에고를 향한 지나친 집착과 혼란된 감정은 결국 애정에 대한 그녀의 갈망이 얼마나 절실한 문제였는지 짐작케 해 준다. 인디오의 피를 물려준 어머니와 백인의 피를 물려준 아버지에 대한 매우 이율배반적이고도 양가적인 태도는 자신의 정체성 확립에 상당한 혼란을 초래했으며, 그러한 혼란을 극복하기 위한 수단으로 그녀는 공산당에 입당하고 스탈린을 숭배하는 길을 선택한 것이다. 그 과정에서 만난 천재화가 디에고 리베라의 존재는 그녀에게 있어서 자신이 그토록 열망하는 직업적 화가로서의 성공과 애정의 획득이라는 두 마리 토끼를 모두 얻을 수 있다는 기대를 더욱 부풀리게 했겠지만, 그 결과는 오히려 그녀에게 더욱 큰 혼란만을 가중시키고 말았다.

프리다는 어머니의 독실한 신앙심을 따르기 거부하고 오히려 무신론적 공산주의 사상을 추종했다. 그녀는 불행한 경험만을 상기시키는 가족의 존재 자체를 부정하고 그보다 더욱 거대한 집단적 가족을 원했지만, 현실적으로는 가족을 대신할 수 있는 두 가지 상징적 가족 가운데 종교를 버리고 공산당을 택한 것이다.

그녀의 대표작 〈나의 탄생〉을 보면, 그녀의 주된 관심이 무엇인지 알 수 있다. 자신의 가계도를 그려 넣은 이 그림에는 그녀가 살던 집인 블루 하우스 한가운데 발가벗은 소녀의 모습을 한 프리다가 서 있는데, 그녀의 한쪽 손에 쥐어진 붉은 탯줄은 외가 및 친가의 조부모상과 연결되어 있다. 그리고 흰 옷을 입은 어머니와 검은 정장 차림의 아버지가 그녀 뒤에 보인다. 어머니 하복부에는 역시 탯줄로 연결된 붉은 태아의 모습뿐 아니라 그 옆에는 정자와 난자도 그려져 있다. 친조부모의 얼굴은 다소 화가 난 표정인 반면에 외조부모는 몹시 시무룩한 표정이다. 그 뒤로는 멕시코의 황량한 산과 선인장, 그리고 바다가 보인다. 미적인 감각으로 보자면 매우 유치해 보일 수도 있겠지만, 그녀에게는 이러한 가계 구도가 그만큼 자신에게 중요한 의미를 띠고 있다고 여겼기 때문에 그런 작품을 남겼을 것이다.

이 작품은 마치 멕시코인과 백인 사이에 태어난 혼혈아로서 그녀 자신이 그 어떤 중요한 사명을 띠고 태어났음을 강변하는 것처럼 보이기도 한다. 그러나 한편으로는 그녀 자신의 정체성 혼란과 관련된 갈등 문제를 드러낸 것으로 볼 수도 있다. 〈나의 탄생〉은 현재 미국의 여가수 마돈나가 소장하고 있는 것으로 알려져 있다. 프리다의 매우 불안정한 대인관계는 무관심한 부모의 태도에서 연유했을 가능성이 높다. 애정에 대한 굶주림과 분리에 대한 불안으로 그녀는 항상 자신을 돌봐 줄 대상을 추구하며 살았기 때문이다.

그녀는 오히려 자신이 리베라에 대해 모성적인 역할을 한 것으로 주장했지만, 그것은 그녀 자신의 의존성과 분리불안을 부정하는 것으로 보인다. 그것은 그녀가 공개적으로는 자신의 부모를 마치 이상적인 인간형인 것처럼 과장되게 묘사한 심리와 유사한 기제라 할 수 있다.

프리다 자신은 평소에 나약하고 현학적인 파리의 초현실주의 화가들에 대해 강한 혐오감을 표시하기도 했으며, 이는 곧 팔자 좋은 귀족적 취향의 파리 화가들에 대한 모멸감의 표시이기도 했다. 죽음의 문턱까지 다녀왔던 그녀로서는 그리고 비참한 민중의 삶이 무엇인지 너무도 잘 알고 있었던 그녀의 입장에서는 파리의 낭만에 젖어 사는 화가들이야말로 온실 속에 사는 장미꽃으로 보였을 것이다.

그런 점에서 그녀의 그림 속에 자주 등장하는 선인장은 삭막한 황무지에 살아가는 그녀 자신과 멕시코 민중들의 비극적인 삶을 상징하는 것으로 볼 수 있다. 물론 그녀는 스스로 오로지 돈을 벌기 위해 작업을 했을 뿐이라고 고백하기도 했다. 그것은 피카소와 백남준이 고백했던 내용처럼 매우 솔직한 태도라 할 수 있다. 그러나 우리는 그녀의 많은 작품의 표면에 드러난 원색적이고도 황량한 모습 이면에 숨어 있는 깊은 슬픔과 좌절, 그리고 분노의 감정을 엿볼 수 있다. 프리다는 절망의 나락 끝에 이르는 극한적 상황에서도 결코 삶을 포기하지 않고 오로지 그림을 통해 자신을 스스로 구원했던 여성이었다.

비록 숱한 성격적 결함을 지니고 있었다손 치더라도, 더욱이 디에고와의 불행한 결혼생활로 인해 스스로 주체할 수 없는 정신적 고통과 방황을 거듭하면서도 그녀는 자신의 정서적 불안정과 혼란스러움을 뚜렷한 이념적 목표와 강인한 투쟁심으로 극복하고자 했으며, 자신에 대한 대중의 기대에 어긋나지 않기 위해 무던히도 애썼던 여성으로 평가된다.

오늘날 프리다 칼로는 남편 디에고 리베라보다 더 큰 인기를 누리며 수많은 추종자들을 거느리고 있다. 실제로 그녀가 겪었을 실로 엄청난 신체적·정신적 고통과 시련을 감안해 보더라도 멕시코가 자랑하는 세계적인 화가로서의 명성을 얻게 되었다는 사실은 그녀에게 충분한 보상이 되고도 남음이 있겠다. 물론 그녀는 개인적으로 결코 행복하지 못했다. 그것은 그녀 자신의 성격적 결함에서도 그 원인을 찾아볼 수 있는 문제겠지만, 예술가는 작품성으로 인정받는 것이지 인간성으로 평가되는 것은 결코 아니라는 점에서 독자들은 일단 안심해도 좋을 듯싶다.

18 다이애나의 비극

영국의 찰스 왕세자와 다이애나의 결혼은 실로 세기적인 사건이었다. 왜냐하면 전 세계의 모든 청춘남녀의 부러움을 살 만한 한 편의 동화 같은 장면이었기 때문이다. 그것은 수많은 젊은이 각자가 은밀히 지니고 있던 개인적인 꿈과 환상이 현실에서 실현되는 순간인 동시에 대리적인 만족을 제공하기에 충분한 사건이었다.

그러나 그런 부러움과 기대 속에서 출발했던 이 세기적인 결혼은 결국 파경으로 치달았으며, 더욱이 다이애나의 비극적인 사망으로 많은 이들을 슬픔과 안타까움으로 몰아넣었다. 현실은 환상과 엄연히 다르다는 사실, 그리고 동화의 세계는 현실과 다를 수밖에 없다는 점을 이들 부부가 분명하게 일깨워 준 셈이다. 다이애나는 하루아침에 동화의 주인공이 되었지만, 한 평범한 여성으로서 추구할 수 있는 꿈과 소망을 이루지도 못하고 끝내 무너지고 말았다.

그것은 순수한 자기로 살아가지 못하고 타인의 기대와 시선 속에 거짓된 자기로 살아갈 수밖에 없는 허구적인 삶의 필연적인 귀결일 뿐 아니라 그녀 자신의 성격적 결함을 극복하지 못한 결과이기도 했다. 이들 부부의 애정관계를 통하여 우리는 '진정한 행복이란 과연 무엇인가'라는 너무도 당연한 질문에 대한 해답을 찾을 수 있을지도 모른다. 그것은 누구나 던질 수 있는 질문이며 또한 절실한 문제이기도 하기 때문이다.

그러나 모든 일은 말처럼 단순하지가 않은 법이다. 인생은 누구에게나 그리 만만한 문제가 아닐 뿐 아니라 이 세상에는 애정관계의 실패와 좌절 속에 고통받는 사람들이 너무도 많기 때문이다. 그런 점에서 볼 때, 애정관계의 유지야말로 성숙한 인격의 가장 중요한 지표가 된다고 할 수 있다. 따라서 한때는 누구에게나 선망의 대상이 되었던 20세기 신데렐라였지만 36세를 일기로 짧은 생을 비극적인 결말로 마감해야만 했던 다이애나 비의 사랑과 죽음에 얽힌 수수께끼를 풀어 보는 일은 결코 무의미한 작업만은 아니라고 본다.

동화의 시작과 종말

다이애나가 찰스 왕세자를 처음 만난 것은 그녀의 나이 16세 때였다. 다른 사춘기 소녀와 마찬가지로 그녀는 왕세자를 남몰래 흠모하기 시작했으며, 자기 방에 걸어 둔 그의 사진을 바라보고 하염없는 몽상에 빠지기도 했다.

찰스 왕세자는 당시 30대 초반으로 많은 귀족 여성과 염문을 뿌리며 대중적인 관심의 표적이 되고 있었지만, 정작 본인은 결혼의 압력에 시달리고 있었다. 그는 국법상 로마 가톨릭 신도와는 결혼할 수 없는 입장이었으며, 귀족 가문 출신에서 신붓감을 선택해야만 했다.

그런 그에게 유치원 교사로 일하던 다이애나가 눈에 들어온 것이다. 두 사람의 데이트가 이루어지면서 다이애나는 처음으로 대중매체의 눈길을 끌기 시작했다. 그리고 다이애나는 자신의 사진을 언론에 공개하여 대중의 관심을 끌기도 했다.

그러나 소문만 무성할 뿐 정작 찰스 왕세자의 청혼 소식은 좀처럼 들려오지 않았다. 다이애나는 초조하게 왕세자의 결단을 기다리고 있었다.

결국 왕실이 찰스에게 결혼을 독촉함으로써 1981년 2월에 이들의 약혼이 이루어졌다. 다이애나는 20세였고 찰스 왕세자는 33세였다. 그리고 그해 7월에 전 세계 수억 인구가 지켜보는 가운데 성 바울 대성당에서 성대한 결혼식이 거행되었다. 그것은 동화 속에서나 볼 수 있는 꿈같은 혼인이었다.

그러나 두 사람의 관계는 신혼 초부터 어긋나기 시작했다. 찰스는 신혼여행을 떠날 때 낚시도구와 책들을 챙기는 데 더욱 신경을 썼으며, 성적인 관심도 보이지 않았다. 말다툼이 잦아진 것은 당연한 결과였다. 더욱이 찰스가 전 애인 카밀라 볼스와 선물을 주고받은 사실이 드러나자 다이애나의 신경은 갈수록 날카로워졌다. 분노를 삭이지 못한 다이애나가 램프를 집어던져 유리창을 박살내는 것을 보고 찰스는 그녀의 히스테리가 지나치다고 생각했다.

다이애나는 자신의 욕구불만을 주로 먹는 것으로 해소하려 했다. 다이애나의 식사량이 눈에 띄게 늘어나자 찰스는 키가 더 크려고 그러느냐며 빈정댔다.

그는 공개석상에서 농담 삼아 자기는 부인이 두 사람 필요하다고 말했지만, 그것은 결코 단순한 농담이 아니었다. 그의 농담은 그 후 사실로 나타났기 때문이다. 특히 둘째 아들 해리를 낳고부터 두 사람의 관계는 더욱 멀어지기 시작했다. 찰스 왕세자는 과거에 염문을 뿌렸던 카밀라 볼스를 다시 만나기 시작했으며, 다이애나 역시 그녀의 승마 코치인 제임스 휴이트와 염문을 뿌리기도 했다. 심지어는 그녀의 차남 해리가 휴이트와의 관계에서 태어난 아이라는 악성 루머까지 항간에 나돌았다.

그런 와중에서도 이들 부부는 1992년 11월 한국을 방문하여 당시 노태우 대통령 부처가 베푼 만찬회에 함께 참석하기도 했으나 이미 이들은 남남처럼 행동했으며, 당시 다이애나는 매우 달갑지 않은 듯한 떨떠름한 표정에 공허하기 그지없는 불안정한 모습을 보이기도 했다.

결국 이들은 그 해에 별거에 들어갔다. 그리고 이들의 별거가 선언된 1992년은 공교롭게도 그녀가 가장 사랑하고 의지했던 아버지가 사망한 해이기도 했다.

그 후로 다이애나의 행동은 매우 공격적으로 돌변했다. 그 결과로 나타난 것이 다이애나의 자서전 출판사건이었으며, 이로 인해 그녀와 찰스 그리고 여왕과의 사이에는 결정적으로 금이 가게 되었다. 다이애나의 실수는 그녀가 왕실과 한마디 상의도 없이 자신의 사생활에 관한 책 출판을 허용했다는 점에 있었다. 저자인 앤드류 머튼은 그 책에서 새장 같은 왕궁생활에서 벗어나 자유롭게 살고 싶어 하는 그녀의 심경을 대변했지만, 그것은 당연히 왕실에 대한 공개적인 도전으로 비쳐졌다.

그러나 당시 다이애나는 매우 이율배반적인 태도를 취했다. 왕궁을 신랄하게 비난하면서도 다른 한편으로는 여왕의 보복을 몹시 두려워한 것이다. 결국 다이애나는 1993년 말 모든 공적인 활동에서 물러난다고 선언했다. 그리고 1995년 여왕은 마침내 두 사람의 이혼을 요구했다. 그렇게 해서 1996년 이혼이 성립되고 세기적인 혼인은 드디어 그 화려한 막을 내리게 된 것이다.

이혼 후 그녀는 적십자운동 및 활발한 자선사업을 통하여 지뢰 추방운동과 에이즈환자 돕기 운동 등에 헌신하며 자신의 괴로움을 잊으려 했다. 다행히도 그녀의 자신감은 전에 비해 눈에 띄게 늘었다.

그 와중에 그녀는 공개적인 데이트를 즐기기도 했다. 그러나 역설적이게도 대부분의 경우 다이애나가 애정을 구걸하는 형태였다. 첫 상대는 파키스탄 출신의 심장외과 의사인 하스나트 칸으로 그와는 2년간 사귀었지만, 결국 문화적인 차이를 극복하지 못하고 그 관계는 끝나고 말았다.

그 후 그녀는 곧바로 아랍계 부호의 아들인 바람둥이 도디 알 파예드와 관계를 맺기 시작함으로써 영국 왕실의 신경을 더욱 곤두서게 만들었다. 당시 도디는 다른 여성 켈리 피셔와 교제 중이었으나 아버지의 소개로 다이애나를 만나 그녀에게 반하고 말았다.

그러나 이들은 1997년 파리에서 함께 차를 타고 가다가 불의의 교통사고로 숨지고 말았다. 당시 그들은 뒤를 쫓는 파파라치를 따돌리기 위해 과속 운전 중이었다. 도디의 아버지는 그 후 이들의 죽음에 의혹을 제기하고 그 배후로 영국 왕실을 주목하기도 했지만, 파리 경찰은 그럴 가능성을 부인했다.

다이애나의 장례식은 그녀의 죽음을 안타까워하는 시민들의 행렬로 끝이 보이지 않을 정도였다. 그러나 다이애나의 행적에 대해 비판적인 목소리도 적지 않았던 것이 사실이다.

결국 찰스 왕세자는 2005년 그토록 말도 많았던 카밀라 볼스와 재혼하여 오늘에 이르고 있다.

카밀라는 1995년 앤드류 볼스와 먼저 이혼하고 때를 기다렸으며, 찰스 왕세자 부부가 이혼하고 그 이듬해 다이애나의 비극적인 죽음이 알려진 이후에는 자신에 대한 나쁜 여론을 의식하여 더 많은 시간을 참고 기다려야 했다. 그러나 21세에 왕세자가 된 이래 61세가 될 때까지 40년이 넘도록 왕위를 기다리고 있는 찰스도 초조하기는 매한가지였을 것이다. 또한 다이애나가 낳은 두 아들 윌리엄과 해리가 자신들의 새로운 계모와 좋은 관계를 유지할지 여부도 아직 미지수라 하겠다. 그 계모는 바로 다이애나가 그토록 증오했던 장본인이 아닌가. 따라서 새로운 계모의 등장은 또 다른 동화의 비극을 예고하는 것일 수도 있지만 다행히 아직까지는 그 어떤 불화의 조짐도 보이지 않고 있는 중이다.

모든 동화는 비참한 현실에서 출발하여 행복한 결말로 끝을 맺는다. "옛날 옛적 시골 어느 오두막집에 살고 있던……"으로 시작하여 "이들은 그렇게 해서 오래오래 행복하게 살았답니다."로 끝나기 마련이다. 그러나 우리의 삶은 결코 동화가 아니다. 오히려 동화가 끝나는 부분부터 본격적인 갈등이 시작되기 쉽다. 만인의 부러움을 한 몸에 받으며 출발했던 다이애나와 찰스 왕세자의 동화 같은 세기적인 결혼도 물론 거기서 예외가 아니다.

다이애나가 친구들로부터 받은 결혼선물 중에는 개구리 인형도 있었다. 진짜 왕자님을 만났으니 더 이상 개구리와 키스할 필요가 없어졌다는 그녀의 농담을 듣고 친구들이 벌인 짓궂은 장난이었지만, 결국에는 왕자나 개구리 모두가 환상에 불과한 것이었음을 그녀는 눈치채지 못한 채 세상을 떠나고 말았다. 개구리는 개구리일 뿐 결코 왕자가 될 수 없다는 사실을 끝까지 부인하고 다이애나는 또 다른 아랍 왕자를 꿈꾸다가 참변을 당했기 때문이다. 그녀의 환상은 그림 동화의 개구리 왕자 이야기에서 아라비안나이트로 그 무대를 바꾸었을 뿐이다. 그러나 그녀의 환상은 끝내 이루어지지 못하고 말았다.

찰스 왕세자와 다이애나의 결혼은 1981년부터 1996년까지 15년간 지속되었다. 그 기간은 그녀 자신의 부모가 부부로 살았던 기간과도 비슷하다. 다이애나의 정신적 갈등과 고통을 고려한다면 생각보다는 그래도 오래 지속된 관계였다. 그리고 그녀가 죽은 지 14년 만에 비슷한 동화가 다시 재연되었다. 2011년 4월 그녀의 아들 윌리엄 왕자와 케이트 미들턴 양의 동화 같은 결혼식 장면이 세인들의 관심과 부러움을 독차지하며 다시 또 큰 화제를 불러일으켰기 때문이다. 물론 윌리엄 왕자는 부모의 전철을 다시는 밟지 않겠지만 말이다.

사랑과 미움의 경계에서

다이애나는 왕실 가족의 일원이 된 이후 심한 우울증을 앓았다. 그러나 그녀는 자신의 우울한 내면을 공개적으로 드러내지도 않았을 뿐 아니라 그럴 수도 없는 위치에 있었다. 왕세자비로서의 공적인 생활 자체가 그녀로 하여금 휴식의 기회를 허용하지 않았기 때문이다. 물론 그처럼 구속된 삶은 그녀 스스로가 선택한 것이었다. 그녀의 겉모습은 항상 수줍은 듯 미소지으며 자애롭기 그지없는 다정다감한 인상을 풍겼기 때문에 대중으로부터는 찰스 왕세자나 엘리자베스 여왕을 능가하는 인기를 누렸다.

그런 점에서 다이애나는 자신의 이중적인 생활에 지치기도 했지만, 다른 한편으로는 자신에게 쏟아지는 대중의 관심에서 나르시시즘적 만족을 느끼는 동시에 어떤 점에서는 그것을 즐긴 측면도 없지 않아 보인다. 그녀의 우울증은 따라서 일종의 가면성 우울증으로 볼 수도 있다. 표면적으로는 잘 드러나지 않지만, 내면에 감추어진 우울증이 다른 임상적 양상으로 표출되었기 때문이다. 가면성 우울증에서 가장 흔히 나타나는 양상은 신체적 증상이다. 다이애나의 경우에는 그것이 폭식증으로 나타났다. 그러나 실제로는 결혼할 당시에도 그녀는 이미 폭식증에 시달리고 있었으며, 심지어는 아들 윌리엄을 임신했을 때도 쉴 새 없이 먹어야 할 정도였다. 그렇게 증상이 심했으면서도 그녀는 전문적인 치료의 도움보다는 오히려 심령술사나 영매, 점성술사 등에 의지했다.

그뿐 아니라 그녀는 찰스 왕세자에 대하여 항상 편집증적인 의심을 품고 있었다. 특히 전 애인 카밀라 볼스와의 관계를 의심했다. 그러나 그녀의 의심이 전혀 근거 없는 것만도 아니었다. 찰스 왕세자는 다이애나와의 결혼이 확정되면서 카밀라 볼스와의 불륜관계를 이미 청산한 것으로 알려져 있지만, 그것은 사실이 아니었다. 처음에는 다이애나 자신도 그런 사실을 전혀 눈치채지 못하고 있었다. 카밀라는 이미 결혼한 몸이었기 때문이다. 더구나 그녀 주위의 사람들도 그런 사실을 알고 있으면서도 그녀에게는 비밀에 부치고 있었던 것이다. 다이애나가 특히 분통을 터뜨린 것은 바로 그런 점에 있었다.

홧김에 서방질한다는 말처럼 그녀 자신도 찰스에 뒤질세라 그녀의 승마 코치와 염문에 빠졌으며, 더구나 두 사람 사이에 아이까지 생겼다는 괴소문까지 돌았다. 왕실의 체통이 말이 아니게 되었다.

물론 찰스 왕세자의 냉담한 태도도 부분적으로는 그녀의 일탈 행위를 부채질한 원인이 되었을 것이다. 그는 다이애나의 기대만큼 자상하고 따뜻한 심성의 소유자가 아니었다. 왕자님에 대한 신데렐라의 환상이 점점 깨지기 시작한 것이다. 찰스의 냉담하고 무심한 태도에서 그녀는 강한 모멸감을 느끼고 거기에서 오는 분노와 좌절을 스스로 해소해야만 했다.

그녀가 자신의 방에서 마룻바닥이 닳아빠질 정도로 거의 쉬지 않고 홀로 탭댄스를 추었다는 것은 그만큼 강한 욕구불만을 지니고 있었음을 반증하는 것이다. 마치 안데르센의 동화 '분홍신'의 여주인공처럼 그녀는 쉴 새 없이 춤을 추어야만 했다. 그 춤은 발목을 자를 때까지 멈출 수 없는 춤이었다. 다이애나는 발목을 자르는 대신 찰스와의 관계를 끊는 방법으로 자신의 절망적인 춤을 겨우 멈춘 셈이다.

이처럼 다이애나는 정서적으로 매우 고갈된 상태에 있었다. 그녀의 수줍은 미소 뒤에는 이루 말할 수 없는 만성적 공허감이 자리 잡고 있었던 것이다. 그녀의 발작적인 폭식은 그런 공허감을 부분적으로 채워 줄 수 있었겠지만, 그것은 밑 빠진 독에 물 붓기였을 뿐이다.

이런 여러 특성들을 토대로 미국의 전기 작가 샐리 스미스는 다이애나가 경계성 인격장애를 지닌 것으로 보고, 그녀의 우울증, 정서적 불안정, 편집증, 폭식 등을 주된 증세로 지적하기도 했다. 경계성 환자들의 가장 핵심적인 화두는 유기불안 및 분리불안이다. 그러나 가장 가까운 측근들이 아니고서는 그녀의 증세를 손쉽게 파악하기 어려웠을 것으로 보인다. 따라서 왕궁 생활이 그녀에게는 감옥처럼 여겨지기도 했겠지만, 다른 한편으로는 그녀의 실체를 은폐시킨 측면도 없지 않았다고 할 수 있다. 가장 큰 문제는 정서적으로 그녀를 보호해 줄 인물이 왕궁 안에 전혀 없었다는 데 있었다.

갈등의 근원을 찾아서

다이애나 妃(1961~1997)의 어린 시절은 악몽 그 자체였다. 그녀의 본명은 다이애나 프랜시스 스펜서로 영국 노포크의 파크하우스에서 아버지 에드워드 존 스펜서 경과 어머니 프랜시스의 4남매 중 막내딸로 태어났다.

아버지는 자상한 인품의 소유자였으나 냉담하면서도 자존심 강한 어머니와 불화가 끊이지 않았다. 결국 부모는 그녀가 8세 때인 1969년 이혼하고 말았고, 처음에 그녀는 사랑하는 아버지와도 강제로 헤어져야 했다. 당시 두 언니는 학교 기숙사에 들어간 상태였으며, 어머니는 어린 두 남매를 데리고 런던으로 이사해 버렸다. 그러나 문제는 갈수록 더욱 복잡해졌다. 남매가 크리스마스를 축하하기 위해 아버지를 방문하자 그는 아이들을 런던에 있는 어머니 곁으로 돌려보내기를 거부했다. 결국 양육권 문제로 어머니는 소송을 제기했지만 패소하는 바람에 남매의 양육권은 아버지에게 돌아가게 되었다.

이렇게 해서 두 남매는 아버지 곁에 있게 되었지만, 그래도 아버지와 함께 지낸 기간은 나름대로 행복했다. 그러나 그녀가 15세였을 때 아버지가 재혼하고 뒤이어 어머니마저 재혼해 버렸다. 다이애나로서는 부모 양측 모두에게서 배신과 버림을 당한 것으로 느꼈을 것이다. 실제로 그녀는 새로운 계모를 몹시 증오해서 함께 살기를 거부하고 아버지와 어머니 집을 오가며 지냈다.

어느 한곳에 마음 붙일 수 없는 상황은 이미 어린 시절부터 그녀에게 던져진 마치 숙명과도 같은 것이었고, 그런 상황은 결국 성인기에 가서도 반복되었다. 왕실의 명예와 대중적 인기 사이의 경계선상에서 그녀는 방황을 계속하며 마땅히 안주할 곳을 찾지 못했기 때문이다. 그녀는 애정에 대한 갈망과 불신, 배신감, 불안 등이 교차된 매우 복잡한 감정상태였다.

이처럼 혼란스럽고 갈등적인 상황에서 성장한 그녀였기에 어려서부터 매우 공격적이며 충동적인 성향을 보였던 것이다.

그런 점에서 과거에 그녀가 지녔던 모습은 오늘날 대중이 갖고 있는 이상적인 이미지와는 상당히 거리가 멀다고 할 수 있다. 그녀의 어린 시절 모습에서 우리는 결코 귀여운 천사를 연상하기 어렵기 때문이다. 소녀 시절 다이애나는 불쌍한 가정부들을 괴롭히기 일쑤여서 목욕실에 사람을 가두고 문을 잠그거나 창밖으로 속옷들을 내던지고 바늘로 방석을 마구 찌르기도 했다. 십대에는 매우 오만하고 건방진 소녀로 정평이 나 있어서 데이트를 기다리며 서 있는 남자친구의 신발에 달걀 반죽을 쏟아부으며 심술을 부리기도 했다. 아버지가 재혼한다는 소식을 들었을 때도 화가 머리끝까지 치민 그녀는 엉뚱하게도 나이 든 하인의 따귀를 올리는 무례함을 보였다. 그리고 항상 계모를 골탕 먹일 궁리에 몰두하기도 했다.

이처럼 어려서부터 악동으로 행세한 그녀로서는 왕실 가족의 일원이 되고 난 이후에 모든 행실에 위엄을 갖추어야 하는 일상이 고문보다 더한 고통의 나날이었을 것이다. 그러나 어쩌다 드러나는 돌출적인 그녀의 행동이 일반 대중에게는 매우 서민적인 풍모를 보여 주는 것으로 받아들여져 오히려 호감을 사는 요인으로 작용했다. 더욱이 평범한 유치원 교사에서 왕세자비로 변신한 그녀는 마치 한 편의 동화 속 마법의 공주와도 같은 존재로 대중의 마음속에 깊이 자리 잡았던 것이다.

다이애나의 성장과정에는 분명 문제가 많았다. 우선 그녀는 태어날 때부터 푸대접을 받았다. 스펜서 가문의 대를 이을 아들을 간절히 원하고 있던 부모는 이미 두 딸을 얻은 후에 어렵게 얻은 아들 존을 태어나자마자 잃는 아픔을 겪었다. 그리고 2년 후 다이애나가 태어나자 특히 어머니는 크게 실망했다. 딸의 출생을 전혀 예상치 않고 있던 부모는 태어난 지 일주일간이나 그녀에게 이름조차 정해 주지 않았다.

그러나 무엇보다 큰 문제였던 것은 어머니가 전혀 아기를 돌보지 않고 유모에게 양육을 전적으로 일임한 점이다. 다이애나가 기억하는 최초의 기억은 어머니의 부드러운 젖가슴이 아니라 유모차 덮개의 플

라스틱 냄새였던 것이다. 그리고 3년 후 부모는 드디어 그토록 원하던 아들 찰스를 얻었다. 다이애나가 집안에서 자신을 있으나 마나 한 버림받은 존재로 취급한다고 느낀 것은 너무도 당연했다. 이처럼 다이애나는 이미 죽은 오빠 존과 새롭게 태어난 남동생 찰스 사이에서 부모의 관심을 얻지도 못하고 성장했던 것이다.

그러나 그녀는 성장하여 또 다른 찰스를 얻었다. 왕세자 찰스를 만난 것이다. 부모의 관심을 끌기 위해 동생 찰스와 경쟁해야만 했던 다이애나는 성인이 되어서는 남편 찰스와 경쟁하며 시부모의 관심과 인정을 받고 싶어 했다. 그러나 그들은 자신의 부모보다 더욱 냉담한 태도를 보였다.

다이애나의 폭발적인 대중적 인기는 찰스나 여왕도 시기할 정도였다. 다이애나는 타인의 시선과 관심을 이끄는 데 탁월한 재능을 보였지만, 정작 그녀 자신의 내면은 모호함과 불확실성으로 가득 찬 정서적 혼란 그 자체였다. 그런 혼란의 불씨는 물론 그녀가 태어날 때부터 부모가 원하던 아기가 아니었다는 사실에 있었다.

그리고 이어진 부모의 결별, 양육권 싸움, 계모에 대한 증오심, 분리된 아버지와 어머니 사이를 오갈 수밖에 없었던 정신적 혼란, 애정의 결핍과 공허함을 폭식으로 해소하고자 했던 병적인 시도, 냉담한 찰스의 거절 및 외도로 인한 질투심과 좌절, 분노와 복수심, 지독한 고부간의 갈등, 그리고 두 사람의 결혼이 참된 사랑으로 인한 것이 아니었다는 깨달음으로 인한 정서적 혼란과 실망 등 그녀에게는 실로 스스로의 힘으로 극복하기 어려운 미완의 숙제들이 많았다.

그러나 그중에서도 그녀에게 가장 큰 고통을 준 것은 그 누구도 자신을 인정하고 받아 주지 않는다는 사실이었다. 그것은 곧 일생 동안 그녀를 따라다닌 미해결의 수수께끼, 다시 말해서 그 누구도 자신을 원하지 않는다는 사실이었다.

어린 다이애나는 일찍부터 자신이 원하던 아이가 아니라는 사실을 잘 알고 심리적으로 매우 불안정한 모습을 보이고 있었다. 다이애나가 그 짧은 생애를 통하여 항상 정에 굶주려 살았던 이유를 이해할 만도 하다. 그러나 그녀를 받아 주는 사람은 어디에도 없었다. 부모가 그녀를 원치 않았고, 찰스가 원하지 않았으며, 왕실도 그녀를 원치 않았다. 누구도 원하지 않는다는 것은 그녀에게 곧 거절과 버림받음을 뜻하는 것이었다. 오로지 대중만은 그녀를 원했지만, 다이애나는 그들에 대해서도 매우 양가적인 태도를 보였다.

우연의 일치인지는 모르나 그녀의 부모는 14년을 함께 살다가 이혼했으며, 다이애나 역시 그들과 비슷하게 15년을 살고 파경을 맞았다. 의미 있는 관계와 틀에 대한 공격과 파괴가 반복되었다는 점에서 단순한 우연이 아닐 수도 있을 것이다.

다이애나의 경우에는 부모와의 단절 이후, 찰스와 두 아들과의 관계 그리고 왕실과의 관계도 파괴했을 뿐만 아니라 도디와 그의 애인 켈리 사이도 파괴시켰다. 그녀가 유일하게 파괴시키지 못한 관계는 그녀의 불행에 직접적인 도화선이 되기도 했던 찰스와 카밀라의 관계였을 뿐이다. 다이애나는 결국 이들에게 최종적으로 무릎을 꿇은 셈이다. 그들은 다이애나가 제 풀에 나가떨어질 때까지 인내심을 가지고 끈기 있게 기다린 셈이며, 실제로 그들의 꿈은 성취되었다.

어머니의 사랑을 받지 못한 다이애나의 관심은 자연히 아버지 쪽으로 향했지만, 그녀의 아버지는 딸에게 충분한 관심을 기울여 줄 만한 마음의 여유가 없었다. 부부간의 갈등이 최악의 상태로 치닫고 있었기 때문이다. 그런 그녀에게 부모의 이혼과 재혼은 이루 말할 수 없는 배신감과 증오심을 불러일으켰다. 더욱이 두 살 위인 오빠 존의 죽음은 그녀에게 항상 자신이 아들로 태어나지 못한 사실에 대한 회한과 자신은 그 누구도 원치 않는 거추장스런 존재일 뿐이라는 자기모멸감, 그리고 자신은 그렇게 가치 있고 소중한 존재가 아니라는 무력감만을 상기시켜 주었다.

다이애나는 어릴 때부터 애완동물들을 몹시 좋아했는데, 이는 곧 그녀 자신의 내면에 자리 잡은 분리불안을 달래 주는 중간 매개자 역할을 한 것으로 보인다. 어린 다이애나가 죽은 동물을 뜰에 묻어 주며 치러 준 장례식은 그녀 자신의 유기불안을 달래는 일종의 애도 반응이었던 셈이다.

그리고 실제로 그녀는 누구도 감히 넘볼 수 없는 왕자를 차지함으로써 부모에게 통쾌한 복수를 가한 셈이다. 그러나 그 싸움은 결코 멈추어지지 않았다. 그녀의 애정결핍과 무조건적인 사랑에 대한 요구는 그 무엇으로도 채워지기 어려운 것이었기 때문이다.

다이애나는 자신의 부모에 대해 매우 극단적인 양가적 태도를 지니고 있었지만, 이처럼 해소되지 않은 그녀의 부정적인 감정은 부모의 대리자로 등장한 시부모에게로 향해지기 시작했다. 시어머니인 엘리자베스 여왕도 이런 며느리에 대해 부정적인 태도로 일관했다. 특히 여왕의 입장에서는 정서적으로 매우 불안정한 왕세자비의 출현으로 아들의 장래가 염려되었을지도 모른다. 왜냐하면 1936년 에드워드 8세가 미국 태생의 이혼녀 심슨 부인과 결혼하기 위해서 왕위를 포기한 사건을 분명히 기억하고 있기 때문이다. 찰스 왕세자 역시 다이애나에 대해 심리적인 부담감을 느꼈음에 틀림없다.

이들 부부는 서로의 관계에 금이 가기 시작했음에도 불구하고 왕실의 체면 유지를 위해 대중 앞에서는 매우 친밀한 관계인 듯이 행동했다. 이들의 가식적인 태도는 물론 왕실을 위한 행동으로 모든 왕족들에게 주어진 일종의 업보이기도 했지만, 특히 다이애나 입장에서는 대중의 기대를 실망시키지 않기 위해서라도 이들 부부의 뒤를 끊임없이 따라다니는 불화설에 대해 계속해서 부인하고 친밀한 관계임을 위장해야만 했다.

물론 그녀는 대중매체를 매우 능숙하게 다룰 줄 알았지만, 항상 자신의 감정을 숨기며 가식적인 미소를 띠어야 했으며, 대중의 기대와 왕실의 요구 사이에서 적절한 타협을 모색해야 한다는 삼중고에 시달린 것이다. 그런 삶은 물론 그녀가 꿈꾸던 것이 아니었다.

그녀가 진정으로 갈망했던 것은 사랑이었으며, 그것도 따뜻한 애정이었다. 그녀가 주로 아랍인에 이끌린 점도 바로 그런 이유 때문일 것이다. 알 파예드에 의지하게 된 것도 그의 다정다감함 때문이라는 주장이 그래서 매우 설득력 있게 들린다. 그러나 다른 한편으로는 자신을 버리고 거절했던 영국 왕실의 얼굴에 먹칠을 함으로써 복수를 꾀하는 효과도 있었을 것이다. 영국 왕실의 일원이었던 그녀가 아랍인과 맺어질 경우 그것은 곧 영국 왕실에 대한 직격탄이 될 것이기 때문이다.

그런 점에서 다이애나의 은밀한 파괴적 욕구는 결국 자신을 끝까지 보살피지 않고 내버린 부모에 대한 복수를 의미할 뿐만 아니라 새로운 부모의 대리인이라고 할 수 있는 시부모, 즉 여왕과 그 부군인 필립 공에게도 향해짐으로써 최악의 고부갈등 상황으로까지 치닫게 된 셈이다.

또한 애정의 결핍을 찰스 왕세자에게 구했으나 마음이 다른 데 가 있었던 찰스로서는 다이애나의 불같은 열정과 변덕스러움을 감당하기 어려웠을 것이다. 그녀 자신의 환상 속에 자리 잡은 낭만적인 왕세자의 모습과 실제 현실에서 마주하는 냉담한 찰스 사이에는 너무나 큰 간격이 차지하고 있었으며, 결국 그녀는 영국의 왕자를 포기하고 그 대신 아랍의 왕자를 선택한 셈이다. 그러나 실제로 그녀가 그런 참변을 당하지 않고 아랍의 부호인 알 파예드와 재혼했다면 과연 남은 삶을 행복하게 보낼 수 있었을까 의문이 드는 것도 사실이다.

그런 점에서 다이애나는 연이은 만남과 이별을 반복하는 가운데 끊임없이 심리적 상처를 입은 동시에 사랑과 미움의 적절한 통합에도 실패함으로써 스스로 파국을 초래한 것으로 볼 수 있겠다. 다시 말해서 딸의 출생에 대해 크게 실망했던 어머니의 냉담한 태도, 부모의 이혼, 계모의 출현, 아버지의 죽음, 왕자의 출현과 이혼, 두 아들과의 이별, 강력한 연적인 카밀라의 출현, 상징적인 아랍 왕자의 출현, 그리고 영원한 이별을 의미하는 돌발적인 죽음 등 그녀의 삶에는 항상 이별의 문제가 화두처럼 뒤따르며 그녀에게 고통을 선사한 것이다.

경계성 환자들은 사랑과 미움의 통합에 실패한 사람들이다. 동시에 심각한 애정결핍으로 인해 사랑에 거의 중독된 사람들이기도 하다. 그들은 끊임없이 애정을 구걸하다가는 결정적인 순간에 그러한 관계를 갑자기 단절시킴으로써 더욱 깊은 좌절과 고통에 몸부림치기도 한다.

다이애나는 그 누구도 감히 넘볼 수 없는 왕자와의 결혼에 성공함으로써 현실이 아닌 동화 속의 세계로 들어갔다. 그러나 그녀의 혼란스런 내면세계는 그런 성공적인 삶을 유지하고 이끌어 나갈 수 있는 심리적 토대가 마련되어 있지 못한 상태에 있었다. 다이애나의 비극은 바로 그 점에 기인한 것이었다.

그녀가 처음부터 평범한 일반 시민의 삶을 선택했더라면 오히려 그녀의 문제가 더욱 표면화되었을 것이며, 따라서 전문적인 치료의 도움을 받음으로써 자기 자신을 재발견하고 새로운 출발을 보장받을 수 있는 기회를 얻었을지도 모른다. 그러나 유감스럽게도 그녀는 현실과 동떨어진 동화적 환상의 세계를 선택함으로써 더욱 큰 상처를 얻게 된 셈이다. 일반 대중 역시 그녀에 대한 환상적 기대가 깨지기를 원치 않았기에 다이애나는 환상과 현실 그 어느 곳에도 몸 둘 데가 없었다. 그야말로 그녀는 꿈과 현실의 경계선상에 놓여 있었던 것이다.

다이애나의 짧은 생애는 고통스런 갈등과 비극으로 점철된 삶이었고, 아동기뿐 아니라 성인기에 이르기까지 이어진 불행의 연속이었다. 인간이 누릴 수 있는 행복의 최정점까지 올랐다가 급전직하로 비극적인 최후를 맞이하기까지 그녀의 실로 기복이 심한 삶의 행로는 그녀 자신의 정서적 혼란을 그대로 반영하는 것이기도 했다.

인간의 삶에 있어서 결혼은 인격의 성숙도를 나타내는 일종의 리트머스 시험지와도 같은 것이다. 결혼은 성과 공격성, 사랑과 미움이

씨줄과 날줄처럼 교차하는 갈등의 중심이 되기 마련이기 때문이다. 따라서 결혼은 두 배우자 사이에 타협과 용서, 화해, 책임감, 죄의식, 어른다움 등이 어떻게 자리 잡느냐의 여부에 따라 무덤이 될 수도 있고 낙원이 될 수도 있는 것이다. 결국 천국과 지옥은 드높은 하늘과 깊은 땅속에 있는 것이 아니라 오로지 마음먹기에 달렸다는 말이 전혀 근거 없는 것은 아니다.

그런 점에서 우리는 다이애나가 보여 준 극단적인 삶의 진로 변경과 불안정한 애정관계의 실패를 통하여 경계성 정신병리의 고통스런 일면을 엿볼 수 있다. 다이애나의 삶은 결국 혼자이기를 거부하고 끝없는 애정과 관심 그리고 보살핌을 추구하는 필사적인 몸부림의 역사였다. 그녀는 비록 왕실의 규격화된 심리적 감옥에 갇혀 숨 막힐 듯한 고통에 빠졌지만, 실제로는 자기 자신의 심리적 감옥에서 벗어나지 못함으로써 스스로 비극적인 결말을 초래하고 말았다.

한 인간에게 평범한 삶을 영위한다는 일 자체도 말처럼 그리 간단한 일이 아니다. 더군다나 심리적으로나 성격적으로 결함을 지닌 인물이 자의든 타의든 비범한 위치에 오르게 되면, 그에게 가해지는 심리적 압박감은 실로 엄청날 것이다. 자신에 대한 이해가 부족했던 다이애나는 스스로 감당할 수 없는 위치에까지 오름으로써 결국 돌이킬 수 없는 파국의 길로 치닫고 만 셈이다.

그러나 꿈은 이루어진다는 말과 오르지 못할 나무는 쳐다보지도 말라는 오랜 속담 사이의 경계선상에서 우리 모두가 지금도 그 어떤 선택을 강요받으며 살고 있다는 점에서는 다이애나와 별반 다를 바 없을지도 모른다. 다만 성숙한 자아를 가진 인간은 자신의 한계를 인정하고 그 한계 내에서 최선을 다하는 동시에, 자신의 실수를 통해 배움을 얻고 자신의 미래를 설계하며, 더 나아가 타인의 요구와 입장을 배려하는 사람임을 우리는 잊어서는 안 될 것이다. 그리고 이왕이면 자신의 실수를 반복함으로써가 아니라 타인의 실수를 통하여 삶의 지혜를 얻을 수 있다면 더 이상 바랄 것이 없다고 할 수 있다.

그런 점에서 다이애나는 비록 우리 모두에게는 신데렐라의 모습으로 비쳐졌지만, 실상은 이루어질 수 없는 서글픈 사랑으로 비극적인 최후를 마친 인어공주였다고 할 수 있겠다.

Part 4

욕망과 환상을 스크린에 옮기다

희극의 천재 채플린

찰리 채플린(1889~1977)은 100년에 한 명 나올까 말까 한 그런 희극의 천재다. 인간이 살아가는 데 있어서 웃음은 매우 중요하다. 동물과 달리 인간은 슬플 때는 마음껏 울고 기분이 좋을 때는 마음껏 웃을 수 있다는 점에서 모든 피조물 가운데 가장 특이한 존재라 하겠다.

우리에게 웃음이 없다면 그 삶은 얼마나 힘들고 고달픈 짐이 되겠는가. 그나마 웃음이 있기에 인간은 먼지 털 듯 번민을 털어 버리고 밝아 올 내일에 다시 한 번 기대를 걸어 보는 것일지도 모른다.

또한 인간은 어차피 사랑을 먹고 살아갈 수밖에 없지만 그럼에도 불구하고 내면 깊숙이 자리 잡은 미움과 질투의 감정을 어찌하지 못하는 수가 많다. 그럴 때 인간은 여러 다양한 방어기제를 동원할 수밖에 없는데 그중에서도 유머는 가장 성숙한 승화기제에 속한다. 그래서 프로이트는 승화의 기제야말로 인간 문명을 유지해 나가는 가장 큰 원동력이라고 보았다.

그런 점에서 채플린이야말로 실로 비참하고도 고통스런 어린 시절을 보냈지만 그런 아픔을 딛고 탁월한 유머 감각과 페이소스를 동원하여 날카로운 사회비판도 서슴지 않았던 보기 드문 웃음의 전도사였다.

떠돌이 찰리의 생애

채플린은 런던 빈민가 출신이다. 그의 부모는 떠돌이 유랑극단의 일원으로 그들의 조상이 어디에서 온 사람들인지조차 제대로 알려진 바가 없다. 일설에 의하면 집시의 후손일 것이라는 주장도 있고 유대인이라는 설도 제기된다. 그러나 채플린 자신은 그의 자서전에서도 명확히 언급하고 있지는 않지만 자신의 외가 쪽 집안이 집시의 후손이라는 사실에 큰 자부심을 지니고 살았던 것으로 알려지고 있다.

다만 나치 독일의 블랙리스트에는 채플린이 체포 대상자 명단 중에 가장 상단에 위치하고 있었으며, 히틀러가 제일 싫어했던 인물 가운데 한 사람이었다는 점에서, 그리고 채플린의 행적이나 사상 및 외형적인 특징이 유대인적 속성과 부합된다는 사실과 연계시켜 본다면 그가 유대인으로 오해받을 가능성이 농후할 수밖에 없다고 하겠다. 더욱이 나치 독일은 채플린이 칼 톤슈타인이라는 본명을 지닌 유대인이라고 널리 선전했으며, 실제로 채플린의 생애를 다룬 리처드 아텐버러의 1992년 작 영화 〈채플린〉에서도 그가 유대인임을 은근히 암시하고 있다.

그러나 채플린 본인은 그런 사실을 강하게 부인했으며 반유대주의에 자신을 악용하는 것이라 일축했다. 그리고 한평생 동안 방랑자임을 자처하면서 자신의 예술적 재능과 신념을 유감없이 발휘했던 그로서는 국적이나 인종은 그다지 중요한 문제가 아니었을 것이다. 그는 스스로를 세계시민으로 생각하고 있었다.

조상의 계보가 어찌됐든 채플린의 아동기는 부모의 불륜과 이혼,

복잡한 가족관계, 가난과 수모로 얼룩진 불행한 삶 그 자체였다. 게다가 가수 겸 배우였던 그의 부모는 찰리가 세 살도 되기 전에 이미 헤어진 상태였다. 아버지는 알코올 중독자였으며, 아들과는 거의 접촉이 없었던 인물로 이혼 후에는 곧바로 다른 여자와 살림을 차리고 있었다. 어머니 한나는 찰리와 그보다 네 살 위인 의붓형 시드니를 잠시 맡아 키웠지만 찰리가 여섯 살이 될 무렵부터 정신건강이 악화되어 병원을 드나드는 바람에 이들 형제는 졸지에 누구도 돌보지 않는 고아 신세처럼 되고 말았다. 시드니는 한나가 낳은 사생아였다.

갈 곳을 잃은 형제는 아버지를 찾았지만 그 부인은 이들을 내쫓듯 빈민 구제 학교로 보내 버렸다. 그리고 아버지는 찰리가 열 살 무렵에 간경화로 죽었다.

이처럼 비천한 신분으로 밑바닥 생활에 일찍부터 길들여진 그는 오로지 살아남기 위해 어릿광대 노릇이든 무슨 짓이든 해야만 했다. 찰리가 다섯 살 때 그는 이미 어머니를 대신해 무대 위에서 노래를 불렀다. 당시 어머니는 갑자기 성대에 이상이 생겨 무대에서 노래를 부르다가 관객들의 심한 야유를 받고 쫓기듯 무대 밖으로 퇴장하고 말았다. 이에 충격을 받은 어머니는 그 후로 무대에 설 수 없게 되었다. 정신적으로도 문제가 생긴 것이다. 실제로 그녀의 어머니는 심한 정신이상 증세를 보이다가 세상을 떠났다.

어머니는 삯바느질로 근근이 생계를 유지해 나갔지만, 찰리가 열네 살이 되었을 때 다시 증상이 재발되었는데, 이때는 심한 환청 증세까지 보여 거의 일 년 가까이 병원에서 보내야 했다.

비록 아버지가 다른 의붓형제 사이긴 했지만 찰리와 시드니는 고아 신세가 된 후부터 서로에게 의지하는 모습을 보였다. 먹고 살기 위해 이들 형제는 악착같이 일했다. 한배를 탔다는 동료의식이 이들 형제를 더욱 굳게 맺어 준 것이다.

이들에게 주어진 지상명제는 가난으로부터의 탈출이었고 이 과제는 그 후 채플린 영화의 주된 테마를 이루는 것이 되었다.

어린 소년 시절부터 무대 위에서 성대모사로 인기를 끈 그는 1906년 형의 소개로 무언극에 출연하기 시작하면서 다양한 곡예기술과 무용 등을 익혔으며, 20대 초반에 이르자 미국으로 건너가 처음으로 무성 영화에 출연하기 시작했다. 초기에는 슬랩스틱 코미디 연기로 인기를 얻었지만, 점차 주제의식이 분명한 코미디 영화를 직접 만들기 시작했다.

또한 그는 더글라스 페어뱅크스와 함께 유나이티드 아티스트 영화사를 설립하기도 했다. 이때부터 그는 본격적인 자기만의 스타일을 갖춘 장편영화 제작에 들어가기 시작했으며, 1921년 발표한 〈키드〉를 필두로 해서 연이어 〈황금광시대〉〈모던 타임즈〉〈독재자〉〈라임라이트〉〈뉴욕의 왕〉 등 세기적인 걸작들을 내놓았다.

그러나 하늘 높은 줄 모르고 치솟던 그의 인기는 1950년대 매카시즘 돌풍에 휘말려 급전직하로 추락하기 시작했다. FBI 국장 에드거 후버는 채플린이 공산주의자임을 믿어 의심치 않았다. 그는 채플린을 미 의회 청문회에 출두시키겠다고 계속 위협했다. 신변에 위협을 느낀 채플린은 1952년 잠시 미국을 떠났지만, 그 후로는 두 번 다시 미국에 돌아갈 수 없었다. 결국 그는 스위스에 정착하고 그곳에서 88세를 일기로 생을 마쳤다.

찰리의 사생활

비록 그의 공적인 활동은 화려했으나 사생활 측면에서는 그 역시 많은 어려움을 겪었다. 특히 애정관계에서 숱한 시행착오를 거듭해야만 했다. 그의 부모가 그랬듯이 채플린 또한 이성관계에 유독 취약한 면모를 보인 것이다. 어린 그를 제대로 돌보지도 못했던 어머니 한나는 1928년 할리우드에서 죽었다. 채플린과 그의 형 시드니는 그래도 어머니를 잊지 않고 미국으로 모셔 간 것이다. 그러나 어머니를 모신지 7년 만에 그녀는 불행했던 삶을 마감하고 세상을 뜨고 말았다.

채플린은 그의 부모가 매우 복잡한 사생활을 보였듯이 그 자신 역시 피는 속일 수 없었던지 수많은 스캔들을 일으켰다. 물론 그것은 그만큼 채플린 자신이 정서적으로 몹시 불안정했음을 가리키는 것이기도 했다.

채플린은 공식적으로 모두 네 번 결혼했다. 밀드레드 해리스, 리타 그레이, 폴레트 고다르, 그리고 우나 오닐 등이 바로 그 주인공들이다. 그러나 이들 외에도 그는 숱한 여성들과 염문을 퍼뜨렸다.

그는 네 번의 결혼을 통해 모두 11명의 자녀를 낳았으며 14명의 손자를 얻었다. 첫 번째 부인 밀드레드 해리스는 불과 16세 때 채플린과 결혼했지만 3년 만에 파경을 맞고 말았다. 두 번째 부인 리타 그레이 역시 어린 나이로 그와 만나 임신하게 되자 결혼식을 올렸지만 그 관계는 3년을 넘기지 못했다. 세 번째 부인 폴레트 고다르는 〈모던 타임즈〉와 〈독재자〉에서 그와 공연한 여배우로 함께 6년을 살았지만 아이를 낳지는 않았다.

그의 네 번째 부인이 된 우나 오닐은 미국의 유명한 노벨 문학상 수상자인 극작가 유진 오닐의 딸이며 18세의 나이로 채플린과 결혼했는데 당시 그의 나이 54세였다. 그러나 그녀는 채플린이 죽을 때까지 30년 가까운 세월을 동고동락했던 그의 유일한 오랜 동반자였다. 이들 사이에서만 8명의 자녀가 태어났는데, 여배우 제랄딘 채플린은 그중에서 맏딸이다. 막내아들 크리스토퍼가 태어난 것은 채플린의 나이 73세 때였으니 그의 정력 하나만은 알아줄 만하다. 물론 채플린 스스로도 자신의 유별난 정력에 대해 세계 8대 불가사의에 속한다고 익살을 떤 적이 있다. 우나 오닐은 1991년 췌장암으로 세상을 떠났다.

웃음과 페이소스

20세기 초 무성영화 시절에 이미 할리우드에 진출했던 채플린은 비록 가진 것이 아무것도 없는 무일푼 신세였지만 할리우드로 그 활동무대를 옮긴 후부터는 물을 만난 물고기처럼 천부적인 재능을 마음껏 발휘하기 시작했다. 〈이민자〉 〈어깨 총〉 〈키드〉 〈황금광시대〉 〈서커스〉 〈거리의 등불〉 〈모던 타임즈〉 〈독재자〉 〈살인광시대〉 〈라임라이트〉 〈뉴욕의 왕〉 등 그가 감독, 주연을 겸한 걸작들은 그야말로 인류의 소중한 문화적 자산이라고 해도 과언이 아니다.

그의 영화들이 전하는 핵심적인 화두는 가난과 소외라 할 수 있다. 그는 자신의 작품을 통해 사회적 불평등에서 비롯된 가난뿐 아니라 개인적으로는 파괴된 가정에서 비롯된 애정의 결핍 문제도 다루고 있다.

비교적 초기작인 〈키드〉는 헐벗고 가난했던 채플린 자신의 어린 시절 모습을 잘 드러내고 있다. 거리에 내버려진 아기 키드의 존재는 바로 부모에게 버림받은 그 자신이기도 하다. 그러나 먹고 살기 위해 꼬마 키드로 하여금 멀쩡한 집의 유리창을 박살내도록 훈련시키는 유리장사 찰리의 익살스런 모습에는 세상에 대한 원망도 배어 있다. 그리고 아기의 원래 부모는 부유한 집안이었다는 설정 또한 채플린 자신의 무의식적 환상을 반영하는 것이다.

어려서부터 따스한 부모의 사랑을 제대로 받아 보지 못한 그는 배고픔에 못지않은 자신의 또 다른 굶주림, 즉 애정에 대한 갈망을 〈키드〉뿐 아니라 〈거리의 등불〉〈라임라이트〉〈황금광시대〉 등을 통해서도 잘 나타내고 있다. 물론 채플린의 작품들은 이념적 차원을 떠나 착취당하고 고통받는 가난한 민중들의 삶을 동정적인 시각에서 묘사했으며 동시에 부와 권력을 독차지한 계층에 대해 희화적으로 야유한 걸작들이다.

그는 수많은 걸작들을 통해서 웃음 속에 배인 슬픔과 더불어 불공정한 사회적 모순에 대해 강한 비판적 메시지도 전달한다. 그 때문에 〈독재자〉와 같이 파시즘을 마음껏 조롱한 작품도 있지만, 헐벗고 굶주린 민중들에 대한 동정과 애정 어린 표현으로 인해 공산주의자로 몰리는 수모를 당하기도 했다. 그러나 가진 자에 대한 그의 감정은 매우 양가적이어서 적개심과 동경심이 혼재된 양상을 띠고 있다는 점이 특징이기도 하다. 다만 그는 불공평한 세상에 대한 근원적인 불신과 적대감을 매우 희화적인 수법으로 표현한 것뿐이다.

자본가들에 대한 그의 조롱 섞인 야유와 불신은 그의 모든 작품 밑바탕에 깔려 있는 것이 사실이다. 영화 속에서 그는 항상 헐벗고 굶주린 자의 편에 서서 힘 있고 가진 자들을 골탕 먹이고 괴롭힌다. 따라서 항상 경찰에 쫓기는 신세지만 감옥은 오히려 떠돌이 신세인 찰리에게 먹을 것과 잠자리를 제공해 주는 곳이라 여유만만이다. 더 이상 잃을 것이 없는 자의 여유로움이라고나 할까.

〈모던 타임즈〉에서 거리를 배회하던 찰리는 엉겁결에 파업 중인 시위대 물결에 휩쓸려 선두에 서서 우연히 손에 들게 된 붉은 깃발을 흔들고 행진하다가 그를 주동자로 오인한 경찰에게 붙들려 감옥에 끌려가기도 하는데, 이런 장면들 자체가 그를 공산주의자로 오해하기 쉽게 만든 것으로 보인다. 그러나 이에 그치지 않고 영화는 쉴 틈조차 주지 않고 노동자를 혹사시키며 감시하는 대공장의 비인간적 작업 현장을 보여 줌으로써 자본주의 및 기계문명 사회를 희화적인 수법으로 비판하기도 한다. 그것은 새로 발명된 로봇의 자동장치를 이용하여 강제로 식사를 시키는 장면이나 거대한 기계 톱니바퀴 속으로 찰리가 휘말려 들어가는 장면 등을 통해서도 여지없이 드러난다. 현대 기계문명의 횡포를 고발하는 내용이 아닐 수 없다.

물론 그의 이러한 비판적인 메시지들로 인해서 그는 공산주의자라는 오명을 뒤집어쓰고 미국을 떠나야 했지만 이후에 영국에서 만든 〈뉴욕의 왕〉을 통해 그는 빨갱이 사냥에 혈안이 되었던 당시의 매카시즘을 통렬하게 꼬집으며 비판하기도 했다.

그러나 스스로 공산주의자가 아님을 누누이 밝혔던 채플린은 그 어떤 고정된 이념에 경도되었다기보다는 헐벗고 굶주린 사람들 편에서 그들을 괴롭히고 착취하는 기득권층에 대한 불만을 대변했다는 점에서 진정한 인도주의 정신을 구현한 예술가였다고 본다. 그것은 단순한 체제비판에 국한된 태도가 아니었다.

그런 점에서 비록 나치 독일을 풍자한 것이기는 하지만 그의 첫 유성영화인 〈독재자〉의 마지막 장면에서 가짜 힝켈 노릇을 하던 유대인 이발사가 연단에 나가 수많은 대중을 상대로 토해 내는 웅변은 실로 압권이 아닐 수 없다.

"미안하지만, 전 제왕이 될 생각이 없습니다. 정복이나 지배할 생각도 없고 모든 사람을 돕고 싶을 뿐입니다. 유대인, 이교도, 흑인, 백인. 우린 타인을 돕고 싶어 하죠. 인간은 원래 그래요. 타인의 슬픔이 아니라 행복을 보고 싶어 합니다. 타인을 경멸하지 않고요. 세상에는 각자의 공간이 있고 땅은 풍요로우며 모두 행복해질 수 있습니다. 삶은 자유롭고 아름답지만 우리는 길을 잃었습니다. 탐욕에 물든 인간의 영혼이 증오로 세상을 휘감고 오만함이 비극을 낳았습니다. 우리는 빨리 발전했지만 마음을 닫아 버렸고 풍요를 가져다준 기계는 탐욕만 심어 줬습니다. 지식은 냉소를 낳았고 지혜는 몰인정을 낳았죠. 생각은 많지만 느끼지는 못합니다. 우리에게는 기계보다 인간애가, 영리함보다 친절함과 따뜻함이 필요해요. 그걸 회복하지 못하면 폭력과 상실뿐입니다. 비행기와 라디오로 인해 세상은 가까워졌습니다. 이들 발명품은 인간에게 선한 본성을 되찾고 범우주적 형제애를 추구하여 화합하라 합니다. 지금도 수백만 명이 제 목소리를 듣고 있죠. 절망에 빠진 사람들도 있고 무고한 사람을 고문하고 가둔 체제의 피해자도 있을 겁니다. 제 목소리를 듣는 분들은 절망하지 마십시오. 우리가 느끼는 비참함은 인류의 진보를 두려워하는 자들의 탐욕에서 비롯된 것입니다. 증오가 사라지고 독재자가 죽으면 빼앗긴 권력은 민중에게 돌아갑니다. 그렇게 되면 자유는 절대 소멸되지 않습니다. 병사 여러분! 이 짐승들에게 자신을 던지지 말고 이들의 노예가 되지 마세요. 스스로에게 명령하고, 생각하고 느끼세요. 저들은 여러분을 훈련시키고 가축이나 총알받이로 취급합니다. 부도덕한 이들에게 자신을 바치지 마십시오. 이들은 기계의 뇌와 심장을 갖고 있어요. 여러분은 기계가 아니고 가축도 아니며, 인간입니다! 여러분 마음에는 인간애가 있어요. 미워하지 마세요. 추한 것만 미워하고 사랑이 없는 것만 미워해요. 병사 여러분, 노예로 싸우지 말고 자유인으로 싸우세요! '하나님의 나라는 너희 안에 있나니' 개인이나 집단이 아닌 우린 안에 있습니다. 바로 여러분에게 힘이 있으며 그 힘으로 기계를 만들고 행복도 만듭니다. 여러분은 이 세상을 자유롭고 아름답게 만들 수 있는 힘을 갖고 있습니다. 민주주의의 이름 아래 그 힘을 씁시다! 그 아래 단결합시다! 새로운 세상을 위해 싸웁시다! 좋은 나라는 누구나 일할 수 있는 나라이며, 청년에겐 미래를, 노인에겐 안정을 보장합니다. 그걸 이루려는 순간 사악한 짐승들이 거짓말을 했죠. 그들에겐 약속을 지킬 의지가 없습니다. 독재자는 자신에겐 자유를, 국민에겐 억압만을 줍니다. 이제 약속을 지키게 만듭시다. 자유로운 세상을 만듭시다! 국가의 장벽을 허물고 탐욕, 증오, 편견을 버립시다. 이성이 통하는 세상은 우리를 행복하게 만들 것입니다. 병사들이여! 민주주의의 이름 아래 단결합시다!"

채플린 자신의 사상과 신념이 구구절절 배어 있는, 그야말로 인류를 향한 평화의 메시지요 뜨거운 절규라 하겠다. 당대의 대철학자 하이데거가 유대인 스승 후설의 후임으로 프라이부르크 대학 총장에 임명된 후 취임사에서 독일의 미래는 오로지 총통에 달려 있다면서 나치 이념의 위대함을 설파했다는 사실에 비추어 본다면, 제대로 된 학교교육조차 받은 적이 없는 채플린의 신념이나 사상이 더욱 위대해 보인다.

이처럼 전체주의에 대항해 민주주의의 가치를 드높인 채플린이었음에도 불구하고 그 후 전쟁의 광기와 정치를 날카롭게 풍자한 〈살인광시대〉로 인해 그는 우익진영으로부터 본격적인 비난을 받기 시작했다. 1950년대에 할리우드를 초토화시킨 매카시즘 돌풍은 수많은 재능 있는 영화인들을 사회적으로 매장시킨 결과를 낳았지만 그중에서도 채플린은 비교적 운이 좋은 편이었다. 그는 이미 사회적 명성과 부를 이룬 상태였으며, 그리고 무엇보다도 일생의 변함없는 반려자 우나 오닐을 얻었기 때문이다. 이들 부부는 그 후 스위스에 정착해서 행복한 여생을 마칠 수 있었다.

채플린은 실로 다방면의 천재였다. 그는 연기, 감독, 대본뿐 아니라 뛰어난 발레 솜씨의 소유자인 동시에 음악에도 재능을 보여 실제로 자신의 많은 영화음악을 스스로 작곡하기도 했다. 〈라임라이트〉의 주제곡이기도 한 명곡 〈Eternally〉는 그가 직접 작곡한 걸작이다. 그의 음악에는 온갖 고초를 겪은 사람만이 느낄 수 있는 아련한 슬픔과 아픔이 배어 있다. 이처럼 웃음과 비애를 함께 전달하는 채플린의 작품은 고달픈 인생에 지쳐 사는 수많은 관객들에게 크나큰 위로가 되어 준 것이 사실이다. 따라서 진정한 블랙 코미디의 발전은 채 플린에 의해 주도되었다고 해도 이의가 없을 것이다.

물론 그의 초기 무성영화 시절의 연기활동은 당시의 많은 희극인 들과 마찬가지로 슬랩스틱 위주로 단순히 웃기기 위한 것이 대부분이 었지만 영화작가로서의 독특한 지위를 얻기 시작하면서부터 그가 보인 연기와 작품 기조는 웃음과 페이소스 그리고 사회적 부조리에 대한 통렬한 풍자가 적절히 스며든 경향이 농후하다. 그것은 인생의 고달픔과 고통을 체득한 자들만이 알 수 있는 애증이 교차하는 양가적 태도에서 나온다.

그러나 가난과 핍박에 시달리면서도 그들의 내면에 솟구치는 분노와 증오심을 억누를 수 있는 유일한 현실적 대안은 있는 그대로의 감정 분출이 아니라 여과되고 변형된 형식의 웃음 그 자체라 하겠다. 적개심의 표출은 그들 입장에서는 너무도 위험하고 생존의 위협을 초래할 수도 있는 것이기 때문이다.

그런 점에서 일찍이 프로이트는 농담에 관한 분석에서 농담은 꿈과 동일한 기능을 수행한다고 보았다. 그러나 농담은 꿈과 달리 사회적 기능을 수행하는 것이며 또한 상대를 필요로 한다는 점에서 다르다. 프로이트는 농담과 마찬가지로 유머와 풍자 등도 억압된 성욕과 공격성을 우회적으로 드러내는 것으로 보았으며, 이러한 원초적 감정들의 간접적인 표현은 오히려 상호 질서를 보호하고 원만한 공동체를 유지하기 위한 목적에 유용함을 역설하였다. 농담이 본능적 요소들 간의 충돌로 인한 문명 파괴의 비극적 상황을 방지하는 매우 중요한 의사소통방식의 하나라고 간주한 것이다.

그런 점에서 채플린의 영화는 체제에 위협이 되는 것이 아니라 건강한 웃음과 승화를 제공함으로써 오히려 체제의 건전한 발전 및 유지에 도움이 되는 것이라 하겠다.

찰리의 상징

채플린의 영화에 등장하는 떠돌이 찰리는 우선 그의 왜소한 체구에서부터 측은지심을 불러일으킨다. 그가 걸친 웃저고리는 누군가에게 빌려 입은 옷처럼 몸집에 맞지도 않을 정도로 너무 작아서 당장이라도 단추가 튀어나오고 겨드랑이 부분이 터질 것처럼 보인다. 헐렁한 바지는 더욱 우스꽝스럽다.

그는 항상 변함없는 모습으로 어디든 나타나 사고를 치고 잽싸게 달아난다. 특히 경찰에게 쫓길 때 도망치는 속도는 가히 초인적인 수준이며, 결코 순순히 잡히는 법이 없다. 찰리가 경찰과 정신없이 숨바꼭질하는 장면은 그의 영화에 전매특허처럼 나오는 장면이다. 그러나 찰리의 트레이드마크는 무엇보다도 다 낡아 빠진 모자와 구두 그리고 항상 들고 다니는 지팡이라 하겠다.

지팡이는 다용도로 쓰이는 그의 분신 같은 도구로 항상 정처 없이 먼 길을 떠도는 찰리에게는 없어서는 안 될 소중한 친구이기도 하다. 뒤뚱거리는 그의 걸음걸이에서 볼 수 있듯이 오랜 여정에 지친 발목의 피로를 덜어 주는 유용한 보조기구가 되기 때문이다. 때로는 담장 너머 옷을 훔치거나 음식을 슬쩍할 때도 매우 쓸모 있는 도구가 된다. 또한 불량배를 물리칠 때도 지팡이는 매우 유용한 무기로 사용된다.

그의 독특한 콧수염은 자신의 정체 및 감정을 감추는 데 유용할 뿐만 아니라 상대에게 남성적인 힘을 과시하는 수단이기도 하다. 찰리의 콧수염은 히틀러의 콧수염을 그대로 빼다 박을 정도로 닮아서 그의 영화 〈독재자〉에서는 비록 가상국의 독재자 역할이긴 하지만 누가 보더라도 히틀러를 패러디한 것이라는 인상을 주기 십상이다. 콧수염 밑에 감추어진 그의 수줍은 미소는 영화 〈라임라이트〉에서 눈 먼 처녀의 사랑을 확인하는 장면에서 특히 애절한 감정마저 불러일으킨다.

이 모든 상징들은 결국 찰리의 비천하고 가난한 신분을 나타내는 것이다. 닳아빠진 낡은 구두는 그의 체구에 비해 유달리 길어 보인다. 구두는 물론 남근의 상징으로 해석할 수 있다. 어린 아들은 아버지의 큰 구두를 신고 돌아다니며 아버지를 동일시한다. 그러나 채플린은 자신의 동일시 대상을 너무 일찍 잃었다. 떠돌이 찰리가 목숨보다 소중하게 챙기는 중절모자는 돈과 음식을 저장하는 창고인 동시에 자신의 머리를 보호하는 장치이기도 하다. 급하면 동냥을 구하는 도구가 되며 아리따운 여성에게 정중한 인사를 올리는 소품으로 이용된다. 그는 여성에게만은 유달리 상냥하고 친절하다. 모자는 정신분석적으로 여성을 상징한다. 따라서 찰리는 항상 자신의 머리 위에 여성의 상징을 소중하게 모시고 그리고 발에는 남성의 상징인 구두를 신고 자신이 안주할 곳을 찾아 드넓은 세상을 방황하는 셈이다.

음식 또한 찰리에겐 가장 중요한 화두가 된다. 그에겐 목구멍에 풀

칠하는 것이야말로 그 무엇보다 절실한 문제이기 때문이다. 찰리가 가는 곳마다 먹을거리가 눈에 들어온다. 배고픈 그에게는 멀리서도 식당의 존재를 알아낼 수 있는 예리한 후각이 있다. 찰리가 식사를 하는 장면은 거의 종교적 의식에 가까울 정도로 경건하기까지 하다. 조심스레 그리고 세심하게 완두콩 한 알을 나이프로 잘라 먹는 그의 집중력은 놀라울 정도다. 〈황금광시대〉에서 구두를 삶아 먹는 장면 또한 압권 중의 압권이다. 그것은 배고픔뿐만 아니라 항상 정에 굶주리며 살았던 채플린 자신의 정서적 기아상태를 상징하는 것이기도 하다. 또한 배고픈 자에게 성은 2차적인 문제일 뿐이라는 암시이기도 하다. 허기에 지친 사람은 다른 사람이 음식으로 보이는 환각에 사로잡힌다는 설정은 인간의 비정한 현실을 그대로 반영한다. 포크로 찍은 빵 두 개로 발레를 추어 보이는 장면은 또 어떠한가. 그는 음식을 주제로 무궁무진한 장면들을 끝없이 연출해 낸다. 그가 요리사가 되었다면 크게 성공했을 것이다.

이처럼 그의 트레이드마크가 되었던 낡아 빠진 구두와 모자, 그리고 지팡이와 콧수염은 자신의 슬픔과 애환을 숨긴 채 남들을 웃겨야 먹고 살 수 있는 가난하고 비천한 신분의 영원한 집시 방랑자의 처량한 신세를 상징적으로 대변해 준다.

찰리가 가녀린 여성에게 들려주는 바이올린 연주는 그래서 더욱 심금을 울린다. 실제로 그의 바이올린 연주 솜씨는 집시의 후예답게 매우 뛰어났다. 채플린 영화의 마지막 장면 대부분은 아무 곳에서도 받아 주지 않는 냉엄한 현실에도 불구하고 꿈과 희망을 간직한 채 먼 길을 떠나는 작은 몸집의 초라한 사나이 모습을 롱 샷으로 보여 주는데, 이는 그 자신을 포함한 대다수의 집시 방랑자가 처했던 서글픈 상황을 상징적으로 드러내는 것이다.

채플린의 심리

찰리 채플린의 핵심적인 감정은 뿌리 깊은 열등감이라 하겠다. 그는 자신의 열등감을 극복하기 위해 세속적인 성공에 대한 남다른 집념과 야심을 지니고 희극 연기와 영화에 모든 것을 걸었다. 그는 자신의 작품 속에서 가진 자와 배부른 자, 그리고 권력자의 횡포에 맞서 용감하게 싸운다. 그리고 그와 비슷한 처지의 헐벗고 배고픈 자에 대한 따스한 이해심과 동정심으로 그들을 돕는 데 인색하지 않다.

영화 속의 찰리는 쪼르륵거리는 자신의 주린 배를 달래며 곁에 있는 굶주린 처녀에게 주저함이 없이 빵을 건네준다. 물론 그 처녀는 항상 착하고 아리따운 여성이어야 한다. 그리고 친절을 베푸는 찰리에게 마음이 이끌린다. 가녀린 여성에 대한 찰리의 친화적인 태도는 물론 실생활에서도 그대로 반영된다.

채플린에게 가해진 비난 여론의 대다수는 어린 소녀들에 대한 그의 유별난 집착에 대한 것이었다. 비록 정치적으로는 공산주의자라는 오명에 시달리긴 했지만, 대중으로부터 가장 큰 비난을 받은 문제는 그의 무분별한 애정행각이었다. 어찌 보면 소아성애증으로 오해를 살 수도 있을 정도로 그는 어린 소녀들에 강한 집착을 보였던 것이 사실이다.

그와 관계를 가졌던 헤티 켈리는 불과 15세의 어린 소녀였다. 그는 숱한 법정 시비와 여론의 비난에도 불구하고 자신의 애정행각을 멈추려 하지 않았다. 물론 이런 그의 기벽은 주체할 수 없는 성적 욕망뿐 아니라 자신의 뿌리 깊은 열등감에서 비롯된 결과일지도 모른다.

그는 매우 왜소한 체격에 남성적인 매력도 별로 갖추지 못한 인물로 자신에게 어울리는 유일한 상대는 몸집도 작고 나이도 어린 소녀들일 것이라고 여겼을 법하다. 그는 이것저것 복잡하게 따지기 잘하는 성인여성을 기피하고 대신에 순진무구한 어린 소녀들을 상대로 그들 위에 군림함으로써 자신의 열등감을 해소하고자 했을 것이다. 일종의 소인국 왕 노릇에서 만족을 구한 셈이다.

더욱이 그는 결혼기피증이 심했다. 처음 두 번의 결혼도 실수로 임신하는 바람에 울며 겨자 먹기 식으로 어쩔 수 없이 응해 준 것이었다. 그가 그토록 결혼을 회피한 것은 자신의 부모가 저지른 불륜과 그들의 불행했던 결혼생활에 대한 혐오감에서 비롯된 것일 수 있다.

불공평한 세상에 대한 원망과 적개심은 그의 모든 작품에 드러난 또 다른 핵심 감정들이다. 물론 그는 그런 부정적 감정들을 웃음과 해학으로 승화시키고 있지만, 그것은 곧 자본주의 체제를 공격하는 것으로 오해를 사 결국 미국에서 쫓겨나야만 했다. 권위주의적 권력에 대한 그의 도전과 공격은 물론 그 자신의 거세불안에 따른 결과로 해석할 수도 있을 것이다. 그러나 그것이 단지 힘을 가진 아버지의 권위에 대한 반항이라기보다는 그를 보살피고 보호해 주기는커녕 그에게 온갖 시련과 고통만을 물려준 부모 모두를 향한 반발이었다고 볼 여지도 있다.

걸작 〈키드〉에서 찰리가 길에서 주운 아기를 온갖 정성을 다해 키우는 모습은 바로 그 자신이 부모에게서 버림받은 뼈아픈 기억을 되살리게 한다. 〈황금광시대〉에서 절벽 위에 아슬아슬하게 놓인 오두막이 몸을 움직일 때마다 요동을 치는 모습은 불안정한 그의 어린 시절 집안을 상징한다고 볼 수 있다. 결국 찰리는 죽을힘을 다해 그 집을 벗어나고 마침내 금광을 찾아내어 벼락부자가 되었을 뿐만 아니라 짝사랑하던 여성도 차지하게 된다. 이런 설정 자체가 채플린 자신의 삶을 압축된 형태로 보여 주는 것이다. 언제 무너질지 모르는 오두막의 아슬아슬한 모습은 벼랑 끝에 내몰리며 살았던 그 자신의 불안정한 모습과 너무도 닮았다.

〈독재자〉의 마지막 장면에서 유대인 이발사의 사랑하는 연인 한나는 다음과 같은 그의 음성을 듣고 자리에서 일어나 하늘을 바라본다.

"한나, 내 말 들려요? 당신이 어디에 있든 하늘을 봐요. 구름 사이를 뚫고 태양이 빛나고 있어요. 우린 어둠을 뚫고 밝은 세상으로 나왔죠. 우리가 맞은 새 세상은 더없이 따뜻하고 탐욕, 증오, 박해는 사라질 거예요. 하늘을 봐요. 인간은 천사의 날개를 달았고, 결국 날기 시작했어요. 무지개 위로, 희망을 안고 미래를 향해 날아요. 찬란한 미래! 당신과 나의 것이며 우리 모두의 것이죠. 봐요, 한나! 하늘을 봐요."

그런데 한나는 바로 그의 영원한 꿈이자 희망이며 그가 안주할 영원한 안식처인 어머니의 이름이 아니었던가. 아름답고 마음이 따뜻한 여성과 함께 부자가 되어 행복하게 살고 싶다는 그의 오랜 소망은 결국 실현되었다. 우나 오닐과의 만남이 그의 오랜 방황에 마침표를 찍게 만든 것이다. 그는 우나를 만남으로써 비로소 안정을 되찾고 진작 그녀를 만나지 못한 것을 몹시 안타까워했다. 그녀를 일찍부터 알았더라면 여자와 관련된 그동안의 여러 시끄러운 문제들도 없었을 것이라며 우나야말로 자신이 일생 동안 기다려 왔던 여성임을 토로한 것이다. 그것은 우나가 그에게 영원한 생의 반려자인 동시에 상징적인 어머니이기도 했기 때문이다.

결국 우나와의 만남을 통해 영원한 떠돌이요 방랑자인 찰리는, 영화 〈모던 타임즈〉의 그 유명한 라스트 신처럼, 사랑하는 여성과 함께 팔짱을 끼고 "힘을 내요, 우린 해낼 수 있어."라고 외치며 먼 길을 힘차게 걸어갈 수 있었던 것이다.

공포의 달인 히치콕

알프레드 히치콕(1899~1980)은 런던 태생의 유명한 스릴러 영화감독이다. 능청맞고 짓궂은 괴짜 감독의 이미지로 유명했던 히치콕은 항상 관객들의 예상을 뒤엎는 노련한 기법을 동원하여 사람들을 놀라게 했다. 20세기 영화사의 천재 중에서 가장 많은 웃음을 준 사람이 채플린이라면, 히치콕은 관객들에게 가장 커다란 공포와 충격을 안겨 준 인물일 것이다.

두 사람 모두 런던 태생으로 할리우드에 진출하여 대성공을 거두었지만, 사생활이 복잡했던 웃음의 천재 채플린은 결국 정치적 희생양이 되어 할리우드를 떠날 수밖에 없었던 반면에, 히치콕은 영화계의 거물답게 능숙하고 익살맞은 처세술로 대중과 접촉하며 죽을 때까지 공포 스릴러의 장인으로서 대중의 인기와 사랑을 한 몸에 받았다.

그는 관객들의 시선과 호기심을 만족시켜 주는 동시에 자신만의 독특한 메시지를 은밀한 방식으로 전달하는 역할을 스스로 즐기기도 했다. 영화사의 한 페이지를 장식한 히치콕만의 독자성과 일관된 주제 및 기법은 시대를 뛰어넘는 마력을 갖고 있다는 점에서 그는 실로 거장다운 면모를 유감없이 발휘한 공포의 달인이라 하겠다.

스릴, 서스펜스, 미스터리

히치콕 영화의 3대 특징을 들라면 스릴과 서스펜스 그리고 미스터리일 것이다. 스릴은 쾌감을 자아낼 정도의 공포라고 할 수 있다. 이러한 스릴은 가슴이 두근거릴 정도로 온몸에 전율을 일으키며 자율신경계를 자극하고 신경전달물질 분비를 촉진한다. 마치 성적 오르가슴에 비견될 수 있는 흥분을 제공하기도 한다.

서스펜스는 미해결의 사건에 대한 모호한 감정상태를 말한다. 관객은 이것도 저것도 아닌 어중간한 상황에 직면할 때 불안과 긴장감을 경험하게 되며, 일단 사건이 해결되면 갑자기 엄습하는 허탈감과 동시에 안도감을 느끼게 된다.

미스터리에 휩싸인 불가사의한 사건 전개는 계속해서 시선을 고정시키게 된다. 관객들은 풀리지 않는 수수께끼가 해결되기를 갈망하게 되고, 사건의 열쇠를 쥐고 있는 히치콕의 수중에 완전히 놀아난다.

히치콕 영화의 기본 요소를 서스펜스라고 본다면, 서스펜스라는 말 자체가 인간의 의존성 또는 기대고 싶은 욕구와 밀접한 관련이 있다고 할 수 있다. 왜냐하면 서스펜스라는 단어의 어원적 의미로 볼 때, suspend는 매달아 건다는 뜻을 내포하고 있기 때문이다.

그러나 히치콕 영화에 자주 나타나는 교살자의 모습들은 결국 인간의 정체성과 합리성에 대한 도전이기도 하다. 어딘가 매달리고 싶은 인간의 근원적인 욕구를 잔인하게 파괴하기 때문이다. 흥미로운 사실은 히치콕 자신의 성을 분해하면, hitch와 cock로 구분할 수 있는데, hitch는 매달아 건다는 뜻이고, cock는 수컷, 수도꼭지 또는 남근을 상징하는 은어이니 결국 hitch cock은 남근을 붙잡아 매단다는 의미로도 해석할 수 있다는 점이다.

히치콕이 평소 자신의 성에 대해 어떤 생각과 감정을 지녔는지는 알 수 없으나, 그 자신의 거세공포와 관련된 오이디푸스 갈등 문제와 결부시켜 볼 때, 히치콕의 1948년도 작품 〈올가미〉는 매우 의미심장한 영화라고 할 수 있다. 우리나라 김성홍 감독의 1997년 작 공포 스릴러 영화 〈올가미〉는 매우 병적이고도 도착적인 모자관계를 다루고 있지만, 히치콕의 〈올가미〉는 로프로 목을 졸라 살해하는 장면을 통해 거세는 두려움이 아니라 오히려 성적인 희열을 가져온다는 설정을 제시함으로써 거의 노골적으로 거세공포를 부정하고 있는 셈이다.

이처럼 공포영화의 묘미는 인간의 은밀한 내면적 소망과 두려움, 그리고 몹시 퇴행적인 나르시시즘적 욕구에 기반을 둔 편집증적 성향을 자극함으로써 관객들의 내면에 감추어진 공격성과 성적인 욕망들의 재경험을 이끌어 낸다는 점에 있다고 할 수 있다.

따라서 공포는 극도의 불안을 초래하기 마련이지만, 인간은 의도적으로 그런 공포 체험을 스스로 원하는 이율배반적인 모습을 보이기도 한다. 위험한 놀이기구나 번지점프 등을 즐겨 찾는 심리도 마찬가지다. 엽기적인 공포소설을 읽는 독자들이 경험하는 공포와 불안, 긴장과 마찬가지로 영화관객들 역시 서스펜스 스릴러 영화에서 그와 동일한 심리적 체험을 추구한다고 볼 수 있다.

결국 관객은 전적으로 자발적인 선택에 따라 공포를 체험하려 하지만, 이러한 체험은 보다 근원적으로는 관객들의 내면 깊숙이 잠재된 은밀한 욕구 충족을 위한 것이기도 하다. 뿐만 아니라 공포가 극에 달하면 역설적으로 성적 흥분과 비슷한 쾌감이 동반되기도 하는데, 잔혹하고 엽기적인 폭력 장면에서 일종의 카타르시스를 느끼는 것도 그런 대리적 쾌감 만족의 연장 선상에서 설명할 수 있으며, 동시에 가학–피학적 욕구의 충족도 무시할 수 없는 요인으로 작용할 수 있다.

관음증

영화 관람은 그 행위 자체가 관객들의 관음증적 욕구를 만족시킨다는 특성이 있다. 또한 영화를 통해 영화를 만든 사람과 보는 사람들 사이에 꿈과 환상의 공유가 일어나기도 한다. 히치콕은 그런 꿈의 엿보기를 통해 환상을 공유할 뿐 아니라 거기에 죄와 공포의 공유를 새롭게 추가시킨 것이다.

히치콕의 영화 〈이창〉은 그런 엿보기에 따른 죄와 징벌의 문제를 다룬 매우 드문 걸작이다. 히치콕의 관음증적 3부작을 굳이 들라면, 〈이창〉〈현기증〉〈사이코〉 등을 들 수 있다. 그중에서도 현대인의 관음증적 도착심리를 가장 실감나게 드러낸 작품은 단연 〈이창〉이라고 할 수 있다. 관음증의, 관음증에 의한, 관음증을 위한 〈이창〉이라는 표현이 나올 정도로 이 작품은 처음부터 관음증에서 시작해 관음증으로 끝난다.

십계명의 열 번째 마지막 계명은 '이웃집을 탐하지 말라'다. 〈이창〉의 주인공은 이 계명을 어김으로써 간음과 살인에 대한 계명 문제에 함께 얽히게 된다. 물론 관음증적 차원에서 우리에게 가장 먼저 주어진 금지는 부모의 침실을 엿보는 행위가 되겠다.

히치콕 이후에는 관음증을 다룬 유사작품도 수없이 쏟아져 나왔다. 클로드 샤브롤의 〈올빼미의 울음〉, 스티븐 소더버그의 〈섹스, 거짓말 그리고 비디오테이프〉, 키에슬로프스키의 〈사랑에 관한 짧은 필름〉, 그리고 우리나라 작품으로는 배창호 감독의 〈적도의 꽃〉 등이 노골적인 관음증을 다루고 있다.

영화뿐 아니라 한때 우리 사회에 큰 물의와 논란을 불러일으켰던 여러 연예인의 비디오테이프 사건이나 몰래카메라의 도덕성 시비는 현대인들의 관음증적 욕망이 얼마나 집요한지를 시사해 준다. 무언가를 엿보고 훔쳐보고 싶다는 욕구는 보편적인 인간 심리 중의 하나다. 그러나 이런 관음증적 욕망은 사회적 금기의 대상이기도 하다.

대중매체의 발달은 이처럼 단절된 욕구를 합법적인 방법으로 충족시킬 수 있는 유용한 수단을 제공한다는 점에서 수많은 대중을 사로잡고 있다. 특히 텔레비전과 영화의 발달은 억압된 관음증적 욕구를 만족시키는 데 가장 적합한 도구가 되었는데, 이러한 경향은 현대인들이 영화에 그토록 열광하고 집착하는 이유를 부분적으로 설명해 줄 수 있을지도 모르겠다. 인간의 내면에 깊이 감추어진 성과 폭력이라는 두 가지 욕망은 오늘날 대중을 사로잡는 영화들의 가장 보편적인 주제가 된다는 점에서 더욱 그런 심증을 갖게 한다.

그리고 히치콕은 이처럼 근원적인 두 욕망을 다루는 데 일가견이 있는데, 특히 그의 영화에서는 성과 죽음, 살인과 징벌, 공포와 불안, 원한과 복수 등 인간의 원초적인 욕망과 환상에 관련된 드라마가 숨 가쁘게 전개되기 때문에 일상생활에서 그런 무의식적 욕구 해소의 기회를 찾지 못한 관객들은 대리 충족의 기회를 만끽하기 위해 기꺼이 요금을 지불하고 영화에 몰입하는 것이다. 물론 관객의 안전은 객석에 머물러 있는 한 철저히 보장된다는 믿음을 전제로 한다.

히치콕 영화에서 시선과 응시는 가장 중요한 모티브에 속한다. 그의 영화에는 수많은 시선이 존재하는데, 우선 감독 자신의 시선과 관객들의 시선, 카메라의 시선과 주인공의 시선, 살인자의 시선과 피해자의 시선 등이 번갈아 가며 나타난다. 경우에 따라서는 신의 시선도 등장한다. 이처럼 수많은 시선들의 교차를 통하여 히치콕은 능수능란하게 자신의 의도대로 사건을 이끌어 나간다.

인간의 눈은 마음의 창이라고 불린다. 즉 인간 심리를 가장 잘 드러내는 부분이 눈이라고 한다면, 시선을 통한 공포와 불안의 표현은 직접적인 감정의 전달이 용이하다는 점에서 아주 효과적인 기법이 아닐 수 없다.

영화 〈이창〉에서 주인공의 시선은 안전지대에 자신을 은폐시키고 자신의 거세된 욕망을 이웃에 투사하는 역할을 도맡는다. 이는 자신의 성적 무능력에 대한 회피 및 책임을 모면하기 위한 수단으로 유아적 호기심 수준까지 퇴행한 시선이며, 그 어떤 사건을 목격함으로써 증폭된 궁금증은 목격자 자신의 은밀한 욕구를 반영한 것이기도 하다. 다시 말해서 창 너머 벌어진 사건은 주인공 자신의 무의식적 욕망을 실현시킨 것이라 볼 수 있다.

살인자의 시선과 마주치는 것은 결국 살인자가 자신을 보고 있다는 것을 뜻하는데, 이는 안전의 보장과 중립적 균형이 깨지면서 단순한 목격자의 신분에서 벗어나 본격적으로 갈등적 사건에 휘말림을 의미한다.

이 모든 사건의 전개과정을 살펴보면, 결국 봐서는 안 될 금기의 영역을 깨트린 시선의 남용에서 비롯된 남근 중심 사상을 엿볼 수 있다는 점에서 일단은 페미니스트들의 비판을 감수해야만 할 것 같다.

영화 〈새〉에서는 새들의 시선, 신의 시선, 그리고 어머니와 아이들의 시선이 등장한다. 이들 시선들은 바람직하지 못한 남녀들의 애정관계를 주된 공격 대상으로 삼는다. 그런 애정관계의 유혹자로서 평화로운 어촌 마을에 갑자기 나타난 금발 미녀 여주인공은 결국 그 마을에 재앙을 가져오는 마녀 같은 존재로 매도당한다. 살아 있는 새들의 공격은 불을 목격하면서 시작되는데, 이는 곧 불장난 같은 애정관계에 대한 신의 응징에 해당한다. 담뱃불, 주유소 폭발, 굴뚝 연기 등으로 상징되는 악의 불꽃을 증오하는 새들은 마치 근친상간적 죄악에 물든 테베 시에 만연한 전염병과 같은 저주를 암시하는 듯하다. 남자 주인공 미치의 어머니가 여주인공을 바라보는 시선도 곱지 못하다.

〈북북서로 진로를 돌려라〉에서 주인공을 추격하는 비행기의 공격 역시 강철로 된 새의 공격을 의미하는 것일 수 있다. 〈사이코〉에서 주인공의 방에 가득 채워진 박제된 새들, 그리고 박제된 어머니 시체와의 대비는 히치콕이 얼마나 새의 상징을 즐겨 사용했는가를 말해준다.

시선과 응시 외에도 히치콕이 즐겨 사용한 기법 가운데 하나는 시의적절하게 개입시킨 혼란과 신비의 목소리다. 〈이창〉에서 주인공의 성적 결합이 이루어질 결정적인 순간에 들려오는 신비스런 소프라노의 음성은 남자의 내면에 존재하는 어머니의 음성이며 결국 이 목소리는 아들의 성행위를 방해하는 훼방꾼이 된다. 〈사이코〉에서도 죽은 어머니의 음성과 지시에 따라 성적 매력을 지닌 여자만 보면 살해하는 편집증적 주인공의 모습을 통하여 근친상간적 욕망에서 자유롭지 못한 갈등의 노예를 보여 준다. 영화 〈새〉에서 반복적으로 들려주는 새들의 혼란스런 울음소리 역시 알 수 없는 불안과 경고의 메시지를 전달한다.

미지의 음성뿐 아니라 소리 없는 비명 역시 히치콕 영화에 자주 등장한다. 영화 〈사이코〉에서 그 유명한 욕실의 살인 장면은 그러한 소리 없는 비명이 야기하는 공포감 조장의 전형이랄 수 있다. 세차게 물을 뿜는 샤워기, 벌거벗은 여인의 소리 없는 절규, 핏물의 소용돌이, 살해된 미녀의 고정된 시선으로 이어지는 살인 장면의 분위기는 성과 죽음의 절묘한 배합으로 관객들을 불안과 긴장 속으로 몰고 간다.

영화 〈새〉에서는 미치의 어머니가 눈알 없는 시체를 목격한 직후 보인 행동을 통하여 인간이 극심한 공포를 경험할 때에는 입 밖으로 아무런 소리도 낼 수 없음을 실감나게 묘사해 보였다. 또한 공중전화 박스에 갇혀 새들의 공격을 받는 금발 미녀의 소리 없는 절규, 불을 보고 소리 없이 다가오는 새떼들의 장면도 공포심을 야기한다. 이처럼 히치콕은 시선과 음성의 절묘한 배합을 통해서 관객들로 하여금 공포와 불안에 사로잡히게 만드는 데 천부적인 솜씨를 보여 주었다.

히치콕의 전략

히치콕은 생전에 거의 60여 편에 이르는 작품들을 남겼는데 대중으로부터 히치콕만큼 사랑받고 인기를 얻은 감독도 드물 것이다.

그의 부모는 양계와 과일 도매업을 하는 상인이었으며 독실한 가톨릭 신자이기도 했다. 그는 어려서부터 말수가 적고 내성적이며 소극적인 성격으로 특히 아버지와 경찰을 몹시 두려워했다고 한다.

히치콕은 몹시 완고한 가정환경에서 자랐는데 그 자신의 회상에 따르면, 5세 때 아버지가 쪽지를 쥐어 주고 경찰서로 가라고 한 적이 있었다고 한다. 경관이 쪽지를 읽더니 그를 유치장에 5분 정도 가두면서 "못된 녀석들에게는 이렇게 하는 거야"라고 말했다는 것이다. 그 후부터 히치콕은 경찰을 지독하게 무서워했다고 한다. 그래서인지 경찰과의 쫓고 쫓기는 숨바꼭질 게임은 그 후 히치콕 영화의 주된 배경을 이루게 된다.

소년 시절 히치콕은 여행지도, 기차 정거장들, 뉴욕의 완전한 지형 등을 암기하는 것과 같은 혼자만의 게임을 즐기면서 지낸 것으로 알려져 있다. 그는 학생이 잘못을 저지르면 고무막대로 체벌하는 엄격한 가톨릭계 예수회 소속의 이그나시우스 학교에서 전기 기술을 배웠다.

미술을 좋아했던 히치콕은 런던 대학교 미술학과에 진학했으나 경제 사정으로 중도 포기하고 일찍부터 직업전선에 뛰어들 수밖에 없었다. 그는 영국 런던에 지사를 둔 파라마운트 스튜디오에 취직하면서 영화 일에 뛰어들었는데, 그곳에서 소도구, 편집, 각본 등의 일을 하며 착실하게 승진했다. 그리고 1925년에 첫 장편영화를 만든 이래 히치콕은 편집 기교 면에서 다른 사람이 흉내 낼 수 없는 독자적인 영역을 구축하면서 영국 무성영화의 수준을 세계적인 위치에까지 올려놓는 업적을 쌓았다.

그의 작품세계를 시기적으로 구분하자면, 1920~1930년대의 초기, 1940~1950년대의 중기, 1960~1970년대의 후기로 나눌 수 있겠다. 초기작에 해당되는 것으로는 〈협박〉〈주노와 공작새〉〈39계단〉〈사보타주〉〈자메이카 여인숙〉 등이 있으며, 중기에는 〈레베카〉〈해외특파원〉〈의혹〉〈구명보트〉〈백색의 공포〉〈오명〉〈올가미〉〈이창〉〈나는 비밀을 알고 있다〉〈현기증〉〈북북서로 진로를 돌려라〉, 그리고 후기작으로는 〈사이코〉〈새〉〈마니〉〈찢어진 장막〉〈토파즈〉〈프렌지〉〈가족 음모〉 등이 만들어졌다.

젊은 시절, 독일 표현주의 및 소련의 에이젠슈타인 감독에 의한 몽타주 기법 등에서 영향을 받은 히치콕의 전략은 응시의 방향과 극적 반전, 클로즈업과 의도적인 혼란 유도 등으로 요약할 수 있겠다. 특히 반전은 히치콕의 전형적인 기법으로 정평이 나 있다. 그는 드라마 전개의 극적 반전으로 관객의 예상이 항상 빗나가게 함으로써 허를 찌르는 전략을 구사했던 것이다.

그런 점에서 관객의 심리적 체험은 히치콕의 손에 달려 있다고 해도 과언이 아니다. 그는 자신의 전지전능감을 마음껏 즐기며 관객을 요리한다. 그리고 관객도 극적 반전의 짜릿한 쾌감을 즐기기 위해 히치콕의 손아귀에 모든 것을 기꺼이 내맡긴다.

히치콕은 클로즈업을 통해 세밀한 표정 변화에 포커스를 맞춤으로써 순간적인 심리상태를 표현했다. 그가 즐겨 사용한 또 다른 기법은 의도적인 혼란과 모호한 여운을 남기는 것이다. 혼란은 또 다른 불안과 공포감을 조장한다. 그는 항상 명쾌한 해답을 제시하지 않음으로써 관객의 궁금증, 조급증을 유발시키고 혼란을 유도한다. 그에게 사건의 해결은 중요치 않다. 그리고 할리우드식의 해피엔딩도 경멸한다. 히치콕 영화에서는 모든 일이 잘 풀리고 해결되어 나갈 것이라는 할리우드 특유의 낙천적인 스타일이 항상 뒤통수를 얻어맞고 나가떨어진다. 따라서 그의 염세적인 경향은 살인과 공포, 쫓고 쫓기는 자의 끊임없는 숨바꼭질을 통해 더욱 큰 힘을 발휘한다.

그의 대표작으로 손꼽히는 〈현기증〉은 이 모든 기법들이 녹아 있는 걸작 중의 걸작이다. 여기서 현기증은 전직 경찰 스카티가 지닌 고소공포증의 증세일 뿐만 아니라 금지된 사랑에 빠짐으로써 겪게 되는 정신적 혼란 상태를 암시하는 증상이기도 하다. 그리고 히치콕이 일생 동안 작업을 통해 계속해서 추구한 것은, 매우 역설적인 현상이긴 하지만, 극도의 공포감을 통해 느낄 수 있는 아찔한 현기증과 쾌감 그 자체였다고 해도 과언이 아니다.

히치콕은 작품 속에 카메오로 잠깐 모습을 드러내어 자신의 존재를 관객들에게 과시하면서 일종의 신비주의 전략을 보여 주기도 하지만, 표면적으로는 절대로 그 자신의 내면적 실상을 나타내는 법이 없었다.

그러나 우리는 그의 많은 걸작을 통해 일관되게 드러나는 히치콕 개인의 독자적인 특성들을 발견할 수 있다. 우선 그의 일관된 도식에 따르면, 항상 주인공은 잘생긴 백인 미남자로서 평범하고 선량한 소시민이지만, 우연히 누명을 쓰고 뜻하지 않은 살인사건에 휘말리게 된다. 즉 선한 자를 대표하는 주인공은 예상치 못한 악의 무리에 휩쓸려 온갖 고초를 겪게 되는 것이다.

한편 여주인공은 아름답기는 하지만 매우 위험한 금발 미인으로서 뭔가 달갑지 않은 존재로 등장한다. 히치콕에게 아름답고 차가운 이미지의 금발 여성은 항상 불길한 징조이며 화를 불러오는 위험한 존재다.

또한 편집증적인 정신병자 역시 히치콕 영화의 단골손님이기도 하다. 그는 정신분석적 개념을 스크린에 적용하여 폐쇄 및 광장공포증, 강박관념, 해리현상 등의 심리적 상태를 자주 표현하면서 살인자의 심리를 편집증적 시각에서 포착하기도 한다. 물론 정신의학적으로 심도 있는 내용을 전개시키는 것은 아니지만, 대중으로 하여금 인간의 정신병리 현상에 대한 새로운 관심과 흥미를 촉발시킨 효과를 가져왔다고 볼 수는 있겠다.

다른 한편으로 히치콕의 정신적 배경을 이루고 있는 가톨릭 신앙도 빠트릴 수 없는 요인이다. 그중에서도 '살인하지 말라'와 '간음하지 말라'는 계명은 십계명 중에서도 가장 중요한 내용이다. 히치콕은 살인과 간음의 문제를 항상 자신의 작품에 반영시킨다. 따라서 선과 악의 문제, 죄와 벌의 주제는 그가 씨름하는 주요 화두가 된다. 그는 언제나 인간 내면에 숨겨진 악의 존재를 들춰냄으로써 죄악의 공유를 요구한다. 살인 현장을 목격하는 관객들에게도 일종의 공범 의식을 심어 주는 것이다. 따라서 히치콕 영화에 등장하는 남녀 주인공은 항상 살인의 위협에 쫓기는 동시에 성적인 좌절과 실패를 겪는다.

이처럼 성과 살인에 대한 욕망은 인간의 근원적인 오이디푸스 갈등 구도에 아주 잘 들어맞는 주제가 아닐 수 없다. 관객들은 히치콕이 제공한 성적 욕망, 살해 욕구, 범죄적 충동 등을 공유하고 대리적 만족을 얻게 된다. 그리고 자신들이 그런 욕망의 당사자가 아니라 화면 밖에 존재하는 방관자 입장에 있을 뿐이라는 사실에 안도하고 영화는 영화일 뿐이라는 말로 스스로를 달래며 각자 자리를 털고 일어나 안심하고 집으로 향하는 것이다.

오이디푸스 갈등

히치콕 영화에서 관객은 공포와 불안, 긴장감을 경험하지만, 그의 많은 작품에서 우리는 히치콕 자신의 오이디푸스 갈등 요소를 화면에 투영시킨 증거들 또한 알아낼 수 있다. 그 대표적인 작품으로 〈이창〉의 전개과정을 간략하게 살펴보기로 하자.

우선 하반신이 휠체어에 묶인 남자 주인공은 거세된 상태를 암시한다. 그는 일상적 무료함에서 탈피하기 위한 목적으로 무심코 망원경을 집어 들고 이웃집 창문들을 살피기 시작하는데, 이는 결국 그 자신의 관음증적 호기심과 욕구를 억누르기 어려웠기 때문이다.

그러던 중에 그는 이상한 부부관계를 목격하는데, 이는 곧 그 자신의 부모 침실 엿보기를 상징한다고 볼 수 있다. 그의 의혹은 자꾸만 커져 간다. 병든 여인의 실종과 수상한 남편의 행동이 관찰된 것이다. 빗속의 가방, 칼과 톱 등이 목격되고 그의 상상 속에서 증폭된 살인사건에 대한 심증은 부친살해욕구의 투사과정 그리고 힘없고 연약한 여인의 실종으로 이어진다. 여기서 그에게 주어진 사명은 다름 아닌 '희생당한 어머니를 찾아라'가 되는 셈이다.

정보의 누설과 탐문 수사로 인해 그는 곤경에 빠지기 시작한다. 결국 원수는 외나무다리에서 만나게 되는데, 이어서 살인 용의자의 보복이 다가온다. 이는 곧 위험한 아버지의 복수가 시작되었음을 예고하는 것이다. 살인 용의자의 보복과 공격으로 결국 그는 창밖으로 떨어져 장애가 더욱 악화되고, 이는 결국 부모관계에 섣불리 간여한 죄의 대가로 완전히 거세되었음을 의미한다.

결말 부분에 가서도 완전히 풀리지 않는 사건의 수수께끼는 미해결로 남게 된 오이디푸스 갈등을 상징한다. 영화 〈이창〉은 단순한 관음증에 대한 인과응보를 강조할 뿐만 아니라 히치콕 자신과 주인공, 그리고 관객들 모두의 내면에 자리 잡은 미해결의 오이디푸스 갈등 구조의 전개과정을 묵시적으로 드러내는 작품이 아닐 수 없다. 오이디푸스 갈등의 차원에서 본다면 그런 주제는 히치콕 영화 도처에서 발견된다.

단적인 예로, 한 소년의 유괴사건을 다룬 〈나는 비밀을 알고 있다〉는 아들을 구하려는 착한 부모상과 그를 납치하고 살해하려는 악한 부모상의 대결과정을 통해 정신적 성장을 이룩해 나가는 한 소년의 발달과정으로 요약할 수 있다. 이 영화에서 결정적인 순간에 날카롭게 부딪치며 울리는 심벌즈 소리와 함께 갑자기 커튼 뒤에서 불쑥 튀어나온 권총의 모습은 소년이 겪는 오이디푸스 갈등을 상징하는 것으로, 두 개의 심벌즈는 어머니의 젖가슴을, 그리고 불쑥 튀어나오는 총은 남근을 뜻한다고 볼 수 있다. 실로 절묘한 상징적 결합이 아닐 수 없다.

죄의 기원과 공유

가톨릭의 신앙 배경을 지닌 히치콕의 입장에서 죄와 악의 문제는 항상 중요한 주제로 나타난다. 또한 그 자신의 금욕적인 태도 역시 작품마다 두드러진다. 그의 영화에 등장하는 주인공들은 대부분 아버지가 없는 사람들이다. 그리고 주연 남녀들은 한결같이 성적인 결합에 실패한다. 어쨌든 아버지의 부재와 어머니의 욕망이라는 구도 자체는 히치콕 자신의 오이디푸스 갈등을 반영한 것일 수 있다.

특히 〈새〉에서 보듯이 아들을 유혹하는 금발 미녀와의 성적 결합을 방해하는 어머니 입장에서 아름답고 유혹적인 금발 미녀의 존재는 곧 마녀를 의미한다. 중세적 마녀사냥이 히치콕 영화에서는 관객들이 눈치채지 못하도록 세련된 형식과 교묘한 기법을 통하여 전달된다.

이처럼 성적인 결합에 실패하는 남녀들은 그의 작품 도처에 등장한다. 그들 남녀의 주위에는 항상 보이지 않는 감시자와 방해꾼들이 나타나 그 관계를 어떻게든 단절시키려 애쓴다. 그들 방해자들은 때로는 살인자의 모습으로, 또는 추적자, 어머니, 새떼들의 모습으로 나타나 괴롭힌다.

〈새〉에서 금발 미녀 멜라니는 자신이 구입한 잉꼬 한 쌍을 미치의 집에 몰래 전달하지만, 어머니는 그녀를 적대적으로 대한다. 다정한 잉꼬부부의 모습을 도저히 용납하지 못하기 때문이다. 주인공 미치는 아름다운 바닷가 마을에서 어머니와 어린 누이동생과 함께 평화로운 생활을 보내지만, 유혹적인 멜라니의 등장으로 인해 삶의 균형이 깨지고 곧 하늘에서 재앙이 닥친다. 그에게도 역시 아버지는 존재하지 않으며, 또 다른 아름다운 여성 애니는 그와 헤어진 채 마을 학교 선생으로 지내다가 새떼의 공격에 희생당한다. 두 미녀들은 모두 담배를 피우기 때문에 불만 보면 모여드는 새떼들의 공격을 받지만, 남자 주인공은 담배를 피우지 않는 건실한 남성이다. 주유소 앞에서 담배를 피워 물던 다른 남성도 결국 불에 타 죽는다.

히치콕의 영화는 가혹한 모성적 초자아가 중요한 작품 배경을 이룬다는 점이 특징이다. 동시에 죄악의 공유를 유도한다는 것도 빼놓을 수 없다. 폴란드 태생의 영화감독 키에슬로프스키는 10부작 영화 〈십계〉를 통해 현대인의 죄와 영혼의 문제를 매우 심각한 태도로 탐색하기도 했지만, 모세의 십계명을 한마디로 요약하면 결국 네 이웃을 사랑하라는 예수의 산상수훈으로 귀결된다. 키에슬로프스키의 10부작을 일관되게 흐르는 주제 역시 사랑이라는 말로 요약할 수 있겠다.

그러나 히치콕의 영화에는 그토록 중요한 사랑이 결여되어 있다. 오히려 그의 작품에서는 사랑이 방해받고 번번이 좌절당한다. 히치콕은 사랑에는 관심을 보이지 않고 오히려 죄를 강조한다. 영화 〈나는 고백한다〉에서 로건 신부는 억울하게 살인자의 누명을 뒤집어쓰지만, 그런 시련을 겪게 된 직접적인 이유도 결국은 한 여성과 사랑에 빠졌기 때문이다.

반면에 물질적 욕망에 사로잡힌 여성에 대한 응징이라는 차원에서 본다면, 〈사이코〉는 돈과 여성이라는 두 가지 혐오스런 대상에 대한 응징으로 볼 수도 있다. 사랑이라는 미명하에 인간 내면의 잔혹성을 표출하는 것에 대한 분노와 혐오감이라는 점에서 히치콕은 악에 물든 인간의 죄를 고발하고 폭로하는 데 더욱 역점을 둔 셈이다. 물론 히치콕의 다소 심술궂고 능글맞은 냉소적 태도를 액면 그대로 받아들일 것은 아니지만, 설사 그렇다손 치더라도 그가 항상 금욕주의로 일관했음을 부인할 수는 없다.

히치콕의 천재성과 한계

히치콕의 천재성은 두말할 필요도 없다. 공포와 살인에 관한 한 그를 능가할 인물이 없다고 해도 과언이 아니다. 그러나 천재적인 히치콕에게도 나름대로의 한계는 보인다. 예를 들면 제국주의적 잔재인 인종주의를 들 수 있다. 물론 의도적인 것은 아니겠지만, 그의 영화에서 흑인이나 아랍인, 동양인 등은 거의 찾아볼 수 없다.

히치콕의 백인우월주의는 우파적인 경향과 맞물려 있다. 소위 신보수주의적 시각과 비슷한 입장을 보인다는 점에서 그는 적어도 사회적 개혁이라는 주제와는 동떨어진 게 사실이다. 동시에 그의 전성기와 일치하는 파시즘의 득세에 대해서도 아무런 비판적 메시지를 남긴 바 없다. 어떤 면에서 그는 자신이 몸담은 시대정신에 있어서 무언가 편향된 시각을 지녔던 것 같다. 히치콕은 그의 작품을 통해 빅토리아 왕조의 제국주의적 시대사조를 특징으로 하는 성적 억압과 상류계층의 엘리트주의를 대변한 것으로 볼 수 있기 때문이다.

동시에 그에게서는 현대인들의 가장 큰 관심사인 반전사상도 찾아보기 어렵다. 냉전시대의 광기와 자본주의사회의 불안심리를 묘사했다고는 하지만, 정작 중요한 전쟁과 이데올로기 문제에 대해서는 입을 굳게 다물었다. 마치 파시즘의 만행에 대해 아무런 비판도 제기하지 않고 침묵으로 일관했던 바티칸의 태도와 비슷하다. 전후 미국 사회의 주된 관심의 대상이었던 냉전 이데올로기와 매카시즘 그리고 동성애적 경향의 확산에 대한 두려움 등과 관련된 사회적 압력이 히치콕 영화에도 그대로 반영된 것으로 볼 수도 있다.

영화 〈올가미〉가 그 대표적인 예다. 동성애자인 두 남성이 니체의 초인사상에 빠진 나머지 실험 삼아 친구의 목을 로프로 감아 죽이고 완전 범죄를 시도하려다 들통이 난다는 내용의 이 영화에서 주목할 부분은 동성애자들이 살인자로 등장하고, 남근의 상징인 목을 조임으로써 성적인 극치감을 맛본다는 매우 도착적인 모습을 보여 준다는 사실이다. 더군다나 이들 동성애자들을 매혹시킨 철학자 니체의 존재도 의미심장하다. 니체는 신은 죽었다는 신성모독적인 말로 기독교 사회를 발칵 뒤집어 놓은 장본인이 아니던가. 결국 히치콕은 〈올가미〉를 통해서 동성애와 무신론을 악으로 간주하고 신의 이름으로 징벌을 가한 셈이다.

히치콕의 남성우월주의는 또 다른 걸림돌이다. 그는 항상 금발 미녀를 등장시켜 여성을 불길한 재앙의 근원으로 보는 듯한 태도를 유지한다. 그는 노회한 수도승처럼 은근히 금욕을 찬양하는 한편 여성의 존재를 성적인 욕망을 자극하는 유혹자의 모습으로 부각시킨다. 이는 그 자신의 신앙적 배경과 성적인 억압과 무관치 않을 것이다.

그러나 금욕적인 수도승 스타일의 히치콕이 가장 탁월한 공포 제공자였다는 점은 매우 역설적이기도 하다. 정신분석적 개념을 작품에 적용하는 데 있어 그는 지나치게 피상적이며 아마추어적이다. 등장인물의 세밀한 심리분석 및 묘사에는 관심이 없으며, 단지 공포와 불안을 극대화시킬 수 있는 기법에만 치우쳐 있다는 비판도 듣는다. 살인의 동기나 선악의 대결에서 빚어지는 고뇌의 그림자도 보이지 않는다. 자신이 속한 시대정신이나 이데올로기에서 빚어진 고통에도 무관심하다.

그는 자신만의 독특한 사상이나 메시지의 전달에는 관심을 보이지 않고 오로지 관객들을 공포와 두려움 속으로 몰아가는 일에만 몰두한다. 다시 말해서 불완전한 인간들의 모습을 따스한 시선으로 감싸는 휴머니즘의 부재야말로 스릴러의 천재 히치콕의 한계라고 할 수 있겠다.

그러나 이 모든 한계에도 불구하고 공포와 불안의 재경험에 탁월한 수완을 발휘한 히치콕의 영화들은 수많은 관객들로 하여금 잠재된 욕망의 대리 충족이 가능토록 함으로써 영화사에 길이 남을 명작들로 평가되는 동시에 감독 자신의 억압된 갈등 구조를 내포하고 있다는 점에서 흥미롭다.

특히 성적 억압, 거세 공포, 오이디푸스 욕망, 부친살해욕구 등으로 요약될 수 있는 갈등 구조는 프로이트식의 고전적 분석이론의 선례를 따른다는 점에서 관심을 이끈다. 더욱이 히치콕 자신의 신학적 배경과 여성에 대한 양가적 태도는 미묘한 일치를 보인다. 따라서 십계명의 제 6계명 '살인하지 말라' 와 제 7계명인 '간음하지 말라'는 그의 대표작들에 주된 동기를 부여한다.

이처럼 히치콕의 영화들은 외면적으로는 상업적 이윤을 노린 단순한 흥행물에 불과한 것처럼 보이지만, 대중의 시선과 무의식을 자극하고 사로잡기 위해 고도의 심리적, 감각적 테크닉을 구사한다는 점에서 스크린 위에 펼쳐지는 일종의 사이코드라마라 할 수 있다. 그런 점에서 히치콕은 분명 천재적인 감독임에 틀림없다.

21 파솔리니의 성과 죽음

　　20세기 영화사에서 이탈리아 영화는 핵심적인 위치를 점한다. 그중에서도 파솔리니는 자신만의 독특한 반골 기질과 충격적인 화면 구성으로 줄곧 세계의 주목을 이끌었다. 그러나 그의 예술적 재능 말고도 그가 보인 파행적 삶의 여정과 마지막 최후의 모습은 마치 한 편의 다큐멘터리 영화를 보는 것처럼 또 다른 충격과 전율을 일으킨다. 파솔리니는 외형적 삶의 성공과는 무관하게 불행 속에서 정신적 방황을 거듭하다 끝내는 로마 근교에서 변사체로 발견되고 말았기 때문이다.

　그런 점에서 예술적 천재성을 지녔으면서도 삶의 행복과는 정반대의 길을 선택한 파솔리니의 굴절된 인생이 과연 무엇에 연유한 것인지는 관심의 대상이 되고도 남는다.

　오늘날에 이르기까지 파솔리니를 흠모하는 좌파적 성향의 예술가들이 적지 않은 것으로 알려져 왔다. 베르톨루치 감독도 그런 유파에 속하는 인물이다. 특히 영화예술의 발전이라는 측면에서 파솔리니가 갖는 위치는 매우 독특할 뿐만 아니라 어떤 점에서는 충격적이기까지 하다. 왜냐하면 파솔리니의 영화는 그의 급진적 좌파 성향에 더해서 동성애와 사도마조히즘을 포함한 잔혹미와 도착적인 메시지로 넘쳐나기 때문이다. 더욱이 우리는 파솔리니의 특이한 성장과정이 그의 파행적인 인생 및 예술활동과 결코 무관치 않음을 알 수 있다.

볼로냐에서 태어나 로마에서 죽다

1922년 이탈리아 볼로냐에서 태어난 피에르 파올로 파솔리니는 1975년 11월 로마 근교의 외진 들판에서 변사체로 발견되었다. 그의 공적인 삶은 주로 문학과 영화에 바친 것이었지만, 사적인 삶은 어머니에 대한 애정 및 나이 어린 소년들과의 동성애에 바쳐진 삶이었다. 그의 아버지는 파시스트 직업군인으로 강제적인 성관계를 통해 결혼에 성공한 실로 거칠고 방탕한 인물이었다.

파솔리니의 예술적 감수성은 전적으로 모계의 영향을 받은 것으로 볼 수 있다. 그러나 어릴 때부터 파솔리니에게 어머니의 존재는 항상 폭군인 아버지의 횡포로부터 어떻게 해서든 구원해야만 될 대상이었다.

아버지에 대한 극도의 증오심과 경쟁심은 결국 그로 하여금 파시스트의 앞잡이였던 아버지와는 정반대의 노선, 즉 공산주의자의 길을 걷게 했다. 파솔리니는 좌파적 정치 성향에 걸맞게 위선적이고 부패한 부르주아적 삶에 환멸을 느끼는 동시에 무지하고 가난한 빈민들에 대해 무한한 애정과 동정을 표하기도 했다.

그는 볼로냐 대학교를 졸업한 후 로마로 진출하여 작가로서의 길을 택함으로써 한때는 장래가 촉망되는 시인이자 소설가로서 문단의 주목을 받기도 했지만, 1960년대에 들어서면서부터 자신의 관심을 영화로 돌리고, 당시로서는 매우 충격적이고도 파격적인 작품들을 연이어 발표하여 일약 영화계의 이단아로 떠올랐다.

그의 영화작품에서 노골적으로 드러난 사도마조히즘적 도착심리는 그가 어릴 때부터 목격했던 부모의 병적인 관계에서 그 기원을 찾아볼 수 있다. 동성애자였던 파솔리니는 결혼도 하지 않고 오로지 어머니에 대한 그리움과 연모 속에서 갈등하며 살았다. 그에게 있어서 어머니와 관련된 것이면 무조건 사랑의 대상이 되었다. 그는 어머니의 고향을 사랑했으며, 외가에 대한 애착도 유달리 강한 편이었다. 동시에 그는 어린 미소년들과의 동성애적 관계에 탐닉했다. 그리고 그것이 자신의 삶을 종식시키는 치명적인 화근이 될 줄은 꿈에도 생각하지 못했다.

로마의 이단아

파솔리니는 시인으로 출발했다. 그의 나이 20세에 발표한 첫 시집 『카사르사의 시』는 표준어가 아닌 순수한 방언으로 쓰였으며 자신의 어머니가 태어난 고향을 배경으로 한 작품이다. 그는 사랑하는 어머니의 향토어를 연구하고 익혔으며 죽어서도 어머니의 고향에 묻혔다. 그만큼 어머니에 대한 애정과 그리움은 전 생애를 통하여 파솔리니의 마음을 사로잡은 화두가 되었다. 일생 동안 파솔리니를 지배한 인물은 바로 그의 어머니였던 셈이다. 모자는 항상 붙어 다녔으며 마치 탯줄로 이어진 것처럼 그 관계는 돈독했다.

그런 공생적 관계는 너무도 강력한 것이어서 그들 모자에 있어서 제3의 인물은 전혀 필요치 않은 듯했다. 실제로 그의 어머니는 마치 숫처녀인 듯이 부부관계를 거부하며 지냈다. 그리고 파솔리니 자신도 평생 결혼하지 않고 독신으로 살았다. 그들 모자관계는 마치 성모 마리아와 그녀의 아들 예수의 관계를 축소해 놓은 느낌이 들 정도다.

파시스트였던 아버지의 존재는 그들의 밀착된 모자관계를 항상 위협하는 위험한 폭발물과도 같은 존재였다. 그 때문에 야만적인 권력을 휘두르는 부당한 권위에 대한 도전과 파괴는 파솔리니가 일생을 두고 풀어야 할 힘든 과제가 되었다. 신성한 임무를 맡은 아들의 입장에서 그는 이성의 유혹을 물리치고 그 대신에 동성과의 끊임없는 관계 추구를 통하여 자신의 입장을 합리화시켜야만 했을지도 모른다. 성장한 이후에도 그는 줄곧 성적, 정치적 스캔들에 휘말리곤 했는데, 동성애와 사회주의는 그를 지탱해 주는 양대 기둥이었다.

파솔리니가 전후 이탈리아 영화에 끼친 영향은 실로 지대하다. 1960년대 들어 영화에 관심을 쏟기 시작한 파솔리니는 그의 초기 영화에서 주로 로마의 빈민층과 천진난만한 어린 소년들의 세계에 대한 자신의 애정과 연민을 담아냈다.

그의 초기 영화들은 순수 아마추어 배우들을 기용하여 다큐멘터리 형식으로 제작되었기 때문에 매우 사실적인 것이 특징이다. 또한 소외된 빈민계층에 초점을 맞추어 그들에 대한 동정적인 시각에서 작품을 만들었기 때문에 당시로서는 매우 진보적인 성향의 정치적 메시지를 전달하는 듯했다.

그러나 파솔리니의 영화에 대한 평가는 실로 각양각색이다. 자본주의 사회에 내재된 야만성을 공격하고 왜곡된 성을 폭로한 측면에서 제2차 세계대전 이후 나타난 새로운 이탈리아 감독들 가운데 가장 선도적인 위치를 점하는 인물로 높이 평가되는가 하면, 반면에 반사회적, 반문명적, 비도덕적인 것에 대한 강렬한 동경을 토대로 사회의 위선을 드러내는 데 앞장서는 듯싶지만, 결국 그 스스로가 파시즘을 공격하기 위해 즐겨 사용하던 표현 방식이 어느 틈에 그가 그토록 혐오하고 증오했던 파시스트의 언어를 닮아 가고 있다는 점에서 자가당착적 모순에 빠지고 말았다는 비판을 받기도 한다. 따라서 그에 대한 평가도 종교계와 교육계, 정치적 단체, 대중매체, 일반 대중 등 제각기 다른 입장에 따라 상반될 수밖에 없다.

그런 점에서 파솔리니는 항상 치열한 논쟁의 대상이 되어 왔으며, 앞으로도 그럴 것이다. 왜냐하면 그의 영화는 항상 성과 폭력의 문제를 안고 있는 지뢰밭과도 같기 때문이다. 동시에 성과 폭력은 인류가 오랜 시간 동안 해결하지 못한 가장 중요하고도 골치 아픈 난제 중의 난제이기 때문이다.

1962년 작 〈맘마 로마〉는 어머니와 아들의 이야기다. 과거 매춘부였던 맘마 로마는 자신의 아들만큼은 온전한 사람으로 키우고 싶었지만, 나쁜 친구들과 어울린 아들은 끝내 사고를 쳐서 병원 침대에 묶여 숨을 거두게 된다는 내용이다. 물론 여기서 맘마 로마는 파솔리니의 어머니를 상징한다. 신성한 몸을 더럽혔다는 점에서 두 인물은 일치한다. 그리고 원치 않은 관계를 통해서 태어난 자식은 일종의 사생아인 셈인데, 사고를 친 아들이 결국 병원 침대에 묶여 숨을 거둔다는 설정은 파솔리니가 자신을 예수와 동일시한다는 점을 암시한다. 물론 맘마 로마는 성모 마리아를 의미한다. 이처럼 신성한 모자 관계의 상징은 파솔리니를 사로잡는 강력한 모티브가 되는 셈이다.

1961년 작 〈걸인〉에도 매춘, 절도 등으로 살아가는 빈민층의 이야기가 주종을 이루지만, 후기 작품으로 갈수록 도착적인 성향이 강조되면서 격렬한 찬반 논쟁을 벌이게 만들기도 했는데, 이러한 성향은 1970년대에 접어들어 더욱 노골화되기 시작했다.

특히 〈살로 혹은 소돔의 120일〉은 파시스트들의 잔혹성을 폭로하기 위한 것이었지만, 성도착적인 경향이 파시스트들의 전유물이 아닌 이상 그러한 작품 설정은 다소 빈약한 명분으로 인하여 설득력이 떨어질 수밖에 없으며, 오히려 관객들로 하여금 잔혹하기 그지없는 도착적인 흥분과 도덕적 혐오감에 질리도록 만드는 효과만을 낳을 뿐이다.

그럼에도 불구하고 파솔리니의 영화는 인간 내면에 은폐되어 있는 무의식적 욕망의 세계가 얼마나 잔혹할 수 있는가 하는 점을 화면을 통해 직접적으로 직면시킨다는 측면에서 상당한 충격을 주는 것이 사실이다.

그러나 작가 자신이 그러한 창작활동을 통하여 스스로를 합리화시키는 측면도 많다는 점이 드러난다. 파솔리니는 소외자의 입장에서 자신과 빈민들을 담보로 하여 사회에 저항했다. 비록 그 자신은 최고급 스포츠카를 몰고 다니며 미소년들을 유혹하는 행각을 계속하면서도 다른 한편으로는 빈민가의 아이들과 축구시합을 즐기는 이율배반성도 엿보이지만, 그러한 상호모순성은 부모에 대한 양가적 감정뿐 아니라 사회적으로는 가톨릭과 공산당에 대한 그의 이중적인 태도에서도 일관된 모습으로 발견되는 특징이기도 하다. 그런 이중성과 모순성이야말로 파솔리니의 모든 작품의 배경을 이루는 중요한 모티브가 된다.

가톨릭과 공산당

적어도 파솔리니에 있어서 가족이라는 구조는 그다지 탐탁지 않은 주제였으며, 오로지 원초적인 모자관계만이 그에게는 중요한 의미가 있을 뿐이었다. 따라서 그의 대부분의 작품 기조도 공생적 모자관계를 부각시키면서도 전체 가족 구조에는 관심을 보이지 않을 뿐 아니라 오히려 한 걸음 더 나아가 가족 파괴를 추구하는 경향마저 보이기도 한다. 그에게는 어머니의 존재만 중요했을 뿐 가족이라는 구조 자체에 대해서는 증오와 환멸만을 느꼈던 것이다.

공산주의자로서 파솔리니가 가톨릭에 대해 취한 애매모호한 태도는 그 자신의 양가적 감정상태를 반영하는 것이기도 하다. 가톨릭과 공산주의는 상호 공존과 타협에 어려운 점이 많을 수밖에 없지만, 그럼에도 불구하고 파솔리니로 하여금 노골적인 반기독교적 태도로 나아갈 수 없게 만드는 주된 걸림돌은 바로 성모 마리아 숭배에 있다고 하겠다. 성모의 존재야말로 인간의 원초적 모자관계를 지탱해 주는 유일한 상징물이며, 이는 불교에서도 관세음보살이나 아미타불과 같은 여성적 상징에 대한 숭배가 뿌리 깊게 자리 잡고 있는 것과 유사한 현상으로 이해할 수 있다.

어머니에 대한 절대적인 신앙을 지녔던 파솔리니에 있어서 가톨릭의 부정은 곧 어머니의 존재를 부정하는 것일 수 있기 때문에 그러한 반역은 상상도 할 수 없는 일이었을 것이다. 가톨릭에 대한 그의 양면성은 교황 비오 12세가 서거한 직후 발표한 〈어느 교황에게〉라는 시에서 엿볼 수 있다.

당신이 그 자리에 앉아 있는 동안,
무수히 많은 사람이 당신 눈앞에서 죽어갔소.
두엄더미 돼지우리 속에서
설마 그걸 몰랐다고 하진 않으시겠지.
계율 따위를 어기는 건 죄가 아니라는 것을.
조금도 선을 행하지 않는 것,
바로 그게 참된 죄악이라는 것을.

성모에 대한 숭배에도 불구하고 그는 아버지의 대리인인 교황의 존재를 가차 없이 능멸하는 독설을 주저하지 않았다. 그럼에도 불구하고 그가 영화 〈마태복음〉과 〈테오레마〉로 가톨릭 영화대상을 두 번이나 받았다는 것은 매우 역설적인 상황이 아닐 수 없다.

파솔리니와 알튀세르는 비슷한 동기에서 가톨릭과 공산당이라는 두 개의 모순된 양대 기둥에 의지한 채 모순된 삶을 살아야만 했다. 다시 말해서 파솔리니는 어머니에 대한 숭배 때문에 가톨릭을 등질 수 없었고, 아버지에 대한 반역 때문에 공산당에 가입했던 것이다.

가톨릭과 공산당이라는 순수한 이념의 두 집단의 한 가지 공통점은 동성애에 대하여 그다지 거부적이지 않다는 점이며, 뿐만 아니라 가족의 가치에 큰 의미를 두지 않는다는 점에서도 일치한다. 파솔리니가 가장 마음 편하게 선택할 길은 이미 정해진 셈이다. 두 집단은 그에게 가장 위안이 될 수 있는 합리적 근거와 타당성을 제시해 주기 때문이다.

동성애와 사도마조히즘

동성애는 수많은 예술가를 연상시킨다. 고대 그리스의 여류시인 사포를 위시하여 레오나르도 다 빈치, 영국의 소설가 오스카 와일드 및 현대 작곡가 벤자민 브리튼, 프랑스의 마르셀 프루스트, 천재 시인 랭보와 베를렌느, 미셸 푸코, 그리고 일본의 미시마 유키오 등은 한 시대를 풍미한 동성애자들이었다.

프로이트는 레오나르도 다 빈치의 분석에서 그의 동성애적 경향을 어머니에 대한 애착과 연관지어 설명하고자 시도했다. 그러나 프로이트의 설명은 결국 나르시시즘 문제로 돌아가고 만다. 왜냐하면 어머니에 대한 사랑을 억압한 소년은 자신을 어머니의 위치에 고정시키고 어머니와 자신을 동일시함으로써 결국 스스로를 자신의 새로운 사랑의 대상으로 선택하고 모델로 삼기 때문에 동성애자가 된다는 설명이기 때문이다.

물론 정통 정신분석이론에서는 동성애의 심리를 고전적인 오이디푸스 갈등 차원에서 해석하는 경향을 보이지만, 영국의 분석가 어네스트 존스는 동성애 환자들의 분석 경험을 토대로 이들에게서 강한 구순기적 에로티시즘과 사디즘의 특성을 강조하기도 했다.

프로이트는 인간의 본능을 에로스와 타나토스로 이원화시킴으로써 비로소 공격적 파괴 본능에 주목하게 되었지만, 그것은 어디까지나 상호배타적인 차원의 설명일 뿐이다. 오히려 성과 공격성은 적어도 인간의 성행위에서만큼은 상호배타적인 관계가 아니라 상호보완적 관계에 있을지도 모른다.

그런 점에서 UCLA 정신과교수이며 분석가인 로버트 스톨러는 적개심이 배제된 성은 성적 무관심과 지루함을 초래할 뿐이라고 하면서 공격성과 성적 흥분과의 밀접한 관련성을 강조했다. 그런 주장은 인간의 성과 공격성이 상호배타적인 것이 아니라 상호의존 관계에 있다고 주장하는 것으로, 이는 공격성이 결여된 성의 무미건조성에 대해 언급했던 오토 컨버그의 견해와도 일치하는 내용이다. 이는 곧 사랑과 미움의 적절한 통합이야말로 건강한 애정관계의 조건이 된다는 말이기도 하다.

그러나 사랑과 미움의 갈림길에서 방황하고 혼란에 빠진 결과로 개인적 파멸에 이르는 사람도 많다. 파솔리니 역시 그런 사람들 가운데 하나였다.

영화의 세계로 뛰어든 이후, 파솔리니가 만든 작품들은 한결같이 충격적인 파문을 일으켰다. 그의 영화들이 던지는 장면들과 메시지는 가히 충격 그 자체였기 때문이다. 파솔리니는 처음부터 영화라는 장르에서 전혀 새로운 표현 수단을 발견하고 몹시 흥분했다.

그가 전하는 메시지는 대략 세 가지로 요약할 수 있다. 첫째가 마르크스주의요, 둘째는 성도착의 정당성이며, 셋째는 오이디푸스 갈등이라 할 수 있다. 이 세 가지 요인은 파솔리니의 모순되고 역설적인 심적 상태를 그대로 반영한다. 마르크스주의에 대한 신봉은 전형적인 파시스트의 하수인이었던 아버지에 대한 복수였으며, 어머니에 대한 근친상간적 욕망은 파솔리니의 정상적인 결혼을 가로막는 주된 장애물이었다. 어린 미소년들에 대한 집착은 성인이 되는 것에 대한 그 자신의 두려움과 거부감을 의미하는 것일지도 모른다.

정신과 의사이며 분석가인 찰스 소카리데스는 동성애 연구에 일가견이 있는 인물인데, 그는 동성애의 심리적 기원을 어머니에 대한 지나친 근친상간적 욕망과 접근이 불가능한 아버지와의 강한 감정적 관계에서 찾았다. 어머니에 대한 성적 소망은 불안과 죄책감을 유발하는 동시에 그녀에게 매달리고자 하는 욕구와 그녀와의 밀접한 접촉을 회피하고자 하는 의도 사이의 갈등을 초래하기 마련이며, 그 결과로 성인기에 가서도 계속해서 다른 모든 여성들과의 접촉을 기피하게 된다는 것이다.

그런데 파솔리니는 이런 도식적 설명에 아주 잘 들어맞는 특성들을 실제로 보여 준다. 파솔리니의 동성애는 어머니와의 공생적 관계를 유지하기 위해서 다른 모든 여성들과의 성적 접촉을 거부해야 된다는 점과 자신의 근친상간적 욕망을 일깨우기 쉬운 모든 위험 가능성을 사전에 차단해야 한다는 관점에서 생각해 볼 수 있으며, 다른 한편으로는 자신과 동성인 아버지에 대한 적대적 양가감정을 강박적으로 반복한 것으로도 볼 수 있다.

그의 아버지는 매우 가학적이고 난폭한 인물이었으며, 어머니는 피학적 특성을 지닌 가련한 이미지의 여성이었다. 그가 자신의 영화를 통해 표현한 노골적인 사도마조히즘은 결국 파솔리니 자신의 부모관계를 우회적인 수법으로 나타낸 것이라 할 수 있다.

파솔리니는 자신이 무신론자임에도 불구하고 성경을 토대로 몇 편의 영화를 만들었는데, 그는 공산주의자이면서도 현대 이탈리아의 여러 급진적 운동들을 신랄하게 비판하기도 했던 인물이다. 영화 〈마태복음〉〈오이디푸스 왕〉〈테오레마〉〈메데아〉〈캔터베리 이야기〉 등은 그의 전성기에 나온 작품들로서 당시로서는 상당히 큰 사회적 물의를 일으켰다.

특히 〈테오레마〉는 종교계로부터 많은 비난을 받은 작품으로, 어느 부유한 가정에 찾아든 낯선 남자로 인해 가족 전체가 도덕적 파탄을 맞이한다는 내용이다. 이 낯선 이방인은 거의 신적인 또는 악마적인 존재로 아버지와 어머니 그리고 딸, 하녀와 아들 모두를 유혹하여 정신적 파괴로 이끈다. 이 작품에서 한 부유한 가정을 파괴시키는 주인공은 다름 아닌 파솔리니 자신이라고 할 수 있다. 외견상으로만 본다면 타락한 부르주아에 대한 징벌같이 보이기도 하겠지만, 내면적 상황에 비추어 본다면 파솔리니 자신의 근친상간적 욕구 및 아버지에 대한 가학적 징벌, 동성애적 충동 그리고 가족에 대한 증오심 등을 모두 포괄하는 환상의 세계를 드러내는 것이기도 하다.

초서의 소설을 표현주의적 수법으로 영화화한 〈캔터베리 이야기〉는 사춘기 소년들과의 배설행위 및 사도마조히즘에 대한 파솔리니 자신의 집착을 잘 나타내고 있으며, 이는 그 후 1975년에 사드 백작의 원작소설을 파시스트 통치하의 북부 이탈리아 살로 지방으로 배경을 옮겨 영화화한 〈살로 혹은 소돔의 120일〉에서 더욱 두드러진다. 이 영화는 고위직 관리들이 미소년, 소녀들을 고성에 감금하고, 잔혹하고 도착적인 성의 향연 및 고문, 강간 등의 비인간적 행각을 벌이다가 결국에는 무참하게 살해한다는 내용으로 가학증과 피학증, 오물기호증과 항문애, 동성애 등의 온갖 변태적 행위와 잔혹한 장면들로 악명이 자자했던 작품이다. 특히 파시스트가 소년들에게 강제로 대변을 먹이는 장면과 무참하게 소년들을 살해하는 마지막 장면 등은 영화사상 가장 가학적이고도 도착적인 영화로 꼽힐 만하다.

그러나 파솔리니는 공산주의자들의 잔혹성은 전혀 다루지 않고 그런 파괴적인 도착적 특성을 파시스트들에게로만 돌렸는데, 그것은 파시스트였던 아버지에 대한 적대감이 그만큼 컸기 때문으로 풀이된다. 〈살로 혹은 소돔의 120일〉역시 외견상으로는 파시스트에 대한 그의 적대감을 표현한 것이지만, 파솔리니 자신의 도착적인 욕구와 환상의 세계를 여실히 드러낸 작품이기도 하다. 이 영화에서 평범한 이성간의 사랑이 발견되면 즉각적으로 처형시키는데, 이는 파솔리니 자신의 근친상간적 욕망에 대한 부정이며 반동형성이기도 하다.

그는 이 작품을 완성시킨 직후 동성애 파트너인 소년에게 의문의 살해를 당하고 말았다. 파솔리니의 영화를 지탱해 주는 두 가지 주요 테마가 성과 폭력이라는 점에서, 그리고 성과 폭력을 가장 끈끈하게 이어 주는 것이 사도마조히즘이라는 점에서 결국 파솔리니는 자신의 동성애적 사도마조히즘이라는 도착적 환상과 욕구를 예술작업으로 승화시키는 데 만족하지 못하고 현실생활에서도 성취하고자 욕

심을 부린 결과, 오히려 그가 그토록 집착하고 추구했던 성과 폭력의
희생양이 된 것이라 할 수 있다.

파솔리니와 오이디푸스

파솔리니의 어린 시절은 고통스럽지만 역설적이게도 행복으로 가
득 찬 시기이기도 했다. 왜냐하면 도덕성에 문제가 많았던 아버지의
존재 때문에 모자가 겪은 정신적 고통은 이루 다 말할 수 없을 정도
였지만, 그럴수록 그들 모자간의 관계는 더욱 밀착되고 서로 의지하
며 격려하게 되었기 때문이다. 그의 삶과 모든 작품들은 어머니에 대
한 헌시와도 같은 의미를 지닌 것들이다. 그만큼 어머니의 존재는 파
솔리니의 세계에 있어서 절대적인 위치를 차지하는 신성불가침의 영
역이었다.

어머니에 대한 동경은 그녀의 고향인 카사르사 지방에 대한 애정
으로 나타나며, 파솔리니의 나이 20세에 발표한 최초의 시집 『카사르
사의 시』는 그 지방의 프리울리 방언으로 쓴 작품이었다. 방언에 익
숙지 않아 사전을 찾아 가며 쓸 정도로 그는 어머니의 고향을 사랑
했다. 그리고 그가 죽은 후, 시신이 묻힌 곳도 카사르사 지방의 묘지
였다.

어머니는 그녀 자신의 고향 이야기를 어린 파솔리니에게 자주 들
려주면서 시를 읽어 주기도 했는데, 총명했던 그는 7세경부터 시를
쓰기도 했다. 어머니와 함께 하는 시간이야말로 그에게는 축복의 기

회였으며 무엇과도 바꿀 수 없는 소중한 순간이었다. 그들 모자는 함께 들판을 자주 산책하며 이야기를 나누기도 했는데, 이처럼 밀착된 관계는 파솔리니로 하여금 어머니 이외의 다른 여성들에 대해 무관심해지도록 이끌었을 것이다.

파솔리니가 만든 영화 〈오이디푸스 왕〉은 〈마태복음〉과 더불어 그의 대표작 중의 하나로 꼽히는 작품이며, 그가 선택한 주요 테마가 오이디푸스 갈등이라는 점에서 자신의 핵심적인 문제점을 잘 파악하고 있었던 것 같다. 어머니를 학대한 가해자 아버지로부터 순결한 어머니를 지키고 구원해야만 한다는 파솔리니의 구원환상은 자신의 근친상간적 욕망을 은폐시키기에 안성맞춤이다. 그는 성모 마리아 대신 어머니를 믿었으며, 잔혹한 아버지를 거부하면서 동시에 신의 존재를 거부했다. 그의 양가적 감정은 자신이 거부하고 적대했던 아버지의 존재에 대한 두려움 및 죄책감에서 드러난다.

파솔리니의 이율배반성은 신을 거부하면서도 성서의 내용을 토대로 만든 영화작품을 통해 분명히 드러난다. 그는 예수를 사랑의 메신저로서가 아니라 체제를 전복하는 혁명가로 표현한다. 파솔리니의 상징계에서는 자신의 모자관계를 신성한 성모와 예수의 관계에 대입시킨다. 그는 어머니를 차지하고 학대자로부터 그녀를 보호하기 위해 아버지에 대적하는 혁명가의 임무를 자처한다. 따라서 가부장적 체제에 대한 도전과 전복은 결국 아버지에 대한 반항이며 어머니를 차지하기 위한 아들의 욕망을 나타낸다. 그의 영화 〈돼지우리〉의 대사 중에 "나는 나의 아버지를 죽였고, 인간의 살을 먹었다. 기쁨으로 몸이 떨린다."라고 내뱉는 독설은 바로 파솔리니 자신의 심경을 피력한 것이다.

오이디푸스는 자신의 저주받은 운명을 한탄하며 스스로 눈을 찔러 앞을 못 보게 되었지만, 파솔리니는 가학적인 성행위 요구에 반발한 소년의 손에 의해 목숨을 잃었다. 파솔리니를 직접 살해한 사실을 자백한 17세 소년 펠로시는 부당한 성행위를 강요하는 파솔리니의 태도에 두려움을 느낀 나머지 그가 손에 쥐고 있던 울타리 목을 빼앗아 내리쳤다고 진술했다.

나이 오십을 넘긴 파솔리니의 입장에서 늘 그래 왔던 매일 밤의 야간 산책에서 벌인 지속적인 미소년 사냥은 이미 한계에 도달한 상황이었다고 볼 수 있다. 꿈틀대는 육체와 동물적인 사랑 그리고 젊음을 찬미했던 그에게 다가온 육체적 힘의 한계는 항상 영원한 아들로서의 피해의식에 사로잡혀 지내 올 수밖에 없었던 파솔리니에게 자신도 이미 아버지의 나이에 도달하고 말았다는 자괴감을 느끼게 만들었는지도 모른다. 일생을 두고 그토록 증오했던 아버지라는 단어를 더 이상 물리치기 어려운 시점에 도달한 것이다.

아들뻘에 해당하는 어린 소년들과의 성적인 행위 자체가 이미 그에게는 동년배의 동성 간에 이루어지는 관계의 순수성을 잃은 것이었을 뿐 아니라 자신이 그토록 증오하고 혐오했던 가학적인 아버지와 똑같은 폭력을 스스로가 그대로 답습하고 있다는 자괴감에 몸서리쳤는지도 모른다. 그것은 당연히 부자지간의 성행위를 연상시키기에 족했을 것이다.

평소에 운동으로 단련된 그가 오히려 허약하고 어린 소년에게 매를 맞고 죽었다는 것은 그 자신의 내면에 존재했던 죄의식이 작용했기 때문일 수도 있다. 또는 강간환상의 행동화로 인하여 상대의 심한 저항을 불러일으켰을 수도 있다.

다시 말해서 역설적으로 자신의 아버지가 어머니에 했던 것과 똑같이 그 역시 자신의 어머니에 대한 강간환상을 동시에 지녔을 수도 있다. 물론 그런 환상은 동성과의 성관계에서도 강렬한 흥분을 불러일으켰을 수 있다. 흥분과 죄의식 모두가 파솔리니의 정신세계를 혼란에 빠트린 주된 요인이 아니었나 생각된다.

이처럼 파솔리니는 평소 자신의 영화에서 즐겨 묘사했던 사도마조히즘적 죽음과 유사한 방식으로 최후를 맞이했는데, 이는 결국 그 자신이 평생토록 해결하지 못하였던 부모와의 도착적인 관계를 현실 생활에서 재연한 것으로 보인다. 비록 그 결과는 비극적인 종말로 막을 내리고 말았지만, 시공을 뛰어넘은 현대 로마의 오이디푸스는 〈오이디푸스 왕〉이라는 걸작 영화를 남긴 채 우리들 앞에서 갑자기 사라져 버린 것이다.

잉그마르 베르이만의 영상철학

잉그마르 베르이만(1918~2007) 감독은 스웨덴이 낳은 세계적인 영화작가로 영화사에 길이 남을 거장이다. 그는 영화철학자라 불릴 정도로 심각하고도 철학적인 주제를 주로 다루었을 뿐만 아니라 영화라는 새로운 예술 장르를 보다 높은 차원으로 끌어올린 장본인이기도 하다. 그의 존재로 인해 20세기 영화사에서 스웨덴 영화가 차지하는 비중과 가치가 더욱 빛나게 되었으며, 그의 뒤를 이어 예술적으로 뛰어난 스웨덴 영화들이 여러 편 소개되었다.

특히 제2차 세계대전 이후 정신적으로 황폐화된 서구사회에 베르이만이 영화를 통해 제기한 철학적 물음들은 실로 커다란 반향을 일으켰다. 뿐만 아니라 그는 영화감독의 역할 개념에도 상당한 지각변동을 일으킨 장본인이다. 그의 존재로 인해 영화작가라는 신개념이 등장했기 때문이다. 제작자의 기획이나 정해진 각본에 의해 연출만 하는 역할이 아니라 감독 자신의 독자적인 철학을 지니고 그 전달을 위해 영상 매체를 이용한다는 투철한 작가정신을 보여 준 최초의 인물이 베르이만이기 때문이다.

그런 점에서 베르이만은 세계영화사에 커다란 분기점을 이룩한 장본인이었으며, 그 후에도 그를 모방, 추종하는 신진감독들이 줄을 이어 나타나게 되었다.

그러나 자신만의 독특한 영상을 통해 현대인의 고독과 소외에 대한 실존적 물음을 줄기차게 던져 온 베르이만은 그 스스로가 아동기적 외상을 경험했다는 점에서 정신분석적 관심의 대상이 되기에 충분하다고 하겠다.

마법의 세계

20세기와 더불어 시작된 영화의 발전은 정신분석의 발전과 거의 동시에 이루어졌다. 그리고 인간의 꿈과 환상을 다루어 나가면서 이 두 가지 서로 상이한 분야는 점차 상대에 대한 관심도 키워 나갔다. 비록 프로이트는 영화 매체에 관심도 없었으며 회의적인 시각마저 지니고 있었지만, 『꿈의 해석』과 동시대에 나타난 영화예술이야말로 누구도 예기치 못한 대중적 종합예술로 발전되어 나가면서 인간의 감각과 상상력에 대한 매우 자극적인 실험무대로 등장하기 시작했다.

그런 점에서 베르이만의 영화가 정서적으로 황폐화된 서구인들에게 큰 공감을 불러일으킨 것은 시대적으로도 아주 잘 맞아떨어졌기 때문일 수도 있다. 베르이만의 영화가 세계적인 주목을 받기 시작한 것은 제2차 세계대전이 끝난 1950년대 이후로 당시만 해도 서구인들은 전쟁의 후유증에 시달리며 그 충격에서 미처 헤어나지 못하고 있던 상태였다. 수천만의 인명을 앗아간 세계대전은 그만큼 서구인들에게 커다란 정신적 공황상태, 가치관의 혼란, 도덕적 붕괴를 안겨 준 충격적인 일대 사건이었다.

그런 시기에 다행히 전쟁의 비극을 겪지 않았던 북구 스웨덴에서 한 영화감독이 나타나 냉철한 성찰을 요구하는 철학적 주제의 작품을 연이어 발표함으로써 일약 주목을 끌기 시작한 것이다. 당시 서구인들은 전쟁으로 폐허가 된 삶의 터전을 복구하느라 여념이 없었던 때인지라 인간의 실존적 의미나 신의 존재 유무를 따질 겨를조차 없었던 것이 사실이다. 따라서 한 영화철학자의 출현이 그만큼 커다란 파장을 불러일으킨 것이다.

영화작가로서 베르이만의 명성을 국제적으로 널리 알리는 동시에 특히 비평가들의 주목을 끌게 한 작품은 역시 〈제7의 봉인〉이라 하겠다. 그는 이 영화로 칸 영화제 심사위원 대상을 받았다. 〈제7의 봉인〉은 십자군 전쟁이 벌어지던 중세 시대를 배경으로 신의 존재와 죽음의 문제를 심도 있게 탐구한 작품이다.

이 영화에서 주인공으로 나오는 블로크는 십자군 전쟁에 참가한 후 고향으로 돌아가는 길에 흑사병이 번져 죽음의 땅으로 변한 비극적인 참상의 현장을 목격한다. 그가 목격한 현실은 죽음이 사방에 넘쳐흐르고 마녀사냥의 집단적 광기가 휩쓸고 있음에도 불구하고, 신은 아무런 조치도 취하지 않는 그런 절망적인 상황이었다. 죽음은 그에게도 예외가 아니어서 마침내 죽음의 사자가 그를 방문한다. 블로크는 죽음의 사자에게 체스 내기를 제안하지만 승산이 없는 게임에서 그가 진정으로 원한 것은 죽음에서 벗어나 신의 구원을 보장받는 것이었다. 이 영화는 다가오는 죽음 앞에 절망과 환멸에 빠진 한 인간의 절박한 상황을 허무주의적 분위기 속에 그리면서 신과 인간,

구원이라는 신학적 질문을 끊임없이 시도하는 작품이다.

어떻게 보면 세계대전 역시 현대판 십자군 전쟁이라 할 수 있으며, 홀로코스트 역시 현대판 마녀사냥이라 할 수 있겠다. 혼란스러운 세상의 부조리한 모습을 압축적으로 묘사한 〈제7의 봉인〉은 그런 점에서 개인적 차원의 실존적 고뇌뿐 아니라 문명 비판적 메시지를 전하는 것이기도 하다. 무대는 비록 중세 유럽이지만 단순한 종교적 사극이 아니라 삶과 죽음의 의미에 대한 심각한 성찰과 의문을 던지고 있는 매우 철학적인 작품이다.

베를린 영화제 최우수 작품상을 수상한 〈산딸기〉는 은퇴한 의사 이삭 보리 교수에 관한 이야기다. 78세라는 고령에도 불구하고 그는 룬드 대학교에서 수여하는 명예박사학위를 받으러 길을 떠난다. 여행을 떠나기 전 그는 죽음을 예고하는 불길한 내용의 꿈을 꾼다. 꿈 내용은 다음과 같다.

이삭이 텅 빈 거리에 홀로 엉거주춤 서 있다. 그는 낯선 이방인처럼 사방을 두리번거린다. 거리에 매달린 시계를 보니 바늘이 없다. 시계 밑에 매달린 표지판에는 그를 지켜보는 두 눈이 그려져 있다. 그는 자신의 호주머니에서 시계를 꺼냈으나 거기에도 역시 바늘은 없었다. 허수아비 같은 모습의 한 사내가 그가 보는 앞에서 갑자기 쓰러지며 피를 흘린다. 그리고 정적이 감도는 가운데 거리 모퉁이에서 마차 한 대가 소리 없이 다가온다. 삐걱대는 마차에서 관 하나가 바닥으로 떨어지며 박살이 난다. 관 밖으로 삐져나온 손 하나가 이삭의 손을 붙들고 늘어져 놓아 주지를 않는다. 그는 그 손을 뿌리치려고 기를 쓴다. 관 속을 들여다보니 그 자신이 누워 있다. 이삭은 놀라서 잠이 깬다.

베르이만은 이삭의 꿈을 통해 드러난 죽음에 대한 두려움과 그 자신의 삶에 대한 환멸감을 매우 초현실주의적인 영상기법으로 표현하고 있다. 모든 시계에 바늘이 없다는 것은 시간의 종말을 의미하는 것으로, 이처럼 죽음의 침묵만이 감도는 꿈의 장면은 결국 모든 과거와의 단절 및 삶의 단절을 의미한다. 그러나 시간의 단절뿐 아니라 모든 것이 멈추어진 공간은 아무런 성장이 없는 텅 빈 심리적 공간을 의미할 수도 있다. 따스한 인간적 교류와 애정이 없는 메마른 공간이야말로 인간의 삶을 무미건조하게 만들고 그 어떤 의미도 찾을 수 없게 만드는 비극의 원천이기 때문이다.

실제로 이삭은 너무도 메마른 사막과도 같은 삶을 살았다. 물론 그는 고지식하고 이기적인 인물이긴 했으나 나름대로 자신의 삶에 충실하게 살았다는 자부심을 지니고 있었다. 그러나 그는 신이 인간에게 내린 가장 큰 형벌이라고도 할 수 있는 고독과 외로움 속에서 살아야 했다. 여행을 하면서 이삭은 자신의 과거를 회상하고 아내와 아들을 떠올린다. 그는 비록 세속적인 직업에는 화려한 성공을 거두었지만, 진정한 인간관계에는 성공하지 못했다. 스웨덴에서 산딸기는 봄의 시작을 알리는 상징이며 생명의 부활을 의미한다. 죽음을 향해 가는 여정인 동시에 죽음에서 벗어나기 위한 여행이기도 했던 이삭의 모험은 그런 점에서 현재와 과거의 경계를 허무는 모험이기도 하다.

신의 존재에 대한 믿음과 회의를 주제로 하는 그의 3부작 〈거울을 통해 어렴풋이〉 〈겨울빛〉 〈침묵〉 등은 1960년대를 장식한 그의 대표작들이지만, 신을 상실한 현대인의 고독과 소외를 극명한 모습으로 묘사했다는 점에서 당시로서는 매우 충격적인 작품들이었다.

그러나 이들 3부작 이전에 이미 그는 〈제7의 봉인〉과 〈처녀의 샘〉을 통해 신의 존재에 대한 회의적인 시작을 드러내 보이고 있는데, 그중에서도 특히 〈처녀의 샘〉은 힘없는 인간이 당하는 비극에 대해 침묵으로 일관하는 신에 대한 원망과 그로 인한 절망을 다루고 있다. 이 작품에서 베르이만은 순결한 영혼이 오히려 고난을 겪어야 하는 부조리한 세상에 대해 그저 방관만 하고 있는 신의 무기력함을 성토한다. 그리고 사악한 세상에 대한 한 인간의 절규를 통해 신의 존재에 대한 회의를 드러내 보이는 가운데 일상에서 마주치는 폭력에 대한 신의 침묵을 비난하고 있다.

〈처녀의 샘〉에 이어 연달아 아카데미 외국어 영화상을 받은 〈거울을 통해 어렴풋이〉는 어느 고립된 섬에 살고 있는 한 가족의 삶을 통해 인간의 단절된 모습을 그리고 있다. 여기서도 그는 고립된 상황에 처한 현대인의 광기와 소통의 단절을 고발하고 있다.

신의 구원에 대한 실존적 문제를 다룬 3부작 중 마지막 작품인 〈침묵〉에서는 외국의 한 호텔방에서 홀로 죽음을 맞이하는 에스터의 마지막 몸부림에도 불구하고 안타깝게 지켜만 볼 뿐 말이 통하지 않아 그 어떤 도움도 줄 수 없는 늙은 호텔 심부름꾼의 모습을 통해 신은 여전히 침묵을 유지하고 있다는 메시지를 전한다. 이 작품에서 신은 완전히 사라지고 없다. 그리고 그 결과 인간 사이의 소통도 철저히 단절되어 있다.

당시만 해도 서구 영화는 대중성을 벗어나지 못하고 있었다. 그러나 신의 존재를 집요하게 물고 늘어지는 베르이만의 영화를 통해 서구 지식인들은 큰 충격을 받았으며, 일반 대중도 카페에 모여 앉아 실존주의를 논하면서 베르이만을 모르면 대화에 끼워 주지도 않을 만큼 1960년대 초 그의 인기는 최고조에 달했다.

그러나 그에 대한 비판도 만만치 않았다. 형이상학적인 질문의 덫에 빠져 인간의 현실적인 고통과 사회구조적인 모순의 본질을 파악하지 못한다는 강한 비판에 직면한 것이다. 다시 말해서 제2차 세계대전, 홀로코스트, 핵전쟁의 위협, 베트남전 등 인류가 직면한 정치사회적 혼란과 비극의 중심으로 나아가지 못하고 오히려 그것을 외면한 채, 어둡고 비참한 세상 주변만을 자학적으로 서성거리며 맴도는 나약한 예술가일 뿐이라는 비난을 감수해야 했다.

특히 비평가의 혹평에 상처받기 쉬웠던 나르시시스트였던 베르이만은 그 후 자신의 관심을 여성심리의 탐구 쪽으로 돌리면서 〈안나의 열정〉 〈외침과 속삭임〉 〈고독한 여심〉 〈가을 소나타〉 등을 계속 발표함으로써 여성들의 내면적 모순을 냉정한 시각으로 묘사하는 데 몰두했다. 이들 작업을 통해 그는 여성이라는 존재에 대한 근원적인 불신과 양가적인 감정을 여지없이 드러내 보인다. 물론 그런 부정적인 태도는 냉담한 어머니와의 관계에서 비롯된 것이며, 그는 자신의 부정적인 감정 경험을 여주인공들에게 투사함으로써 어머니와의 투쟁을 계속한 셈이다.

〈외침과 속삭임〉에 등장하는 네 명의 여성들은 한결같이 정신적 고통과 소외된 삶에 지쳐 있다. 사랑의 부재와 소통의 단절로 고통받는 여성들의 모습 그리고 절제된 대사와 침묵의 미학을 통하여 베르이만은 메마른 현대인의 비극적 정서를 극대화시키고 있다. 혹자는 이 작품에 등장하는 세 자매를 체호프의 희곡 〈세 자매〉 및 우디 앨런의 영화 〈한나와 그 자매들〉과 비교하면서, 베르이만이 이들 자매들의 마음속 깊이 내재된 사랑과 잔혹성, 그리고 고뇌 등으로 복잡하게 뒤엉킨 미묘한 심리상태를 표출해 내는 데 탁월한 능력을 발휘한 것으로 평가하기도 한다.

〈고독한 여심〉은 정신질환에 걸린 한 여성 정신과 의사가 자신의 과거에서 비롯된 감정적 문제와 환상에 사로잡힌 나머지 한 아내로서 그리고 직업인으로서의 역할을 제대로 수행해 나갈 수 없게 된다는 매우 역설적인 상황을 보여 준다.

반면에 〈가을 소나타〉는 작은 실내악적 양식을 통하여 어머니의 세계로부터 고통받는 딸을 통해 실존에 대한 진지한 질문을 던지는 작품이다. 여기서 베르이만은 모성에 대한 일반적인 선입견을 일거에 무너뜨리며 그 자신의 어머니에게 보복을 가하고 있다. 마치 숭고한 모성이란 하나의 환상에 지나지 않음을 고발하는 듯이 말이다.

베르이만이 독일에서 추방생활을 보내고 있던 1980년에 발표한 〈마리오네트의 생〉은 한 성공한 사업가의 애정 실패와 억압된 분노의 표출을 통해 성의 어두운 측면을 다루고 있다. 아내 카타리나에 대한 사랑이 식은 피터는 아내를 죽이는 꿈을 꾸곤 하는데, 어느 날 우연히 소개받은 매춘부의 이름이 아내의 이름과 똑같은 카타리나임을 알고 그녀를 강간하고 살해한다. 특히 아내를 살해하는 내용의 꿈 장면이 압권인데, 어머니를 포함한 여성들에 대한 베르이만 자신의 사랑과 미움이 교차하는 양가적 태도를 읽을 수 있다.

1982년에 발표한 〈화니와 알렉산더〉는 공식적인 은퇴작이며 베르이만 자신의 자전적 요소가 가장 분명하게 드러난 작품이다. 이 영화에서는 부모가 그토록 의지했던 신에 대한 경멸과 조소가 어린 소년의 행동을 통해 확인된다. 이는 진정한 사랑을 베풀지도 못하면서 입으로만 사랑을 외치는 모든 위선적인 부모들에 대한 항변이기도 하다. 그것은 그만큼 베르이만 자신이 부모의 사랑에 목말라 있었음을 의미한다.

그는 냉담한 어머니와 가학적인 아버지 모두를 불신했으며, 사랑을 베풀지 않고 침묵으로 일관하는 신에 대해서도 부정적인 태도를 보였다. 이처럼 그는 자신의 마지막 작품을 통해 아동기의 외상적 경험과 그 결과로 인한 혼란스런 감정적 측면들을 해결하고자 하는 투쟁을 최종적으로 마무리하고 있다. 아버지 장례식 행렬을 따라가며 소년이 강박적으로 내뱉는 나쁜 놈, 똥, 오줌, 엉덩이, 돼지 등의 불경스런 낱말들은 프로이트의 환자였던 늑대인간이 어린 시절에 보였던 강박적 사고의 내용과 놀라울 정도로 똑같다. 환자가 어릴 때 꾼 늑대 꿈을 통해 유아기의 성적 환상을 분석한 프로이트는 그 환자를 늑대인간이라는 별명으로 불렀는데, 러시아 귀족 출신이었던 환자는 아동기에 매우 불경스러운 단어에 집착하며 불안에 떠는 모습을 보였던 것이다. 늑대인간과 비슷하게 소년 알렉산더가 내뱉는 이 낱말들에는 부모에 대한 적대감, 성적 갈등, 오이디푸스 콤플렉스, 신앙적 불신감 등 베르이만 자신의 오랜 갈등적 요소가 모두 함축되어 있다.

그러나 베르이만은 이 마지막 작품을 통해 그동안 그가 줄곧 매달려 왔던 주제, 즉 신의 침묵과 인간의 타락, 사랑의 파멸 등에 관한 주제와는 결별을 선언하고 있다.

외상적 놀이

베르이만의 생애는 아동기 시절 숨 막히는 종교적 경건함으로 가득 찬 집안 분위기에 억눌린 탓에 철저하게 고립되고 소외된 삶의 연속이었다. 원초적 욕구와 환상에 가득 찬 아이의 입장에서는 그러한 의례적인 틀 자체가 위선으로 비쳤을 것이며, 자신을 그 어떤 경계 밖으로 내모는 것으로 오해했을 수도 있다.

그는 스웨덴 우프살라에서 매우 완고한 루터교 목사의 아들로 태어났다. 경건하고 독실한 신앙심을 지닌 그의 부모는 몹시 냉담하고 도덕적으로도 엄격한 분위기 속에서 자녀들을 키웠는데, 그런 영향 때문에 베르이만은 폭넓은 대인관계를 제대로 맺지 못하고 성장했다.

한마디로 그의 집안 분위기는 어린 그에게 거의 질식할 것만 같은 고립된 감옥을 연상시키기에 족할 정도로 차갑고 어두운 공기가 감돌았을 뿐이다. 그곳에서 자유로운 의사 표현은 전혀 인정되지 않았다. 그가 8세라는 어린 나이에 이미 신앙심을 버렸다고 주장하는 것도 결코 무리가 아니었다.

그 때문에 그는 소년 시절부터 매우 우울하고 강박적인 특성을 보이고 있었다. 그것은 단지 어둡고 기나긴 겨울밤을 보내야 하는 북구인의 일반적인 우울 성향과는 다른 성질의 것이었다. 오히려 그것은 편집증적인 불신과 의혹에 가까운 것이기도 했다. 어린 시절 그에게 위안이 되었던 유일한 친구는 환등기와 병졸인형뿐이었다. 그는 자신의 자서전에 『마법의 등』이라는 제목을 붙였는데 이 역시 그런 어린 시절의 영향 때문이었다.

어린 그에게 교회는 신의 사랑으로 충만한 축복의 공간이 아니라 죽음의 침묵으로 가득 찬 숨 막히는 공간이었을 뿐이다. 그는 감정적인 교류가 단절된 집안 분위기 속에서 얻는 외로움과 고립감을 인형과 환등기를 통한 자신만의 상상 놀이를 통하여 해소시키는 습관을 익혀 나갔다. 그가 어린 시절 몰두했던 상상 놀이는 결국 그의 평생 동반자가 되었던 활동사진으로 발전했던 것이다.

사춘기 시절 그는 성적 욕구 및 환상에 가득 차 있었으며, 공교롭게도 어느 날 목욕 중에 먼 친척인 아줌마에게서 매우 노골적인 성추행을 당하기도 했다. 그 자신의 표현대로 소년 베르이만은 학교숙제보다 성적 욕망의 해소가 더욱 시급한 과제였다. 그는 여학생들과의 무절제한 성적 접촉으로 상대 소녀의 어머니로부터 따귀를 얻어맞는 일도 있었다. 그것은 금욕적인 부모의 위선적인 태도에 대한 반항심의 표현이기도 하며, 자신의 남성적인 공격성을 성적인 정복행위를 통하여 입증해 보이기 위한 것일 수도 있다. 그러나 그의 이러한 성적 탐닉은 성인기에 가서도 결코 멈추는 법이 없었다.

이처럼 부모에 대한 반항심으로 가득했던 그는 소년 시절 나치 독일과 히틀러를 지지했으며, 1934년에는 여름방학을 이용하여 독일로 가서 나치의 바이마르 집회에도 직접 참가함으로써 먼발치에서나마 설레는 가슴으로 히틀러의 모습을 바라보기도 했다.

그는 후에 자신의 젊은 시절을 회고하면서 히틀러와 나치 독일의 몰락을 개인적으로는 매우 애석해 했다는 고백을 털어놓기도 했다. 물론 그 이유 중의 하나는 나치 독일의 반종교적인 태도와 기존의 가치관에 대한 정면 도전에 있었을지도 모른다. 히틀러의 순수 게르만주의는 북구인의 정서에도 부합되는 정책이었기 때문이다. 그런 점에서 베르이만은 제2차 세계대전으로 인한 반인륜적인 참상에는 일생 동안 침묵으로 일관했다. 그의 모든 작품들을 통하여 파시즘에 의한 비극적 참상에 대한 언급을 전혀 찾아볼 수 없는 이유가 여기에 있었던 것이다.

베르이만은 자신의 작품을 통해 '신의 침묵'과 그에 대한 인간의 절망과 고뇌를 다루었지만, 그 역시 온갖 학살과 만행에 대해 침묵했던 것이다. 그것은 분명 타인의 불행에 공감을 느끼지 못하는 심리적 기능의 결함을 의미하는 것이기도 하다.

어려서부터 정서적으로 고립된 그는 부모로부터 충분한 사랑을 받지 못하고 성장했으며, 그가 일생 동안 추구했던 인간 소외 및 소통의 단절, 그리고 신의 부재와 침묵 등의 주제는 다시 말해서 그 자신이 어린 시절 겪었던 외상적 경험을 반영하는 것이다. 그는 철저히 부모로부터 단절되었으며, 그에게 위안을 제공했던 유일한 상대는 환등기와 인형뿐이었다. 그는 지독한 외로움을 혼자만의 상상 놀이를 통하여 스스로를 달랬던 것인데, 이러한 외상적 놀이는 결국 일생 동안 그가 매달렸던 영화창작의 강력한 동기를 제공해 준 것으로 보인다.

어린 시절 환등기 놀이를 통하여 자신의 온갖 상상력을 동원했던 그는 청년기에 이르러 본격적인 연극 참여로 자신의 꿈을 펼치기 시작했다. 그는 연극 대본을 직접 쓰기도 하고 연출도 하면서 영화작가로서의 기초를 쌓아 나갔다. 공교롭게도 1946년에 발표한 그의 영화 처녀작은 제목 자체가 〈혼란〉이었다.

사춘기 시절 그가 보였던 성적인 혼란과 방종은 일생 동안 반복된 그의 화두가 되기도 했지만, 그는 성적인 욕망의 충족으로도 메워지지 않는 정서적 공허감과 애정결핍으로 평생을 고통받아야만 했는데, 그것은 당연히 유아기 시절부터 마주쳐야 했던 냉담한 어머니와 금욕적인 아버지의 영향 때문이다. 그가 적절한 관계를 형성하는 데 미숙했던 것은 이처럼 근원적인 관계 형성의 부재에 기인한 것이다. 그는 자신의 그러한 정서적 공백을 영화 창작활동을 통하여 보완하고자 했다. 그런 점에서 영화세계는 그에게 매우 적절한 도피처를 제공한 셈이다.

베르이만은 적어도 공식적으로만 다섯 번 결혼하고 아홉 명의 자녀를 낳았다. 그토록 여러 차례 결혼과 이혼을 반복한 것은 물론 그가 애정관계를 형성하는 데 미숙했음을 드러내는 것으로 볼 수도 있겠지만, 부모의 고루한 도덕률에 대한 파괴적인 욕구의 반영일 수도 있다. 동시에 원초적인 모자관계에서도 충분한 사랑을 받지 못한 데서 비롯된 근원적인 불안 및 애정에 대한 굶주림과 갈망을 엿볼 수 있다.

만남과 헤어짐을 반복한 것도 사랑을 주고받는 일에 대한 미숙함뿐 아니라 그의 뿌리 깊은 분리불안 때문일 수 있다. 그것은 다른 말로 해서 어머니라는 존재와의 화해가 미완으로 끝났음을 반영하는 것이다. 어머니의 사랑은 따로 조건이 있을 수 없는 것일 뿐만 아니라 또한 영원할 것이라는 확신을 통해서 아기의 성장과 독립을 촉진하는 것이다. 그러나 베르이만은 그런 확신의 결여로 인해 끊임없이 배우자의 사랑을 확인하고 실망하는 모습을 반복해서 보인 셈이다.

베르이만의 다섯 차례에 걸친 결혼생활은 도피와 불륜으로 점철된 혼돈 그 자체였다. 그의 실제 삶뿐만 아니라 거의 모든 작품에 등장하는 여성들의 모습을 통하여 여성에 대한 베르이만의 태도가 어떠한지 짐작할 수 있다. 여성이란 적어도 그에게는 매우 불가사의한 존재였으며 결코 믿을 수 없는 편집증적 의심의 대상이었다는 점에서 그가 조기 모자관계에서 겪었던 정신적 외상을 짐작케 한다.

그가 묘사하는 여주인공들은 한결같이 진실과 거짓을 판별하기 어려운 이중적인 존재로 나타나며, 모순되고 혼란된 정서로 인하여 항상 그 어떤 딜레마에 빠져 있는 모습이다. 이는 곧 어머니에 대한 불신감의 근원이 매우 원초적인 단계에까지 거슬러 올라갈 수 있음을 의미한다. 적어도 그는 대상관계이론에서 말하는 유아기적 편집 상태에 머무른 채 더 이상 앞으로 나아가지 못한 것처럼 보인다.

다시 말해서 베르이만의 핵심적인 문제는 오이디푸스적 갈등 해결보다는 더욱 근원적인 모자관계 및 내적 대상관계에 있었으며, 신경증적 갈등에 우선하는 결핍의 문제가 주된 딜레마였던 것으로 보인다. 따라서 그는 분리불안 및 대상 파괴적 욕구에 사로잡힌 나머지 여성에 대한 이상적 환상을 깨트리는 데 주안점을 두었다. 그는 성인기에 들어서도 여전히 이행기 환상 수준에 머문 상태로 작업을 계속했으며, 인간관계, 특히 여성들과의 관계에서도 그러한 특성을 반복하는 모습을 보였다.

따라서 중세의 마녀사냥 및 화형도 그와 동일한 관점에서 이해할 수 있을 것이다. 왜냐하면 그것은 질식할 것만 같은 과도한 소유욕에 사로잡힌 어머니를 살해하고자 하는 원초적 범죄와 밀접한 관련이 있기 때문이다. 여성에 대한 베르이만의 줄기찬 공격도 어머니에 대한 복수라는 차원에서 매우 파괴적인 욕망의 일면을 보여 주는 것으로 이해할 수 있다. 실제로 그는 한 여성을 정복하고 나면 곧바로 그녀에게서 벗어날 궁리만 하고 또 다른 새로운 여성을 찾아 나서는 행동을 반복해 나갔던 것이다. 그것은 단순한 바람둥이 차원의 성적인 탐닉이라기보다는 끊임없이 새로운 대상을 찾고 보살핌을 바라는 유아적 소망의 표현으로 보인다.

잉그마르 베르이만 감독은 영상매체를 통해 자신만의 독특한 철학적 주제를 일관되게 전달하고자 했던 사람이다. 그러나 그의 오랜 영화 창작 활동은 결국 그 자신의 심리적 외상을 치유하고자 하는 필사적인 시도였다고 해도 과언이 아닐 것이다. 물론 그의 주된 관심은 죽음과 신의 구원, 그리고 현대인의 소외와 고독에 있었지만, 그러한 철학적 주제의 이면에는 그 자신의 원초적인 애정관계의 결핍과 홀로서기의 두려움, 분리불안 및 거세불안 등이 내재해 있었던 것으로 보인다. 따라서 그에게 영화라는 매체는 그 자신의 이행기 공간인 동시에 환상을 실현할 수 있는 무대를 제공한 셈이다.

그는 특히 신의 존재에 대한 의문과 여성심리의 불가해성 문제에 강한 집착을 보였는데, 이는 결국 부모의 존재 자체에 대한 의구심이기도 하다. 어려서부터 적절한 사랑을 받지 못하고 정서적으로 고갈된 분위기에서 성장한 그에게 신과 여성의 존재는 난해하기 그지없는 그리고 결코 풀리지 않는 수수께끼 같은 문제였을 것이다.

화해와 용서를 통한 고마움의 경지에 도달하기 위해서는 적절한 타협이 요구되는 것임에도 불구하고 그에게는 관용과 이해의 정신이 결여되어 있었다. 그런 점에서 베르이만의 생애는 세속적인 명성과 성공만으로 채워질 수 없는 뿌리 깊은 정서적 메마름과 공허함으로 가득 찬 삶의 연속이었다.

전쟁의 참화를 겪지 않은 중립국 스웨덴에서 태어나 성장한 베르이만은 어떻게 보면 운이 매우 좋은 사람이었다. 다만 그런 행운 때문에 그의 세계관은 통시적 또는 거시적 안목을 지니지 못하고 매우 제한적일 수밖에 없다는 약점을 지니고 있었다. 그럼에도 불구하고 어떤 개인의 미묘한 주관적 심리상태를 포착하고 묘사하는 데 남다른 감수성을 지니고 있었기에 그만의 독특한 영화세계를 구축할 수 있었다.

그런 점에서 베르이만은 프로이트에 관심을 기울일 만도 했지만, 그는 오히려 신학적, 철학적 관점에 몰두함으로써 뚜렷한 결론을 내리지 못하고 말았다. 그런 아쉬움이 있음에도 베르이만이 20세기 최고의 영화작가로 평가받고 있는 이유는 비록 그 어떤 해결책을 제시하지는 못했다 하더라도 인간 존재의 심리적 모순과 갈등 문제를 뛰어난 예술적 감각과 진지한 철학적 성찰을 통해 묘사했다는 점에 있을 것이다. 그것은 일생을 통해 그 자신이 적절히 해결하지 못했던 개인적 갈등과 방황의 소산이기도 했으며, 동시에 자기를 구원하기 위한 몸부림이었는지도 모른다.

결국 그가 일생을 두고 작업한 영화작품들은 자신의 내적 갈등에 관한 일종의 자전적 영상기록인 셈이다.

로만 폴란스키의 상실

　로만 폴란스키는 폴란드 출신의 영화감독으로서 수많은 문제작을 발표한 영화의 귀재다. 그러나 그는 비운의 주인공이기도 했다. 유대인이었던 그는 어린 시절 게토에서 부모와 강제로 헤어져야 했으며, 어머니는 아우슈비츠 수용소의 가스실에서 비극적인 최후를 마쳤다. 졸지에 고아가 된 그는 오로지 혼자 힘으로 게토를 탈출하여 종전이 될 때까지 어느 농가에 숨어 지내야만 했다.

　그럼에도 불구하고 그는 자신의 개인적인 시련을 극복하고 마침내 세계적인 영화감독으로 성공했으며, 그 후 할리우드에도 입성해 새로운 유형의 공포영화 〈악마의 씨〉를 발표함으로써 흥행에도 크게 성공했다.

　그러나 순항을 계속하던 그의 삶에 두 번째 위기가 닥쳐왔다. 공교롭게도 그의 임신 중인 아내 샤론 테이트가 세기의 악마 찰스 맨슨 일당에게 무참하게 살해당하는 비극을 겪었던 것이다. 설상가상으로 그는 그 후 미성년 성추행 혐의로 기소되어 유죄선고를 받음으로써 세 번째 위기를 맞이해야만 했다. 결국 프랑스로 도피한 그는 지금까지도 미국에 입국할 수 없는 입장에 놓이고 말았다.

　물론 그가 영화예술의 거장임은 자타가 공인하는 사실이다. 그러나 한편으로는 일생에 걸쳐 매우 불안정한 심리상태를 나타냈으며, 이는 폴란스키 자신의 굴곡진 삶의 과정에서 비롯된 결과로 볼 수 있다. 이러한 개인적 특성은 그가 남긴 수많은 작품에서도 엿볼 수 있다.

폴란스키의 아동기 외상

로만 폴란스키는 1933년 파리에서 화가이며 사업가인 유대계 폴란드인 아버지와 러시아인 어머니 사이에서 태어났다. 어머니 역시 절반은 유대계 혈통을 물려받은 여성이었다.

그러나 제2차 세계대전이 발발하기 직전인 1937년 그들 가족은 폴란드로 돌아갔는데, 얼마 가지 않아 독일군이 폴란드를 침공하여 점령함으로써 이들 유대인 가족의 운명은 그야말로 풍전등화의 위기에 처하고 말았다. 이들 가족이 강제로 크라코우 게토에 수용된 직후 어린 폴란스키는 부모와도 생이별을 하게 되었다. 결국 어머니는 아우슈비츠 수용소의 가스실에서 목숨을 잃었으나, 아버지는 오스트리아의 마우타우젠 수용소에서 극적으로 살아남았다.

부모와 헤어지고 홀로 남은 어린 소년 폴란스키는 기적적으로 게토를 탈출하는 데 성공하여 어느 한적한 시골 농가에 몸을 숨겼다. 가톨릭 신자인 폴란드 농부의 도움으로 가까스로 목숨을 부지한 그는 1945년 종전이 되어서야 아버지와 극적인 상봉을 할 수 있게 되었으며, 아버지에게서 어머니의 소식을 전해 듣고 비로소 그녀가 얼마나 비참한 모습으로 죽어 갔는지 그 자세한 내막을 알게 되었다. 더욱이 당시 어머니는 임신 중인 상태였다.

그러나 폴란스키는 어머니를 잃었다는 슬픔보다 자신만이 생존했다는 죄의식에 더욱 괴로워했다. 그런 감정은 자연스레 아버지에 대한 분노와 반감으로 이어졌다. 그녀의 죽음을 방치하고 사지에서 구해 내지 못했다는 자책의 결과로 죄의식을 느낀 것은 폴란스키와 그의 아버지 모두 마찬가지였을 것이다. 따라서 전후 공산치하의 폴란드에 살면서 이들 부자관계는 매우 소원해지고 말았다.

결국 아버지에 대한 반발심으로 폴란스키는 기술학교에 가라는 아버지의 지시를 어기고 영화학교에 들어가 공부했다. 그는 어린 나이에 엄청난 비극과 시련을 겪었음에도 별다른 행동상의 결함을 드러내 보이지는 않았다. 다만 세상에 대한 불신과 혐오감은 그로서도 물리치기 어려운 뿌리 깊은 감정이었을 것이다. 그는 매우 공격적이며 말이 많은 수다쟁이로 소문이 나 있었으며, 항상 사람들의 시선을 의식하고 자신을 드러내 보임으로써 스스로를 인정받고 싶어 하는 욕심 많은 소년이기도 했다. 이는 곧 그가 애정에 몹시 굶주려 있었음을 나타낸 것으로 이해할 수 있다.

사람들의 관심을 이끌고 인정을 받고자 하는 그의 줄기찬 시도는 생존에 대한 죄의식과 더불어 그 후 기나긴 삶의 여정을 통해 그리고 전 생애에 걸친 창작활동을 통해 여지없이 드러난다. 창작은 그의 삶에서 갑자기 증발해 버린 아동기의 공백을 메우는 작업임과 동시에 결코 지워질 수 없는 외상적 기억의 흔적으로부터 도피할 수 있는 유용한 수단이기도 했다.

홀로코스트의 외상적 경험은 이처럼 그에게서 매우 소중한 아동기 시절을 송두리째 앗아가 버린 결과를 낳았지만, 다른 한편으로는 그에게 매우 중요한 창작 동기를 심어 준 계기가 되기도 했다. 이가 득실거리는 비참한 게토 생활과 부모의 존재를 일시에 빼앗겨 버린 사실은 그에게는 두 번 다시 회상하고 싶지 않은 악몽이었을 것이다.

그 때문에 그는 나이 70에 이르기까지 한 번도 홀로코스트에 대한 영화를 만들지 않았다. 물론 그에게도 기회는 있었다. 한때 〈쉰들러 리스트〉에 대한 감독 제의가 있었지만, 그는 유대인의 참상을 묘사하는 데 어려움이 있어서인지 그 제안을 거절했다. 결국 제작자인 스티븐 스필버그 자신이 직접 감독을 맡는 것으로 결정되고 말았다.

로만 폴란스키는 일생 동안 회피했던 홀로코스트의 주제를 노년에 이르러서야 다루게 되었는데, 그 결과 나온 작품이 〈피아니스트〉였다. 그는 여기서도 수용소의 비극적인 학살을 직접 다룬 것이 아니라 비참한 게토 생활에 주안점을 두었으며, 그것도 예술적 공감을 통한 가해자와 피해자 간의 화해와 용서에 초점을 맞추었다.

그는 전 생애에 걸친 영화 창작을 통해 인간이 처한 비극적 상황과 위선적인 태도를 우회적인 방식으로 고발하는 데 치중했다. 그러나 그의 삶에서 갑자기 증발해 버린 아동기를 복원하고자 하는 시도는 전혀 보이지 않았다. 그러한 시도 자체가 무의미하다고 생각했는지도 모른다. 그는 단지 외상적 기억에서 도피하고, 그 공백을 성과 폭력으로 메우고자 했을 뿐이다.

성(性)과 구원환상

　로만 폴란스키가 지닌 미해결의 과제는 오이디푸스적 욕망에 관련된 근친상간의 타부와 구원환상에 대한 내용일 것이다. 그는 어머니의 비극적인 최후와 홀로 살아남은 아버지에 대한 분노 및 적개심에서 자유로울 수 없었다. 오히려 수용소에서 아버지가 대신 죽고 어머니가 살아 돌아왔으면 그의 삶은 조금 더 평온했을지도 모른다. 그러나 현실은 정반대였다.

　이처럼 현실 속에서 해결할 수 없는 수수께끼를 그는 영화라는 가상적인 세계를 통하여 해소하고자 했다. 그리고 그가 전 생애를 통해 몰두했던 영화예술은 스스로 해결하지 못했던 이 같은 난제들을 풀기 위한 일종의 방편이 되었던 것이다.

　폴란스키의 초기작에서부터 줄곧 다루어진 주제로서 그의 트레이드마크가 되다시피 했던 것은 결국 관음증과 성적인 긴장, 그리고 잠재된 폭력 등 세 가지로 요약할 수 있는데, 이는 곧 그의 아동기 외상이 적절히 해소되지 못하였음을 반증하는 것이기도 하다.

　그는 자신의 자서전 첫머리를 다음과 같은 말로 시작하고 있다. "내 기억이 닿을 수 있는 한, 과거로 거슬러 올라가 보면 환상과 현실 사이를 구분짓는 경계가 절망적일 정도로 불분명함을 느끼게 된다." 라고 고백하고 있다.

　불운하게도 아동기와 성인기를 통하여 극심한 정신적 외상을 두 번씩이나 겪어야 했던 그로서는 감당하기 어려운 현실적 고통을 극복하고 살아남기 위해서는 현실과 환상의 경계를 무너뜨리는 일이야말로 더욱 절실한 자기 구원책이었을 것이다. 그리고 가상적인 영화적 환상의 세계는 그가 의지할 수 있는 유일한 버팀목이 되었을 것으로 보인다. 따라서 그의 전 생애를 통하여 작업한 영화들은 결국 폴란스키 자신의 외상적 일기에 해당된다고 해도 과언이 아닐 것이다.

그의 이름을 최초로 세상에 알린 1962년 작 장편영화 〈물속의 칼〉은 일종의 심리 스릴러 영화로, 폐쇄된 공간 안에서 이루어지는 극적 긴장감과 인물들의 심리 묘사가 일품인 걸작이다. 한 중년 부부의 요트여행에 우연히 동행하게 된 젊은 청년은 남성적인 힘을 과시하고자 하는 중년 남자에게 은근히 경쟁심을 지니고 자신의 칼 솜씨를 자랑하며 기선을 제압하려 든다. 그리고 매력적인 부인에게 성적인 욕망을 느끼게 된다. 마치 어머니를 사이에 두고 부자간에 경합을 벌이는 듯한 작품 구도는 칼이라는 매개물을 통하여 그 어떤 살의마저 암시하고 있다.

심리 공포물인 〈혐오〉는 아파트에 홀로 남은 편집증적 성향의 한 젊은 여성이 강간범에 대한 기괴한 환상과 환청에 시달리는 내용으로 여기서도 칼이 등장한다.

〈흡혈귀의 춤〉은 흡혈귀를 찾아 트랜실바니아를 여행하던 두 남자가 자신들이 묵고 있던 작은 마을의 여인숙집 딸이 흡혈귀에게 납치되자 그녀를 구하기 위해 성문을 부수고 들어가고자 노력한다는 내용의 코미디 영화다. 폴란스키는 이 영화에 직접 출연하여 그녀를 구출하는 조수 역을 맡았는데, 자신의 어머니에 대한 구원환상을 희극적인 분위기로 은폐시키고 있는 듯하다.

최초의 할리우드 진출 작품인 〈악마의 씨〉는 우리에게 진정한 이웃이란 무엇인가, 그리고 악의 실체가 과연 무엇인가에 대한 진지한 물음을 던지는 영화다. 위선적인 친절을 베푸는 이웃들의 사악한 음모에 희생되는 한 여성의 처절한 항거를 통하여 우리는 로만 폴란스키의 아동기 외상을 떠올릴 수 있다. 더 나아가 이 작품이 발표된 직후 그의 아내 샤론 테이트가 임신한 상태에서 아기와 함께 광신도 집단의 손에 의해 무참하게 살해당한 사건이 일어났다는 점에서 더욱 큰 전율을 느끼게 된다.

〈맥베스〉는 아내를 잃고 실의에 빠졌다가 3년간의 침묵을 깨고 재기하여 처음 만든 작품으로, 피가 낭자한 화면을 통해 세상에 대한 로만 폴란스키 자신의 분노를 드러내고 있다. 특히 맥더프 부인이 피가 낭자한 가운데 살해당하는 장면은 마치 그의 아내 샤론 테이트가 당했던 끔찍스런 비극을 재연시킨 듯하다는 평을 듣는다. 그러나 이 작품은 흥행과 비평에서 모두 실패하고 말았다.

〈차이나타운〉은 로만 폴란스키의 명성을 일약 세계적으로 만든 작품이다. 소위 할리우드 뉴 시네마의 원조로서 미국 영화사에 길이 남는 작품이 되었기 때문이다. 음울한 분위기의 화면 속에 감도는 위선적인 근친상간의 문제를 중심으로 온갖 죄악에 물든 도시의 도덕적 타락상을 고발한다는 점에서 문명사회에 대한 로만 폴란스키의 뿌리 깊은 환멸과 혐오감이 어떠한지를 확인할 수 있다.

〈차이나타운〉은 물론 관음증적 병리의 측면을 보여 주는 작품이기도 하지만, 영화적 복선을 통해 서서히 드러나는 불륜과 근친상간적 배경의 숨 막힐 듯한 음산한 분위기가 마치 어두운 동굴 속을 탐색하는 과정을 연상시킨다. 그러나 양아버지와의 사이에서 낳은 딸을 그에게 빼앗기지 않으려는 한 여성의 처절한 몸부림과 그녀의 남편까지 살해하도록 지시한 탐욕적인 양아버지의 음모는 타락한 도시 전체를 상징한다고 볼 수 있다.

광적인 한 남성의 탐욕과 그에게 희생된 여성들의 비극을 파헤친 이 작품을 통하여 폴란스키는 여전히 어머니와 아내의 억울한 죽음에서 자유롭지 못하며, 자신에게서 행복의 원천을 빼앗아간 미친 세상에 대한 분노와 적개심을 간직하고 있음을 입증한 셈이다. 그것은 그러한 비극을 저지하지 못하고 두 여성을 구원하지 못했던 자기 스스로에 대한 모멸감도 포함된 복잡한 감정일 것이다.

〈테스〉는 로만 폴란스키가 자신의 죽은 아내에게 헌사한 작품이다. 죄 없는 한 여성의 비극적인 운명을 그렸다는 점에서 로만 폴란스키는 이 작품의 내용에 누구보다 더 깊이 공감했을지도 모른다. 또한 비극적인 그 현장에 자신이 없었으며, 그 때문에 자신의 아내를 구원하지 못했다는 사실이 그에게 가장 큰 죄의식을 남겼다는 점에서, 그는 어릴 때 자신의 어머니 역시 구원할 수 없었던 무력감을 상기했을 것이다.

〈죽음과 소녀〉는 남미의 독재정권하에서 성고문을 당했던 뼈아픈 상처를 지닌 한 여성이 과거의 고통스런 기억에서 벗어나기 위해 몸부림치는 과정을 통해 가해자에 대한 복수와 용서, 그리고 그녀 자신의 치유 문제를 심도 있게 다룬 작품이다. 이는 마치 이창동 감독의 영화 〈밀양〉에서 주인공 신애가 아들을 납치 살해하고 복역 중인 범인을 용서하러 교도소에 갔다가 기독교의 감화로 회개하고 하나님의 용서를 이미 받았다는 범인의 말을 듣고 좌절에 빠지는 모습을 연상시킨다. 용서할 기회를 잃어버린 그녀에게는 자기 스스로 치유받을 기회마저 빼앗겨 버린 셈이었기 때문이다.

로만 폴란스키는 〈죽음과 소녀〉에서 자신의 어머니를 빼앗아 가고 가스실에서 그녀를 살해한 나치 독일의 만행을 고발함과 동시에 자신이 가했던 성적 범죄의 희생자인 소녀(사만다)에 대한 죄의식을 동시에 드러낸 것으로 보인다. 가해자와 피해자 사이에 빚어지는 동기적 모호성과 더불어 구원과 용서, 그리고 치유의 문제가 매우 복합적으로 맞물려 있는 작품이기도 하다.

〈올리버 트위스트〉는 로만 폴란스키가 그 자신을 극 중에서 엄마를 잃고 고아 신세가 된 올리버와 동일시하고 있음을 보여 준다. 죽은 엄마에 대한 그리움과 의지할 데 없는 어린 소년의 모습에서 그는 자기 자신의 어린 시절 모습을 보았을 것이다.

〈피아니스트〉는 폴란드의 유명 피아니스트가 유대인이라는 이유로 겪어야 했던 처절한 생존투쟁을 그린 작품이다. 여기서 묘사하는 게토의 참상은 실제로 그가 겪었던 생생한 체험을 바탕으로 한 것이어서 매우 사실적이다.

물론 폴란스키는 이 영화의 실제 주인공인 스필만의 생존을 위한 투쟁과 음악인으로서의 위엄 및 자기 정체성을 지키고자 하는 의연한 모습에 초점을 맞추었다. 그러나 그가 진정으로 의도한 바는 스필만이라는 유대인 음악가를 통하여 자기 자신의 외상적 기억을 상기시키면서도 예술에 대한 사랑을 통하여 그 어떤 이념이나 인종적 편견도 극복할 수 있다는 희망적인 메시지를 전하고자 했던 것인지도 모른다.

폴란스키의 죄와 업보

로만 폴란스키는 아내가 살해당한 이후 극심한 좌절과 회한에 빠졌다. 그리고 이루 형언키 어려운 죄의식에 시달려야 했다.

그러나 그 후 8년이 지난 1977년 당시 44세였던 그는 사만다라는 13세의 어린 소녀를 성추행했다는 스캔들에 휘말리고 말았다. 그것은 일종의 자기파괴적인 시도일 수도 있었다. 그는 처음에 사만다를 대상으로 사진 촬영을 하겠다고 요청하여 그녀의 어머니에게 동의를 받은 후, 배우 잭 니콜슨의 집에 사만다를 초대하여 술을 마시게 한 뒤 강제로 성추행을 했다는 것이다.

폴란스키는 결국 미성년 성추행 혐의가 인정되어 법정에서 유죄선고를 받는 동시에 그에 대한 정신감정이 의뢰되었다. 그동안 쌓아 올린 사회적 명성에 금이 갈 수 있는 치명적인 결과였다.

결국 폴란스키는 영국으로 도주했다가 그 후 곧 프랑스로 피신했다. 그리고 그는 프랑스 시민권을 얻어 지금까지 파리에서 활동하고 있지만 미국에는 입국할 수 없는 신세가 되고 말았다. 그에 대한 선고는 지금도 유효하기 때문에 미국에 입국하는 동시에 체포될 수밖에 없기 때문이다. 그런 이유로 2003년 아카데미 영화제에서 그의 작품 〈피아니스트〉로 그에게 최우수 감독상이 주어졌음에도 불구하고 그는 수상식장에 참석할 수 없었다.

적어도 그에게 있어서 할리우드라는 도시는 성공과 명성을 가져다 준 행운의 도시임과 동시에 두 번 다시 상기하기도 싫은 참극과 불명예를 안겨 준 타락의 도시이기도 했다. 그는 할리우드에 대한 경멸과 혐오의 감정을 애써 숨기려 하지 않았지만 그것은 어쩌면 자기 스스로의 모순된 감정에 대한 태도를 일부 반영한 것일 수도 있다.

유럽으로 도주한 이후에도 그는 영화 〈테스〉를 찍으며 주인공 역을 맡은 나스타샤 킨스키와 열애에 빠지기도 했는데, 당시 그녀는 아직 10대였다. 그러나 영화가 완성되는 동시에 이들의 관계도 끝이 나고 말았다. 아마도 그는 세속에 물들지 않은 10대 소녀들의 순수하고도 순결한 이미지에 이끌렸는지도 모른다. 그것은 그의 가슴속에 영원히 간직된 순결한 이미지의 어머니상을 되찾고 싶은 욕구 때문일 수도 있다.

그러나 그가 지녔던 구원의 여인상에 대한 갈망은 두 차례나 결정적으로 배신을 당하고 말았다. 어머니와 아내 샤론 테이트의 참혹한 죽음이 바로 그것이다. 더욱이 이들 두 여성은 모두 임신한 상태에서 살해당한 것이다.

이처럼 정신적으로 방황을 거듭하던 그는 프랑스 여배우 엠마누엘 자이그너를 만나 결혼한 후 비로소 안정을 되찾았다. 그녀는 폴란스키의 영화 〈실종자〉와 〈비터 문〉에서 주연을 맡기도 했다. 비록 그녀는 폴란스키보다 30년 이상이나 연하이긴 하지만 모성적인 따스한 보살핌으로 그의 심리적 안정을 유지하는 데 가장 큰 역할을 한 것으로 보인다.

어쨌든 폴란스키는 베를린에서 최근작 〈유령작가〉의 촬영에 들어간 직후인 2009년 9월 그에게 주어진 공로상을 받기 위해 취리히 영화제 참석차 스위스에 입국했다가 과거에 저지른 미성년 성추행 혐의로 스위스 경찰에 체포되는 수모를 겪기도 했다. 다행히 보석으로 풀려나 작품을 완성하긴 했지만, 〈유령작가〉는 그의 입국이 금지된 미국과 영국 간의 정치적 음모를 다루고 있다는 점에서 그가 여전히 자신에게 주어진 과거의 업보에서 자유롭지 못한 상태임을 보여 준다. 그리고 앞으로도 여차하면 졸지에 전자발찌를 발목에 둘러야 하는 수모를 겪을 수도 있다.

그러나 무엇보다 현재까지 그의 발목을 붙들고 놓아 주지 않는 족쇄는 단순한 법적 제약이 아니라 오히려 눈에 보이지 않는 사슬이라 할 수 있는데, 그것은 바로 다름 아닌 어머니와 아내의 억울한 죽음이요 그에게 남긴 상실의 아픔일 것이다. 그는 현재 나이 80을 바라보고 있지만 정신적으로는 여전히 영원한 미아 신세에 머물러 있는 것으로 보인다.

Part 5

폭력과 죽음의 미학

히틀러의 광기

나치 독일의 지도자 아돌프 히틀러(1889~1945)는 광기로 가득 찬 카리스마적 인물로, 한때나마 전 세계를 지옥과 같은 아수라장으로 만들었던 장본인이다.

그의 과대망상적인 인종적 우월감과 지배욕은 순식간에 인류를 파멸로 이끌었으며, 더욱이 반유대주의에 따른 잔혹한 인종청소는 사악한 인간 심성의 종착점을 보여 준 극단적 실험이기도 했다. 그것은 또한 천박하고 저열한 인간 속성의 한계를 실험한 무대이기도 했다.

비록 히틀러는 유대인을 해충으로 간주하고 지구상에서 완전 박멸하고자 했으나 결과적으로는 바로 그 자신이야말로 인류에게 엄청난 재앙을 몰고 온 해충이었음을 스스로 입증하고 말았다.

그런 점에서 전통적으로 음악을 사랑하고 철학적 사색과 과학적 정신으로 인류 문명의 진보에 공헌했던 독일인들이 히틀러와 같은 정신적 괴물을 지도자로 선택함으로써 돌이킬 수 없는 오점을 남긴 사실은 지금도 풀리지 않는 수수께끼라 하겠다.

물론 실로 작고 사소한 일이 역사를 바꾸어 놓는 경우가 종종 있음을 우리는 결코 부인할 수 없다. 그러나 인간 심성의 잘못된 성장과 발달이 단지 한 개인의 운명뿐 아니라 집단 전체, 더 나아가 인류 전체를 파멸로 이끌 수도 있음을 우리는 히틀러라는 광기의 인물을 통해 깨닫게 되는 것이다.

20세기 괴물의 탄생

아돌프 히틀러는 오스트리아의 브라우나우에서 알로이스 히틀러와 클라라 히틀러의 6남매 중 넷째로 태어났다. 그러나 형제자매들이 모두 이른 나이에 죽고 그와 누이동생 파울라만 살아남았다.

아버지 알로이스는 비록 사생아로 태어난 인물이지만 자수성가하여 자기 소유의 농장을 관리하며 양봉업에도 종사했던 인물이다. 어머니 클라라는 시골 출신의 순박하고 순종적인 여성으로 알로이스의 세 번째 부인이며, 남편과는 20년 이상이나 나이 차가 있었다. 게다가 그녀는 그 집의 가정부로 있다가 알로이스와 혼인한 것이기에 남편에 대해서도 아저씨라고 부를 만큼 어려워하며 살았다.

8세 때 가족이 람바하로 이사했는데 그곳에서 그는 수도원에서 운영하는 가톨릭 학교를 다녔다. 그 수도원의 회랑 벽에는 곳곳에 스와스티카 상징의 십자가로 장식되어 있었는데 이는 후에 나치를 상징하는 문양이 되었다.

히틀러가 11세였을 때 그의 남동생 에드문트가 홍역으로 죽었는데 그 이후로 히틀러는 이전의 자신감 있고 활달한 성격에서 점차 고립되고 심술궂은 성격으로 변해 갔다. 아버지와 학교 선생들에게 대들고 맞서는 경우가 잦아졌으며, 특히 아버지에 반항적이어서 그는 수시로 아버지에게 대들다가 두들겨 맞기도 했다.

더구나 아버지는 화가가 되고 싶어 하는 아들의 뜻을 무시하고 린츠에 있는 실업학교로 보내 버렸다. 아버지에 대한 히틀러의 반항과 적개심은 그 후 독일 민족주의에 대한 강박적인 집착으로 이어진 것으로 보인다.

1903년 아버지가 갑자기 세상을 떠나자 히틀러의 학업태도는 더욱 엉망으로 되어 갔다. 결국 그는 학교에서 쫓겨나고 말았다. 그 와중에도 히틀러는 1904년 린츠 대성당에서 가톨릭 신자로서 세례를 받았다. 그리고 그 이후에는 떠돌이 생활로 전전하기 시작했다.

그는 화가에 대한 꿈을 잃지 않고 빈의 미술학교에 수차례 입학을 시도했지만 번번이 거절당했다. 화가로서의 재능이 보이지 않는다는 이유에서였다. 1907년 그의 유일한 후원자였던 어머니가 유방암으로 세상을 떠났는데 그녀의 나이 47세였다. 그 후 히틀러는 그나마 상속받은 돈을 모두 탕진하고 노숙자를 위한 시설에 머물며 빈 거리에서 자신의 그림을 팔며 지냈다.

히틀러는 자신이 반유대주의자가 된 것이 빈 시절부터였다고 주장하기도 했는데, 『나의 투쟁』에서 말하기를, 자신이 학교를 다니던 린츠에는 유대인이 극소수에 불과했으며 그것도 유럽화된 유대인들로 외견상으로도 식별하기가 쉽지 않다고 하면서 자신이 반유대주의를 신봉하게 된 것은 전적으로 종교적인 이유에서 비롯되었다고 주장했다. 이는 다시 말해 기독교화한 유대인들에 대해서는 별다른 반감이 없었다는 말이기도 하다.

그러나 그의 이런 주장은 앞뒤가 맞지 않는다. 실제로 그는 린츠의

학창 시절부터 이미 유대인을 증오하고 있었기 때문이다. 히틀러는 린츠 시절부터 이미 바그너 음악에 심취하여 그의 악극 가사를 줄줄이 외울 정도였다. 바그너는 노골적인 반유대주의자였고 히틀러의 바그너 숭배는 너무도 잘 알려진 사실이다.

당시 그의 동기생 중에는 오스트리아 최대의 유대인 재벌가의 아들이 있었는데, 유명한 철학자 비트겐슈타인이 바로 그 주인공이다. 물론 당시 그들 사이에는 아무런 교분도 이루어진 적이 없었던 게 사실이지만, 나중에 비트겐슈타인 일가의 모든 재산은 나치 당국에 의해 몰수되고 말았다.

빈에서 무일푼의 노숙자 신세로 전락한 히틀러는 자신의 그림을 팔기 위해 유대인 상인들과 빈번히 접촉하는 가운데 상당한 수모와 치욕감도 겪었겠지만, 그는 부유한 유대인 집안에 초대되어 저녁식사를 함께 나누면서도 자신의 은밀한 반유대 감정은 드러내지 않을 정도로 자신을 통제할 줄도 알았다.

독일인이 되기를 갈망했던 히틀러는 드디어 뮌헨으로 향했다. 그리고 그곳에서 그 후 자신의 정치적 기반이 되었던 나치당에 가입하여 마침내 당수직에 오른다. 그리고 1923년 그가 주도한 뮌헨 폭동으로 인해 당국에 체포되어 5년형을 선고받고 투옥되지만, 감옥에서 그는 『나의 투쟁』을 썼다. 이 책은 출간되자마자 베스트셀러가 되었으며 그 후 나치 독일의 바이블이 되었다.

1933년 히틀러는 총통에 오르자마자 독일의 재무장에 박차를 가하기 시작했으며, 그리고 불과 5년 후인 1938년 오스트리아를 합병함으로써 자신의 삶에서 가장 극적인 반전을 이룩했다. 그것은 뿌리 깊은 열등감에서 벗어나 자신의 우월성을 확신시켜 주는 실로 극적인 순간이었다.

그러나 히틀러의 과대망상 및 편집증적 피해의식은 제2차 세계대전을 통하여 더욱 강화되고 그것은 곧 유대인에 대한 광적인 인종박멸 정책으로 이어져 결국 자멸의 길을 재촉하고 말았다. 마침내 그는 연인 에바 브라운과 함께 베를린의 지하벙커에서 동반자살을 함으로써 질풍노도와 같은 삶의 여정을 마감했다. 당시 그의 나이 56세였다.

아돌프 히틀러의 반유대 감정은 물론 소년 시절부터 있었던 것이지만 그것은 결코 히틀러 개인만의 문제는 아니었다. 그 시대에는 반유대주의가 서구 대중사회에서 일반적인 정서였다. 그러나 그의 반유대주의가 극단적인 인종박멸 정책으로까지 나아가도록 자극한 직접적인 계기를 제공한 사람은 어린 시절 같은 학교 동기생이자 유대인 재벌의 아들이었던 비트겐슈타인이 아니라 오히려 아돌프 히틀러의 조카인 윌리엄 패트릭 히틀러였다.

아돌프 히틀러는 떳떳치 못한 자신의 집안 배경을 역으로 이용함으로써 대중의 마음을 사로잡았으며 또한 그것이 제대로 먹혀들었다. 특히 독일의 서민층과 중산층의 압도적인 지지를 얻고 최고 통치자의 위치에까지 올랐지만, 정작 히틀러는 자신의 집안 배경에 대해 뿌리 깊은 의혹과 열등감을 지니고 있었다.

우선 그의 아버지 알로이스는 사생아 출신으로 그 출생 배경 자체에 여러 의혹이 따랐다. 설상가상으로 히틀러는 이미 1930년대 초에 이복형의 아들인 조카 윌리엄 패트릭 히틀러가 보낸 협박성 편지를 받고 당혹감을 감추지 못했는데, 왜냐하면 그 편지의 내용은 히틀러 일가의 수치스런 내막을 폭로하겠다는 것이었기 때문이다. 그 내막이란 다름 아닌 아버지 알로이스의 어머니, 다시 말해 히틀러의 할머니는 그라츠에 있는 한 유대인 일가의 가정부로 일한 적이 있었는데, 그 집안의 아들 레오폴드 프랑켄베르거가 알로이스의 친아버지라는 것이었다.

이처럼 청천벽력과 같은 내용을 접한 히틀러는 결국 고심 끝에 나치 변호사인 한스 프랑크에게 특별 지시를 내려 자신의 가족 배경에 대해 극비리에 조사할 것을 명령했다. 한스 프랑크는 그런 주장이 전혀 근거 없는 내용은 아니라는 사실을 어느 정도 확인했지만, 전후 뉘른베르크 법정에서는 히틀러가 아리안 계열임에는 의심의 여지가 없다고 증언했다. 그리고 나치당국은 그동안 이런 사실을 일체 극비에 부치고 있었다.

이런 뜬소문에 민감한 반응을 보였던 아돌프 히틀러는 그것을 단순히 자신을 음해하려는 정적들의 간교한 술책으로 받아들이면서도 다른 한편으로는 자신의 몸속에 유대인의 피가 흐를지도 모른다는 편집증적 의구심에 사로잡혀 유대인 말살 정책에 더욱 광분했는지도 모른다. 물론 대다수의 독일 민중은 히틀러의 반유대주의에 적극 따랐지만 조직적인 인종박멸 정책에 대해서는 그 자세한 내막을 모르고 있었다.

그러나 히틀러와 히믈러가 유대인 집단수용에 그치지 않고 독가스를 이용한 집단적 인종박멸 정책에 최종적으로 합의한 시점이 1941년 가을이었으니 이는 곧 히틀러의 조카 윌리엄이 삼촌을 협박하고 런던으로 달아난 1938년 이후의 배신행위와 결코 무관치 않아 보인다.

더욱이 윌리엄은 그 후 미국으로 건너가 미 해군에 복무하며 독일을 상대로 한 전투에도 적극 가담했으니 아돌프 히틀러 입장에서는 실로 곤혹스런 일이 아닐 수 없었을 것이다. 히틀러에게 윌리엄의 존재는 언제 터질지 모르는 뇌관과도 같은 것이었기 때문이다.

비밀경찰에 철저한 보안을 지시해 놓기는 했지만 그래도 마음이 놓이지 않았던 히틀러는 전시였던 1942년에 친위대장 히믈러에게 재조사를 명령했으나 아무런 성과도 없었다. 결국 히틀러의 할아버지가 과연 누구인지 그 정확한 실체는 끝내 밝혀지지 못하고 말았다.

그리고 최종 해결책(인종박멸 정책)과 관련하여 1942년 1월 아이히만 등이 참석한 고위층 회의에서 히틀러는 참석자에게 다음과 같이 말한 것으로 기록되었다. "이제부터 우리는 유대인을 박멸함으로써 우리의 건강을 되찾게 될 것이다."라고 말이다. 그것은 곧 문제의 소지를 아예 없애 버림으로써 히틀러 자신의 피의 순수성을 되찾는 것을 의미한 말이기도 했다.

윌리엄 히틀러의 정체

그렇다면 이처럼 히틀러의 편집증적 피해의식을 극도로 조장시키면서 그의 마음을 다급하게 만든 장본인 윌리엄 히틀러의 정체는 과연 무엇일까.

윌리엄 패트릭 히틀러(1911~1987)는 영국 리버풀 태생으로 그의 아버지는 바로 아돌프 히틀러의 이복형인 알로이스 히틀러 2세였다. 그리고 어머니는 브리지트 다울링으로 아일랜드 출신 여성이었다. 그의 부모는 1909년 더블린에서 처음 만나 결혼했으며 그 후 리버풀로 이사했다. 그러나 그가 세 살 때인 1914년 아버지는 독일로 돌아갔지만 어머니는 독일행을 거부하고 영국에 계속 홀로 남아 아들을 키웠다.

제1차 세계대전 발발로 연락이 두절되자 아버지는 그 사이에 독일 여성과 재혼해 버렸다. 1920년대 중반에 다시 연락이 재개되자 아버지는 아들 윌리엄을 독일로 보내 줄 것을 계속 요구했다. 결국 1929년 18세가 된 윌리엄은 독일에서 아버지를 처음 만났다. 그리고 1933년 히틀러가 총통직에 오르자 삼촌의 권력에 편승해 출세해 볼 요량으로 나치 독일을 재차 방문했다.

아돌프 히틀러는 조카 윌리엄을 은행에 취직시켜 주었지만 이에 만족하지 못한 윌리엄은 더 높은 직책을 원했다. 이 과정에서 이미 윌리엄은 자신의 청을 들어주지 않으면 히틀러 집안의 내막을 폭로하겠다는 협박을 처음으로 했다는 소문도 있었다. 1938년 마침내 아돌프 히틀러는 윌리엄에게 고위직을 제공하는 대신 영국 시민권을 포기할 것을 제안했다. 그러나 그런 제안이 곧 함정임을 눈치챈 윌리엄은 독일에서 도주할 결심을 했으며, 그 와중에 히틀러의 실제 친조부는 유대인 상인이었다는 주장으로 히틀러를 협박했던 것이다. 그리고 런던에 돌아온 윌리엄은 한 잡지에 '나는 왜 내 삼촌을 증오하는가'라는 제목의 글을 실었다.

1939년 윌리엄은 어머니와 함께 순회강연차 미국을 방문했다가 제

2차 세계대전이 발발하자 그대로 미국에 눌러앉았다. 그리고 1944년 당시 루즈벨트 대통령에게 특별 요청을 함으로써 미 해군에 복무하게 되었다. 그는 자신의 삼촌 아돌프 히틀러를 상대로 개인적인 전쟁을 치른 셈이다.

종전 후 1947년 그는 해군에서 제대한 뒤 자신의 성을 스튜어트-휴스턴으로 바꾸고 독일 태생의 여성과 결혼하여 롱아일랜드에 정착했으며, 의료 관련 개인 사업에 몰두했다. 윌리엄은 1987년 뉴욕에서 76세를 일기로 세상을 떠났고, 그의 아내 필리스는 2004년에 사망했다.

이들 부부는 아들 넷을 두었는데 그중 세 명은 결코 결혼해서 자식을 낳지 않기로 맹세했다고 한다. 장남 알렉산더는 현재 사회사업가로 활동 중이며, 3남 하워드는 미 국세청 범죄 수사국 요원으로 활약하다 1989년 교통사고로 사망했다. 이들 형제 역시 아돌프 히틀러와 마찬가지로 자신의 집안 배경에 대한 극도의 수치심을 지녔던 것으로 보인다.

히틀러의 정신병리

일설에 따르면, 히틀러는 태어날 때부터 한쪽 고환이 없는 불구였다고도 한다. 성적인 불구는 아니었다 해도 정상적인 가정을 꾸리지 않고 자식을 낳아 키우지도 않았다는 점에서 그가 금욕주의자로 알려진 것은 어쩌면 당연한 일인지도 모른다. 실제로 그는 공공연하게 자신은 가정을 꾸리지 않을 것이며 자신에게 주어진 정치적 사명에만 전적으로 매달릴 것이라고 공언하곤 했다.

히틀러가 결혼식을 치른 것은 소련군에 체포되는 치욕을 피하기 위해 에바 브라운과 함께 자살을 결행하기 직전이었다. 그러나 당시에는 그 사실이 세상에 알려지지 않았다. 그는 자신의 사촌 조카인 16세의 어린 소녀 겔리 라우발과 깊은 관계를 맺은 것으로 알려지기도 했지만 그 정확한 내막은 알 수가 없다. 어쨌든 겔리에 대한 그의 병적인 집착은 거의 편집증적 수준에 가까운 것이었고 히틀러는 그녀의 일거수일투족을 감시하며 집에서 꼼짝도 못하게 만들었다.

결국 겔리 라우발은 20세의 젊은 나이로 수치심과 죄책감을 견디지 못하고 자살하고 말았다. 히틀러는 1920년대에 미미 라이터와 약혼한 적도 있지만 결국 뜻을 이루지 못했으며, 그 후에는 에바 브라운과 오랜 연인 관계를 유지했다. 사진사 출신의 에바 브라운은 히틀러에 절대 복종하며 온갖 수모를 견디어 내야만 했는데 그녀 역시 수차례 자살 충동에 시달려야 했다. 공교롭게도 히틀러와 관련된 이들 세 여성 모두는 자살을 기도했으며, 그중 두 여성은 결국 자살하고 말았다.

다만 에리히 프롬도 지적한 바 있듯이, 히틀러와 성적인 관계를 맺은 여성들은 그에게 오로지 절대적인 충성과 복종만을 보였다는 공통점이 있었으며, 그런 점에서 자신의 아저씨를 괴물로 표현한 겔리 라우발이 그가 자신에게 무엇을 요구하는지 아무도 상상조차 못할 거라고 하소연했던 것은 히틀러의 가학적이고도 도착적인 측면을 어느 정도 암시해 주는 대목일 수 있다.

평소에도 히틀러는 웃는 법이 거의 없었으며, 이성과 사랑을 주고받는 데도 어려움이 있었던 것만은 분명한 듯싶다. 그것은 어린 시절부터 부모로부터 충분한 사랑을 받아 본 경험이 없었기 때문일 것이다.

히틀러는 채식주의자 및 동물애호가로 알려져 있으며, 물론 담배도 피우지 않았다. 그는 대대적인 금연운동을 펼치기도 했다. 그러나 육식을 혐오하고 동물을 끔찍이도 사랑했다는 그가 수천만 명의 인명을 아무런 양심의 가책도 느끼지 않고 살상했다는 점을 어떻게 이해해야 할까. 그것은 살인을 밥 먹듯 하면서도 교회에 헌금을 착실히 내는 동시에 자신의 애완동물을 끔찍이도 아끼는 조직폭력배의 두목이 보이는 이율배반적인 태도와 크게 다를 바 없다.

더구나 말년에 이르러 히틀러는 파킨슨병으로 수전증을 보이고 있었으며 이 때문에 일설에는 매독에 걸린 것으로도 알려졌으나 물론 그 증거는 희박하다. 이 외에도 과민성 대장 증후군, 피부 질환, 심부정맥, 아스퍼거 증후군, 암페타민 중독, 그리고 치주염 및 잦은 치통 등에 시달렸다는 주장도 있다. 그는 암 공포증도 보였는데, 이는 어머니가 유방암으로 사망한 사실과 관련지어 볼 수도 있겠다.

아돌프 히틀러와 나치의 존재는 지금까지도 손쉽게 풀리지 않는 수수께끼에 속한다. 히틀러가 제2차 세계대전과 홀로코스트를 일으키지 않고 오로지 독일의 재건에만 힘을 쏟았다면 그는 독일의 영웅으로 길이 기억되었을 것이다. 그러나 그의 광기는 독일을 강국으로 만드는 일에 만족할 수 없게 만들었다.

전 세계를 파국으로 몰고 간 히틀러의 광기에 대해서는 실로 다양한 견해들이 제시되어 왔지만 아직까지 일치된 정설은 존재하지 않는다. 그에 대한 평가는 편집광, 히스테리성 발작, 나르시시즘적 광기, 네크로필리아, 반사회성 인격 등 실로 다양한 용어로 가득 채워져 있다. 특히 여기서 말하는 네크로필리아란 원래는 죽은 시체를 좋아하는 도착적인 성향을 뜻하는 것이지만, 에리히 프롬은 그 의미를 확대해서 삶을 사랑하고 즐기는 바이오필리아에 반대되는, 다시 말해 죽음과 파괴를 지향하는 매우 부정적인 성향의 인간을 지칭할 때 네크로필리아라는 용어를 사용한 것이다.

히틀러의 정신병리에 대한 관심과 탐색은 그 직접적인 피해자라 할 수 있는 유대인 출신 분석가들에게서 특히 두드러졌다. 자기심리학의 대가 하인츠 코후트는 히틀러를 나르시시즘의 전형으로 평가했다. 아동기에 보인 아버지에 대한 투쟁, 그리고 청년기에 보인 자신의 재능에 대한 자신감 상실 및 열등감, 그리고 도덕적 붕괴의 시기를 거치면서 히틀러는 반유대주의라는 과대망상적 신념과 사명감에 의해 자기에 대한 확신을 공고히 다졌으며 동시에 집단적 위기의식에 빠진 독일 민중들은 그의 과대적 자만심에서 뿜어져 나오는 강력한 카리스마에 깊이 공감함으로써 집단적 응집력을 다지려 했다는 것이다.

에릭슨은 이와는 다른 시각에서 히틀러를 평가했다. 즉 히틀러는 자신의 오이디푸스 갈등 문제를 국가적 차원의 문제로 일반화시킴으로써 독일 민중의 마음을 뒤흔들어 놓았다는 것이다. 그는 결코 패배를 모르는 영웅적 전사의 이미지를 대중 앞에 연기해 보이며 독일 민중 각자의 내면에 간직된 부모상에 대한 반역정신을 자극하고 고취시킨 셈이며, 그런 적대감을 자극하기 위해 반유대주의를 아주 적절히 이용했다는 것이다.

그러나 분명한 사실은 히틀러의 뿌리 깊은 열등감, 그리고 나르시시즘적 좌절과 분노가 그의 과대망상 형성에 일조했다는 점이 될 것이다.

그런 히틀러에 대한 가장 혹독한 평가는 에리히 프롬에게서 나왔다. 그는 인간의 파괴적 본성에 대한 저서에서 히틀러를 네크로필리아의 극단적인 전형으로 들면서 피의 순수성과 아리안족의 영혼에 대한 집착, 유대인과 같은 잡종인간에 대한 두려움, 매독이나 결핵 등의 세균과 더러운 오물에 오염되는 것에 대한 공포 등의 모든 특성들은 히틀러 내면에 억압된 네크로필리아적 환상에 대한 반동형성이라고 주장했다.

또한 히틀러의 가장 두드러진 특성 가운데 하나는 죽음에 대한 애착으로, 그는 본질적으로 생명을 파괴하는 힘에 더욱 이끌렸으며 그에게 광신적인 지지를 보낸 사람들 역시 적개심에 가득 찬 소시민 계층이었다는 것이 프롬의 주장이기도 하다.

반면에 미국의 분석가 월터 랑거는 이미 1943년에 미국 정부의 의뢰를 받아 히틀러의 정신상태에 대한 공동 연구조사에 들어갔는데, 그는 실제로 나치 독일의 광기에 가득 찬 역사의 현장 한가운데서 히틀러의 일거수일투족을 예리하게 관찰했던 인물이었다. 랑거의 주장에 따르면 히틀러는 거의 정신분열증 환자에 가까운 인물이기 때문에 정통적인 오이디푸스 갈등만으로는 그의 이상성격을 설명하기에 한계가 있다는 것이었다.

그러나 남성우월주의자인 히틀러의 천부적인 대중심리 선동술에 대해서는 랑거 역시 인정하지 않을 수 없었다. 히틀러는 대중심리의 취약성에 대해 남다른 통찰력을 지니고 있었는데, 일반 대중의 속성은 여성적인 측면이 강하기 때문에 여성이 기대하는 강한 남성의 이미지를 보여 주기만 하면 대중을 마음대로 장악할 수 있다는 확고한 신념을 지니고 있었다.

히틀러는 분명 매우 복잡한 콤플렉스의 소유자임에 틀림없다. 특히 아버지에게서 받은 정신적 외상과 젊은 시절 겪었던 심리적 좌절감은 병적인 애국심과 민족주의 및 인종주의로 확대되어 세상 전체에 대한 분노와 적개심으로 이어졌다. 그러나 필자는 이 모든 분석적 이해가 그의 반인륜적 파괴행위를 설명하기에는 역부족임을 느낀다. 그런 점에서 역사적 괴물인 히틀러와 나치의 존재는 아직까지도 완전히 규명되지 못한 수수께끼로 남는다.

히틀러 연구의 권위자인 요아힘 페스트가 말하기를, 히틀러는 비록 열등한 인물이었지만 그가 불러일으킨 불가사의한 힘의 폭발력은 결코 무시할 수 없는 인간 현상의 일부였고, 그를 단지 권력욕에 사로잡힌 광기의 몽상가 또는 시대에 역행한 무지한 망나니로 치부해 버릴 수 없을 정도로 히틀러는 대중이 진정으로 원하는 것이 무엇인지를 너무도 잘 알고 있던 인물이었을 뿐만 아니라 시대적 요청에 대한 남다른 감각과 그 나름대로의 정치적 신념 및 예리한 합리성을 지닌 인물이었다는 것이다.

그런 점에서 에리히 프롬이 던진 다음의 경구는 매우 의미심장하다. 그는 말하기를, "악인의 머리에 뿔이 달렸다고 믿고 있는 동안에는 결코 사람들은 악인을 찾아내지 못할 것이다. 악인을 손쉽게 찾아낼 수 있다는 단순한 가정은 커다란 위험을 가져온다. 파괴자라고 해서 모두가 히틀러가 되는 것은 아니다. 모든 사람이 히틀러와 같은 재능을 가진 것은 아니기 때문이다."라고 했는데 이는 맞는 말이다.

히틀러를 단순히 한 마리 미친개에 불과한 인간말종으로 치부해 버리고 말면 그만일 수도 있다. 그러나 그가 입증해 보였던 인간의 내면적 실체와 악함에 대해 철저히 이해하지 못한다면 그런 사악한 메시지에 휘말리기 쉬운 대중의 속성이 변하지 않는 한, 히틀러의 망령과 마법은 언제 또 다시 나타날지 모른다는 점에서 오늘을 살아가는 현대인에게도 여전히 경고의 메시지를 전하고 있다.

발칸의 도살자 파벨리치와 카라지치

인류의 역사는 전쟁의 역사이기도 하며, 가장 참혹한 비극이 일어나는 전쟁은 내전이다. 우리 민족은 그러한 내전의 아픔을 이미 뼈저리게 겪은 바 있으며, 아직까지도 그 상처가 아물지 않고 있다.

남북전쟁, 스페인 내전, 한국전쟁, 베트남전쟁, 캄보디아 내전, 그리고 남미와 아프리카에서 벌어진 숱한 내전을 통하여 가장 큰 고통을 받은 피해자는 물론 일반 시민들이다.

러시아 내전과 스페인 내전은 유럽에서 벌어진 가장 처참한 비극이었다고 할 수 있다. 그러나 제2차 세계대전 이후 유럽에서는 처음으로 벌어진 전쟁으로 간주되는 유고 내전에서는 과거의 그 어떤 전쟁에서도 유례를 찾기 힘든 참혹하고 비인간적인 학살과 만행이 자행되었다. 그리고 이 참혹한 비극의 주역이었던 카라지치는 뜻밖에도 정신과 의사 출신이었다.

그는 수많은 이슬람 난민을 무참하게 살육함으로써 전 세계인의 지탄을 받고 지하로 잠적했다가 최근에 체포되어 전범재판에 회부되었다.

그러나 그토록 야만적인 학살을 초래한 사람은 카라지치가 처음이 아니었다. 이미 제2차 세계대전 당시 크로아티아의 지도자였던 파벨리치는 나치 독일의 비호 아래 우스타쉬 조직을 이끌며 세르비아인을 상대로 실로 끔찍스런 학살과 만행을 주도했던 것이다. 당시 희생된 세르비아 민간인들만도 어림잡아 70만 명으로 추산되고 있다. 그러나 희생된 사람들의 숫자보다 더욱 참혹한 것은 실로 상상을 초월한 잔인한 방법으로 살육을 자행했다는 사실이다.

그러나 세계의 여론은 세르비아인의 만행에 대해서만 비난을 퍼붓고 과거에 그보다 더욱 끔찍한 만행을 저질렀던 크로아티아인에 대해서는 이상하게도 계속 침묵을 지켜 왔다. 그것은 과거 우스타쉬가 저지른 만행에 대해 계속 입을 굳게 다물었던 바티칸의 침묵만큼이나 매우 이례적인 현상이 아닐 수 없다.

이처럼 반세기 가까운 세월 동안 억지로 참아 왔던 세르비아인들의 불만이 일시에 폭발한 것이 유고 내전 및 보스니아 전쟁이었던 것이다. 그들은 과거 자신들이 당했던 비인간적인 만행을 결코 잊은 적이 없었다. 그야말로 보복의 악순환이 발칸반도를 순식간에 광기의 현장으로 몰고 간 것이다. 그리고 그 선봉에 선 인물이 카라지치였던 것이다.

파벨리치와 카라지치 두 인물이야말로 인간 광기의 고삐를 푸는 데 앞장서는 한편, 결과적으로 인간의 존엄성을 여지없이 무너뜨린 광기의 주체였다. 그러므로 인간성 회복의 문제가 그 어느 때보다 절실한 오늘날의 관점에서 볼 때, 이들의 실체를 정확히 밝히는 일은 그 무엇보다 중요하리라 본다.

파벨리치와 우스타쉬

크로아티아의 지도자 안테 파벨리치(1889~1959)는 오스트리아-헝가리 제국의 영토였던 보스니아 지방에서 출생했다. 어린 시절 그는 무슬림 학교에서 공부하며 그들의 전통을 익히게 되었으며, 이때의 경험은 그 후 그의 정치적 입장에도 영향을 주었다. 그러나 무슬림의 전통만이 그에게 영향을 준 것으로 보기는 어렵다. 그는 예수회가 운영하는 학교에서도 교육을 받았기 때문이다. 따라서 무슬림과 예수회의 전통이 동시에 영향을 끼쳤다고 보는 게 오히려 타당할 것이다.

비록 무슬림과 예수회는 서로 종교적 배경이 전혀 다르기 때문에 공통점을 찾기가 어렵겠지만 신앙적 목적을 위해서라면 그 어떤 희생도 감수한다는 점에서는 일치된 모습을 보이기도 한다.

과거 지중해 연안을 제패했던 이슬람 제국의 강력한 힘은 양손에 든 칼과 코란에서 나오지 않았던가. 그들은 그렇게 해서 수많은 이민족들을 무슬림으로 개종시켰던 것이다. 예수회는 군대를 능가하는 엄격한 규율과 계율로 정평이 나 있으며 교황권의 수호를 위해서라면 목숨을 바칠 각오로 바티칸에 충성을 다 바친 조직이라는 사실은 이미 오래전부터 잘 알려져 왔다. 파시스트 군대의 검은 제복이나 절대적인 명령 체계는 바로 예수회를 본떠 만든 것이라는 설도 있을 정도다. 파벨리치는 어린 시절부터 그런 조직의 특성에 아주 익숙해 있었던 셈이다.

반항심에 가득 찬 그가 일찍부터 우익 정당에 가담해 민족주의적 저항운동에 몰두한 것은 그런 점에서 결코 우연이 아니었으며, 목적을 이루기 위해서라면 그 어떤 수단과 방법도 가리지 않는 특성 또한 그의 내면에 감추어진 잔혹성을 분출하는 데 적절한 정당성을 부여해 주었을 것이다.

어쨌든 그는 그 후 크로아티아의 수도 자그레브로 가서 고등학교를 다녔지만, 수시로 시험을 거부했기 때문에 학업을 제대로 마칠 수가 없었다. 그의 반항심은 고등학생 시절부터 세르비아에 적대적인 우익 정당에 가입해 활동하도록 이끌었다. 여기저기를 전전하던 그는 간신히 고등학교를 졸업한 뒤 자그레브 대학교에 들어가 법학을 전공했다. 그리고 그의 정치적 활동은 계속되어서 마침내 우익 정당의 최고 지도자가 된 후로는 점차 크로아티아의 독립을 주장하기 시작했다.

그 무렵 그는 유대계 혈통의 마리아 로브렌체비치와 결혼했는데, 그녀는 같은 당원이면서 매우 활동적인 여류기자였다. 이들 부부는 3남매를 낳았다. 매우 독실한 가톨릭 교도로서 그리스 정교를 믿는 세르비아인들을 증오했던 그는 결국 독자적인 무장 저항세력을 만들고 우스타쉬라 명명했다. 그러나 우스타쉬는 원래 오스트리아-헝가리 제국에 대항해 투쟁을 계속했던 보스니아의 반란군 세력을 가리킨 것으로 파벨리치는 그 이름을 차용한 셈이다. 세르비아인들은 그들에게 적대적인 파벨리치를 압박하기 시작했고 결국 그는 가족과 함께 이탈리아로 피신하기에 이르렀다.

그는 무솔리니의 보호하에 비교적 안전하게 지내면서 우스타쉬 세력을 양성하는 일에 몰두했다. 그러나 점차 이탈리아 정부가 소극적인 태도로 나오자 이에 실망한 그는 나치 독일과 손을 잡기 시작했다. 그리고 1941년 독일군이 유고슬라비아를 침공하게 되자 그는 나치가 세운 크로아티아 괴뢰정부의 수반으로 금의환향하게 되면서 우스타쉬 세력 또한 모든 권력을 독차지하기에 이르렀다.

마침내 모든 생사여탈권을 한 손에 쥐게 된 파벨리치의 독려로 우스타쉬 군대는 마치 고삐 풀린 망아지처럼 날뛰며 수십만에 달하는 세르비아인들의 목숨을 앗아가 버린 것이다. 우스타쉬는 전국을 누비며 마을을 불태우고 총도 아닌 칼과 도끼로 상대를 가리지 않고 마구 살해했다. 노인들과 부녀자 그리고 아이들도 예외가 될 수 없었다. 개종을 끝까지 거부하는 그리스 정교 성직자는 톱으로 목을 자르기까지 했다. 세르비아인, 유대인, 집시들이 흘린 피가 크로아티아의 산과 강을 뒤덮었다.

파벨리치는 광적인 크로아티아 민족주의자인 동시에 광신적인 가톨릭주의자였다. 더군다나 히틀러와 무솔리니 그리고 교황이라는 가장 든든한 후원자를 등에 업은 파벨리치는 가톨릭의 수호자임을 자처하며 크로아티아 내의 모든 세르비아인들에 대한 대대적인 개종작업과 가공할 인종청소에 착수했던 것이다.

그의 지시에 의해 우스타쉬 군대는 전국 각지에서 세르비아인을 상대로 무자비한 살육을 저지르기 시작했는데, 그토록 잔혹한 학살 행위에 대해 이상하게도 교황은 아무런 제재나 비난도 가하지 않고 침묵으로 일관했다. 침묵하는 정도가 아니라 오히려 교황 비오 12세는 슈테피나치 주교를 통해 파벨리치를 독려했으며, 1941년 5월에는 로마를 방문한 파벨리치 일행을 무솔리니와 교황이 직접 접견하기도 했다. 그들은 바티칸에 특별히 초대되어 교황의 격려까지 받음으로써 사기가 충만해 있었다.

파벨리치에 대한 바티칸의 예우는 매우 정중했을 뿐만 아니라, 학살 현장에 가톨릭 사제의 동참을 용인하기까지 했다. 당시 학살에 참여했던 사제들의 명단은 오늘날에 와서야 비로소 밝혀졌다.

그중 가장 악명을 떨친 인물은 프란체스코파 수사 출신의 군종 신부 필리포비치 마스토로비치(1915~1946)였다. 그는 그 유명한 야세노바치 수용소 책임자로서 잔혹한 대량학살을 주도했으며, 당시 그가 얻은 별명은 악마의 사제였다. 종전 직후 그는 유고슬라비아 공산군에 체포되어 처형당했다.

크로아티아 내의 모든 수용소를 관장했던 막스 루부리치 장군(1911~1969)은 특히 야세노바치 수용소에서 이루어진 가장 능률적인 학살에 대한 공로로 파벨리치로부터 훈장까지 받았다. 그는 자신의 처남 딩코 사키치(1921~2008)를 야세노바치 수용소의 소장으로 임명하기도 했다. 루부리치는 그 후 스페인으로 도주했다가 유고슬라비아의 한 암살자에 의해 살해당했다.

우스타쉬 장교였던 페타르 브르지차(1915~?)는 1942년 8월 29일 하룻밤 사이에 무려 1,362명을 살해했는데, 그날 그는 자신의 동료와 누가 더 많은 인간의 목을 벨 수 있는가를 놓고 시합을 벌이기도 했다. 생각만 해도 오금이 저려 오는 실로 끔찍스런 만행이 아닐 수 없다.

이처럼 아비규환의 생지옥으로 변한 야세노바치 수용소에서만 적어도 20만 명 이상의 세르비아인들이 참혹한 방법에 의해 죽어 간 것으로 추산된다. 우스타쉬 군인들은 학살당한 세르비아인들의 안구를 모아 그들의 지도자인 파벨리치에게 헌납하기도 했다.

그렇게 해서 수십만 명의 그리스 정교도들이 주로 칼과 도끼, 심지어는 톱까지 동원된 무자비한 방법으로 살해되었다. 우스타쉬군은 잔인한 방법으로 살육했을 뿐만 아니라 시신을 모욕하고, 더욱이 희생자의 가족들이 지켜보는 앞에서 그런 만행들을 거침없이 자행했던 것이다. 당시 크로아티아 전역에서 그토록 참혹하게 죽어 간 세르비아인들이 부지기수였다. 그중에는 유대인, 집시들도 상당수 포함되었다.

이러한 대학살에 주도적으로 참여했던 사제 및 수사들의 숫자는 500명에 달한 것으로 추산되며, 많은 신부들은 사제복 대신에 군복을 입고 학살 현장을 진두지휘했다. 보스니아-헤르체고비나의 책임자로 임명된 브랄로 신부는 사제복을 입은 채 잔악행위를 한 혐의로 기소되었으며, 파벨리치의 고해신부인 디오니스 주리세프 주교는 한 연설에서 개종을 거부하는 모든 세르비아인은 처형시켜 마땅하다고 독려했다.

그러나 전후 그들은 바티칸의 비호 아래 전범 대상에서 제외되었을 뿐만 아니라 외부로 도주하여 각국의 수도원에 피신했다. 그리고 약 4,000명에 달하는 우스타쉬 간부들이 남미 등지로 도주했다. 크로아티아의 악마로 불리던 파벨리치는 이탈리아로 도주해 나폴리 근교의 예수회 수도원에 몸을 숨겼으며, 1948년 드라가노비치 신부가 마련해 준 가짜 여권으로 무사히 아르헨티나로 잠적할 수 있었다. 물론 그의 가족들 모두가 아르헨티나로 도피했다. 당시 아르헨티나에는 유럽을 빠져나간 3만 명 이상의 크로아티아인들이 운집해 있었으니 그들에게는 그곳이 바티칸을 능가하는 성지나 다름없었을 것이다.

파벨리치는 헝가리인의 가명을 사용해 페론 대통령의 측근으로 일하는 한편 에바 페론 여사의 특별 배려로 빌딩의 소유주가 되기도 했다. 이처럼 페론의 비호 아래 확실한 신분 보장을 받으며 안전하게 지내던 그는 페론이 실각하자 신변의 위협을 느낄 수밖에 없었다. 더군다나 1957년 부에노스아이레스에서 거행된 크로아티아 독립기념 행사에 참석했다가 암살자의 총격을 받은 후 그는 기적적으로 살아남기는 했으나 더 이상 그곳이 안전한 은신처가 될 수 없음을 직감했다.

설상가상으로 유고 정부가 파벨리치의 본국 송환을 강력히 요구하기에 이르고 아르헨티나 정부도 그의 신병을 인도하기로 방침을 정하자 이를 눈치 챈 그는 지하로 잠적, 프랑코 총통이 있는 스페인으로 도주해 은신하던 중 1959년 70세 나이로 사망했으며 그의 유해는 마드리드의 한 공동묘지에 매장되었다.

이러한 역사적 배경을 이해하지 않고서는 오늘날 벌어지고 있는 유고 내전 사태를 결코 이해할 수 없다. 인종청소라는 말은 세르비아인들이 만든 것이 아니라 이미 그 시절에 파시스트들이 사용한 용어인 것이다. 티토가 이끈 빨치산의 영웅적인 저항이 외부의 지원 없이 오로지 자력의 힘만으로 승리할 수 있었던 배경에는 이처럼 끔찍스런 학살의 피해에 따른 민족적 분노와 더 이상 물러설 곳이 없다는 극한적 위기의식에서 비롯된 절체절명의 생존욕이 작용했기 때문이다.

그러나 세르비아인들은 과거 크로아티아인들이 저질렀던 끔찍스런 만행을 결코 잊지 않고 있었음이 그 후 보스니아 전쟁을 통해 여실히 입증되고 말았다. 더욱이 민족과 종교의 이름으로 어깨를 나란히 하며 살던 이웃에게 저지른 만행이라는 점에서 그 상처는 더욱 아물기 어려울 뿐만 아니라 이미 오래전부터 언제 터질지 모르는 뇌관처럼 보복의 악순환을 낳을 수 있는 여지를 충분히 남기고 있었던 셈이다.

그러나 분명한 사실은 자의적으로 악을 규정하고 정의하는 한, 악을 또 다른 악으로 응징하는 행위는 너무도 손쉽게 묵인된다는 점이다. 선악의 가치에 있어서 이처럼 전도된 의식이 지속되는 한, 진정한 종교적 구원은 요원하기만 할 것이다.

그런 점에서 비오 12세에 대한 진보 신학자 한스 큉의 평가는 매우 냉철하다. 그는 가톨릭 총통이라는 별명으로 불릴 정도로 권위주의적이고도 비민주적인 비오 12세의 특성뿐 아니라 노골적인 반유대주의 정책에 대해서도 비판을 가한다. 비오 12세는 홀로코스트에 대해서도 침묵, 방조했을 뿐만 아니라 이스라엘 건국에도 찬성하지 않았으며 생전에 유대인이라는 단어를 단 한 번도 사용하지 않았던 인물이었다는 것이다. 따라서 그의 침묵은 정치적 실패의 의미 이상으로 도덕적 실패를 의미하는 것이며, 전후 자신의 과오를 은폐하고 가톨릭 내의 반대자들을 억압한 것은 더욱 묵과할 수 없는 과오라고 했다. 그런 관점에서 비오 12세의 성인 시복은 그야말로 바티칸의 농담이 될 것이라는 것이 한스 큉의 주장이다.

어찌 됐든 그 어떤 명분으로도 목적이 수단을 정당화해서는 안 될 것이며, 더군다나 무고한 인명의 살상을 합리화하는 그 어떤 행동도 결코 용납되어서는 안 될 것이다.

카라지치의 복수

　세르비아계 출신으로 보스니아에서 따로 독립을 선언한 스르프스카 공화국의 초대 대통령을 지냈던 라도반 카라지치는 1945년 몬테네그로 산악지대의 한 마을에서 태어났다. 그는 전후 세대에 속하는 인물이었지만, 자신의 부모세대가 제2차 세계대전 당시 크로아티아인들에게 얼마나 참혹한 만행을 당했는지 어려서부터 잘 알고 있었다.

　전후 티토의 탁월한 지도력에 힘입어 하나의 독립국가로 태어난 유고연방은 비록 티토가 크로아티아계임에도 불구하고 민족적 보복의 악순환 없이 불행한 과거를 청산하고 새로운 출발을 성공적으로 이룩할 수 있었다. 그러나 티토가 사망하고 공산주의가 몰락하면서 유고연방은 제각기 분열의 길을 걷기 시작했으며 마침내 내전의 비극이 시작된 것이다. 유고연방은 크로아티아 및 여러 지역들의 연방 이탈 및 독립선언을 밀로세비치 대통령이 인정하지 않음으로써 본격적인 내전상태로 돌입하기에 이르렀다.

　그리고 카라지치의 선동에 이끌린 수많은 세르비아 민병대원들이 보스니아의 이슬람 난민과 크로아티아인 주민들을 상대로 비인간적인 살육과 강간을 마다하지 않았는데, 이는 과거 우스타쉬군이 세르비아인들을 대상으로 저질렀던 만행에 버금갈 정도로 잔인했다.

　유고 내전을 직접 취재했던 미국의 저널리스트 피터 마스가 보스니아에서 만난 마취과 의사 출신의 밀란 코바셰비치도 그런 광기를 보인 인간 중의 하나였다. 그는 제2차 세계대전 당시 우스타쉬가 운영했던 야세노바치 집단수용소에서 태어난 인물이었다. 그곳은 수십만 명의 세르비아인들이 무참하게 살육된 지옥의 현장이었으며, 그 비극의 현장에서 태어난 인간이 성장하여 또 다른 집단수용소를 책임지게 되었으니 그야말로 고양이에게 어물전을 맡긴 셈이 된 것이다.

그와 같은 성장배경의 영향은 세르비아 정치인들과 수많은 장군들에서도 확인할 수 있다. 세르비아 공화국의 대통령이었던 밀로셰비치 역시 예외가 아니다. 그의 아버지는 성직자였으나 자살했으며, 열성 공산주의자였던 어머니도 자살했다. 유고슬라비아군의 참모총장이었던 아드지치 장군은 제2차 세계대전 당시 자신의 가족들이 마을을 덮친 우스타쉬군에 의해 무참하게 난도질당하며 죽는 장면을 나무 위에 숨어서 목격해야만 했다. 카라지치와 함께 학살 만행의 주범으로 지명수배되었던 믈라디치 장군의 경우도 그의 아버지가 우스타쉬군에 의해 무참하게 살해당하는 비극을 겪었으며, 그의 딸은 보스니아 내전 중에 총기 자살했다.

이처럼 제각기 어릴 때 겪은 정신적 외상과 원한을 가슴속에 묻어 두고 있던 사람들이었으니 내전의 발발은 이들로 하여금 살육의 현장에서 고삐 풀린 망아지처럼 마음껏 날뛸 기회를 제공한 셈이다. 물론 최종적인 책임은 그런 초토화 작전을 지시했던 카라지치에게 있는 것이지만, 과거의 원한을 적절히 해소하고 화해할 기회를 마련하지 않았던 정치가들에게도 그 책임을 물어야 할 것이다.

그런 점에서 복잡하게 뒤엉킨 보스니아 전쟁을 이해하기 위해서는 세르비아 민족주의의 형성 과정 및 발칸반도의 오랜 역사적 배경을 동원하지 않을 수 없을 것이다. 그리고 선동적인 정치가들은 이처럼 민중의 가슴속에 오랜 기간 묻혀 있던 원한과 복수심을 일깨우고 악용함으로써 잔혹한 살육을 조장한 셈이다.

모든 전쟁은 추악한 것이다. 평범한 인간들이 애써 억압하고 있는 적개심과 원한을 부추기고 악용하기 때문이다. 따라서 외상적 상처의 정도가 유독 큰 사람들은 그처럼 야만적인 행위에 대해 합법적인 살인면허증을 부여하는 전장에서 아무런 양심의 가책 없이 자신들의 야만적인 욕구를 실현하기 십상이다.

카라지치를 직접 취재했던 피터 마스는 카라지치가 정신과 의사 출신임을 밝히는 가운데 그의 아내 릴리아나를 정신분석가로 소개하고 있는데, 이는 분명 잘못된 내용인 듯하다. 적어도 국제정신분석학회 명단에는 그녀의 이름이 존재하지 않는다.

이들 부부는 남매까지 두었으며, 한때는 단란한 가정을 꾸리기도 했다. 게다가 카라지치는 여러 권의 시집까지 출판하고 문학상을 받을 정도로 낭만적인 면모까지 보였던 인물이었기에 그가 벌인 잔혹행위를 선뜻 이해하기가 그리 쉽지만은 않다.

카라지치의 아버지는 유고왕국을 위해 독일군과 공산주의자들을 상대로 투쟁을 벌였던 민족주의자였다. 그러나 전후 그의 아버지는 공산주의자들에 의해 투옥되고 말았다. 따라서 그는 홀어머니 밑에서 자라다시피 했다. 아버지 없이 성장한 그는 사라예보 의대를 졸업한 뒤 정신과 의사가 되었으며, 그 후 미국 컬럼비아 대학교에서 의학 수련을 더 받기도 했다. 그러나 그는 정신과 의사로 활동하면서도 불법적인 금전거래 등에 연루되어 법원에서 유죄선고를 받는 등, 도덕성에 문제가 있음을 보여 주고 있었다.

그가 정치에 발을 들여놓기 시작한 것은 1989년 세르비아 민주당을 창설하면서부터였다. 1992년 보스니아에서 이슬람계와 세르비아계가 각기 독자적인 정부를 선언하면서 새로운 분열이 시작되었다. 카라지치가 스르프스카 공화국을 선포하고 1992년부터 1996년까지 초대 대통령을 역임하면서 보스니아의 비극은 이미 그 첫발을 내딛은 셈이다.

카라지치의 광적인 세르비아 민족주의는 곧이어 야만적인 인종청소로 이어졌다. 특히 사라예보 함락 당시 벌어진 만행과 그리고 스레브레니차의 학살은 사전에 치밀하게 계획된 인종청소였다. 이때 수많은 이슬람 여성들이 무자비하게 강간당했으며 남자들은 모두 살육되었다. 국제적 여론이 악화일로를 겪게 되자 결국 카라지치는 정치적인 고립상태에 빠지게 되었으며, 결국 권좌에서 밀려나고 말았다.

그는 권좌에서 쫓겨난 뒤 곧바로 잠적하고 말았는데, 그를 여전히 비호하는 세력들에 의해 삼엄한 경비 속에서 보호받아 왔다. 그는 다비치라는 가명으로 자신의 신분을 숨기고 대체의학자로 위장하여 활동을 계속했으며, 그의 아내와 어머니는 계속해서 자수를 권유했으나 그는 끝까지 이에 응하지 않았다. 그러다가 드디어 그는 2008년 7월 베오그라드에서 체포되어 전범재판에 회부되었다.

카라지치의 체포가 이루어지던 바로 그 시기에 그토록 악명 높던 우스타쉬의 마지막 생존자 딩코 사키치가 크로아티아 자그레브의 한 병원에서 86세를 일기로 생을 마쳤는데, 사키치는 1944년 당시 약관 21세의 나이로 발칸의 아우슈비츠로 불리는 야세노바치 수용소 소장으로 있으면서 수많은 민간인을 잔혹한 방법으로 고문하고 살인했던 장본인이었다는 점에서 실로 역사의 아이러니가 아닐 수 없다.

2008년 7월에 거행된 사키치의 장례식에 참석한 도미니크파 소속의 라시치 신부는 연설을 통하여 말하기를, 사키치를 기소한 법정은 곧 크로아티아인을 기소한 것이나 다름없으며, 모든 크로아티아인들은 사키치라는 이름에 자부심을 느껴야 할 것이라고 했다. 사회적으로 존경받는 성직자의 입에서 나온 말이니 더 이상 할 말이 없다.

그리고 보스니아의 무슬림에 대한 무차별 학살 혐의로 악명이 자자하던 믈라디치 장군 역시 2011년 5월 세르비아 당국에 체포되어 전범재판을 기다리고 있는 중이다. 이번에는 그의 석방을 요구하는 세르비아인들의 시위가 거세다고 하니 참으로 민족적 원한의 골은 끝이 없는가보다.

그런 점에서 70년 전 같은 시대, 같은 장소에서 벌어진 비극적인 사건을 소재로 한 유고의 드라간 크레소자 감독의 1984년도 영화 〈복수의 끝〉과 크로아티아의 데잔 소락 감독이 만든 1987년도 영화 〈사관과 장미〉는 여전히 두 민족 간에 가로놓인 현저한 인식의 차이를 재확인시킬 뿐이다.

인간은 왜 잔혹한가

인간은 누구나 다 이기적이다. 그러나 자신의 이기적 욕망 때문에 타인에게 고통을 안기고 돌이킬 수 없는 상처를 주는 일은 생각처럼 쉬운 일이 아니다. 더군다나 상대의 고통을 즐기며 서서히 생명을 빼앗는 일은 아무나 할 수 있는 일이 아니다.

그러나 세상에는 그런 행동이 가능한 인간들이 분명히 존재한다. 크로아티아의 야세노바치 집단수용소에서는 그런 인간들로 넘쳐나 있었다. 우스타쉬 병사들은 가톨릭을 수호한다는 소명의식을 지니고 중세의 십자군처럼 자신들의 잔악행위에 대해 일말의 자부심마저 느끼고 있었던 것이다.

그것은 오히려 아우슈비츠 수용소에 근무했던 독일군 병사들에서는 찾아보기 힘든 태도라 하겠다. 왜냐하면 독일군은 유대인에 대한 인종적 우월감에 도취되어 있기는 했겠지만, 우스타쉬 병사들처럼 그러한 살육을 공개적으로 드러내 놓고 즐긴 것은 결코 아니었기 때문이다.

반면에 크로아티아인들은 자신들을 지배했던 세르비아인에 대해서 우월감이 아니라 오히려 열등감 및 피해의식을 지니고 있었으며, 복수심에 가득 차 있었다는 점에서 독일군과 달랐던 것이다. 독일군은 유대인을 멸시하기는 했지만, 복수의 대상은 아니었기 때문이다.

그런 점에서 아우슈비츠와 야세노바치 수용소의 차이점은 분명히 존재한다. 악에도 서로 다른 종류가 있는 셈이다. 보스니아 내전에서 실제로 악의 현장을 목격했던 피터 마스는 악에는 두 개의 얼굴이 있다고 했다. 즉 평범하기 그지없는 얼굴을 한 악과 야비하기 짝이 없는 얼굴을 한 악의 전형들이 있다는 것이다.

전자의 예로는 둔감하기 이를 데 없는 아이히만 같은 창백한 얼굴의 소심한 인간을 들 수 있으며, 후자의 예로는 히틀러나 스탈린과 같은 광기에 가득 찬 비정한 인간을 꼽을 수 있다는 것이다.

아돌프 아이히만은 히틀러의 지시에 따라 유대인의 학살을 주도한 책임자로, 종전 후 아르헨티나로 도주해 숨어 살다가 1960년 이스라엘 모사드 요원들에게 붙들려 예루살렘으로 송치되었으며, 그곳에서 사형언도를 받고 교수형에 처해진 인물이다. 격정적인 히틀러나 음흉한 스탈린과는 달리 아이히만은 말이 없고 매우 냉담한 성격의 소유자로 알려졌다.

아이히만의 재판을 직접 참관하고 그 과정을 소상히 기록한 정치철학자 한나 아렌트에 따르면, 그는 독자적인 신념도 없고, 그다지 명석하지도 않은 그저 평범한 관료였을 뿐이며, 더 나아가 아무런 양심의 가책도 느끼지 못하기 때문에 자신의 행동에 책임을 질 줄 아는 최소한의 용기조차 지니지 못했던 인물이라는 것이다.

결론적으로 그녀는 악이란 불가피한 인간 본성의 한 측면이 아니라 상대를 이해할 의도가 전혀 없는 것에서 비롯된다고 주장했다.

인간은 때로는 그 어떤 생명체보다도 잔혹한 특성을 드러낸다. 동물과 달리 심리적인 발달단계를 거쳐 인격의 주체가 되는 특이한 생명체로서의 인간은 유감스럽게도 자신의 원초적인 욕구와 환상을 제어하는 장치의 개발에는 매우 미숙한 존재임이 입증되어 왔다. 인위적인 법과 질서의 확립이 인간에게 필수불가결한 이유는 그러한 외적 통제가 없이는 적절한 인간관계의 유지가 극히 어렵기 때문이다.

인간 심성을 순화시키고 보다 나은 영적 진화를 도모하기 위함이라는 숭고한 명분을 지닌 종교조차도 집단적 살육의 원인을 제공한 경우가 비일비재했다.

더욱이 법학을 공부한 파벨리치나 정신과 의사인 카라지치와 같은 인물들도 제각기 자신의 고유한 신앙 및 애국심에 충실했던 사람들이었다. 그들을 숭배하는 추종자들은 가톨릭과 그리스 정교의 수호를 위해 각자 자신들에게 주어진 임무에 최선을 다한 것이라고 강변한다. 그러나 무고한 시민들을 강간, 고문하고 무자비한 방법으로 살육하는 것이 신으로부터 부여받은 성스러운 사명이라면, 그것은 이미 신의 종교가 아니라 악마의 종교가 될 것이다. 그런 점에서 유명한 정신과 의사 스코트 펙은 악을 매우 간단히 정의한다. 자신의 이익을 위해 타인에게 고통을 안겨 주는 모든 행위는 악이라는 것이다. 이는 개인적 행위와 집단적 행위 모두에 해당되는 정의이기도 하다. 다만 질적으로나 양적으로 차이는 있을 것이다.

그러나 아이히만도 말했듯이 단 한 사람을 죽이는 것은 어려운 일이지만, 수백만을 죽이는 일은 간단하다는 것이 문제다. 그런 점에서 인간은 매우 신비한 존재라 하겠다. 더욱이 선의 세계보다 악의 세계가 더욱 신비스러운 이유는 그 실체를 알기가 더욱 어렵기 때문일 것이다.

체 게바라, 밀림의 성자인가 실패한 타잔인가

체 게바라는 아르헨티나 출신의 사회주의 혁명가이자 정치가로 세속적인 출세와 성공을 마다하고 오로지 사회주의 혁명을 위한 무장투쟁에 일생을 바친 전설적인 게릴라 지도자다.

비록 볼리비아의 밀림 속에서 39년의 짧은 생애를 비극적으로 마치고 말았지만 체 게바라의 이름만큼은 영원한 혁명의 표상으로 길이 기억될 것이 분명하다. 그런 점에서 그는 오늘날 반항적인 청년 문화를 대표하는 하나의 우상으로 떠올라 세계에서 가장 유명한 국제적인 슈퍼스타가 되기에 이르렀다. 더욱이 의사 출신임에도 불구하고 드물게도 혁명가의 길을 자청한 그의 모습은 불가능에 도전하는 집념의 이상주의자로서 청년층의 마음속에 깊이 각인되고 흠모의 대상이 되기에 충분하다.

그러나 그는 새로운 세계질서를 이룬다는 원대한 목표를 지니고 목숨을 바쳐 싸웠지만, 정작 그 자신은 그 어떤 질서에도 순응하기를 거부한 반항아였다. 그런 점에서 그는 영원한 반항아요 영원한 청년이었던 셈이다.

신화의 탄생

에르네스토 체 게바라(1928~1967)는 아르헨티나의 로자리오에서 3남 2녀의 장남으로 태어났다. 그의 조상은 스페인 바스크 지방에 기원을 둔 이민자 출신으로 여기에 아일랜드인의 피가 섞인 것으로 알려져 있다.

그의 아버지 에르네스토 게바라 린치는 자신의 회고록에서 술회하기를, 체 게바라는 천성적으로 바스크인과 아일랜드인의 반항정신을 몸에 지니고 태어난 것 같다고 했는데, 실제로 체 게바라는 이미 소년 시절부터 매우 반항적인 모습을 보이고 있었다. 그는 어려서부터 잉카 제국을 멸망시킨 스페인의 정복자 피사로를 숭배했으며, 그 흉내를 내며 놀기도 했다.

소아 천식으로 고생하면서도 그는 매우 공격적인 럭비선수로 활약함으로써 자신의 용맹성을 과시하려 들었다. 친구들은 그를 돼지라는 별명으로 부르기도 했는데 그것은 그가 제대로 몸을 씻지 않았기 때문이었지만, 그는 오히려 그것을 자랑스러워했다. 그렇게 죽어라 씻지 않는 습성은 결국 죽을 때까지 지속된 고질적인 악습이 되고 말았다.

사춘기 시절 그는 자신의 집 하녀로 일하던 원주민 여성을 상대로 상당 기간 성적인 추행을 저질렀다. 그의 친구들은 악동 체 게바라가 불쌍한 인디오 하녀를 상대로 성행위를 하는 장면을 몰래 엿보기도 했다. 그는 흥분할 때마다 고질적인 천식이 악화되는 것을 막기 위해 흡입기를 코에 들이대며 행위를 계속하기도 했다. 소년 체 게바라는 스페인의 정복자 피사로의 후예로서 그 실력을 친구들 앞에서 유감 없이 발휘해 보인 셈이다.

그러나 이렇게 인디오 여성을 성적으로 유린하고 정복했던 그가 그로부터 불과 10여 년 후 인디오의 해방을 위해 일생을 바치기로 결심한 것은 일종의 회심인가 아니면 업보에 해당하는 것일까.

소년 시절 그는 방종에 빠지기도 했지만, 그것이 그의 전부는 물론 아니었다. 그는 네루다의 시와 잭 런던의 소설을 독파하는 독서광이기도 했으며, 또한 마르크스, 프로이트 등의 서적을 탐독하는 등 일찍부터 조숙한 면모를 보였다.

머리가 좋았던 그는 의사로 성공할 꿈을 안고 부에노스아이레스 의대에 진학했다. 의대 재학 중에 그는 부유한 집안의 딸 치치나를 연모하여 수십 통의 연애편지를 써 보냈다. 그러나 그녀의 아버지가 체 게바라의 접근을 금지시키자 그는 치치나에게 함께 멀리 도망가서 결혼하자고 제안했다. 결국 치치나의 변심으로 뜻을 이루지 못한 그는 학업에 다시 전념하기로 작정했으나 마음을 잡지는 못했다.

결국 졸업을 앞둔 상태에서 친구와 함께 오토바이 한 대를 구입하여 남미 여러 곳을 둘러보는 여행길에 올랐는데, 이 여정이 그에게 인생의 새로운 전기가 되리라고는 꿈에도 생각지 못했다. 특히 은광산에서 목격한 원주민의 비참한 생활상에 비로소 눈뜨게 된 그는 원주민 여성에 대한 어린 시절의 성적 착취로 인한 죄의식을 더욱 뼈저리게 느꼈는지도 모르겠다. 또한 자신을 배신한 치치나를 포함해 모든 백인 부유층에 대한 복수심도 한몫 거들었을 것이다.

1953년 의대를 간신히 졸업한 체 게바라는 이미 자신이 가야 할 길을 정한 상태였다. 그것은 의사로서의 세속적인 성공을 포기하고 불행에 빠진 민중을 해방시키기 위한 무장혁명운동에 가담하는 일이었다. 그의 원대한 이상은 라틴아메리카를 하나로 묶는 사회주의 이상국가를 건설하는 것이었다. 그는 자신이 태어난 아르헨티나를 사랑했지만 그의 진정한 조국은 라틴아메리카 전체라고 생각한 것이다.

밀림 속에서 배고픔을 잊기 위해 군화 가죽을 씹으면서까지 투쟁을 계속하던 끝에 마침내 쿠바 혁명에 성공한 시기는 그의 생애에서 가장 빛나는 전성기였다. 체 게바라는 카스트로를 능가하는 영웅이 되었으며 대중의 신망을 한 몸에 받았다. 카스트로는 체 게바라를 공업장관에 임명하고 유엔 대사직도 부여했다. 그리고 체 게바라는 세계 각지를 돌며 다양한 지도자들과 접촉했다. 모택동과 김일성, 말콤 엑스와 사르트르 등을 만나 친교를 나누면서 그는 매우 의기양양했으며, 자신감에 차 있었다.

그러나 그런 자만심이 오히려 화를 불렀다. 특히 쿠바 미사일 위기 사태는 체 게바라와 카스트로 두 사람의 결별에 가장 결정적인 영향을 끼친 사건이었다. 왜냐하면 핵미사일 도입의 필요성을 강력히 요구한 것은 체 게바라였지 카스트로가 아니었기 때문이다. 오히려 카스트로는 실용주의 노선을 걷고자 했으며 내심 미국을 두려워하고 있었다.

그러나 체 게바라는 존 케네디 대통령을 과소평가하고 있었으며, 핵무기가 쿠바에 도입되었다면 가차 없이 미국을 향해 발사했을 것이라는 발언도 서슴지 않았다. 또한 라틴아메리카 전체를 하나의 사회주의 연방국가로 통합한다는 체 게바라의 원대한 구상도 카스트로의 이상과는 부합되지 않았다.

어쨌든 여러 내부적 사정 때문에 체 게바라는 1965년 이후 갑자기 공식석상에서 그 모습을 감추고 말았다. 그리고 그는 카스트로와 결별한다는 서한을 남기고 아프리카 콩고로 떠났다. 그러나 그의 콩고 진출은 뼈아픈 실패로 끝나고 말았다. 아프리카 흑인들은 체 게바라가 원하는 대로 따라 주지 않았다. 그들이 바란 것은 만민 평등의 사회주의 이상향이 아니라 백인을 몰아내고 흑인들만의 국가를 건설하는 데 있었기 때문이다. 더욱이 그들은 부족 간의 내전도 함께 치르고 있어 상황이 매우 복잡했다.

결국 그는 콩고를 떠나 남미 볼리비아로 향했다. 그러나 볼리비아에서의 투쟁은 그의 생애에서 가장 참혹한 좌절을 안겨 주었다. 고립무원의 상태에서 수십 명에 불과한 그의 일행은 기아와 질병에 시달리는 가운데 사기가 땅에 떨어졌으며, 정부군의 보복을 두려워한 원주민들의 무관심과 타산적인 현지 공산당의 비협조로 더욱 큰 실망에 빠질 수밖에 없었다. 체 게바라의 몰락은 이미 예고된 것이나 다름없었다.

그의 최후는 실로 비참했다. 밀림에서 볼리비아 정부군에 포위된 그는 자신의 목숨을 구걸했다. 총구를 들이댄 정부군을 상대로 그는 자신을 죽이는 것보다 살리는 것이 더욱 쓸모가 있을 것이라며 호소했지만 인근 마을 학교로 이송된 그는, 결국 그곳에서 여러 발의 총탄 세례를 받고 무참히 사살되고 말았으며, 그의 손목은 절단되어 아르헨티나로 보내졌다. 그리고 체 게바라와 일행의 시신은 사살현장에 그대로 내버려졌다. 이처럼 매우 극적인 죽음은 그리스도의 죽음을 연상시키며 수많은 젊은이들을 감동시켜 왔다. 체 게바라의 초상화는 순교자의 상징이 되어 오늘날 젊은이들이 즐겨 입는 티셔츠에도 새겨지고 있다. 검은 베레모를 쓰고 턱수염을 기른 체 게바라가 파이프 담배를 물고 있는 모습은 실로 매력적으로 보인다.

그러나 가장 중요한 것이 빠져 있다. 총을 든 그의 모습은 눈에 띄지 않는다. 이 점이 선전효과의 비밀이다. 그에게는 베레모와 턱수염, 파이프 담배보다 더욱 중요한 것이 총이었기 때문이다. 총이 없는 체 게바라는 생각할 수 없다. 그는 결국 총이 그리워 모든 공직을 미련 없이 내던지고 다시 밀림 속으로 들어갔기 때문이다.

총은 그 목적과 명분이 무엇이든지 간에 살인을 위한 도구다. 평화라는 단어는 그에게 어울리지 않는 것이었다. 그에게는 끊임없는 혁명과 전투가 필요했던 것이다. 트로츠키도 말했듯이 혁명은 영원한 것이기 때문이다.

밀림의 성자

체 게바라가 콩고 내전에서 게릴라전을 지휘하고 있던 1965년, 그곳에 인접한 가봉의 람바레네에서는 밀림의 성자로 불리던 슈바이처 박사가 90세를 일기로 생의 마지막을 고하고 있었다.

물론 이 상이한 두 인물은 이념적으로 서로 다른 서구사회나 제3세계에서 제각기 밀림의 성자로 추앙받고 있다. 그러나 두 인물 모두 의사 출신이면서도 전혀 다른 삶의 길을 걸었다. 한 사람은 고통받는 흑인을 위해 총을 들었고, 다른 한 사람은 청진기를 들었다.

사람의 생명을 살리는 일이 의사의 직분임을 감안할 때, 슈바이처는 자신의 직분에 충실했던 반면, 체 게바라는 세상을 변화시킨다는 보다 큰 명분을 내세우고 억압받는 민중을 살리는 길을 택함으로써 적을 보다 효율적으로 사살하는 기술을 흑인들에게 가르치고 있었던 것이다. 그는 환자의 질병을 치료하는 길을 버리고 세상의 질병을 치료하는 길을 선택함으로써 붕대와 청진기가 아니라 총을 든 셈이다. 총을 든 의사라는 체 게바라의 이미지는 아동을 위한 만화에까지 등장하기에 이르렀다.

실존주의 철학자 장 폴 사르트르는 체 게바라를 우리 시대에 만난 가장 완전한 인간이었다고 극찬한 바 있다. 그러나 사르트르의 어머니가 슈바이처 박사의 사촌 누이였던 안느-마리 슈바이처 여사였다는 점을 상기한다면 선뜻 이해하기 어려운 말이기도 하다. 사르트르가 슈바이처 박사에 대해서는 찬사를 던진 적이 한 번도 없었기 때문이다.

슈바이처 박사가 아프리카 오지에서 흑인들을 진료하느라 여념이 없던 그 시점에 제국주의에 의한 식민지 착취에 강력히 대항한 사상적 혁명운동가로서 체 게바라에게 큰 영향을 준 의사가 아프리카에 있었다. 그는 다름 아닌 체 게바라와 거의 동시대에 활동했던 알제리의 정신과 의사 프란츠 파농이다. 그는 비록 36세의 젊은 나이로 백혈병에 걸려 요절하고 말았지만, 현지인으로는 매우 드물게 정신과 의사가 되었음에도 불구하고 프랑스의 혹독한 식민정책에 분노하여 반식민주의 혁명운동에 과감하게 뛰어든 사상가이기도 하다.

그러나 파농의 입장은 지배자인 백인의 입장에서 원주민의 딱한 처지를 동정하고 의분을 느꼈다는 체 게바라와는 발상 전환의 동기부터가 달랐다. 더욱이 파농은 체 게바라와는 달리 혁명운동에 관여하면서도 의사로서의 직분을 버리지는 않았다. 이에 대한 체 게바라의 입장은 매우 단호했다. "세상의 모든 불의 앞에서 가장 먼저 우리가 해야 할 일은 이론을 만드는 것이 아니라 오직 행동하는 것뿐이다."라는 것이 그의 확고한 지론이었기 때문이다.

체 게바라는 고질적인 질병을 치료하는 데 있어서 신체를 치료하는 의사의 길과 영혼을 치료하는 성직자의 길이 있지만, 고질적인 구조적 모순을 지니고 있는 사회악을 치료하는 데에는 총을 들고 투쟁하는 길밖에 없다고 생각했다.

그는 말한다. "의사란 아프고 병든 자들에게 약을 주고 상처를 치료해 주는 사람이다. 그런데 이런 의사들은 이 세상에 너무도 많다. 우리가 생각하는 진정한 의사란 치료행위뿐 아니라 가슴속으로 환자의 병을 위로하고 위안을 주는 자여야 한다. 그러나 성직자는 그들을 위해 총을 들려 하지 않으므로 이 또한 우리가 극복해야 할 과제다. 나는 의사도 성직자도 아닌 오직 혁명가만이 이 모든 일을 해낼 수 있다고 믿는다."

방대한 독서량을 자랑했던 체 게바라의 이런 말솜씨가 의협심에 불타는 젊은이들의 가슴을 얼마나 설레게 했겠는가. 그의 정신을 본받은 수많은 쿠바 의사들이 오늘도 전 세계를 누비며 의료봉사활동에 전념하고 있다는 사실에서 체 게바라의 보이지 않는 영향력을 실감할 수 있을 것이다.

특히 젊은이들을 감동시키는 사실은 체 게바라가 세속적인 의사의 길을 내던지고 고귀한 이상을 위해 험난한 형극의 길을 자발적으로 선택했다는 점이며, 이 때문에 그가 자주 예수 그리스도에 비유된다는 점에서 본다면, 중남미에서 해방신학을 부르짖으며 총을 든 신부가 처음으로 나타난 것도 결코 우연이 아니었다. 콜롬비아의 카밀로 토레스 신부가 독재정권에 대항해 게릴라군을 이끌고 싸우다 총을 든 상태로 정부군에 의해 사살된 것이다. 총을 든 의사에 뒤이어 총을 든 신부가 나타날 정도로 중남미 민중들의 삶은 실로 비참하기 이를 데 없었다.

그래서 체 게바라가 볼리비아 밀림 속에서 게릴라전을 벌이고 있던 바로 그 시기에 페루의 구티에레즈 신부는 해방신학을 본격적으로 주창하면서 진정한 구원은 하늘나라에서가 아니라 지상에서 먼저 이루어져야 한다고 역설하고, 예수 그리스도 역시 민중의 해방자로서 이 땅에 오신 것으로 해석했던 것이다.

그리고 그 불씨는 남미 전역으로 파급되어 브라질의 보프 신부와 엘살바도르의 로메로 주교까지 가세했다. 로메로 주교는 "구원은 죽어서 피안의 세계에 가는 것이 아닌, 억압에서 해방시키는 것"이라고 선언함으로써 해방신학자로서의 목표를 분명히 했으며, 그 결과로 주교에게 돌아온 대가는 1980년 3월 정부군의 사주에 의한 암살이었다.

밀림의 성자요 의사 출신 혁명가인 체 게바라의 파란만장한 짧은 생애는 매우 감상적인 젊은이들에게는 그 무엇에도 견줄 수 없는 감동의 드라마요, 영웅의 생애이며, 우상이 되기에 충분한 조건을 구비하고 있다.

그러나 실제로 그 밀림에서 무슨 일이 벌어지고 있었는지 실상을 알고 나면 그 감동은 반감될 수밖에 없다. 그것은 체제 선전영화에서나 볼 수 있는 그러한 벅찬 감동의 세계가 아니라 매일의 일과가 총격전과 살인, 피로 얼룩진 부상, 질병, 굶주림 등과의 싸움이었기 때문이다. 그 세계를 진정 사랑하지 않고서는 그리고 부당한 현실에 대한 분노가 뒷받침되지 않고서는 실로 견디기 힘든 상황일 것이다.

체 게바라는 따분한 관료생활을 버리고 모험으로 가득 찬 전투 현장을 스스로 찾아간 것이다. 그 역시 혁명은 결코 완수될 수 없는 영원한 과업임을 잘 알고 있었는지도 모른다. 그리고 혁명가가 정치가로 변신하게 되면 반드시 타락하게 된다는 사실도 짐작했을 것이다. 더욱 중요한 사실은 그가 삶보다는 죽음을 더욱 사랑했는지도 모른다는 점이다.

이처럼 동시대에 아프리카에서 활동한 세 사람의 의사는 제각기 다른 이념과 철학으로 자신의 임무에 충실했다. 슈바이처 박사는 경건한 기독교인이자 백인으로서 과거에 흑인을 상대로 자행된 잔악한 행위에 대한 속죄의 일념으로 평생을 의료봉사에 바쳤으며, 프란츠 파농은 흑인 노예의 후손으로서 정신과 의사가 되었으나 반식민주의 혁명운동에 사상적인 토대를 마련하는 데 일생을 바쳤다. 반면에 남미의 지배세력인 동시에 귀족의 후예인 백인 의사 출신 체 게바라는 원주민의 참상에 자극받아 사회주의 이념에 입각한 이상적인 국가를 건설한다는 목표 아래 지상의 모든 권력자들을 상대로 총을 든 것이다.

그러나 이들이 각기 선택한 무기는 서로 달랐다. 이들은 모두 의사였지만, 의술과 사상 그리고 총 가운데 무엇을 선택할 것인가 하는 문제는 각자의 이념과 신앙, 철학에 좌우될 수밖에 없었다.

실패한 타잔

이집트의 나세르 대통령은 1956년 수에즈 운하의 국유화를 선언하고 친소 노선을 유지함으로써 서구열강과 불화를 일으켰던 장본인으로 그런 점에서 체 게바라와 공감대를 이루고 친분을 맺었던 인물이었다. 그러나 느닷없이 쿠바를 떠난 체 게바라가 아프리카의 혁명을 외치며 콩고 내전에 뛰어들게 되자 나세르는 냉소적인 반응을 보였다. 그는 체 게바라의 이상이 결국 좌절되고 말 것임을 예견하고 그에게 충고까지 했지만, 체 게바라는 귀담아 듣지 않았다. 나세르는 그런 게바라를 아프리카 정글 속에 뛰어든 백인 타잔에 비유했다.

그의 예견대로 현실은 소설과는 전혀 달랐다. 특히 흑인 반군들의 전투력이나 정신적 무장상태는 그가 예상했던 것보다 훨씬 더 형편없었다. 체 게바라는 자신의 뜻에 제대로 따르지 않는 반군들에 대하여 매우 신경질적인 반응을 보였다. 아프리카 대륙으로 혁명을 수출한다는 그의 원대한 꿈은 처음부터 암초에 부딪치고 만 것이다.

그는 아프리카 중심부인 콩고에서 혁명이 성공할 경우, 그 불씨가 검은 대륙 전체로 퍼져나갈 것을 기대했지만, 콩고 자체부터가 그에게는 힘겨운 장애물이었다. 콩고의 민중들은 빈부 차이에 따른 상대적 박탈감이나 소외감 등에 둔감했을 뿐 아니라 끝없는 내전으로 적과 아군의 차이를 별반 느끼지 못하고 있었기 때문이다. 힘없는 민중들에게는 무기를 지닌 모든 군인들이 두려움의 대상일 뿐이었다.

이처럼 콩고에서 쓰디쓴 실패를 맛본 게바라는 결국 남미 볼리비아로 향했다. 그는 쿠바로 다시 돌아갈 수도 없었다. 이미 카스트로와 결별을 선언했기 때문이다. 그는 소수 인원만을 이끌고 볼리비아의 밀림 속에서 정부군을 상대로 전투를 벌였다. 그러나 그는 볼리비아 정부군을 너무도 과소평가하고 있었으며, 더군다나 그의 기대와는 달리 볼리비아 공산당 역시 매우 비협조적인 태도를 보였다.

체 게바라의 한계는 안이한 감상주의에 빠진 채 세상을 바라보았다는 점에 있었다. 그가 깨닫지 못한 한 가지 사실은 제각기 다른 문화적, 인종적, 종교적, 정치사회적 조건에 따라 민중들이 원하는 바가 서로 다르다는 점이었다. 자신이 뿌린 씨앗 하나만으로도 충분히 혁명의 불길을 지필 수 있다는 매우 나르시시즘적인 발상은 자신과 전혀 다른 입장에 서 있는 사람들에 대한 공감능력의 결여로 이어질 수밖에 없다.

엄밀히 말해 아프리카에서 마르크스주의적 이상을 성공적으로 실현한 나라는 지금까지 나타나지 않았다. 당시만 해도 북아프리카는 이슬람 전통에 가로막힌 철옹성과 같았고, 남아프리카는 유례없는 백인 우월주의에 따른 철통같은 아파르트헤이트 정책으로 이념적 침투를 불허하고 있었다. 당시 넬슨 만델라는 종신형을 선고받고 수감 중에 있었다.

체 게바라가 잠시 머물고 간 이후 아프리카는 이념적 분쟁이 아니라 오히려 부족 간의 내전으로 더욱 참혹한 보복과 학살 그리고 기아에 시달려야 했다. 그런 사정은 남미도 비슷했다. 체 게바라의 죽음

이후 1970년대의 중남미 국가들의 민중은 군사독재의 유례없는 폭정에 짓눌려야 했기 때문이다. 따라서 체 게바라를 비판하는 사람들은 그가 오히려 1970년대의 중남미세계에 폭압적인 군사독재를 불러왔다고 투덜대면서 그에 대해 무책임한 몽상가로 평가절하하기도 한다.

실제로 대다수의 민중들은 이념이 무엇이든 관계없이 오로지 무자비한 보복과 학살에 대한 두려움에 가득 차 있었던 게 사실이다. 공포에 질린 원주민들에게 자신처럼 모든 것을 포기하고 전면적인 무력항쟁에 나설 것을 요구한다는 것은 너무도 비현실적이고 자기 본위적인 발상이었다. 그들에게는 먹여 살려야 할 처자식들이 있었지만, 체 게바라는 그런 현실적 부담에서 매우 자유로운 입장이라는 사실조차 제대로 구분하지 못한 셈이다.

또한 반군에 합류하는 사람들의 심리적 동기도 제각기 달랐다. 정부군으로부터 일시에 집과 가족을 잃고 복수심에 가득 찬 나머지 반군이 되는 사람도 많았다. 그러나 체 게바라는 그런 아픔조차 겪어 본 적이 없었다. 그들이 보기에는 자신과 같은 참혹한 비극을 겪어 보지도 않은 체 게바라의 무력항쟁이 결국은 같은 지배세력인 백인들끼리 벌이는 권력다툼의 일종이거나 아니면 단순한 영웅심리에 이끌려 벌이는 팔자 좋은 백인의 병정놀이 정도로 비쳤을 수도 있으며, 더 나아가 그의 행동이 원주민의 비참한 처지에 대한 동정심에서 비롯된 의협심의 발로이긴 하지만 종국에는 체 게바라가 자신들의 또 다른 백인 지배자로 군림할 것이라는 의구심을 지녔을 수도 있다. 비록 체 게바라 자신의 동기는 순수했을지 모르나 오랜 세월 백인들의 폭정에 시달려 온 원주민들 입장에서는 그런 의혹을 보내는 것이 당연할지도 모른다. 카스트로가 그런 선례를 이미 보여 주었기 때문이다.

물론 체 게바라는 모든 권력을 미련 없이 내던지고 쿠바를 떠났지만, 단지 한 섬나라에 불과한 쿠바의 혁명에 그치는 것이 아니라 라틴아메리카 전체를 마르크스주의 이념을 통해 하나로 묶겠다는 실로 원대한 목표와 신념을 지니고 있었기 때문에 그런 의구심은 전혀 근거가 없는 것도 아니다. 그런 점에서 결국 그는 실패한 백인 타잔이었을 뿐이다. 이제 와서 새삼스레 그를 구세주처럼 떠받드는 것도 그에 대한 일종의 모독일 수 있다. 실제로 그가 절체절명의 곤경에 처했을 때 그 누구도 심지어는 카스트로조차도 그를 돕지 않았다.

체 게바라뿐이 아니다. 심지어 밀림의 성자로 칭송받은 슈바이처 박사마저도 일부 흑인 사이에서는 백인우월주의자로 비난받기도 한다. 이데올로기 이전에 백인들에 대한 반감이 얼마나 뿌리 깊은 것인지 체 게바라는 미처 생각지 못했던 것이다. 백인은 백인일 뿐이며, 결국에는 백인 편을 들 것이라는 원주민들의 뿌리 깊은 피해의식과 선입견을 그는 극복할 수 없었다. 결국 체 게바라는 아프리카 흑인사회뿐 아니라 남미세계의 백인 사회와 원주민 사회 모두에게서 버림받은 셈이다.

영원한 십대의 반항아

체 게바라의 신화는 너무도 드라마틱하다는 점에서 젊은이들의 우상이 되고도 남음이 있다 하겠다. 천식을 앓던 잘생긴 백인 아이가 커서 자신의 신체적 결함을 극복하고 힘들게 공부하여 의사가 되었으나 그 길을 마다하고 어느 순간 사회주의 혁명을 위한 게릴라전사로 변신하였으며, 그 후 역사적인 쿠바 혁명의 위업을 달성하고 정부 고위직에까지 올랐으나 세속적인 모든 부귀영화를 마다하고 또다시 밀림 속에 들어가 투쟁을 벌이다 결국에는 비참한 최후를 맞이하고 말았다는 그의 이야기는 그 어떤 소설이나 영화보다도 극적인 감동을 불러일으키기에 족하다.

그는 오늘날 라틴아메리카뿐 아니라 전 세계의 의식 있는 젊은이들에게 있어서 그 누구에도 비견될 수 없는 위대한 정신적 스승이요, 혁명적 슈퍼스타가 되었다. 그 어떤 권위나 권력과도 타협을 거부한 그의 존재는 영원한 반항아의 모습으로 선명하게 각인되고 있다. 그러나 체 게바라가 오늘날 저항세대의 우상이 되었지만, 그의 초상이 담긴 셔츠를 입고 그에 관한 온갖 장식물을 달고 다닌다고 해서 모두 게바라주의자는 아닐 것이다.

그것은 단지 저항의 표시일 뿐, 실제로 게바라의 정신에 따라 무기를 들고 투쟁하는 청년들은 이미 사라진 지 오래다. 그는 이미 죽고 없기 때문에 그의 이념과 철학이 과연 실현가능성과 정당성을 갖느냐에 대한 평가 자체가 무의미해졌기 때문이다. 이처럼 오늘날 상업화된 체 게바라는 오히려 그가 원했던 것과는 정반대로 행동은 실종되고 퇴색된 관념의 잔재만을 남긴 결과를 낳았을 뿐이다.

인간의 자아성장은 일생을 통해 진행되어 나간다. 특히 청소년기에 정체성이 확립되는 것은 성인기의 안정적인 자아발전에 매우 중요한 토대를 이루는 문제라 하겠다. 그런 점에서 본다면, 체 게바라는 자신의 정체성 확립에 매우 결정적인 시기에 이미 혁명전선에 뛰어들게 됨으로써 그 후에 밟게 되는 자아성장의 과정을 과감히 생략한 삶을 살았던 셈이다. 그는 정상적인 결혼생활도 자식을 낳아 키우는 가장 역할도 하지 않았으며, 성생활을 어떻게 영위했는지에 대해서도 알려진 사실이 거의 없다.

외부에 알려진 그의 모습은 거의 금욕적인 구도자의 길을 걸었던 순수한 혁명투사로만 비쳤을 뿐이다. 그런 점에서 그는 영원한 십대의 반항아로 남아 있던 인물이라고 할 수 있다. 아니면 더 이상의 자아성장을 거부한 채, 그 어떤 책임감에서도 해방된 상태로 남아 있기를 원했을지도 모른다.

실제로 쿠바 혁명이 성공한 이후 그에게 주어진 장관 업무에 대해 그는 매우 부담스러워했던 것으로 보인다. 그에게는 오히려 끊임없는 전투가 필요했던 것이다. 체 게바라의 가장 두려운 적은 자본주의사회가 아니라 그의 어깨를 짓누르는 책임감이었을지도 모른다. 책임으로부터의 도피, 그것은 모든 것이 불투명한 청소년기적 방황을 대표하는 핵심 단어이기도 하다. 더군다나 자라면서 부당한 폭력의 희생에 노출된 적이 한 번도 없으며, 오히려 부모의 과잉보호 속에 성장한 고질적인 천식 환자였던 그가 그토록 반항적인 투쟁을 일생 동안 고수했다는 사실은 실로 불가사의한 일이라 할 수 있다.

그러나 또 다른 관점에서 본다면, 더 이상의 성장은 곧 순응을 의미하는 것이며, 동시에 자신이 오래 살지 못할 것이라는 불길한 예감을 떨쳐 버리기 위해서라도 자기 자신과의 끝없는 투쟁을 지속해 나간 것인지도 모른다. 물론 그는 영원한 저항의 상징 체 게바라로 남게 됨으로써 죽음을 극복한 셈이 되긴 했지만 말이다.

그런 점에서 체 게바라가 어릴 때부터 평생 동안 앓았던 천식도 그의 성장과정뿐 아니라 죽음을 자초하는 무모한 도전에 뛰어들도록 영향을 주었을 수 있다. 만성적인 천식은 기질적 요인도 물론 중요하지만, 정서적 요인 또한 무시할 수 없는 원인으로 간주되는 질환이다. 특히 분노와 공격성 등의 감정적 문제가 천식을 강화시킨다는 연구들이 많다.

그중에서도 가장 흔히 지적되어 온 것은 어머니에 대한 의존성과 이별불안이다. 어머니로부터 떨어진다는 것은 아이에게 가장 큰 위협으로 다가오는 일이기 때문에 의존성 문제가 적절히 해결되지 못한 아동은 천식 발작을 통하여 어머니의 보호를 받고자 한다는 것이다. 따라서 그러한 모자관계를 위협하는 정서적 갈등이 천식 발작의 배경을 이루고 있으며, 의존성에 대한 위협은 곧 죽음에 대한 공포로 이어지기 쉽다.

실제로 숨이 멎을 것 같은 천식 발작은 죽음에 대한 공포를 불러오기 마련이며, 체 게바라로 하여금 이른 나이부터 호흡 발작과의 투쟁에 익숙해지도록 이끌었을 것이다. 그는 육체적인 단련을 통해 이를 극복하고자 했는데, 이러한 노력은 주위 사람들에게 자신은 결코 나약한 인간이 아니라는 점을 입증시켜야 한다는 강박관념에서 비롯되었을 것이다.

그는 어릴 때부터 의도적으로 반항적인 몸차림을 하고 다녔고, 제대로 씻지도 않은 채 찢어진 옷과 신발 차림으로 돌아다님으로써 자신의 열등감을 상쇄시키려 들었다. 그는 자신의 반항적인 태도를 스스로 즐겼으며, 그의 부모들도 그런 행동을 제지하지 않았다. 그는 스스로 악동처럼 행동함으로써 자신의 강인함을 증명해 보였던 것이다.

그가 사춘기 시절에 친구들이 엿본다는 사실을 알면서도 그들이 보는 앞에서 버젓이 원주민 하녀를 상대로 성적인 착취를 해 보인 것도 자신의 영웅적인 면모를 입증하고 싶었기 때문일 것이다. 뿐만 아니라 그 자신의 금지된 성적 환상과 함께 동반된 호흡장애를 통하여 스스로를 징벌하는 행동을 보였을 수도 있다.

그러나 그에게 더욱 중요한 것은 적과 동지의 구분이며, 사랑과 미움의 실천에 있어서도 확연히 구분되는 특징을 보였다는 점이다. 그것은 다시 말해서 민중이라는 추상적 존재에 대한 무한대의 사랑은 가능했을지 모르나 살아 숨 쉬는 인물에 대한 현실적인 사랑에는 어려움이 있었다는 얘기다.

그러나 그런 특성이 증오의 대상에 대해서는 정반대로 나타난다. 추상적 존재로서의 적은 그에게 견딜 수 없는 권태감만을 안겼을 뿐이며, 따라서 그는 자신의 눈앞에서 구체적으로 살아 움직이는 증오의 대상이 필요했던 것이다. 다른 말로 해서 그는 사랑의 실천에는 자신이 없었으나, 증오의 실천에는 자신감에 차 있었던 것이다. 결국 그는 정작 사랑의 실천이 요구되는 정치에서 도피하여 증오의 실천이 가능한 무력투쟁의 현장으로 숨어든 셈이다.

체 게바라는 스스로 현실주의자임을 자처하고 불가능에 대한 도전을 꿈꾸었다. 물론 그러한 도전의 원동력은 분노와 증오심이었다. 그의 도전이 결코 무모한 일이 아니었음은 쿠바 혁명을 통해 입증되었다.

그러나 문제는 혁명에 성공한 이후부터였다. 예기치 못한 난제들이 너무도 많았기 때문이다. 따라서 그는 정치가가 될 수 없었다. 그런 점에서 체 게바라는 자신의 말처럼 현실주의자가 아니었다. 그는 오히려 낭만적 이상주의자에 가깝다. 그러나 불가능한 것에 대한 도전이야말로 젊은이의 특권임을 외친 체 게바라의 주장에 공감하는 청년들이 많은 것도 사실이다. 불가능에 대한 도전은 미래가 불투명한 청소년들에게 특히 호소력이 큰 말이다.

그러나 무조건 하면 된다는 구호는 어디선가 많이 들어 본 말이 아닌가. 그렇다. 그것은 독재자들이 흔히 써먹던 매우 선동적인 구호임에 틀림없다. 그러나 이 세상에는 불가능한 일도 있으며, 해서는 안 될 일도 있다는 분별력과 현실 감각을 일깨워 주는 것이 진정한 부모로서의 할 일이다. 적절한 부모 역할을 해 본 적이 없는 체 게바라는 그런 점에서도 영원한 반항아요 십대인 셈이다.

에리히 프롬은 "반항적 인간이란 자신이 인정받지 못하고 사랑받지도 못하며 받아들여지지도 않기 때문에 모든 권위에 대한 심한 분노감에 사로잡힌 사람이며, 이러한 이유로 그는 권위를 타도하고자 하지만 일단 자신의 목적을 달성하는 순간 자신이 그토록 격렬하게 투쟁했던 권위 그 자체와 친숙해지고 타도한 권위 대신 그 자신 스스로 새로운 권위가 되고자 하는 사람이다."라고 말한 적이 있다. 물론 혁명적 운동에 관여하는 사람들 가운데에는 단순히 반항적인 인간들도 일부 포함되어 있지만, 그중에는 우상적 존재와의 공생적 일체감을 얻고자 하는 광신적 인간들도 다수 포함되어 있기 마련이다.

결국 프롬의 관점에 따르면, 건전한 사회를 이룩하는 데 바람직한 인간상은 반항적 인간이 아니라 진정한 독립과 자유를 위한 보다 진보적인 질서를 추구하는 혁명적 인간이라고 할 수 있다.

프롬의 관점에서 볼 때, 과연 카스트로나 체 게바라는 반항적 인간에 속할까 아니면 진정한 혁명적 인간으로 간주될 수 있을 것인가. 그러나 한때 쿠바에 인접한 멕시코에 살았던 프롬은 그 유명한 체 게바라나 카스트로에 대해 아무런 언급조차 하지 않았다. 그것은 자신이 요구하는 혁명적 인간상의 조건에 맞지 않는다고 보았기 때문일까? 아마 그럴지도 모른다.

성공한 혁명은 정치적 영웅을 만들기 마련이지만 실패한 혁명은 비열한 폭도로 전락한다. 쿠바 혁명이 실패했다면 오늘날 그 누구도 카스트로나 체 게바라를 기억하지 않을 게 분명하다. 세상은 승리한 자만을 기억할 뿐이다.

부당한 압제에 대한 도전과 타도라는 측면에서만 본다면 체 게바라는 정당하다. 그러나 따져 볼 부분도 많다. 우선 체 게바라는 주어진 규칙이나 규범에 잘 따르지 못한다. 그는 자신만의 원칙에 따라 움직일 뿐이다. 따라서 폭력과 죽음, 그리고 피비린내에 익숙한 체 게바라는 밀림 속을 자유롭게 뛰어다니며 적을 상대로 싸우는 일에서 더욱 심리적 안정감을 얻었는지도 모른다. 서류철과 잉크 냄새가 진동하는 관료적 사무실에는 전혀 어울리지 않는 타입이기 때문이다.

물론 비극적인 라틴아메리카의 낙후된 현실에서는 그런 영웅적 인간상이 더욱 절실했는지도 모른다. 따라서 그는 시대가 요구하는 영웅인 동시에 그 시대가 만들어 낸 영웅이기도 하다. 그러나 체 게바라가 어떤 유형의 인간이든 간에 그는 자신의 능력을 검증받을 기회를 스스로 회피했다. 쿠바를 떠난 것이 단적인 예다. 그 결과로 체 게바라는 젊은 나이로 일찍 순교함으로써 위대한 영웅의 이미지를 영원히 간직할 수 있게 되었다는 점에서 개인적으로는 오히려 다행일지도 모른다.

트로츠키는 말하기를, "혁명은 언제나 무례하다. 지배계급이 제때에 좋은 예절을 인민에게 가르치지 않았기 때문이다."라고 했다. 맞는 말이다. 그들은 지배계급뿐 아니라 자신들의 부모에게서도 그런 예절을 배운 바가 없었다. 그들의 신경증적 반항은 청소년기적 열정으로 넘쳐흘렀으나 그들에게 적절한 이성적 안목과 절제를 가르쳐 준 사람들은 어디에도 존재하지 않았던 것이다. 오로지 억제할 수 없는 분노와 적개심만을 가르쳤을 뿐이다.

그런 점에서 영원한 저항과 혁명을 호소하는 체 게바라의 태도는 청소년기적 반항을 대변하는 것일 뿐 성숙한 부모로서의 태도는 아니다. 인간의 자아는 일생을 통하여 성장해 간다는 점을 고려한다면 정당한 비판의 수용과 적절한 타협 및 상호존중의 성숙한 태도야말로 이 시대에 요구되는 덕목이 아닐까 한다. 더욱이 온갖 비극적인 외침과 내분에 젖어 살았던 우리들로서는 체 게바라의 말대로 올바른 현실주의자가 됨으로써 더 이상의 폭력에 기초한 몽상적 이상주의에 희생당하는 일이 없어야 할 것이다.

27 미시마와 가와바타의 죽음

1970년 전 세계 지식인은 일본의 촉망받는 작가 미시마 유키오(三島由紀夫)의 충격적인 죽음에 대한 소식을 접하고 경악을 금치 못하였다. 그로부터 2년 후에는 일본인의 자긍심과 일본 미학의 대명사이기도 했던 노벨 문학상 수상작가 가와바타 야스나리(川端康成)의 자살 소식에 다시 한번 놀라지 않을 수 없었다.

일반인의 상식을 뛰어넘은 이들 작가의 죽음은 서구인들에게는 더욱 이해하기 힘든 대목이었을 것이다. 특히 미시마의 죽음은 일본 사회에서도 엄청난 논란과 파장을 일으켰다. 극우 사설단체를 이끌며 천황제의 복귀를 외치던 미시마가 자위대 본부 앞에서 인질극을 벌이고 자위대원들을 상대로 일장 연설을 하였을 때, 이미 세대가 다른 젊은 병사들은 시대착오적인 이 지성인의 호소에 야유로 응답했으며, 이에 발끈한 미시마는 전통적인 일본식 하라키리(할복)를 실행함으로써 스스로 죽음의 미학이 무엇인지를 가장 극단적인 방법으로 입증해 보였던 것이다.

그 후 일본 사회 일부에서는 행동하는 지성인의 표본으로 미시마를 우상시하는 풍조까지 생겨나기도 했다. 좌익의 기세가 당당하던 당시의 일본 사회에서 미시마의 죽음을 계기로 우익의 목소리가 한

층 힘을 얻게 되었다는 평가도 있다. 패전 이후 정신적인 위축감에 눌려 있던 일본인들은 1964년 동경올림픽의 성공적인 개최와 1968년 가와바타 야스나리의 노벨 문학상 수상으로 그들의 자존심을 한껏 부풀리고 있었다. 그러나 1970년 미시마의 어처구니없는 죽음에 연이어 1972년 사회적 존경을 한 몸에 받던 가와바타마저 가스자살로 생을 마감하는 바람에 일본의 자존심에 큰 구멍이 생기고 말았다.

물론 그들의 예기치 못한 죽음에 대하여는 많은 논란들이 있었지만, 그 어떤 미화나 폄하에도 불구하고 그들이 드러내 보인 행동 자체에만 초점을 맞추어서는 진정한 평가가 어려울 것이다. 왜냐하면 그들이 선택한 의도적인 죽음은 그들이 생전에 지녔던 인격적 특성이나 개인적 갈등과 결코 무관치 않을 것이기 때문이다.

미시마와 나르시시즘

미시마는 일본 유수의 가문에서 태어나 귀족 자제들만이 다닌다는 학습원을 졸업하고 잠시 관직에 몸담기도 했으나 곧 작가의 길로 접어들었다. 그는 매우 재능 있는 작가로서 명성을 얻은 데 그치지 않고 탤런트적인 자질도 발휘하여 영화배우로도 활동하였으며, 육체미에 몰두하여 남성적 근육미를 자랑하는 등 심한 자기도취를 보였다.

남성다움에 대한 미시마의 집착과 찬미는 그의 나르시시즘 및 동성애적 경향과 무관치 않다. 그는 극단적인 사설 우익군사단체를 창설하여 자신이 직접 이끌었으며, 한때는 천황제의 부활을 위하여 친위 쿠데타를 기도하기도 했다. 미시마는 공공연한 동성애자였는데, 그의 최후를 집행하려다 실패한 동료 모리타는 그의 동성애 파트너였고 결국 그 역시 다른 동료에 의해 죽음을 맞이했다.

"지금 일본 혼을 유지하는 것은 자위대뿐이다. 일본을 지킨다는 것은 피와 문화의 전통을 지키는 것이다. 너희들은 사무라이들이다. 자신을 부정하는 헌법을 왜 지키고 있단 말인가. 나를 따를 사람은 없는가." 1970년 11월 25일, 당시 45세로 노벨상 후보에도 올랐던 미시마는 도쿄의 육상 자위대 건물 2층 발코니에서 '七生報國'이라는 글자가 적힌 머리띠를 두르고 흰 장갑을 낀 손을 휘두르며 일장 연설을 하였다.

이날 오전, 추종자 4명과 함께 자위대 본부에 난입한 미시마는 사령관을 인질로 잡고 자위대원들을 집합시키라고 요구했다. 생중계되는 TV 앞에서 "다 함께 궐기하자"고 외친 그에게 운집한 자위대 1천여 명이 보낸 것은 차가운 조소뿐이었다. 야유가 터지자 그는 "천황 폐하 만세"를 외치고 사령관실로 들어가 할복자살했다.

미시마의 이름이 전 세계적으로 알려지게 된 것은 그의 소설 때문이 아니라 그가 죽음을 위해 선택한 방법이 너무도 충격적이었기 때문이었다. 미리 준비한 일본도로 미시마가 배를 가르고 창자를 꺼내자 그의 제자인 모리타가 나서서 약속대로 그의 목을 쳐 주었지만, 세 번이나 실패하자 대신 고가가 나서서 미시마의 목을 베어 주었다. 당시 25세였던 모리타 역시 미시마를 따라서 할복을 시도했지만, 제대로 수행하지 못하고 실패하자 이번에도 고가가 나서서 모리타의 목을 베어 주었다. 자위대 사령관실은 순식간에 피로 낭자한 살육의 현장으로 변해 버렸다.

그것은 자살과 타살이 기묘하게 조합을 이룬 충격적인 살육의 현장으로서 단순히 죽음의 미학으로 미화시키기에는 너무도 끔찍한 모습이었다. 그것은 오히려 주어진 현실 앞에 적절한 분출구를 찾지 못한 미시마 자신의 나르시시즘적 상처 및 좌절감, 그리고 내재된 사도마조히즘적 욕망과 잔혹성을 처리하기 위한 광란적인 파티에 지나지 않는 것이었다.

따라서 그가 내세운 시대착오적인 천황제 요구는 단지 의식상의 명분에 불과한 것으로, 미시마 스스로도 자신의 무의식적 욕망의 실체가 무엇인지 제대로 이해하지 못한 결과였을 수 있다. 물론 그는 전 세계인들 앞에서 공개적으로 일본의 사무라이 정신이 무엇인지 일깨워 주기 위해 그런 무모한 행동을 몸소 실연해 보였는지는 모르겠지만, 이는 그야말로 일본적 객기와 만용의 실체가 무엇인지를 단적으로 보여 준 사건이었을 뿐이다.

미시마의 본명은 히라오카 기미다케로서 1925년 천황숭배자였던 농수산성 사무관의 장남으로 태어나 동경대 법학부를 졸업, 곧바로 대장성에 들어간 엘리트였다. 귀족들이 다니던 학습원 중등과 시절부터 소설을 쓰기 시작해 일찍부터 문학적 재능을 인정받았던 미시마는 대장성에 들어간 지 1년 만에 그만두고 창작활동에 전념했다.

그의 부친 히라오카 아주사는 전형적인 대일본제국의 관료로서 어릴 때부터 아들에게 천황숭배 및 남성다움에 대하여 줄곧 강조하였다.

미시마는 실제로 있었던 금각사 화재사건을 소재로 한 『금각사』 등의 수작을 연이어 발표함으로써 일본적 미의식에 바탕을 둔 전후 최대의 작가라는 평을 들었다. 『금각사』는 태평양전쟁에서 무참하게 패한 후 허무와 치욕에 빠진 사회 분위기를 등에 업고 태어난 탐미적인 소설이라고 하겠다.

역시 일본적 미학을 추구하며 탐미주의의 길을 걸었던 노벨상 수상작가 가와바타 야스나리는 그의 스승 격이었다. 줄곧 편지를 주고받았던 두 사람 모두 자살로 생을 마감한 것은 단순한 우연치고는 너무도 기묘한 인연이 아닐 수 없다.

전 서울의대 정신과교수 조두영은 미시마의 작품 분석을 통해 그의 소설 속에 일관되게 흐르는 주제, 즉 도착적인 심리세계 및 나르시시즘에 대하여 지적한 바 있으며, 미국의 저명한 분석가 제이콥 알로우 역시 미시마의 소설 속에 등장하는 인물이 보이는 방화벽(pyromania)의 심리적 배경을 해석하기도 했는데, 실제로 미시마는 전도된 가치관과 도착적인 욕망, 도가 넘친 자기도취, 동성애적 욕구 등이 혼재된 심리상태에 빠져 있던 것으로 보인다.

미시마의 작품세계를 통하여 일관되게 흐르는 주제는 섹스와 폭력 그리고 허무주의가 혼재된 것으로 요약할 수 있겠다. 게다가 그의 매우 비현실적인 전지전능감은 현실과의 괴리와 단절을 극복하는 데 더욱 큰 어려움을 주었을 것이 분명하며, 그로 인한 나르시시즘적 상처와 좌절은 미시마로 하여금 자포자기적인 극단적 행동과 죽음으로 내몰리게 한 것으로 보인다.

그의 천황숭배는 거의 신앙에 가까운 것이었지만, 분석적으로 본다면 자신의 부친상을 천황에게 전치시킨 것으로 보인다. 미시마는 거사 일 년 전인 1969년 말에 소문 없이 한국을 잠시 여행한 적이 있었는데, 과거에 자신들의 식민지였던 한국을 돌아보며 그가 과연 무엇을 생각하고 무엇을 느꼈을지 궁금하지 않을 수 없다.

미국의 잡지 『에스콰이어』는 1970년 봄 특집 기사에서 미시마를 일본의 헤밍웨이라고까지 극찬한 바 있다. 비슷한 시기에 일본 적군파에 의한 요도호 여객기 납치사건이 일어났으며, 오사카에서는 엑스포 70 대회가 열렸다. 그리고 그해 말 겨울에 미시마 사건이 터진 것이다. 1970년 일본에서는 극좌 및 극우파들에 의한 정치적인 사건들이 연이어 발생함으로써 이념적 가치관의 혼란에 빠진 일본의 실상을 전 세계에 알리는 효과를 가져왔다. 그리고 가와바타가 자살한 1972년 우리 사회는 10월 유신이 선포되어 전국이 얼어붙고 있었다.

그러나 무엇보다 두려운 사실은 미시마 사건이 터진 직후, 정확히 말해서 사건 바로 다음날 『뉴욕 타임즈』지에 미시마에 대한 상세한 분석 기사가 실린 것이다. 마치 그런 사건이 일어날 줄 미리 예상이라도 하고 있었던 것처럼 기고가인 샤베코프는 미시마에 대한 세부적인 사항까지 꿰뚫어 보는 식견을 지니고 있었던 것이다. 그로부터 불과 4년 후 미시마 유키오의 삶과 죽음에 대한 상세한 분석이 역시 같은 지면에 발표되었다. 근시안적인 일본인들이 우물 안 개구리 식으로 세계를 모르고 미국에 대해 아무것도 모르고 있을 때, 미국은 이미 어떤 형태로든 일본에 대하여 속속들이 파악하고 있었으니 아마 일본인들조차 내심 무척 놀랐을 것이다.

그러나 미시마 사건이 터지기 3개월 전인 1970년 8월에 샤베코프는 이미 미시마 유키오에 대한 자세한 작품 분석을 시도한 바 있으며, 그는 당시 미시마를 일본의 노만 메일러라고 불렀던 것이다. 노만 메일러는 스스로 행동하는 양심임을 자처하며 월남전 반대시위에 앞장선 작가였지만 개인적으로는 매우 좌충우돌하는 모습을 보였던 장본인이 아닌가. 실로 놀라운 탁견이 아닐 수 없다.

그런 점에서 미시마가 생전에 보인 행태는 이탈리아의 시인이자 영화감독인 파솔리니를 연상시킨다. 파솔리니는 극우파인 파시스트 아버지 밑에서 컸으며, 자신은 이를 부정하기 위하여 좌파적 운동에 심취하는가 하면, 동성애 및 엽기적인 행각을 보이다가 의문사하고 말았는데, 실제로는 동성애 파트너 소년에게 살해당한 것이었다. 미시마의 최후를 마감시킨 역할을 맡았던 모리타 역시 미시마와 동성애적 관계에 있었으며, 그뿐 아니라 미시마는 페티시즘과 같은 도착적인 기벽을 보이기도 했던 인물로 유달리 남성적인 매력에 집착한 나르시시스트였다.

그의 첫 장편 『가면의 고백』의 주인공은 자신의 동성애적 열정을 숨기고 살아가는 인물로 묘사되어 있는데, 이는 바로 미시마의 분신이 아닐 수 없다. 미시마의 비극적인 최후는 결국 자신의 욕구와 환상대로 돌아가 주지 않는 현실에 대한 분노와 좌절의 극적인 표출이었다. 그는 할복자살이라는 극단적인 수단을 통하여 일본정신의 미학과 그 진수를 보여 주고자 했겠지만, 그것은 미학이 아니라 단지 일본인의 추악한 가면을 벗어던진 것에 지나지 않은 결과가 되고 말았다.

가와바타와 결벽증

가와바타는 그의 대표작 『설국』으로 1968년 노벨 문학상을 받았다. 수상 이유는 일본적인 미를 작품화시킨 공로가 크다는 점이었는데, 수상 이유치고는 다소 궁색하고 억지라는 느낌도 들지만, 그런 사실이 여기서 중요한 것은 아니고 다만 설국으로 상징되는 가와바타 자신의 결벽증과 완전벽, 그리고 그의 나르시시즘적 강박 성격이 그의 자살원인과 무관치 않다는 데 주안점을 두고자 한다.

강박적인 가와바타는 『설국』으로, 그리고 역시 강박적인 T. S. 엘리어트는 『황무지』로 각각 노벨 문학상을 받았다. 이들 대표작 모두는 두 작가의 내면적 갈등상황을 보여 주는 전형적인 작품들이다. 엘리어트 역시 자신의 내면적 황폐함으로부터 도피하기 위하여 『황무지』를 쓴 것이기 때문이다.

텍사스 대학교 교수 수잔 네이피어는 『황무지로부터의 도피』라는 저서에서 미시마를 낭만주의자로, 오에 겐자부로를 사실주의 작가로 대비시킨 바 있지만, 필자의 생각으로는 가와바타야말로 황무지로부터 설국으로 도피한 인물이 아닐까 싶다.

설국은 눈이 많이 오는 곳을 가리킨다. 그러나 한편으로는 더럽고 불결한 오염으로부터 벗어난 곳이기도 하다. 그곳은 청결과 순수로 이루어진 순백의 세계요, 후덥지근한 음란과 타락에서 격리된 장소다. 가와바타가 지향하는 이상적인 모습의 강박적인 세계를 상징하는 곳이 바로 설국이다. 그가 노벨 문학상 수상식장에서 행한 연설의 제목도 '아름다운 일본의 나—그 序說'이었다. 그는 연설에서 일본인의 곱고 아름다운 심성과 섬세한 미적 감수성을 세계에 자랑하며 선전했다.

그러나 그로부터 26년 후인 1994년 노벨 문학상을 받은 오에 겐자부로(大江健三郞)는 바로 같은 장소에 서서 가와바타와는 대조적으로 '애매한 일본의 나'라는 제목으로 수상연설을 함으로써 자신의 선배작가를 빈정대는 듯한 인상을 주었다. 그러나 오에 겐자부로가 표현한 애매모호성이야말로 일본인의 특성을 오히려 솔직하게 잘 드러낸 말이기도 하다. 그것은 일본의 분석가 도이 다케오의 주장처럼 표리부동한 일본인의 심리와도 일맥상통하는 특성이기 때문이다.

동시대를 살았던 미시마가 보수 우익을 대표한다면, 오에 겐자부로는 좌파 성향을 지닌 반항아였으며, 반면에 가와바타는 사회성을 떠나 개인적 나르시시즘에 안주하면서 미의 추구에 탐닉했다고 볼 수 있다. 그런 점에서 소설 『설국』의 주인공은 가와바타 자신의 분신이라고 할 수 있다.

그러나 외관상으로는 아름다움과 순수 그 자체인 눈벌판의 얼어붙은 땅 밑에는 차갑고 메마른 감정의 세계가 숨겨져 있으며, 결국 주인공이 보이는 찰나적인 치정관계는 진정한 사랑으로 승화될 수 없었다. 그러나 끝까지 사랑을 받아들이지 못하고 단지 차가운 시선만을 먼 곳을 향해 던질 수밖에 없는 주인공 시마무라의 모습은 결국 어려서부터 숱한 죽음을 응시해 온 가와바타 자신의 체념을 그대로 반영하는 것이다.

어려서부터 계속적으로 이어진 부모의 죽음은 고아로 자랄 수밖에 없었던 가와바타의 인격발달에 큰 상처를 남겼다. 그것은 해소될 수 없는 애정에 대한 굶주림이요, 두려움이며 외로움이다. 그리고 근원적인 의혹과 불신이 세상에 대한 긍정보다는 부정하는 쪽으로 그를 내몰았다.

순수에 대한 그의 과도한 집착은 항상 어둡고 을씨년스런 어린 시절의 불행했던 기억과 관련이 있다. 동시에 그를 키워 준 병든 할아버지와 함께 살았던 기억도 무관치가 않다. 병마에 시달리는 늙고 추한 노인의 육체가 얼마나 불결한 존재인지에 대한 끔찍스런 혐오감과 두려움은 가와바타의 실제 소년 시절 일기였던 『16세의 일기』에 적나라하게 표현되어 있다.

말년의 그는 죽을 날을 코앞에 둔 나이에도 불구하고 늙고 추한 자신의 모습에 견딜 수 없는 혐오감을 느끼고 1972년 어느 날 갑자기 가스관을 입에 문 채 자살해 버렸다. 그는 불과 4년 전에 노벨상 수상식장에서 백발을 휘날리며 일본의 미에 대하여 입에 침이 마르도록 찬미했던 인물이다. 그런 사람이 불과 수년 후에 그토록 아름다운 미의 나라를 마다하고 자살해 버린 것이다. 그에게 노벨 문학상이 수여된 이유도 납득하기 어렵지만, 그의 자살 이유도 선뜻 이해하기 어렵다.

그러나 평소에 그가 보인 나르시시즘적 결벽증을 이해하면 그의 작품세계뿐만 아니라 그가 행한 자살 동기도 어느 정도 납득할 수 있다. 가와바타의 상처받기 쉬운 내면세계는 자기에 대한 비현실적인 이상화와 더불어 세상에 대한 지독한 환멸이 동시에 자리 잡고 있어서 항상 불안정하기 짝이 없었으며, 세속적 성공만으로는 결코 채워질 수 없는 만성적 공허감이 존재하고 있었던 것이다.

그는 미시마와 같은 자기과시적이며 노출증적 성향의 소유자라기보다는 한없이 외롭고 우울한 내향성의 인물로 늙고 병들어 추해진 자신의 모습을 도저히 견딜 수 없었을 것이며, 그것은 곧 자신의 실존적 불안이 아니라 자신이 이룩했던 이상적인 존재에 대한 모욕이요 치욕으로까지 여겼음 직하다. 그리고 어린 시절 겪었던 그 추한 모습의 할아버지에 대한 기억에서 자신의 끔찍스런 모습을 읽었는지도 모르겠다. 결국 그는 노추에 대한 극심한 혐오감 때문에 자신의 신앙이기도 했던 미를 보존하고자 자기 전부를 희생시킨 것이다.

죽음의 미학

가와바타는 미(美)를 보존하고 추(醜)를 제거하기 위하여 자신의 목숨까지 희생시켰다. 미에 대한 그의 집착은 거의 병적일 정도의 강박적 수준에 있었다. 미시마는 죽음의 미학을 위하여 자신의 목숨을 초개와 같이 버렸다. 그것도 가장 극적인 무대장치와 배우를 등장시켜 공개적인 장소에서 만인들 앞에 자신의 잘 다듬어진 아름다운 근육질의 육체가 두 동강 나는 모습을 생생하게 보여 준 것이다. 붉은 피로 얼룩진 아름다운 육체, 그러나 정작 미시마는 죽어 가면서 고통에 일그러진 모습만을 보여 주었을 뿐이다.

일본인의 사생관은 그다지 명확치가 않다. 그것은 그들의 종교 역시 마찬가지다. 반면에 우리 한국인들은 전혀 상이한 그러나 빛깔이 너무도 선명한 종교들로 나누어진 난립상태에서 서로를 이단시하며 서로가 등진 채 반목하고 있다. 그러나 일본인들은 불교도 유교도 아니고 신도(神道)도 아닌 애매모호한 상태에서도 분명히 종교적인 행위와 관습에 젖어 살아간다.

오에 겐자부로가 노벨상 수상식장에서 행한 연설의 제목이 '애매한 일본의 나'였다는 점과 도이 다케오(土居健郎)가 자신의 아마에 이론에서 일본인의 표리부동성을 논하면서 자신들의 실체를 숨기려 하는 경향을 지적한 점 등은 앞뒤가 맞지 않는 모순성이 아무런 갈등 없이 공존할 수 있는 일본인의 기묘한 심리적 특성을 말한 것이다.

천황을 위해 자기의 목숨을 초개와 같이 내던진 것도 단지 그렇게 교육받았기 때문이라는 이유만으로는 잘 설명되지 않는다. 미시마 역시 천황을 위해 만세를 부르고 스스로 자신의 목숨을 끊었지만, 그것이 정치적 저항인지 예술적 좌절에 의한 것인지 여부는 분명치 않다. 다만 자신의 내면적 욕구의 좌절에 기인했을 가능성은 매우 크다고 여겨진다.

가와바타의 삶은 출생 시부터 죽음을 직면하며 시작되었다. 그의 아버지는 의사였지만 가와바타가 2세 때 사망했으며, 이듬해인 3세 때는 어머니마저 잃게 되는 불행을 겪었다. 7세 때는 그를 보살펴 주던 할머니가 세상을 떠났으며, 15세 때는 조부마저 잃었다. 이처럼 성장과정 중에 그가 겪어야 했던 죽음과 상실의 문제는 그의 삶에 있어서 가장 중요한 화두가 되었으며, 이는 곧 그의 작품에도 반영되어 나타난다.

중학교 때 이미 천애고아가 되어 버린 가와바타는 그 후 학교 기숙사에 들어가 생활하며 무척 고독한 소년 시절을 보냈다. 조숙한 그는 이미 16세 때 결혼을 시도할 만큼 뜨거운 열정에 사로잡히기도 했지만, 그의 꿈은 좌절되고 말았다.

죽음을 통한 조기 상실로 시작된 그의 삶은 가와바타로 하여금 평생 죽음이라는 문제에 집착하도록 이끌었으며, 실제로 그는 죽음을 코앞에 둔 노령의 황혼기에 아무런 예고 없이 스스로 자신의 목숨을 끊는 행위를 통하여 한평생 그를 괴롭혔던 문제를 실행에 옮기고 말았는데, 그가 죽기 2년 전에 일어난 미시마의 죽음이 그 어떤 계기를 만들어 준 것은 아닌지 모르겠다.

미시마의 삶은 너무도 극적인 마치 한 편의 드라마와도 같은 인생이었다. 동성애와 나르시시즘으로 요약되는 그의 문제들은 천황을 숭배했던 그의 아버지를 동일시한 사실과 무관치 않을 것이다. 미시마가 가와바타를 처음 만난 것은 1946년 그의 나이 21세 때였다.

그 당시는 패전국의 국가원수로서 겨우 전범 신세를 모면한 히로히토 천황이 스스로 신적 존재가 아님을 공식적으로 언명했던 시기였다. 당시 천황의 인간선언으로 일본인들의 집단 나르시시즘은 큰 상처와 좌절을 겪었는데, 미시마는 그러한 선언에 결사적으로 반대했던 것이다. 그것은 신격화된 아버지의 상징 그 이상의 의미가 있었기 때문이다.

물론 일본인의 집단적 환상과 기대는 이미 히로시마 원폭 한 방으로 무참하게 깨진 후였다. 비록 원폭 투하가 일본인들로 하여금 집단적 망상과 미망에서 깨어나 냉엄한 현실감각을 되찾게 해 주는 효과를 낳았는지는 모르겠으나, 반면에 원폭은 일본인의 도덕적 양심마저 날려 버린 결과를 낳고 말았다. 왜냐하면 일본인은 한순간에 가해자의 위치에서 피해자 입장으로 역전되어 버렸기 때문이다. 따라서 그 부작용으로 일본인들은 자신들이 그동안 저지른 온갖 악행에 대해서도 심각한 기억상실증에 걸리고 만 것이다.

그런 점에서 미시마가 보여 준 죽음의 미학은 그와 같은 기억상실증과도 밀접한 관련을 맺고 있다고 하겠다. 그러나 그가 적어도 죽음의 도시로 화한 히로시마와 나가사키에서 죽음의 미학 운운했다면, 그는 아마 돌팔매질 당해 죽었을지도 모른다. 왜냐하면 그것은 진정으로 죽음의 고통이 무엇인지 겪어 보지 못한 한낱 배부른 지식인의 허튼소리요 호기 어린 지적 사치에 불과한 것이기 때문이다.

다만 그런 시대적 상황과 무관하게 오로지 탐미주의적 관점에서만 본다면, 미시마가 추구했던 주된 삶의 가치는 미와 엑스터시, 죽음, 이렇게 세 가지로 집약될 수 있겠다. 그리고 그에게 있어서 이들 세 가지를 하나로 묶을 수 있는 유일한 최종 해결책은 바로 할복자살이었던 것으로 보인다.

미시마와 가와바타는 일본적 심성의 표본과도 같은 상징적 존재였다. 생전에 미시마는 주장하기를, 지구상에서 하라키리를 이해할 수 있는 유일한 민족은 오로지 일본인뿐이라고 단언했으며, 가와바타는 일본인의 미적 감수성을 외국어로 번역한다는 것은 사실상 불가능하다고까지 주장했다.

두 사람의 주장은 물론 일리가 있는 말이다. 그러나 그들의 삶과 죽음을 통하여 우리는 중요한 사실을 포착할 수 있는데, 바로 그것은 미학으로 포장된 피와 죽음, 나르시시즘적인 인간의 잔혹성과 냉담성 및 공격성의 그림자가 그 이면에 놓여 있다는 점이다. 미시마와 가와바타의 작품세계를 면밀히 살펴보면, 이미 그 안에 음습한 죽음의 냄새가 가득 배어 있음을 알 수가 있다.

미시마의 대표작 『금각사』에서 주인공은 자신이 몸담고 있는 절간에 몰래 불을 지르는데, 빗속에 불타오르는 절을 바라보며 그는 말없이 담배에 불을 붙여 입에 문다. 자신을 먹여 주고 길러 준 절간에 불을 질러 송두리째 태워 버리고도 모자라 담배를 피우며 그 장면을 지켜본 것이다.

그것은 자신을 낳아 주고 키워 준 부모의 존재를 부정하는 동시에 자신의 정체성마저 파괴하는 행위다. 얼음처럼 차가운 나르시시스트에게는 상대적으로 그만큼의 불이 또 필요하기 때문일까. 여기서 주인공은 아버지로부터 주입된 일종의 미의식에 대한 강박관념으로부터 어떻게 벗어날 수 있었는지를 극적인 행동을 통해 보여 준다.

그러나 생전의 아버지가 그토록 찬미해 마지않던 미의 화신인 사원을 한순간에 불태우고 나서 마치 자신에 주어진 신성한 임무를 완수한 사람처럼 홀가분한 마음으로 담배 한 모금을 빨면서 정신적 해방감을 만끽하는 주인공의 모습에서 단지 미적 가치의 보존과 파괴, 그리고 해방의 의미만을 읽어 낸다면, 그의 심층적 동기는 전혀 이해할 길이 없어지고 만다.

가와바타의 대표작 『설국』 역시 불타는 누에고치 창고 장면으로 끝난다. 작가는 소설의 마지막 장면에서 새로운 생명으로 탈바꿈하려는 누에고치를 불태워 버림으로써 애당초 태어나지 말았어야 했을 작가 자신의 삶에 대한 부정을 드러낸다. 그리고 고통과 슬픔에 가득 찬 주인공은 먼 하늘에서 은하수를 발견한다.

이는 마치 어린 시절 가와바타가 죽음을 앞둔 할아버지의 소변을 받아 주며 고통에 찬 신음소리를 대하면서도 실제로는 요강에 흐르는 오줌소리를 골짜기의 맑은 물소리로 연상해 들었던 마음 아픈 기억과 관련이 있는 것 같다. 그는 어려서부터 이미 추하고 불결한 것은 간단히 부정해 버리고 그것을 자신의 환상 속에서 아름다운 대상으로 바꿔치기하는 일에 아주 익숙해 있었던 것이다. 또한 누에는 작은 애벌레로서 불결하고 더러운 존재인 동시에 벌레처럼 작은 성기를 지닌 유아기를 상징하는 것으로, 이는 곧 그 자신의 고통스러운 아동기 외상을 뜻하는 것이기에 지고한 순백의 세계에서는 불태워 없애 버려야 할 존재이기도 하다.

이처럼 두 작가는 이미 자신들의 대표작에서 마치 죽음의 미학을 예고하듯 상징적인 대상들을 모조리 불태우는 장면으로 마지막을 장식한 것이다. 따라서 이들에게는 죽음 자체가 아름다운 것이 아니라 불태워 없애 버리는 행위가 아름다운 것이 되는 셈이다.

미시마의 작품 중 인상적인 장면에는 항상 불이 등장한다. 그리고 가와바타의 모든 작품에서는 어떤 형태로든 등장인물이 죽음을 맞이한다. 불과 죽음은 미시마와 가와바타 모두에게 마치 화두와도 같은 핵심 단어였다. 서구화의 오염과 불결로부터 전통적 일본의 순수한 미와 혼을 되찾기 위해서는 홀로코스트와 유사한 정화의식이 요구되는 것인데, 불과 죽음이야말로 그들에게는 최종적인 해결책으로 간주된 셈이다.

나르시시즘과 결벽증

미시마의 나르시시즘과 가와바타의 결벽증은 마치 가장 일본적인 병리적 미학의 경합처럼 보인다. 일본인의 깔끔함과 세밀함, 남을 이해할 줄 모르는 편협한 자아도취적인 자기중심주의 등은 가와바타 및 미시마의 삶과 죽음을 통해서 더욱 명료한 모습으로 드러난 특성들이라고 할 수 있다.

일본인들은 통상적으로 집념이 강하다. 동시에 그들은 사고와 행동 면에서 고도로 집약적이며 민첩하다. 그러나 비논리적이라는 측면에서는 우리와 비슷하다. 달리 말하면 국소적으로 볼 때는 그럴 듯하지만, 거시적으로 보면 앞뒤가 맞지 않는 비합리성이 엿보인다는 뜻이다.

일본인들은 벚꽃을 좋아한다. 어느 날 갑자기 화려하게 만개했다가 이내 흔적도 없이 져버리는 벚꽃의 모습은 굵고 짧게 사는 것을 미덕으로 여기는 일본인들의 심성에 딱 들어맞는 상징이 되기에 손색이 없다.

일본의 분석가 도이 다케오(土居健郞)의 아마에 이론은 일본인의 내면심리를 이해하는 데 도움이 될 수 있다. 특히 그가 지적하는 문제는 겉과 속이 다른 일본인의 표리부동성이다. 그러나 그는 미시마의 죽음 이후에 발표한 『아마에의 구조』에서 나쓰메 소오세키(夏目漱石)에 대해서는 심도 있는 분석을 보여 주면서도 미시마에 대해서는 언급을 회피하고 있는데, 이 역시 감추고 드러내는 데 있어서 정서적 불일치를 보이는 아마에 구조의 일면을 엿보게 한다는 점에서 아쉬움을 남긴다.

인류학자 루스 베네딕트의 『국화와 칼』은 일본을 이해하는 데 있어서 이미 고전이 된 지 오래지만, 오히려 지구상의 어떤 민족보다도 가장 가까운 이웃에 위치하면서 고대에서 현대에 이르기까지 잦은 접촉에 노출되었던 우리는 일본의 본질에 대한 관심과 이해 면에서 매우 빈약한 수준에 머물러 왔음을 부인하기 어렵다.

그러나 1980년대부터 소수의 국내학자들에 의해서 심도 있는 일본 연구가 이루어지게 되었는데, 그중에서도 특히 이어령 교수의 『축소지향의 일본인』은 가장 돋보이는 작업으로 평가된다. 그는 칼을 가진 자와 주판을 가진 자만이 일본의 역사를 지배했다는 사실이 일본의 진정한 비극이었다는 점을 지적하면서, 참다운 확대지향으로의 대국이 되고 싶다면 더욱 작아지지 않으면 안 된다고 했다. 그래서 마지막으로 그가 던진 충고도 "도깨비(鬼)가 되지 말고 난쟁이(一村法師)가 되어라"라는 말이었다.

그 외에도 『확대지향의 일본인』을 쓴 박준희 역시 개방의 시대를 만나 경제적 대국을 이루었음에도 불구하고 여전히 일본인의 심성은 자기만을 생각하는 유아적 단계를 벗어나지 못하고 있음을 날카롭게 지적한 바 있다.

물론 미시마와 가와바타는 일본의 자존심을 대표하는 상징적 존재였다. 그러나 그들의 예술적 가치는 비록 뛰어난 것이지만, 두 작가의 최후는 가장 일본적인 특징을 집약적으로 잘 드러내 주는 리트머스 시험지와도 같은 사건이라고 할 수도 있다. 그런 점에서 미시마와 가와바타 모두 나르시시즘적 특성을 지닌 작가들이지만, 미시마가 자기과시형인 반면에, 가와바타는 수줍고 은둔하는 타입이었다고 생각된다.

물론 병적 나르시시즘의 경우에는 그 내면에 엄청난 에너지의 공격성과 증오심을 간직하고 있기 마련이어서 현실적인 장벽에 부딪쳐 좌절을 겪게 되는 상황에서는 상식적으로 도저히 이해할 수 없는 잔혹한 행동으로 폭발하기 쉽다는 문제를 안고 있다. 과거 일본군국주의가 관동대지진 및 한반도 그리고 중국 남경 등지에서 보인 광란적인 잔혹성도 결국 자신들의 과대적인 집단 나르시시즘에서 비롯한 분노와 좌절을 적절히 통제하지 못한 결과, 비무장의 힘없는 민간인들에 대한 가학적인 만행을 통해 자신들의 심리적 취약성을 은폐시키고자 했던 일종의 정신병적 집단 발작의 한 유형인 것으로 보인다.

따라서 미시마와 가와바타 두 인물의 예기치 못한 죽음은 서로 상반된 듯이 보이는 성과 공격성의 적절한 통합에 실패한 일본인의 나르시시즘적 양면성을 상징적으로 드러내 보여 준 사건이라 할 수 있겠다.

할리우드의 악마 찰스 맨슨

　　찰스 맨슨은 반사회적 히피 집단 '맨슨 패밀리'의
카리스마적 지도자로서 소수의 추종자들을 이끌며 폭력으로 세상을
바꾼다는 망상에 사로잡혀 끔찍스런 살인을 주도한 혐의로 지금까지
40년 넘게 장기 복역 중인 인물이다.

　그는 1969년 로만 폴란스키 감독의 아내 샤론 테이트를 포함한 5명
의 무고한 사람들에 대한 집단살인극을 교사한 혐의로 사형선고까지
받았으나 당시 캘리포니아 주에서 사형제도가 폐지되는 바람에 겨우
목숨을 보전할 수 있었다. 그러나 그 스스로는 여전히 무죄임을 확신
하고 있으며 미국 사회 일각에서도 그를 숭배하는 사람들은 계속해
서 그의 석방을 요구하고 있는 실정이다.

　그런 점에서 미국 사회는 참으로 기묘한 나라인 것 같다. 그러나 무
고한 피해자를 동정하기에 앞서 보다 사악한 가해자를 더욱 감싸고
숭배하는 이상한 풍토를 탓하기 이전에 그런 괴물 같은 존재가 이 세
상에 나타나게 된 연유부터가 궁금해진다. 그리고 그 배경을 탐색해
가다 보면 결국 인간의 심리적 발달과정에 결정적인 영향을 끼치는
가족의 역할뿐 아니라 사회적 환경의 중요성을 더욱 실감하게 된다.

악마의 탄생

찰스 맨슨은 1934년 오하이오 주 신시내티 종합병원에서 당시 16세의 매춘부 출신 미혼모 캐슬린 매독스의 아들로 태어났다. 아버지가 없기 때문에 그의 등록된 이름은 찰스 밀즈 매독스였다. 그러나 곧 어머니가 윌리엄 맨슨이라는 한 노동자와 결혼했기 때문에 그의 이름도 찰스 맨슨이 되었다. 그는 자신의 생부가 누구인지 알지도 못했으며 상면한 적도 없다. 어머니 캐슬린은 지독한 알코올 중독자였으며, 한번은 맥주 한 통을 사기 위해 아이가 없는 술집 여종업원에게 어린 찰스 맨슨을 팔아넘기려고 했다가 며칠 후에 되찾아 온 일도 있었다.

1939년 맨슨이 5세 때에 그의 어머니와 형이 절도죄로 체포되어 5년형을 선고받았다. 1942년 어머니가 집행유예로 풀려나기까지 그는 이모의 보호를 받았고 그 후 어머니에게 다시 맡겨졌으나 그녀는 아들을 거의 돌보지 않았다. 1947년 어머니는 어린 맨슨을 아동보호시설에 맡기려 했으나 거절당했다. 결국 법원은 인디애나 주의 한 소년원에 맨슨의 교육을 맡기도록 조치했지만, 10개월 만에 그는 그곳을 탈출하여 자신을 내버린 어머니에게 돌아갔다. 그러나 어머니는 아들을 돌볼 생각이 전혀 없었고 그는 어려서부터 불량배들과 어울려 거리를 쏘다니며 돈과 물건을 훔치는 생활을 계속했다.

13세 때 그는 다시 소년원으로 보내졌지만, 그곳에서 성적인 폭력에 시달리다 못해 다른 두 명의 소년들과 함께 탈출하고 말았다. 그 후 차량 절도죄로 체포되어 워싱턴 시의 국립소년원에 보내졌으며, 그곳에서 그는 매우 공격적인 반사회적 인물이라는 판정을 받았다. 또한 그의 IQ는 정상이었지만 문맹임이 밝혀지기도 했다. 이처럼 맨슨의 어린 시절은 어머니로부터 유기되고 학대받은 세월의 연속이었다.

맨슨은 1954년 로자리라는 여종업원을 만나 결혼까지 하고 아들을 낳았으나, 이들은 곧 이혼했으며, 그 아들은 1993년에 자살했다. 맨슨은 그 후에도 두 번 결혼하여 자식들을 낳았지만, 가장으로서의 책임감도 없었을 뿐만 아니라 계속되는 범죄행각으로 교도소를 드나들었기 때문에 가정을 돌볼 틈조차 없었다.

그는 계속되는 범죄로 교도소를 안방처럼 드나들면서도 그 안에서 기타를 배우며 음악 실력을 쌓았다. 그는 비틀즈의 열렬한 숭배자로 그들처럼 유명 가수가 되는 것이 그의 유일한 꿈이었다. 그러나 교도소 생활은 그에게 결코 순탄치가 않았다. 그는 자주 다른 재소자들에 의해 성적 노리개가 되어 시달림을 받았으며, 시간이 지나면서 그자신도 양성애자로 변하여 다른 재소자들을 성적으로 공격하기에 이르렀다. 이처럼 변질된 성과 폭력에 길들여진 그는 더욱더 세상에 대한 파괴적인 환상과 증오심에 가득 찬 인간으로 변모되어 나갔다.

그 결과로 터진 사건이 바로 1969년 할리우드에서 로만 폴란스키의 아내 샤론 테이트와 그 친구들을 상대로 벌어진 집단살해극이었다. 물론 이러한 살인극을 지시한 장본인은 찰스 맨슨이었다.

그의 일당은 모두 체포되어 실형을 선고받고 복역 중이며, 현재 78세의 찰스 맨슨은 캘리포니아 주 코코란 교도소 보호감옥에서 특별 관리를 받아 왔으며 2012년 가출옥 예정에 있다가 그마저 최근에 거부되는 바람에 어쩌면 감옥에서 생을 마감해야 할지도 모르는 상태다. 그는 생존한 중범죄인 가운데 가장 세계적인 명성을 얻은 슈퍼스타다.

그러나 범죄의 역사에서 가장 끔찍스런 살인극을 벌인 장본인으로서 찰스 맨슨의 정신상태야말로 연구의 대상이 아닐 수 없다. 물론 그 근원을 거슬러 올라가면 출생 당시부터 그가 받았을 정신적 외상을 거론하지 않을 수 없을 것이다. 그리고 적절하고도 지속적인 부모의 애정과 관심이 한 인간의 심리적 성장과 인격 형성에 얼마나 지대한 영향을 주는 일인지 우리는 찰스 맨슨과 같은 인간의 성장과정을 통하여 더욱 절감하게 된다.

찰스 맨슨의 성(性)과 파괴적 환상

찰스 맨슨은 편집증적 망상을 지닌 반사회적 성격 파탄자라 할 수 있다. 그리고 실제로 그를 도울 수 있는 현실적인 방법은 타인을 해치지 못하도록 강제적으로 격리하는 것 외에는 별다른 방법이 없다고 해도 과언이 아닐 것이다. 물론 어떤 점에서는 그 자신도 희생자일 수 있다. 그는 따뜻한 사랑을 받아 본 적이 한 번도 없었으며, 오로지 배운 것이라고는 세상에 대한 적개심밖에 없었다. 옳고 그름에 대한 가르침 역시 전혀 주어지지 않았다.

건전한 심성의 발달과 올바른 교육의 부재가 개인의 성격에 어떤 영향을 주는지는 찰스 맨슨이라는 일종의 '정신적 괴물'을 통하여 확인할 수 있다. 그러나 이러한 표현이 찰스 맨슨 한 개인에게만 적용될 수 없다는 데 문제의 심각성이 있는 것이다. 어려서부터 적절한 환경적 개입이 얼마나 중요한 문제인지를 찰스 맨슨이 온몸으로 입증하고 있기 때문이다.

더욱이 찰스 맨슨은 양성애자다. 다시 말해서 동성이든 이성이든 가리지 않고 성행위가 가능하다는 뜻이다. 그는 어려서부터 소년원을 드나들면서 이성애보다 동성애를 먼저 경험했다. 물론 처음에는 일방적으로 강요된 성행위의 희생자로 출발했으나 점차 그 자신이 동성애적 행위를 폭력적으로 강요하게끔 되었다.

그는 자신을 따르는 이성에게도 매춘을 강요하는 착취적인 태도를 보였는데, 성과 관련된 일련의 태도들은 매우 폭력적이며 보복적 차원에서 이해될 성질의 것들이었다. 그것은 매춘부였던 어머니를 향한 복수인 동시에 자신을 성적으로 학대했던 남성들에 대한 복수이기도 했다. 세상에 대한 그의 복수심도 자신을 버린 부모에 대한 복수심에서 비롯된 것이며, 스스로 예수의 모습을 모방하여 수염을 덥수룩하게 키우고 지냈던 것은 반사회적 히피의 지도자요 세상을 구원하는 메시아로서의 이미지를 부각시키고자 했던 것으로 보인다.

그러나 그는 세상을 구원한다는 이상보다는 세상에 대한 증오심과 복수심에 가득 차 있었다. 한때 사랑의 종교를 표방하며 수많은 젊은이들을 열광케 했던 히피세계가 몰락한 것은 진정한 사랑과 섹스를 혼동하고 자신들의 내부에 숨어 있는 분노와 공격성을 부정한 데 있다고 볼 수도 있다. 태어난 이래 한 번도 부모의 사랑을 받아 보지 못한 찰스 맨슨이 사랑을 주고받을 수 있는 최소한의 정서적 자원마저 고갈된 상태에 있었음을 생각해 본다면 그가 이끌었던 소규모 히피 집단의 운명은 이미 예고된 것이나 다름없다고 할 수 있겠다.

찰스 맨슨의 파괴적 환상은 망상의 수준에까지 이르렀다. 그것은 종교적 망상의 형태를 띠고 그의 추종자들에게도 강한 호소력을 발휘하며 일종의 공유망상증의 형태가 되었다. 지도자의 망상을 그 추종세력들이 공유한다는 점에서 그리고 그 파괴적인 망상의 공격 대상을 자신들 멋대로 결정한다는 점에서 매우 위험할 수밖에 없다.

더군다나 맨슨이 재림한 예수 그리스도임을 믿어 의심치 않았음에도 불구하고, 그가 내린 살인명령을 그대로 따랐다는 점에서 그를 숭배한 추종자들의 정신상태도 정상이 아니었음을 알 수 있다. 적어도 맨슨을 포함한 그 집단 전체가 적절한 사랑을 받아 본 적이 없는 사람들이었거나 사랑이 무엇인지 전혀 알지 못한 것일 수도 있다. 그들의 집단 이름이 '맨슨 패밀리'인 점을 보면, 가족에 대한 그리움과 증오심이 공존하고 있음을 짐작할 수 있다.

그리고 당시의 시대적 상황은 인종적 차이를 불문하고 미국 사회의 희망으로 떠올랐던 지도층 인사들, 존 케네디 대통령, 말콤 엑스, 마틴 루터 킹, 로버트 케네디 등의 연이은 암살사건으로 미국인들이 깊은 좌절에 빠졌을 때였으며, 또한 미국의 베트남전 개입 등의 여파로 암담한 현실에 절망한 수많은 젊은이들이 무작정 집을 떠나 히피의 천국인 캘리포니아로 향하던 시절이었음을 상기한다면, 1969년 여름 그 유명한 우드스톡 음악축제가 열리고 있던 바로 그 시각에 할리우드에서 맨슨 일당의 집단적 살인극이 동시에 벌어진 일이 결코 우연이 아니었다고 볼 수도 있을 것이다.

그러나 마약과 프리섹스 그리고 반전운동으로 상징되는 히피운동이 정점에 달했을 때, 떠돌이 히피 집단인 맨슨 일당이 오히려 그런 히피운동에 종지부를 찍는 결과를 초래하고 말았다. 이 끔찍한 집단

살인극을 통하여 미국 사회는 더 이상 히피운동에 대하여 관심을 보이지 않고 완전히 등을 돌리게 되었기 때문이다. 결국 수많은 히피들도 짐을 꾸려 각자의 집으로 서서히 돌아가기 시작했다.

찰스 맨슨의 망상은 흑백 인종 간에 벌어질 최후의 전쟁에 대비한다는 계획에서도 확인할 수 있다. 그가 믿고 있던 망상적 시나리오의 내용은, 흑인 회교도들이 백인을 상대로 전쟁을 일으킬 것이고, 백인 사회는 인종차별주의자와 그 반대파들 사이에 내분이 생겨 자중지란을 일으킬 것이며, 흑인들은 모든 백인을 상대로 집단학살극을 벌인다는 것이었다. 그 와중에 맨슨 일당은 죽음의 계곡 사막지대의 은신처에 잠시 피해 있다가 흑인이 최후 승리를 얻게 된 후 세상에 나와 어리석은 흑인들을 지배한다는 매우 황당무계한 계획이었다.

이처럼 그는 흑인들에 대한 피해망상, 지구종말에 관한 집단파멸망상 및 자신이 이 세상을 구원할 메시아라는 과대망상, 그리고 비틀즈의 노래들이 자신이 이끄는 집단의 임무를 미리 암시한 것이라는 관계망상까지 지니고 있었다. 맨슨은 자신이 재림한 예수 그리스도라는 사실을 눈치챈 비틀즈가 그들의 노래 가사를 통해 로스앤젤레스를 떠나 영국으로 와 달라는 메시지를 자신에게 전달한 것이라고 해석했다. 이처럼 그는 비틀즈의 모든 곡에서 자신이 원하는 숨은 단서들을 어렵지 않게 찾아낸 것이다.

관계망상을 지닌 인간의 시각에서 보자면 그러한 증거들은 얼마든지 발견해 낼 수 있는 것이다. 그것은 뉴스를 보도하는 아나운서가 자신만이 알아들을 수 있는 메시지를 은밀히 보내고 있다는 망상을 지닌 정신분열증 환자의 믿음과 하나도 다를 게 없다.

망상에 사로잡힌 맨슨은 '찰리, 찰리, 전보를 띄워 주세요.'라는 가사를 비틀즈가 자신에게 보내는 신호로 받아들이고 실제로 행동으로 옮김으로써 비틀즈와 접촉하여 자신의 집단에 동참할 것을 권유하는 편지를 보내기도 했으나, 비틀즈에게서는 당연히 아무런 응답도 오지 않았음은 물론이다.

맨슨 일당은 죽음의 계곡에서 야영을 하면서 그들에게 은밀한 메시지를 전하는 것으로 굳게 믿었던 비틀즈의 '화이트 앨범'을 쉬지 않고 반복해서 들었다. 맨슨은 비틀즈의 노래 'Revolution 9'을 요한계시록 제9장을 의미하는 'Revelation 9'으로 해석했다. 물론 요한계시록은 지구종말이 다가오는 시기에 최후의 아마겟돈 전쟁이 벌어지고, 그 후로 새로운 천년왕국이 도래한다는 내용의 유명한 예언서이지만, 맨슨은 비틀즈의 노래를 자의적으로 해석함으로써 자신의 망상 속에서 비틀즈와 요한계시록을 하나로 통합시킨 것이다.

이처럼 망상적 믿음에 입각하여 맨슨은 자신의 메시지를 담은 음반을 통하여 미국의 모든 젊은이들이 총궐기함으로써 역사적인 혁명과 최후의 일전이 일어날 것임을 확신하고 있었던 것이다.

악의 현장

부처님은 인연과 업보의 진리에 대한 설법으로 우리에게 매우 익숙한 존재다. 따라서 불가에서는 옷깃만 스쳐도 인연이라고 가르쳐 왔다. 물론 그런 숱한 인연 가운데에는 물리치기 어려운 악연도 존재한다. 불가에서는 그런 악연조차도 결코 우연히 일어나는 것이 아니라고 한다. 심지어는 전생의 업보로 설명하기도 한다.

그러나 여기서는 그런 악연의 문제를 종교적 차원에서 다루려는 것이 아니다. 찰스 맨슨 일당과 그들에게 희생된 피해자들 사이의 악연이 단순한 우연이냐 어쩔 수 없는 필연이냐를 따지는 일은 이들을 단지 가해자와 피해자의 위치에 놓고 논쟁하는 일과 다를 바 없는 진부한 태도라 하겠다. 그것은 또한 수백만의 유대인들이 당했던 홀로코스트가 과연 우연인가 필연인가 따지는 일과 마찬가지일 것이다.

따라서 이 책에서는 우연과 필연의 문제를 떠나서 그리고 가해자와 피해자의 단순 구도에서 벗어나 분명한 현실로 드러난 범죄현장을 냉정하게 다루고자 할 뿐이다. 물론 그 범죄는 어느 날 갑자기 하늘에서 떨어진 날벼락이 아니었다. 그것은 길에서 노숙하는 인생 실패자로 전락하여 마약과 범죄에 빠진 나머지 세상을 저주하고 복수의 칼을 갈았던 찰스 맨슨의 비뚤어진 심성에서 비롯된 결과였기 때문이다. 그리고 찰스 맨슨의 범죄 행각은 이미 어린 나이부터 시작되었다. 가장 최초의 범죄는 절도였으며, 그 후로도 차량 절도 및 매춘 강요 등 숱한 범죄로 교도소를 안방처럼 드나들었다.

그는 인생의 절반을 감옥에서 보낸 인물이다. 정규적인 교육을 받지 못한 그에게 감옥은 음악과 섹스 그리고 온갖 범죄를 가르친 유일한 학교였다. 그리고 당시 지도층 인사들에 대한 연이은 암살사건은 오히려 그에게 큰 영감을 주었다. 출옥한 이후 그는 자신만의 고유한 종교적 망상에 입각하여 패밀리를 구성하고, 드디어 세상을 지배하기 위한 망상적 각본에 따라 세상을 상대로 한 전쟁의 서막으로서 무차별적인 살인극을 개시하게 된 것이다. 적어도 그것은 맨슨에게는 이미 예정된 수순을 밟는 행위였다.

비틀즈의 열렬한 숭배자인 맨슨은 자신의 작전명을 비틀즈의 노래 제목에서 따온 '헬터 스켈터'로 정했다. 이 말은 나선형 미끄럼틀을 뜻하지만, 자신들의 환각경험에서 따온 말이거나 아니면 정신없이 돌고 도는 미쳐 버린 세상을 뜻한 것일 수도 있다.

작전에 들어간 맨슨 일당은 원래의 살해 대상이었던 테리 멜처가 아니라는 사실을 알고도 그가 살던 집에 세 들어 살고 있던 폴란스키의 아내 샤론 테이트 및 그 친구들을 상대로 잔혹한 집단살인극을 벌인 것이다. 추종자들로 하여금 일종의 화풀이 겸 살인연습을 시킨 셈이다. 살인 현장에 맨슨은 직접 동참하지는 않았지만 그 참혹상은 실로 끔찍한 것이었다. 로만 폴란스키가 그 현장에 있었다면 그 역시 잔인한 방법으로 살해당했을 것이 분명하다.

인솔자인 찰스 왓슨은 집안에 들어서자마자 "나는 악마다, 나는 여기에 악마의 사업을 하러 왔다."고 외치며 폴란스키의 친구 프리코프스키를 거침없이 살해했다. 그는 전신에 51회나 칼로 난자당했다.

임신 8개월로 만삭이었던 샤론 테이트는 아기 목숨만은 제발 살려 달라고 애원했지만, 수잔 앳킨스는 그녀의 몸을 무려 열여섯 군데나 칼로 난자했다. 다른 친구들도 모두 살해되었다. 맨슨 일당은 총으로 쏴 죽인 후에도 온몸을 칼로 난자했으며 입안에 칼을 꽂아 놓기도 했다. 그리고 살인의 흔적을 남기라는 맨슨의 지시에 따라 샤론 테이트가 흘린 피로 현관 입구에 '돼지'라는 낙서를 남기기도 했다.

그러나 맨슨뿐만 아니라 그의 지시에 따라 무자비한 살인을 저지른 수잔 앳킨스의 정신상태도 정상이 아님을 알 수 있다. 그녀 자신의 고백에 의하면, 샤론 테이트를 살해한 후 그 피의 냄새를 맡고 마시고 싶은 충동을 느꼈으며, 실제로 자신의 입으로 손가락에 묻은 피를 핥았다는 것이다. 그리고 태아를 꺼내어 토막 내고 그것을 타올에 싸서 맨슨에게 선사하면 그가 매우 좋아할 것이라는 생각을 했다고 한다. 또한 그녀는 심장을 도려내어 그 자리에서 먹을까 잠시 망설이다가 그 태아를 가져가 꼬챙이에 꽂아 모닥불에 구워 먹어도 좋겠다는 생각까지 했다는 것이다.

맨슨 일당은 그다음 날 밤에도 라비앙카 부부를 잔혹한 방법으로 살해했다. 재판 과정에서 맨슨 일당은 죄의식이나 반성의 기미를 전혀 보이지 않았다. 맨슨은 수시로 변호사를 바꾸고 법정에 누워 시위를 벌이는 등의 행동으로 재판을 지연시키며 무려 10년을 끌었다. 맨슨은 자신의 죄를 추궁하는 검사 측에 대하여 자신은 사람을 죽이라는 지시를 내린 적이 없으며, 그런 교육을 한 것은 자신이 아니라 바로 당신들이라며 모든 책임을 잘못된 세상 탓으로 돌렸다.

그런 태도는 샤론 테이트를 직접 살해한 수잔 앳킨스도 마찬가지였다. 8명씩이나 잔인하게 살해한 사실이 중요한 일이라고 생각하지 않느냐는 질문에 그녀는 오히려 네이팜탄으로 수천 명씩 죽인 일은 중요하지 않느냐고 반문했던 것이다. 이처럼 문제의 핵심을 교묘하게 피해 가며 도리어 그 죄를 상대에게 덮어씌우는 전략은 사악한 인간들이 흔히 써먹는 수법이다. 그러나 결국 그녀는 오랜 수감생활 도중에 뇌종양 진단을 받고 2009년 초우칠라 감옥에서 숨을 거두었다.

이처럼 엽기적이고도 끔찍스런 살인 파티를 주도하고 부추긴 사악한 광기의 선동꾼 찰스 맨슨은 분명 사이코패스 또는 반사회적 인격의 소유자임에 틀림없다.

불행히도 오늘날의 세상은 인류역사상 그 유례가 없을 정도로 반사회적 폭력과 공격성의 범람으로 인해 소박하고 건전한 삶의 영역이 상당 부분 파괴되고 황폐해지고 있는 실정이다. 따라서 우리 시대가 초래한 일종의 풍토병이자 흑사병이라고 할 수 있는 반사회적 인간의 문제야말로 문명화를 위협하는 가장 심각한 재앙이라고 할 수 있다.

다만 우리가 결코 간과해선 안 될 사실은 건전한 사회를 파괴하고자 하는 반사회적 인간과 불의로 가득 찬 불건전한 사회에 도전하는 반항정신은 마땅히 구분되어야 한다는 것이다.

문제는 사회적 불만에 가득 찬 사람일수록 상식을 파괴하는 반사회적 행위 자체에 야릇한 쾌감을 얻기 쉽다는 점에 있다. 더 나아가 그런 성격적 결함을 가진 사람들에 대해 인간적인 매력을 느낄 수도 있다. 그러나 그것은 단지 악의 한 단면일 뿐이다. 악은 선보다 더 매혹적이다. 우리가 감동적인 선행보다 살인적인 폭력에 더욱 흥분을 느끼는 이유는 우리 각자의 내면에 억압하고 있는 무의식적 공격성에 대한 대리적 만족을 제공받기 때문이다.

그렇다고 해서 모든 폭력적인 범죄행위에 면죄부가 주어지는 것은 아니다. 타인을 착취하고 폭력을 행사하여 직접적인 고통을 가하거나 그 생명을 앗아가는 행위는 분명 사회적 금기를 위반한 것이므로 합의된 법에 의해 마땅히 처벌받아야 할 악행이다. 그 심리적 동기 여부와는 무관한 사회적 책임의 문제이기 때문이다.

악을 상상하면서도 감히 실행하지 못하는 사람과 악을 거침없이 행하고도 전혀 뉘우침이 없는 사람 사이에는 실로 하늘과 땅만큼의 차이가 있는 것이다. 그 차이는 건전한 시민의식이 아니라 근본적인 윤리관의 존재 여부에서 비롯되는 것이다.

그런 점에서 볼 때, 찰스 맨슨은 태어나면서부터 줄곧 건전한 삶의 과정에 동참할 기회를 전혀 얻지 못했음을 알 수 있다. 그에게는 부모의 사랑도, 어머니의 보살핌도, 그리고 교육의 기회도 주어지지 않았다. 그는 지옥 같은 소년원을 끊임없이 탈출했지만, 그를 따뜻이 받아 줄 가족도 없었을 뿐만 아니라 스스로의 힘으로 세상을 헤쳐 나갈 능력 자체가 결여되어 있었다. 그가 자신만의 패밀리를 구성한 것도 혼자만의 힘으로 살아갈 자신이 없었기 때문일 것이다.

그야말로 맨슨은 부모와 사회로부터 철저히 버림받은 셈이다. 그로 하여금 오로지 세상에 대한 복수의 일념에 사로잡히게 만든 장본인은 바로 세상 자체였으며, 그런 그를 평생 감옥에 가둔 것도 세상이었으니 과연 누구를 탓할 수 있으랴.

물론 그렇다고 해서 끔찍스런 악행을 저지른 살인자에게 면죄부가 주어지는 것은 아니다. 세상의 모든 범법자들은 나름대로의 이유나 동기를 지니고 있겠지만, 그런 개인적 배경은 단지 법의 심판을 내리는 데 있어서 부분적인 참조사항에 그칠 뿐이지 그 행위 자체를 정당화하는 것은 아니기 때문이다.

정신분석이 우리에게 주는 심리적 차원의 지식이나 정보는 자아의 태도 및 행동의 변화를 전제로 한 치료적 목적에서 나온 것이다. 그러나 반인륜적 악행을 저지르고도 죄의식을 느끼거나 뉘우칠 능력이 없는 사람들은 그런 치료과정을 통해 새롭게 거듭날 기회마저 거부하기 십상이다. 따라서 인간적 고뇌와 갈등을 느끼고 거기서 벗어나기를 열망하는 사람만이 정신분석의 혜택을 받을 수 있는 셈이다.

지금까지 우리가 정신분석적 이론을 동원해 탐색한 여러 인물들의 무의식적 욕망과 환상의 세계를 통해 상식적으로 납득하기 어려운 인간 심리의 모순된 실상을 이해하고자 한 것도 사실은 그들과 마찬가지로 삶의 현실과 이상 사이에서 갈등을 겪으며 고통받는 우리 자신들의 내면적 모순을 극복하기 위함이 아니겠는가. 갈등에 시달리며 살아간다는 점에서는 위대한 인물이든 사악한 인간이든 예외가 있을 수 없다. 다만 그런 갈등을 어떤 방식으로 해결하려 했는지에 따라 그에 대한 역사적 평가는 달라질 수밖에 없다.

물론 그런 갈등은 역사적 인물뿐 아니라 힘겹게 이 세상을 살아가는 우리 모두에게도 똑같이 주어진 미해결의 과제라 하겠다. 문제는 누구에게나 주어지는 그런 갈등을 해결하는 데 있어서 얼마나 건전하고 바람직한 태도를 취하느냐에 달려 있는 셈인데, 그런 점에서 정신분석은 나름대로 모순된 갈등의 원인을 밝혀 줄 뿐만 아니라 매우 탄력성 있는 삶의 지혜도 제공하는 유용한 도구로 작용하는 것이다.

우리는 살아가면서 개인적으로나 사회적으로나 뜻대로 돌아가지 않는 세상에 대해 실망하고 때로는 좌절하기도 한다. 그럼에도 불구하고 우리는 계속 삶을 유지하고 지탱해 나가야 한다. 그러기 위해서는 당연히 그 어떤 모순과 고통에도 견딜 수 있는 내적인 힘, 다시 말해 내공이 요구되는 것인데, 정신분석적 안목이야말로 그런 심리적 균형을 이루어 나갈 수 있는 힘과 지혜를 제공해 준다는 점에서 오랜 전통의 종교나 예술에 못지않은 가치가 있다고 감히 말할 수 있겠다.

참고문헌

김채수(1994). 가와바타 야스나리 연구. 서울: 고려대학교 출판부.

윤소영(1996). 알튀세르와 라캉. 서울: 공감.

이어령(1986). 축소지향의 일본인. 서울: 기린원.

조두영(1999). 프로이트와 한국문학. 서울: 일조각.

조선미(1995). 화가와 자화상. 서울: 예경.

Alford, C. F. (1997). *What evil means to us.* Ithaca, NY: Cornell University Press.

Althusser, L. (1992). 미래는 오래 지속된다(권은미 역). 서울: 돌베게. (원저는 1992년 출간)

Arendt, H. (1963). *Eichmann in Jerusalem: A report on the banality of evil.* New York: Viking Press.

Arnold, M. (1986). *Edvard Munch.* Hamburg: Rowohlt Taschenbuch Verlag GmbH.

Bergman, I. (2007). *The magic lantern: An autobiography.* Chicago: University of Chicago Press.

Bowlby, J. (1961). Processes of mourning. *International Journal of Psycho-Analysis, 42,* 317–340.

Branden, N. (1980). *The psychology of romantic love: Romantic love in an anti-romantic age.* New York: Jeremy P Tarcher.

Bugliosi, V., & Gentry, C. (1974). *Helter skelter: The true story of the manson murders.* New York: WW Norton.

Chassequet–Smirgel, J. (1989). The bright face of narcissism and its shadowy depths. *Psychiatric Clininics of North America, 12,* 709–722.

Cornwell, J. (1999). *Hitler's Pope.* London: Viking.

Dedijer, V. (1992). *The Yugoslavia Auschwitz and the Vatican.* Buffalo, NY: Prometheus Books.

Erikson, E. H. (1962). *Young man Luther: A study in psychoanalysis and history.* New York: WW Norton & Co.

Erikson, E. H. (1969). *Gandhi's truth: On the origins of militant nonvilolence.* New York: WW Norton & Co.

Fest, J. C. (1974). *Hitler.* New York: Harcourt Trade Publishers.

Freud, S. (1922). Medusa's head. In J. Strachey (Trans. & Ed.). *Standard Edition* (Vol. 18, pp. 273–274). London: Hogarth Press.

Freud, S. (1933). Why War? In J. Strachey (Trans. & Ed.). *Standard Edition* (Vol. 22, pp. 273–274). London: Hogarth Press.

Fromm, E. (1956). *The art of loving.* New York: Harper & Row.

Fromm, E. (1963). *The dogma of christ.* New York: Holt, Rinehart & Winston.

Fromm, E. (1973). *The anatomy of human destructiveness.* New York: Holt, Rinehart& Winston.

Gay, P. (1987). *A godless jew: Freud, atheism, and the making of psychoanalysis.* New Haven: Yale University Press.

Highfield, R., & Carter, P. (1993). *The private lives of Albert Einstein.* London: Faber and Faber.

Kahlo, F. (2005). *The diary of Frida Kahlo: An intimate self-portrait.* New York: Harry N Abrams.

Kernberg, O. (1995). *Love relations: Normality and pathology.* New Haven & London: Yale University Press.

Kernberg, O. (1998). *Ideology, conflict, and leadership in groups and organizations.* New Haven: Yale Univ Press.

Küng, H. (2003). *The catholic church.* New York: Random House.

Langer, W. C. (1972). *The mind of Adolf Hitler: The secret wartime report.* New York: Basic Books.

Le Clezio, J. M. (2001). 프리다 칼로, 디에고 리베라(신성림 역). 서울: 다빈치. (원저는 1995년 출간)

Maass, P. (2002). 네 이웃을 사랑하라(최정숙 역). 서울: 미래의창. (원저는 1997년 출간)

Manhattan, A. (1986). *The Vatican's holocaust.* Springfield: Ozark Books.

Meissner, W. W. (1992). *Ignatius of Loyola: The psychology of a saint.* New Haven, CT: Yale University Press.

Menninger, K. A. (1973). *Man against himself.* New York: Harcourt.

Morris, E. (2005). *Beethoven: The universal composer.* New York: HarperCollins.

Morton, A. (1992). *Diana: Her true story.* London: Michael O'Mara Books.

Ostow, M., Scharfstein, B. A. (1954). *The need to believe: The psychology of religion.* New York: International University Press.

Paris, E. (1990). *Convert or die!: Catholic persecution in Yugoslavia during World War II.* Chino, CA: Chick Publications.

Parker, B. R. (2000). *Einstein's brainchild: Relativity made relatively easy!* Amherst, NY: Prometheus Books.

Peck, M. S. (1983). *People of the lie: The hope for healing human evil.* New York: Touchstone.

Person, E. S. (1988). *Dreams of love and fateful encounters: The power of romantic passion.* New York: Norton.

Peters, H. F. (1974). *My sister, my spouse: A biography of Lou Andreas-Salome.* New York: WW Norton & Co.

Sandblom, P. (1992). *Creativity and disease: How illness affects literature, art and music.* New York: Marion Boyars Publishers.

Sarup, M. (1992). *Jacques Lacan.* London: Harvester Wheatsheaf.

Smith, S. B. (2000). *Diana in search of herself: Portrait of a troubled princess.* New York: Signet.

Sterba, R., & Sterba, E. (1954). *Beethoven and His Nephew: A psychoanalytic study of their relationship.* New York: Pantheon Books.

Sukhotina–Tolstaia, T. (1975). *Avec Leon Tolstoi: Souvenirs.* Paris: Albin Michel.

Wolfenstein, E. V. (1967). *The revolutionary personality: Lenin, trotsky, gandhi.* Princeton, NJ: Princeton University Press.

Zackheim, M. (1999). *Einstein's daughter: The search for Lieserl.* New York: Riverhead Books.

저자 소개

이 책의 저자 이병욱은 서울 태생으로 고려대학교 의과대학을 졸업하고 동 대학교 대학원에서 박사학위를 받았다. 그리고 현재까지 정신과 전문의로 활동하면서 정신치료와 정신분석에 주된 관심을 기울여 왔다. 한국정신분석학회 간행위원장 및 회장을 역임했으며, 1985년부터 현재까지 한림대학교 정신건강의학과 교수로 재직하면서 115편의 논문을 발표했다. 저서로는 『프로이트, 인생에 답하다』 『마음의 상처, 영화로 힐링하기』 등이 있다. 슬하에 1남 1녀를 두고 있다.

정신분석을 통해 본 욕망과 환상의 세계
한 시대를 뒤흔든 33인의 삶을 분석하다

2012년 11월 12일 1판 1쇄 발행
2013년 1월 25일 1판 2쇄 발행

지은이 | 이병욱
펴낸이 | 김진환
펴낸곳 | (주) **학지사**
     121-837 서울시 마포구 서교동 352-29 마인드월드빌딩 5층
     대표전화 (02)330-5114 팩스 (02)324-2345
등록번호 | 제313-2006-000265호
홈페이지 | www.hakjisa.co.kr
커뮤니티 | http://cafe.naver.com/hakjisa

ISBN 978-89-6330-931-6 03180

가격 16,000원

인터넷 학술 논문 원문 서비스 **뉴논문** www.newnonmum.com